COMPÉTENCE

DES

TRIBUNAUX DE COMMERCE,

DANS LEURS RAPPORTS

AVEC LES TRIBUNAUX CIVILS

ET

LES PRUD'HOMMES.

Tout exemplaire qui ne contiendra pas la signature de l'Auteur sera réputé contrefait.

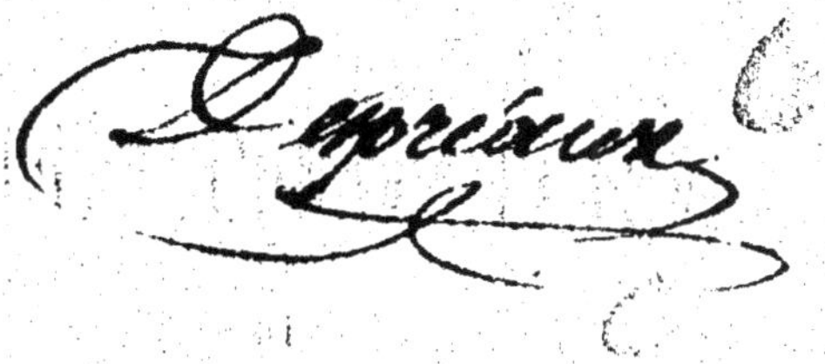

AMIENS. IMP. DE R. MACHART. — 1836.

COMPÉTENCE

DES

TRIBUNAUX DE COMMERCE,

DANS LEURS RAPPORTS

AVEC LES TRIBUNAUX CIVILS

ET

LES PRUD'HOMMES.

PAR M. CH. A. DESPRÉAUX,

AVOCAT A LA COUR ROYALE D'AMIENS, MEMBRE DU CONSEIL GÉNÉRAL DU DÉPARTEMENT DE LA SOMME.

Indocti discant, et ament meminisse periti.

HOR.

A PARIS,

Chez { VIDECOCQ, place du Panthéon:
Pissin, place du Palais de Justice, au Dépôt des Lois.

A AMIENS. Chez M.me V.e DARRAS.

MDCCCXXXVI.

EXPLICATION DES PRINCIPALES ABBRÉVIATIONS EMPLOYÉES DANS L'OUVRAGE.

S. 20. 1. p. 6. — Sirey recueil des Lois et arrêts tom. 20. 1.re partie, pag. 6.

DALLOZ. — Jurisprudence générale.

CARRÉ. — Lois d'organisation.

HORSON. — Question sur le Code de commerce.

VINCENS. — Exposition de la législation commerciale.

PARDESSUS. — Cours de droit Commercial.

ANNALES. — Annales du droit Commercial.

INTRODUCTION.

IMPORTANCE DE LA JURIDICTION COMMERCIALE.

SOMMAIRE.

1. Vaste objet et effets du commerce.
2. Juridiction spéciale est précieuse. — Promptitude.
3. Code de commerce incomplet.
4. Contrainte par corps est une garantie. — Abus. Motif de cet ouvrage.

1. Les fonctions du commerce sont bien simples; elles se réduisent à des échanges.

Mais par son ministère, une ville, une province, une nation, une partie du globe sont débarrassées de ce qui leur est inutile; par son ministère, elles reçoivent ce qui leur manque. Les besoins respectifs de la société des hommes l'occupe sans cesse. Ses lumières, ses fonds, ses veilles; tout est consacré à cet office honorable et nécessaire. Son action n'existerait pas sans les arts et la culture; mais sans son action l'agriculture et les arts seraient peu de chose. En parcourant la terre, en franchissant les mers, en levant les obstacles qui s'opposent à la communication des peuples, en étendant la sphère des besoins et le désir des jouissances, le commerce multiplie les travaux. Il encourage l'industrie, il devient en quelque sorte le moteur du monde.

« Un peuple a dit : notre domaine est le monde » entier; nous en jouirons par la navigation et par » le commerce, et cette nouvelle âme du monde » moral s'est insinuée de proche en proche jusqu'à » devenir comme essentielle à l'organisation ou à » l'existence des corps politiques ». Raynal, histoire philosoph. des Indes.

2. Une juridiction ayant pour objet d'appliquer les règles de ces relations immenses entre les hommes est assez belle, quoique qualifiée *exceptionnelle* au regard des tribunaux civils : c'est l'objet des lois commerciales en général.

Mais maintenir et respecter les attributions des juges de commerce, soit à cause de la matière même objet des transactions, soit à cause de certains actes fréquens dans les relations de la vie, soit à cause de contestations que l'esprit d'égoïsme, l'intérêt personnel, l'erreur ou la mauvaise foi peuvent susciter, en les compliquant d'incidens de procédures : c'est l'objet d'un traité de compétence ; le sujet en est plus sérieux qu'agréable.

Les gens sans foi, dit-on, ne veulent pas des tribunaux de commerce, parce qu'ils y sont jugés trop vite : et les créanciers ne se soucient pas des tribunaux civils, parce qu'ils y sont jugés trop lentement à leur gré. C'est là une préoccupation trop banale, qui fait quelquefois devier des véritables règles.

3. Dès 1811, le ministre de l'intérieur reconnaissant l'obscurité de plusieurs dispositions du Code de commerce, en provoqua l'interprétation auprès du conseil-d'état suivant le mode alors suivi, mais ce conseil s'y refusa par un avis du 13 décembre 1811, portant que les tribunaux de commerce devaient juger les questions particulières qui leur étaient soumises, *selon leur conviction, d'après les termes et l'esprit du Code, et en cas de silence de sa part, d'après le droit commun et les usages du commerce.*

4. La contrainte par corps, presque toujours attachée aux condamnations que prononçent les tribunaux de commerce, nous fit sentir l'importance de ce travail, car souvent tel qui se vit long-temps privé de la liberté, l'eût conservée s'il eût fait attention à l'incompétence du juge qui le condamnait ; et tel qui a perdu une grande partie de sa fortune pour n'avoir pas obtenu la contrainte par corps contre un débiteur déloyal, eût été plus heureux si, au lieu de perdre son temps devant un conseil de

Préfecture jugeant sans publicité, en matière d'entreprises de travaux et de fournitures, il eût porté sa réclamation devant un juge spécial protecteur des règles de commerce, qui, par son expérience, eût mieux apprécié les maximes qui étaient applicables à cette réclamation ou à la manière diverse d'en établir la preuve. Disons aussi que l'exécution provisoire attachée aux jugemens des tribunaux de commerce, a fait la ruine d'un condamné qui plus tard a obtenu justice en appel.

D'un autre coté, des magistrats peu affermis dans la marche judiciaire, ayant cru devoir nous soumettre quelquefois leurs doutes, notamment sur des questions de compétence, nous avons pensé que ce travail pourrait avoir quelque utilité.

non gloria nobis
Causa, sed utilitas officiumque fuit. (HORACE,)

ORIGINE ET PROGRÈS

DE LA

JURIDICTION COMMERCIALE.

SOMMAIRE.

5. Mauvaise grace à éluder la Juridiction établie en faveur d'une profession.
6. En 1349. Juridiction spéciale. Foires de Champagne et de Brie. Juge des Marchands et 100 Sergens.
7. Concours des deux gardes et remplacement par *bonne personne suffisante et non suspecte.*
8. En 1419. Conservation du Commerce de Lyon.
9. Etablissement de bourses et arbitrages pour la briéveté des affaires de Commerce qui enrichit le pays.
10. Juridiction à Paris, sous Charles IX, par Lhopital, d'un *juge* et cinq *consuls* de marchands.
11. Mode d'élections.
12. Tableau des créations successives. Foire aux vins à Amiens, en 1476.
13. L'Edit de 1673, sous le ministre Colbert établit des règles uniformes. Ordonnance de la marine de 1681. Organisation Judiciaire 24 août 1790.

5. La juridiction des professions et, par conséquent des commerçans, remonte aux temps les plus reculés. Il en est question au Code Justinien loi 7, titre *de la juridiction de tous les juges*; On a toujours regardé de mauvais œil ceux qui éludent la juridiction créée pour leur profession, L'Empereur Anastase disait : *periniquum et temerarium esse perspicimus, eos qui professiones aliquas seu negociationes exercere noscuntur, judicum ad quos earum professionum seu negociationum cura pertinet, juridictionem et præceptionem declinare conari.* Cette sorte de juridiction a été, depuis, maintenue en Italie comme l'apprennent les jurisconsultes du pays, Bartole, Balde, etc., notamment à cause des marchés publics et foires.

6. En France les foires de Champagne et de Brie sont les plus anciennes, où se rendaient une foule de marchands, même de pays étrangers, ainsi qu'on le voit par les lettres-patentes de Philippe de Valois du 6 août 1340, titre 12, des foires et marchés pu-

blics. L'article 1.er porte : voulons que nos foires » de Champagne et de Brie soient mises en leur » droit et *ancien* état; et ordonnons que les bons » anciens usages, franchises, coutumes, libertés » d'icelles soient gardées entièrement sans en- » *freindre* ». L'inspection et la police des foires étaient confiée à *deux* gardes, ayant juridiction sur les marchands fréquentant les foires, et à un chancelier tenant les sceaux pour les contrats faits en foire. Le nombre des *sergens* y était si grand, que l'art. 27 des lettres-patentes, en ordonna la réduction à 100, *tant seulement*. Il y avait 40 notaires, les gardes et le chancelier devaient choisir *quatre bons clercs et notaires suffisans pour écrire et dicter en français et en latin par tous pays*.

7. Un garde ne pouvait exercer la juridiction sans la présence de l'autre; en cas d'absence, le chancelier des foires le remplaçait; en cas d'absence à son tour, le chancelier était remplacé par une *autre bonne personne suffisante et non suspecte*.

Les gardes ont pris depuis le titre de juges conservateurs des privilèges des foires.

8. La conservation de Lyon est aussi une des plus anciennes. En 1419, Charles VII lui conféra les mêmes privilèges dont jouissaient déjà les foires de Champagne et de Brie.

9. Les Rois, sentant le besoin de favoriser le commerce, et de donner bonne et briève justice aux affaires y relatives, établirent successivement en différentes villes des bourses communes et des juges de marchands, pour abréger les lenteurs et les

formes. François II ordonna même, en août 1560, que tout procès entre marchands pour fait de marchandises fût terminé par l'arbitrage de trois personnes jugeant souverainement; si les parties ne tombaient pas d'accord sur le choix de ces arbitres, le juge ordinaire des lieux, devait leur en nommer; « Tant ce Prince était animé, porte le préambule » de l'ordonnance, par le désir de faire vivre en repos » sujets, qui lui faisait penser tous les jours à de » nouveaux moyens pour empêcher la naissance » des procès, et les éteindre aussitôt qu'ils sont » mus; mais D'AUTANT QUE RIEN N'ENRICHIT LES » VILLES, PAYS ET ROYAUMES, *comme le trafic des marchandises*, lequel est appuyé et repose sur la foi » des marchands qui, le plus souvent, agissent de » bonne foi entre eux sans témoins et notaires, » sans gardes et observer la publicité des lois. »

Mais cette idée heureuse ne fut pas suivie; l'ordonnance fut abrogée par le non usage aussitôt qu'elle fut rendue.

10. Charles IX, parmi les malheurs de son règne, laissa au moins une preuve de sa sollicitude pour le commerce, en créant à Paris, à l'aide du célèbre Lhopital, une juridiction de commerce par édit du novembre 1563, à la 3.e année de son règne. La fin des règnes ne donne pas toujours ce que le commencement avait promis pour le bonheur des peuples.

Cet édit porte dans le préambule qu'il a été provoqué pour les marchands de la bonne ville de Paris, et pour le bien public et abbréviation de tous procès et différends entre marchands qui doivent négocier ensemble de bonne foi, sans être astreints aux subtilités des lois et ordonnances ; il contient, article 1.er : injonction aux prévôts de marchands et aux échevins de Paris, d'assembler cent bourgeois notables, marchands demeurants à Paris et parmi eux d'en *élire cinq*. Le premier s'appelle juge des marchands, et les quatre autres, *consuls* des marchands.

11. A l'expiration de leurs fonctions, ces cinq élus devaient assembler 60 marchands, qui devaient élire 30 d'entre eux; et ceux-ci devaient à leur tour élire cinq nouveaux juge et consuls des marchands.

Enfin l'article 4 voulait que la procédure fût suivie sans ministère d'avocat ou de procureur.

12. D'autres édits ont créé successivement des juridictions consulaires. Jousse, dans son traité sur l'ordonnance de commerce de 1673, monument du ministère de Colbert, en indique les siéges, au nombre de 75, avec la date de leur formation. La création pour Amiens est de 1567. Le commerce, et surtout pour les vins se faisait très-anciennement dans cette ville, témoins des lettres-patentes de Louis XI, du 9 février 1476, portant établissement à Amiens de la foire aux vins.

Ce serait sortir des bornes de notre sujet que de parler de l'origine du commerce des Phéniciens avec la Picardie et les côtes de la Manche. On peut voir sur ce point le tome 1.er de *l'Essai* de M. Devérité.

13. Toutefois l'étendue de la juridiction de chaque siége, quant aux personnes et les matières dont il devait connaître n'avait pas été fixée avec assez

de détail et de précision; des questions s'étaient élevées, et elles avaient été résolues par différens édits et déclarations, par suite de la rivalité excitée dans les juges ordinaires par la création des juges consuls. En mars 1673, parut cette belle et grande ordonnance appelée Code des *Marchands*, qui traça des règles très-étendues pour le commerce, depuis les apprentis, jusqu'aux matières de la juridiction. L'article 1.er du titre 12, déclare communs pour tous les sièges des juges consuls, l'édit de leur établissement pour la ville de Paris du mois de novembre 1563, et tous autres édits et déclarations touchant la juridiction consulaire, enregistrés dans les cours de parlement. Les autres articles expliquent la matière et les contrats de la compétence des juges consuls.

L'ordonnance de 1681, s'occupant plus spécialement du commerce de mer, créa des juges d'amirauté pour connaître des affaires maritimes et autres qui s'y rattachaient (1).

Enfin, la loi du 24 août 1790 par laquelle l'assemblée constituante organisa l'ordre judiciaire en général sur de bases nouvelles et uniformes, maintint les *tribunaux* de *commerce* avec attribution pour

(1) M. Dupin appelle cette ordonnance le chef-d'œuvre de Louis XIV, et Valin dit que les nations les plus jalouses de notre gloire déposant leurs préjugés, leur haine même l'ont adoptée à l'envi comme un monument éternel de sagesse et d'intelligence.

toutes les affaires de commerce tant de terre que de mer sans distinction. D'après cette loi, comme d'après le code de commerce de 1808, les juges de commerce sont nommés par le choix des citoyens.

14. Sous le règne de Louis XIV, célèbre sous tant de rapports, et notamment par la législation qui, en réformant des abus, établit des règles uniformes, pour la procédure civile, commerciale, criminelle, et pour les matières de commerce, on ne manqua pas de sentir l'utilité de réduire à un taux uniforme les poids et mesures; mais il fallait sortir de l'ornière de l'habitude et de la paresse; l'obstacle était trop grand à vaincre, et le projet proposé échoua encore; car pareille tentative avait été faite long-temps auparavant. « Charlemagne, dit » M. Guyot dans le répertoire de jurisprudence, » fut le premier qui forma le dessein de cette uni- » formité : il s'en tint au projet. Philippe-le-Long, » bien long-temps après, alla jusqu'à l'exécution; » mais à peine commença-t-il, que ce dessein, quoi- » que très-louable et très-utile, causa une révolte » presque générale dans le royaume, et que le cler- » gé et la noblesse se liguèrent avec les villes pour » l'empêcher. »

15. Il était réservé à l'assemblée constituante de réaliser en partie cette uniformité qui, jusque là, n'avait été qu'un rêve. En effet, par un premier décret du 8 mai 1790, l'assemblée nationale, désirant faire jouir la France entière de l'avantage qui doit résulter de l'uniformité des poids et mesures, et voulant que les rapports des anciennes

mesures avec les nouvelles fussent clairement déterminés et facilement saisis; a décrêté que sa Majesté le roi Louis XVI serait suppliée de donner des ordres pour que les municipalités envoyassent au secrétariat de l'académie des sciences un modèle exact des différens poids et des mesures élémentaires qui y étaient en usage. L'assemblée décréta encore que le Roi serait supplié d'écrire au Roi d'Angleterre pour le prier d'engager le parlement à concourir avec l'assemblée nationale à la fixation de l'unité mutuelle de mesure et de poids : qu'en conséquence, sous les auspices des deux nations, des commissaires de l'académie des sciences de Paris pourraient se réunir avec des membres choisis de la société royale de Londres, pour déterminer une mesure naturelle, et invariable, à un degré quelconque de latitude, qui servirait de modèle : qu'après cette opération faite avec toute la solennité nécessaire, sa Majesté serait suppliée de charger l'académie des sciences de fixer avec précision pour chaque municipalité du royaume, le rapport de leurs anciens poids et mesures avec le nouveau modèle, et de composer ensuite pour ces municipalités des livres usuels et élémentaires où seraient indiquées avec clarté toutes ces proportions.

16. Notre célèbre compatriote Delambre eut une grande part aux travaux faits par les commissaires de l'académie dans cette belle entreprise, la plus grande en ce genre et une de celles où les sciences et les arts ont payé avec gloire tribut à l'humanité reconnaissante.

Il est inutile de dire qu'il suffisait d'indiquer à Louis XVI une mesure utile au bien public, une amélioration quelconque, pour que dans sa philantrópie ce monarque saisît l'occasion de faire le bien. Les travaux de l'académie des sciences furent facilités et secondés autant que possible. Par un décret du 26 mars 1791 l'assemblée nationale a décrété qu'elle adoptait, d'après l'avis de l'académie, la grandeur du quart du méridien terrestre pour base du nouveau système des mesures, et que les travaux des savans seraient continués pour fixer les rapports de l'unité de mesure à cette base.

Les législatures ultérieures ne perdirent pas de vue le grand projet conçu et en partie exécuté par l'assemblée constituante. Par les lois suivantes, l'unité usuelle des mesures linéaires a été déclarée être la dix-millionième partie du quart du méridien. Sa valeur approchée est de trois pieds onze lignes quarante-quatre centièmes, et est connue sous le nom de *mètre*. L'unité des mesures de superficie ou agraires a été reconnue un quarré dont le côté contient cent mètres c'est-à-dire la cent millième partie du quart du méridien. L'unité élémentaire des mesures de capacité a été reconnue un cube qui a pour côté la dixième partie du mètre. Enfin l'unité de *poids* a été fixée sur la quantité d'eau distillée contenue dans l'unité de mesure de capacité ou dans le cube du dixième du mètre.

17. Inutile de parler ici des tableaux faits et distribués par l'autorité pour rendre plus facile la pratique des nouvelles mesures, en indiquant leur

rapport avec les mesures anciennes. Ainsi le commerce universel peut profiter de l'adoption de la nouvelle mesure, uniforme pour toutes les nations, qui dans sa détermination ne renferme rien d'arbitraire, ni de particulier à la situation d'aucun peuple sur le globe. « Ainsi, disait M. Arbogast dans un » rapport, au nom du comité d'instruction publique, » la philosophie aimera un jour à contempler, dans » l'étendue des pays et l'écoulement des siècles, le » génie des sciences et de l'humanité traversant les » orages des révolutions et des guerres, riche du » fruit des paisibles travaux et des méditations pro» fondes d'hommes modestes et célèbres, donner aux » nations l'uniformité des mesures, emblème de » l'égalité, et gage de la fraternité qui doit unir les » hommes. »

18. Si le commerce était enrichi de ces nouvelles découvertes, la législation avait besoin d'améliorations appropriées aux changemens survenus dans les mœurs de la nation en général, et les mœurs commerciales en particulier.

Le Code de *procédure* civile, exécutoire à partir du 1.er janvier 1807, contient sous le titre 15, quelques dispositions relative à l'*Instruction* devant les tribunaux de commerce et à leur compétence. Les limites de cette compétence ont reçu plus de fixité par le Code de commerce du 1.er janvier 1808.

19. Enfin la Charte constitutionnelle donnée en 1814 par Louis XVIII, jurée à Rheims en 1825 par Charles X, ainsi que celle de 1830 jurée par Louis Philippe le neuf août 1830, en maintenant les

lois et réglemens existans et non contraires à ses dispositions, a proclamé dans ses articles 62 et 53 un grand principe de droit public, qu'on retrouve dans toutes nos constitutions ; ce principe est que *nul ne peut être distrait de ses juges naturels* (1).

20. Cependant malgré la précision et la clarté des lois, but auquel doit viser tout législateur, de nombreuses difficultés se sont élevées sur la compétence des tribunaux de commerce. Si les méditations des jurisconsultes peuvent faire naître des questions de bonne foi, les spéculations et l'esprit de tracasserie des plaideurs peuvent en abuser ou leur donner trop d'extension ; des questions ardues ont pu diviser les magistrats. Il importe de rapprocher la jurisprudence de la loi, qui en retire une plus grande force, parce que, dit Bacon, *judicia sunt anchoræ legum*.

21. La procédure devant les tribunaux de commerce étant plus prompte et moins coûteuse, il importe au plaideur d'être jugé avec moins de frais, d'obtenir plus rapidement des voies de contrainte, et de faire apprécier par des règles d'équité propres au commerce la nature des preuves, et l'effet des transactions qui ont pris leur naissance au sein du négoce. Aussi voit-on les parties, par prévision des règles qui seront suivies sur le fond d'une contestation pour apprécier les preuves, pour les admettre ou rejeter, invoquer chaudement ou éluder

(1) « Le droit privé existe sous la tutelle du droit public ». Bacon 3.e Aph.

la compétence commerciale, suivant leur intérêt; mais des incidens surviennent, et souvent tel qui s'est empressé de saisir la juridiction consulaire, aimerait faire juger par les tribunaux civils une exception de forme, s'il croit que la balance y sera tenue d'une autre manière; souvent aussi on espère gagner du temps, en demandant à faire juger un incident par les tribunaux civils.

DIVISION DE CE TRAITÉ.

SOMMAIRE.

22. Quatre divisions principales de la compétence 1.° incidens de procédure de la compétence du tribunal.
23. Les juges doivent faire respecter l'intérêt qu'on a d'être jugé par ses juges naturels, autant que la bonne foi.
24. *Incidens* indiqués dans l'édit du commerce de 1673.
25. Le juge doit voir d'abord s'il est valablement saisi.
26. Il doit juger la défense. — Juge de l'action, juge de l'exception.
27. Il survient exception contre exception.
28. Exception de n'être pas commerçant.
29. Exception de déchéance. — Protêt nul ou tardif.
30. Le tribunal juge des exceptions fondées sur choses non commerciales.
31. Question de savoir si une partie est valablement représentée.
32. Un huissier peut-il la représenter?
33. Décision d'Amiens.
34. Observations critiques.
35. Motifs plus larges d'un arrêt de Riom.

22. Les difficultés qui peuvent s'élever sur la compétence des tribunaux de commerce, peuvent se réduire à quatre divisions principales. 1.° La compétence sur les actes de procédure et les incidens, 2.° la compétence d'arrondissement sur les regnicoles et Étrangers commerçans et non commerçans, 3.° Sur les actes de commerce et ceux qui en font leur profession, 4.° La compétence sur quelques objets particuliers, tels que société, arbitrage, faillite.

Nous suivrons cette division, parce que c'est là l'ordre dans lequel les difficultés se présentent le plus souvent.

LIVRE PREMIER.

DE LA COMPÉTENCE SUR LES ACTES DE PROCÉDURE ET LES INCIDENS.

Dans une 1.re Section, nous examinerons les actes et incidens de procédure que la juridiction consulaire peut juger : et dans une 2.e Section, ceux qui ne peuvent être soumis à cette juridiction.

1.re SECTION.

Actes et incidens dans le cas d'être soumis aux juges consuls.

§. I.er

Exceptions de forme.

23. Quoique l'institution des juges de commerce ait pour but essentiel de conserver les règles et la bonne foi de la profession du commerce, ce n'est point là l'omnipotence de l'arbitraire. Il est d'autres droits également sacrés. *Nul ne peut être distrait de ses juges naturels.* Un commerçant, tout en avouant sa profession, a intérêt d'être jugé par des juges de son domicile, souvent par ses pairs qui peuvent connaître sa moralité ; il n'est pas indifférent d'être obligé de plaider à Marseille ou à Lille. Et d'un autre côté, l'observance des formes protectrices est une garantie de la bonne administration de la justice. D'ailleurs la compétence sur la demande se trouve naturellement prorogée pour la défense.

24. Le germe du droit de juridiction sur les *incidens*, se trouve dans le titre 12, art. 9 de l'édit de

1673; portant: « les consuls connaitront pareillement de l'exécution de nos lettres, (1) lorsqu'elles seront *incidentes* aux affaires de leur compétence; *pourvu* qu'il ne s'agisse pas do l'état ou qualité des personnes ».

25. Un tribunal ne peut commencer sa juridiction qu'autant qu'il est régulièrement saisi de la connaissance du procès; si donc une partie soutient n'être pas valablement assignée devant le juge qui ne se trouve pas ainsi valablement saisi, il faudra examiner la régularité de l'exploit; et le juge fera l'application des règles de procédure, sans avoir besoin de renvoyer devant le tribunal civil une question de nullité d'exploit. Art. 415 du code de proc.

26. De même le juge qui doit entendre la défense, doit apprécier les moyens qu'elle invoque; delà cet adage, *le juge de l'action est juge de l'exception*. Ceci s'applique d'abord au cas où le défendeur, sans nier avoir fait un acte de commerce, prétendrait qu'il n'est pas domicilié dans le ressort du tribunal devant lequel il est traduit. Dans ce cas, le tribunal de commerce doit vérifier tant par titres que par témoins quel est le lieu où ce défendeur a son prin-

(1) On appellait lettres *de répit* (*respirare*) celles qu'on obtenait du Roi en grande chancellerie pour avoir surséance aux poursuites de ses créanciers, pendant un temps qui pouvait aller jusqu'à cinq ans. On appelait lettres de *rescision* celles qu'il fallait aussi obtenir en chancellerie pour pouvoir être admis à attaquer les engagemens pour cause de dol, violence etc.

cipal établissement, d'après les règles tracées art. 102 et suivans du code civil.

Voyez ce que nous disons de la litispendance, en parlant du domicile, liv. 2, art. 2, n.° 192.

27. Il peut se présenter exception et contre-exception de forme, comme si le défendeur qui demande la nullité de l'exploit d'assignation comme irrégulier, n'élève cet incident qu'après avoir demandé la communication des pièces servant de base à la demande, ou bien une comparution en personne. Cette exception de nullité serait tardive, ayant été couverte par les conclusions en communication ou comparution, suivant l'art. 173 du code de procédure. La communication requise est une exception qui comporte abandon des moyens de forme contre l'assignation. Cela a lieu en matière civile, arrêt de cassation du 30 janvier 1811. Les tribunaux consulaires sont compétens pour juger la recevabilité ou le mérite de ces exceptions; et ils doivent les juger par les principes du droit commun.

28. Que si le défendeur présentait pour exception qu'il n'est pas justiciable du commerce parce qu'il n'en fait pas habituellement la profession, le tribunal aurait à examiner ce moyen de défense, en recherchant si, en effet, dans les termes de l'article 1.er du Code de commerce, ce défendeur se livre, non pas isolément, mais habituellement aux actes de commerce.

29. Quand l'endosseur d'un billet est assigné en paiement, s'il fait valoir un moyen de déchéance tel que le protêt n'a pas été régulièrement fait, ou ne

lui a pas été dénoncé dans un délai utile de quinzaine, il faut encore que le juge commercial prononce sur cet incident, qui est plus commercial que bien d'autres, encore qu'il ne soit pas tel de sa nature, mais accessoire à une créance commerciale.

30. Il est d'autres exceptions qui donnent encore lieu à l'examen de questions étrangères au droit commercial, et un plaideur ne peut prétendre que le tribunal est indistinctement incompétent pour en connaître, sous prétexte que le fait sur lequel l'exception est fondée, n'est pas rangé dans la classe des actes de commerce. Il connait en général de toutes les exceptions, autres que celles litigieuses civiles ou concernant l'état des personnes, les dénégations d'écritures et autres spécialités prévues par la loi, art. 427. Code de procédure.

31. Parmi les questions qui ne sont pas réellement commerciales s'offre en première ligne la question de savoir si une partie qui ne se présente pas en personne, est valablement et suffisamment représentée par un fondé de pouvoirs, par exemple, toutes personnes peuvent-elles représenter une partie?

32. Pourrait-on contester à un *huissier* le droit de représenter une partie devant le tribunal de commerce? On se demande d'abord pourquoi il ne le pourrait pas, la partie étant la première juge du mérite de la personne qu'elle investit de sa confiance. Cependant on oppose, pour l'exclusion des huissiers, un arrêté des consuls du 18 thermidor an XI (6 août 1803) qui est ainsi conçu: « il y a

» incompatibilité entre les fonctions d'huissier et » celles de *défenseur officieux* ; nul ne pourra les » exercer concurremment.

33. Le tribunal de commerce d'Amiens auquel la question de qualité a été soumise, l'a décidée contre l'huissier qui se présentait pour une partie ; et son jugement a été confirmé par arrêt de la cour d'Amiens du 24 juillet 1833, sur le motif que dans l'arrêté de l'an 11, ces expressions de *défenseur officieux* s'appliquaient, lors de l'émission de cet arrêté, à toute personne que les parties chargeaient de leur défense devant les tribunaux ; et que le Code de procédure ni celui du commerce ne contiennent pas de dérogation formelle à l'arrêté précité (1).

---

(1) Les hommes de loi, ci-devant appellés avocats ne devant former ni ordre, ni corporation, n'auront aucun costume particulier dans leurs *fonctions*. Art. 10 de la loi du 11 septembre 1790. Ainsi leurs fonctions continuaient.

L'art. 36 de la loi du 6-27 mars 1791 sur la procédure devant les juges civils de *district*, portait ; « les *défenseurs officieux* seront tenus de justifier au président et de faire viser par lui les pouvoirs de leurs cliens, à moins qu'ils ne soient assistés de la partie ou de l'avoué ».

L'art. 187 du code des délits et peines du 3 brumaire an 4, portait sur la procédure devant les tribunaux *correctionnels* : « il ne se fait aucune autre procédure, sans préjudice du droit qui appartient à chacun d'employer le ministère d'un défenseur officieux ».

La loi du 30 germinal an 5, en cas d'absence des juges,

34. Quelque soit le respect que nous professons pour les décisions de pareilles autorités, nous pensons que le doute est encore permis et qu'il a besoin d'être éclairci par une jurisprudence plus générale.

En effet, l'article 414 du Code de procédure, sous le titre de l'instruction, devant les tribunaux de commerce, porte : « la procédure devant les tribunaux de commerce se fait sans le ministère d'avoués. Cette disposition était prise de l'article 4 de l'édit de novembre 1543, mentionné dans l'introduction n.° 5. Ce qui ne signifie pas que l'on ne

---

laissait la faculté d'appeller un ou deux citoyens du nombre de ceux qui sont dans l'usage d'exercer le ministère de défenseurs *officieux* à l'effet de compléter le nombre de juges requis. Cela n'avait trait qu'aux véritables hommes de loi, ci-devants avocats.

Mais les avoués qui avaient été supprimés en l'an 2, furent rétablis par la loi du 27 ventôse an 8 qui leur laissa le droit exclusif de la postulation, et cependant l'art. 94 ajoutait : néanmoins les parties pourront toujours se défendre elles-mêmes ou faire proposer leur défense par qui *elles jugeront à propos.* Cette disposition aurait pu ouvrir la carrière au premier venu, huissier ou autre; alors survint l'arrêté du 18 thermidor an XI, qui établit l'incompatibilité entre les deux fonctions; c'est-à-dire devant le tribunal civil.

Cette incompatibilité existe-t-elle contre l'huissier, devant les tribunaux de commerce où la présence des défenseurs officieux ne se trouve mentionnée dans aucune loi? ne faudrait-il pas encore que l'huissier se présentât habituellement au tribunal de commerce?

pût prendre un avoué pour fondé de pouvoir privé, mais seulement que son ministère, comme officier ministériel, n'était pas requis essentiellement, et que par suite il n'aurait pas droit ni contre son client, ni contre la partie adverse, à l'émolument alloué par le tarif en matière civile.

L'article 627 du Code de commerce a également affranchi du ministère des avoués, suivant l'article 414 du Code judiciaire, et il ajoute immédiatement : « *nul* ne pourra plaider pour une partie devant les » tribunaux de commerce, si la partie présente à » l'audience ne l'autorise, ou s'il n'est muni d'un » pouvoir spécial. Ce pouvoir qui pourra être don- » né au bas de l'original ou de la copie de l'assigna- » tion, sera exhibé au greffier avant l'appel de la » cause, et par lui visé sans frais ».

Ainsi tout ce qui résulte delà, c'est que l'avoué, malgré son caractère d'avoué qui le dispense d'exhibition de pouvoir au civil, est obligé d'en représenter un spécial, dans la forme indiquée, devant la juridiction consulaire. Un avocat serait dans le même cas, s'il n'était pas ordinairement assisté de la partie ou d'un agréé, c'est-à-dire qu'il lui faudrait également un pouvoir ; mais des règles de tradition et de convenance engagent l'avocat à se faire assister. Pas d'exclusion des huissiers V. 37.

35. Un arrêt de la cour royale de Riom du 2 avril 1830, contient sur la question des motifs plus larges que ceux de l'arrêt d'Amiens, nous devons les rapporter.

« Considérant que le devoir de représenter une

partie devant le tribunal de commerce, comprend aussi celui de la défendre; et que s'il résulte de la loi que toute personne munie d'un pouvoir spécial peut plaider devant ces tribunaux, cela ne doit s'entendre que de celles dont les fonctions ne sont pas incompatibles avec le droit de la défense. Qu'à l'égard des huissiers cette incompatibilité résulte de l'arrêté du 18 fructidor an 11, qui a déclaré que les fonctions d'huissier étaient incompatibles avec celles de défenseur officieux, et qui leur a défendu de les cumuler. — Considérant d'ailleurs que l'art. 39 du décret du 14 juin 1813, prescrit formellement aux huissiers de se renfermer dans les bornes de leur ministère. — Que ni l'avis du conseil d'Etat de 1825, ni l'ordonnance royale du lendemain, ne contiennent et ne peuvent contenir aucune dérogation à ces arrêté et décret. — Que l'art. 1041 du Code de procédure dont a excipé l'huissier Achard pour en induire que ces arrêté et décret ont été abrogés, ne reçoit aucune application dans la cause; puisqu'il s'agit d'une matière toute spéciale, et que cet article ne comprend dans son abrogation que les lois, usages et réglemens relatifs à la procédure *civile*. — Que les huissiers étant institués pour faire exécuter les mandemens de la justice et pour signifier les actes de procédure, ne peuvent avoir la faculté de représenter les parties devant un tribunal de commerce; qu'il serait contraire à l'ordre public et dangereux de les y admettre, en qualité de mandataires. — Confirme. Dalloz, 1833. Sirey, 33.

36. Il y a près les tribunaux de commerce des hommes instruits, voués aussi au culte de la justice et qui jouissent de la confiance méritée des magistrats d'élection ; ils représentent les parties, et souvent les masses de créanciers dans l'agence provisoire, sous le titre modeste *d'agréés*. Malgré la généralité de l'article 627 qui exigeait le pouvoir spécial, ces habitués étaient en possession de représenter les parties sans autre précaution que d'avoir les titres et pièces de la partie ; il fut même question d'ériger leurs fonctions en office public, mais le conseil d'état s'y opposa suivant avis du 9 mars 1825, suivi d'une ordonnance du lendemain, au bulletin des lois. Il faudrait au moins les dispenser de la patente qui menace toute capacité utile. Voir un arrêt de Pau. 19-2-193 qui ne permet pas de les interdire.

37. Le garde des sceaux avait soumis la question de savoir s'il y avait lieu de proposer une loi « qui » indiquerait le mode d'élection, déterminerait les » conditions requises pour être agréé aux tribu- » naux de commerce, spécifierait les fonctions qui » sont *incompatibles* avec celles d'agréés, leur im- » poserait l'obligation de fournir un cautionnement, » déciderait le point de savoir si leurs charges sont » vénales ou non, et enfin leur donnerait un carac- » tère public. »

« Le conseil d'état a dit (Moniteur du 14 mars) « considérant que l'on ne pourrait donner aux » agréés un caractère public, leur imposer l'obli- » gation de fournir un cautionnement, les sou-

» mettre à des conditions d'éligibilité, déterminer
» les fonctions qui seraient incompatibles avec les
» leurs, et les autoriser à présenter des successeurs,
» sans les transformer en officiers ministériels,
» c'est-à-dire sans leur conférer le droit exclusif de re-
» présenter les parties devant les tribunaux de com-
» merce et sans leur attribuer des honoraires;
» qu'une telle mesure dénaturerait l'institution
» des tribunaux de commerce où il est également
» nécessaire que la justice soit prompte et rendue
» aux moindres frais possibles; que les formes
» soient simples et faciles; et que les parties jouis-
» sent d'une *liberté indéfinie* soit pour se défendre
» elles-mêmes, soit *pour choisir les mandataires*
» *auxquels elles veulent confier leurs causes.* »

Considérant que dans la *plupart* des tribunaux de commerce les agréés sont admis à plaider sur la simple représentation de l'original ou de la copie d'assignation, sans être, comme l'exige l'article 627 du Code de commerce, autorisés par la partie présente, ou munis de son pouvoir spécial. — Que cet abus très-grave est signalé d'une manière positive dans le rapport soumis à M. le garde des sceaux par le directeur des affaires civiles.

L'ordonnance du 10 mars porte : « considérant
» que tout individu quelleque soit sa *profession* ou
» *titre*, qui plaide devant le tribunal de commerce
» la cause d'autrui, doit conformément à l'article
» 627, être autorisé par la partie présente ou muni
» de son pouvoir spécial; qu'il importe de rappeler
» à l'observation de cette disposition ceux des tribu-

» naux de commerce qui pourraient s'en être
» écartés. »

Notre conseil d'état entendu, nous avons ordonné et ordonnons ce qui suit :

ART. 1.er. « Lorsqu'une partie aura été défendue
» devant le tribunal de commerce par un *tiers*, il
» sera fait mention expresse dans la minute du ju-
» gement qui interviendra, soit de l'autorisation que
» ce tiers aura reçue de la partie présente, soit du
» pouvoir spécial dont il aura été muni. »

38. Le savant M. Isambert s'est élevé avec force contre les motifs du conseil d'état et de l'ordonnance, en ce qui concernait les agréés, au regard desquels l'article 627 était tombé en désuétude. Le jurisconsulte a vu que l'ordonnance était aussi dirigée contre les avocats et avoués et tournait au détriment des parties, ainsi constituées en frais d'enregistrement. Recueil de Lois. 1825 (1).

39. Au résumé, si les agréés sont assujettis à se munir d'un pouvoir pour représenter leurs cliens, il résulte aussi des motifs donnés par le conseil d'état que les parties doivent jouir d'une liberté indéfinie soit pour se défendre elles-mêmes, soit pour choisir les mandataires auxquels elles veulent confier leur cause : comme aussi il résulte des motifs de l'ordonnance que *tout individu*, quelle que soit sa profession ou son titre, qui plaide pour autrui devant

(1) Un arrêt de rejet du 8 novembre 1838 met cet enregistrement à la charge de la partie perdante. S. 30.

le tribunal de commerce, doit prendre le pouvoir spécial de la partie. Ne résulte-t-il pas de là, qu'il n'y a ni titre ni profession qui s'oppose à ce que tout individu soit porteur de pouvoir, excepté les incapacités prononcées contre les magistrats par l'article 86 du Code de procédure ? Ne résulte-t-il pas de là qu'un huissier ne peut être privé de représenter une partie, sans qu'à l'instant cette partie soit privée de la liberté indéfinie de choisir son mandataire ? L'article 627 n'admet pas de restriction, ni exclusion.

40. La jurisprudence offre encore un argument contraire aux arrêts d'Amiens et de Riom.

La loi du 6-27 mars 1791 disposait article 16 : « aucuns avoués, greffiers, huissiers et ci-devant » hommes de loi ou procureurs ne pourront repré» senter les parties au bureau de paix. »

Le sieur Nettement demande la nullité d'un exploit pour défaut de tentative de conciliation, en ce que Neppel son adversaire s'était fait représenter au bureau de paix par un huissier. Le tribunal de Château-Chinon rejette ce moyen, ainsi que la cour de Bourges par arrêt du 2 février 1825, S. t. 26. 64. Le motif est : qu'à la vérité la loi du 6 mars 1791 défendait aux huissiers et gens de loi de représenter les parties au bureau de paix, mais que cette disposition a été totalemant abrogée par le Code de procédure, lequel (art. 53.) n'exige qu'une procuration en faveur de celui qui se présente pour l'absent, et n'interdit à personne le droit d'en être porteur ; que l'expérience a démontré l'inutilité de l'exclusion prononcée par la loi de 1791, et que la jurisprudence est conforme aux inductions ci-dessus tirées du Code.

41. Autre espèce. L'art. 161 du Code des délits et des peines voulait que la partie comparût en personne ou par un fondé de procuration, *sans pouvoir être assistée d'un défenseur officieux ou conseil.* Le sieur Payeur cité devant le juge-de-paix de Clermont, jugeant en police municipale, voulut se faire assister d'un défenseur, ce que le juge-de-paix refusa. Pourvoi en cassation fondé sur ce que le nouveau Code d'instruction criminelle se borne à dire, art. 152, que la partie citée comparaîtra par elle-même, ou par un fondé de pouvoir, sans gêner le choix de la personne du mandataire. 20 novembre 1823, arrêt de la cour suprême qui *casse* par le motif que l'article 161 du Code de l'an IV, ayant été reproduit dans l'art 152 du nouveau Code, avec le retranchement des mots, *sans pouvoir être assisté d'un défenseur officieux ou conseil*, il en résultait évidemment que le législateur a voulu rendre à la partie citée la plénitude de défense qui avait été restreinte à son égard par l'ancien Code, et conséquemment lui laisser la faculté de se faire assister d'un défenseur ou conseil. S. 24. Carré sur 421 C. pr.

42. Merlin dans le répertoire au mot *défenseur*, avait déjà regardé le C. de pr. comme ayant abrogé les incapacités prononcées précédemment contre les défenseurs officieux devant la *justice de paix*. Y aurait-il motif pour qu'il en fût autrement devant le tribunal de commerce ?

43. On doutait anciennement (Répertoire V.° arbitrage) qu'une femme ou un mineur pussent être chargés de prononcer sur une contestation, comme arbitres; mais il paraît clair qu'ils peuvent accepter le pouvoir d'une partie pour la représenter devant le tribunal de commerce. L'article 1990 du Code civil déclare qu'ils peuvent être choisis pour mandataires, et l'article 627 du Code de commerce n'admet pas de modification.

44. Si l'agréé ou autre fondé de procuration a compromis les intérêts de la partie, en excédant ses pouvoirs, y a t-il lieu à désaveu et comment? Cette question sera examinée au § suivant n.° 74.

45. Devant les tribunaux civils, quand sur plusieurs parties assignées les unes comparaissent, et les autres font défaut, il intervient jugement qui joint le profit du défaut à la cause, pour être statué après nouvelle assignation par un seul et même réglement, lequel n'est plus susceptible d'opposition. Article 153 Code de procédure. Cette marche est déterminée par l'utilité d'abréger les procès, et sur ce que les intérêts des défaillans sont ordinairement de même nature que ceux des défendeurs comparans; d'où l'on peut conclure qu'ils peuvent obtenir gain de cause ou succomber avec ceux-ci. Cette simplicité de procédure s'adapte très-bien devant les tribunaux de commerce. Ils *peuvent* donc ordonner cette jonction, sans violer la loi pour excès de pouvoir, attendu, porte un arrêt de la section civile de cassation du 20 janvier 1819, Sirey. t. 20, « que les » articles 642 et 643 du Code de commerce,

» en renvoyant pour la forme de procéder devant
» les tribunaux de commerce, à certains articles du
» Code de procédure, n'excluent aucunement l'ap-
» plication des autres articles de ce Code qui n'ont
» rien d'incompatible avec l'organisation et la com-
» pétence de ces tribunaux, et qu'ainsi les juge-
» mens attaqués ont *pu*, sans excès de pouvoir, ap-
» pliquer l'article 153 du Code de procédure. »

46. Mais les tribunaux de commerce *doivent*-ils dans tous les cas prononcer la jonction du profit du défaut ? Il n'y a rien dans la loi qui leur impose cette obligation ; ils ont un pouvoir discrétionnaire ; on conçoit qu'à côté de la simplicité de la procédure il y a les lenteurs qui ont leurs dangers en matière commerciale, surtout en matière de billets échus qui requièrent presque toujours célérité.
« Aucune disposition du Code de procédure, ni du
» Code de commerce n'impose aux tribunaux ju-
» geant commercialement le *devoir rigoureux* de
» se conformer à ce que prescrit l'article 153. »
Arrêt de la chambre de requêtes du 26 mai 1829, Sirey. t. 29.

47. Si une veuve ou des héritiers, ou légataires, assignés devant le tribunal de commerce, demandent un délai pour délibérer s'ils accepteront la communauté, legs ou succession, le tribunal devra statuer sur ce délai ; articles 174 et 426 Code de procédure, sauf ce qui sera dit section 2, si la *qualité* était deniée.

48. Si une femme mariée passe pour être veuve, Voyez section 2.

49. Le tribunal voulant avoir des explications de la bouche des parties en personne, pourrait-il ordonner un sauf-conduit à la partie qui se trouve sous la menace de contrainte par corps. Voyez §. 3, n.º 155.

§. II.

Exceptions de qualité. — Péremption. — Opposition et Requête civile. V. 71.

SOMMAIRE.

EXCEPTION DE QUALITÉ.

50. Il est des conditions qu'une partie doit remplir pour se donner le droit d'ester en jugement ou qualité personnelle pour réclamer l'objet de la contestation, ou pour y défendre. Ceci peut se rapporter à des exemples fréquens.

Un demandeur introduit une instance, mais le défendeur ne voulant plaider qu'avec partie capable, le repousse en excipant de ce qu'il n'a pas encore atteint sa majorité; d'où il suit que la procédure suivie avec ce mineur demandeur serait frappée d'irrégularité. Alors le tribunal de commerce pourra ordonner de prouver que ce mineur est autorisé de la manière voulue par l'article 2 et suivans du Code de commerce.

51. Nous ne saurions donc partager l'opinion du profond M. Pardessus lequel après avoir dit n.° 1348 que le tribunal de commerce est compétent pour juger si une personne a fait un assez grand nombre d'affaires pour être réputée commerçante, et faire du commerce sa profession habituelle, ajoute : « mais lorsqu'il s'agit d'un mineur qu'on » prétend commerçant; lorsqu'on soutient que telle » personne du sexe n'est pas en puissance de mari, » il faut renvoyer au tribunal civil pour juger les » questions. »

Car le mineur peut se trouver dans deux hypothèses : ou le mineur émancipé est demandeur, et c'est à lui à justifier qu'il doit être réputé majeur pour ester en jugement et faire le commerce, suivant l'article 2 du Code ; ou bien c'est le mineur qui est défendeur, et qui invoque son incapacité, faute de l'autorisation prescrite, et alors c'est à son adversaire à rapporter la preuve soit de l'émancipation, soit de l'autorisation affichée qui lui aura été donnée par ses père et mère ou conseil de famille, suivant l'article 2 et 3 du Code de commerce. Dans ces deux hypothèses, le tribunal de commerce est juge du point de savoir si l'on représente les autorisations suffisantes.

52. Mais si après la représentation des actes, le mineur vient en demander la nullité, soit pour vice de forme, soit pour défaut de droit, dans la personne qui aurait donné l'autorisation, soit pour incompétence du juge qui aurait homologué l'autorisation, alors l'incident ne portant plus que sur des moyens civils qui tiennent à l'état civil ou à l'habileté ou capacité civile du mineur, devra être renvoyé à juger par les tribunaux civils.

53. Il en sera de même, quand il s'agira de savoir si une femme est en puissance de mari. Ce fait résultant du contrat de mariage qu'on peut représenter est de la compétence du juge consul. Mais s'il s'élevait une question de validité ou d'identité, il devrait surseoir à statuer jusqu'après la décision des tribunaux civils.

54. Par suite de l'intérêt de faire juger par les juges consuls les matières commerciales, les veuves de marchands ou de ceux qui ont fait acte de commerce, ainsi que leurs héritiers et légataires, quelle que soit leur profession, peuvent être assignés en

reprise de l'instance pendante avant le décès de leur auteur, et même par action directe et principale. L'article 426 c. p. porte par action *nouvelle*, ce qui a fait supposer à quelques personnes qu'il fallait qu'une première assignation eût déjà été donnée par ou contre le défunt qui n'avait pas encore lié l'instance en comparaissant à l'audience. Nous n'admettons pas cette interprétation. Id. Carré. Id. Paris. Arrêt du 16 mars 1812, Sirey. tom. 14.

55. On a élevé la question de savoir si, quand une femme est assignée conjointement avec son mari, lequel ne comparait pas par insouciance ou autrement, et qui n'a pas non plus donné d'autorisation à sa femme pour se défendre, celle-ci doit aller demander l'autorisation supplétive au tribunal civil. On disait que l'autorisation tient à la puissance maritale, essentiellement civile et dépendante de l'état de femme, d'où l'on concluait qu'il n'y avait que l'autorité civile qui pût la donner, après que le mari eût été appellé en la chambre du conseil pour déduire ses motifs, suivant les articles 215 et 218 du Code civil, et 861 et suivans du Code de procédnre.

56. Mais la jurisprudence est maintenant fixée, en ce sens, que le tribunal de commerce peut donner l'autorisation à la femme défenderesse ; l'article 218 en donnant *au juge* le droit d'accorder l'autorisation, c'est évidemment le juge saisi de la contestation ; sans quoi les procédures seraient inutilement multipliées et prolongées contre le but de la loi. Arrêt de Bruxelles du 17 août 1811, Sirey,

tom. 12. Arrêt du 17 août 1813 par lequel la cour de cassation cassa un jugement du tribunal de commerce de l'Aigle, qui s'était déclaré incompétent, pour accorder incidemment l'autorisation. Sirey. tom. 13.

57. Mais, si au lieu d'être défenderesse, la femme était demanderesse sans l'assistance ou autorisation de son mari, le tribunal de commerce ne serait pas compétent pour lui donner autorisation, parce qu'il ne s'agirait plus ni du besoin de la défense, ni d'un incident, mais bien d'un défaut de qualité qui aurait précédé la demande. Merlin. V° autorisation. Locré sur les articles 218 et 219 du Code civil.

58. Qu'arriverait-il, si une fille majeure ou femme veuve, après avoir commencé ainsi valablement l'instance en demandant ou en défendant, venait à tomber en puissance de mari avant le jugement, le tribunal de commerce pourrait-il exiger une autorisation maritale pour la demanderesse, ou l'accorder d'office à la défenderesse ? Cela dépendra de l'état dans lequel la cause se trouvera au moment où le mariage arrivera, c'est-à-dire, si les conclusions ont été ou non prises à l'audience. Le jugement de l'affaire qui sera en état, ne sera différé ni par le changement d'état des parties, ni par la cessation des fonctions dans lesquelles elles procédaient ; l'affaire est *en état* lorsque la plaidoirie est commencée et cette plaidoirie est réputée commencée, quand les conclusions ont été contradictoirement prises à l'audience. V. art. 342 et 343, du Code de procédure.

59. Des communes, hospices et autres établisse-

mens publics peuvent avoir besoin de former demande commerciale contre un entrepreneur, sa veuve ou héritiers ; ces établissemens ont besoin d'autorisation du conseil de Préfecture. Art. 1032 du Code de procédure, loi du 14 décembre 1789, art. 54 pour les communes; décret du 30 déc. 1809 pour les fabriques ; édit. d'août 1683 pour les hospices, et arrêtés des 7 messidor an 9 et 9 ventôse an 10.

La connaissance des marchés faits par les entrepreneurs de travaux de communes, est rendue aux tribunaux. V. *livre* 2, actes de commerce.

60. S'il s'agit d'examiner une question de société, le tribunal en connaîtra, voy. section 2 ci-après.

61. Depuis long-temps, l'ancienne jurisprudence avait admis que la caution *judicatum solvi*, qu'on pouvait exiger d'un étranger demandeur, devant les tribunaux civils, pour garantie du paiement des dommages-intérêts et des frais, ne pouvait être exigée d'un étranger devant la juridiction consulaire. Faveur accordée au commerce, qui s'enrichit même par suite de rapports avec les étrangers. L'article 16 du Code civil établit en règle cette tradition de la dispense de caution en matière de commerce, dispense qui aurait lieu lors même que ce serait un tribunal civil qui jugerait faute de tribunal de commerce. Art. 423 du Code de procédure.

62. Souvent, une contestation pendante devant les tribunaux de commerce, ne se renferme pas entre le demandeur et le défendeur ; elle peut intéresser des tiers, qui prétendraient des droits sur un billet dont la propriété est contestée entre les

parties principales, ou qui pourraient prévoir une action en garantie. On ne voit pas pourquoi ces tiers ne seraient pas admis à intervenir soit pour éclairer les débats, soit pour éviter plusieurs décisions contraires, si le tiers faisait valoir ses droits dans une instance séparée. Il faut que justice soit rendue à tous.

63. On verra plus tard, en parlant de l'arbitrage que les règles générales du Code de procédure civile, sont applicables aux tribunaux de commerce, dans tous les cas où leur application n'est pas contraire à l'institution de ces tribunaux et aux règles spéciales de procéder devant eux. V. 45. C'est pourquoi encore, que l'article 428 du Code de procédure, sous le titre des tribunaux de commerce, indiquant différentes voies d'instruction, n'y comprenne pas nommément l'interrogatoire sur faits et articles, sur requête, comme le veut le Code de procédure, article 324 en matière civile, ce moyen d'éclairer leur religion est permis aux juges de commerce, à moins que la matière ou l'objet de la vérification ne le permettent pas, sans qu'il y ait violation de lois ou excès de pouvoir. Arrêt de Rouen du 18 mars 1828, Sirey, tom. 28; de Nîmes, du 4 mai 1829, Sirey, tom. 30. Il faut ajouter que le décret de 1814, pour les dépens au tribunal de commerce de Paris, alloue 3 fr. au greffier pour un interrogatoire sur faits et articles (1).

(1) Cette note sur le décret m'a été remise par M. G...., agréé que je nommerais s'il n'était aussi modeste que stu-

De la Péremption.

64. Il peut arriver que la procédure ne soit suivie ni par l'une, ni par l'autre des parties, pendant plus de trois ans, à partir du dernier acte d'instruction. En pareil cas, la procédure tombe en péremption devant les tribunaux civils, article 397 du Code de procédure. Mais cette péremption peut-elle s'acquérir devant le tribunal de commerce? La raison de douter est que le Code de procédure, titre 25, des tribunaux de commerce ne prévoit pas cette circonstance, et qu'elle formerait une sorte de déchéance de procédure que l'article 1030 défend d'étendre au delà des cas déterminés par la loi. On répond avec plus d'avantage que les règles générales sont applicables aux matières régies par des lois spéciales, toutes les fois qu'il n'y a pas de dérogation expresse ou tacite : que toutes les dispositions spéciales sur les tribunaux de commerce, concourant à l'accélération de la procédure, l'esprit de la loi est loin de s'opposer à ce qu'on applique à ces matières la péremption dont le but est d'empêcher les procédures de se perpétuer indéfiniment ; que le silence de la loi et son esprit sont d'ailleurs expliqués par la combinaison des articles 648 du Code de commerce et 469 du Code de procédure qui admettent la péremption en cause d'appel, en matière commerciale ; il ne peut

dieux. Nous venons de faire juger la même chose par la cour d'Amiens sous la présidence du profond M. Poiriez, le 27 janvier 1835.

y avoir de différence pour l'instance principale, devant la juridiction consulaire. Cette doctrine que nous avions émise dans plusieurs consultations, se trouve confirmée par un arrêt d'Amiens du 25 juin 1826, Sirey, tom. 27, affaire Oger contre Leclercq; et arrêt de Paris du 1.er mars 1832, Sirey, tom. 32. M. Merlin dans ses questions de droit, V.° Tribunal de commerce, professe cette doctrine et combat un arrêt contraire de la cour de Rouen.

65. Il est entendu que cette péremption de l'*instance* doit être demandée par la partie et prononcée par le tribunal de commerce, puisque c'est un incident à l'action principale, qui a pour objet de dessaisir le juge de cette action. Il peut reconnaître par son greffe, s'il y a eu des actes d'interruption.

66. Il en serait autrement de la péremption dans laquelle tombe un *jugement* par défaut, faute d'avoir été exécuté dans les six mois. On ne peut la demander devant le tribunal de commerce, lequel ne connait pas de l'exécution de ses jugemens. Il ne faut donc pas confondre la péremption de l'instance, à défaut de suite pendant trois ans, avec la péremption du jugement par défaut, pour non-exécution dans les six mois de sa date.

67. Quand le jugement est tombé en péremption, l'*instance* n'étant pas périmée, l'exploit introductif d'instance subsiste toujours, et on peut en reprendre les suites devant le tribunal de commerce. Telle est la jurisprudence constante.

68. Il faut bien comprendre que ce ne sont pas seulement les actes de procédure des parties qui

sont périmées, mais encore les jugemens d'instruction, interlocutoires et autres qui ordonnent une expertise ou une enquête; ce sont là des élémens de l'instance qui sont susceptibles de péremption avec elle. Arrêt de rejet du 14 décembre 1813. Sirey. t. 14.

69. Si un jugement contenait des dispositions distinctes, l'une définitive sur un chef, et l'autre préparatoire sur un autre chef, il n'y aurait préremption que pour ce dernier, le premier étant sorti d'instance au moyen d'une disposition définitive.

70. Il est d'autres questions très-importantes sur les conditions et les effets de la péremption d'instance, qui méritent l'étude des magistrats choisis par leurs concitoyens pour leur rendre justice : mais il nous suffit d'avoir tracé sur ce point les règles de compétence. Les autres questions appartiennent au droit ou à la procédure.

Opposition à jugement. — Requête civile.

SOMMAIRE.

71. Juge de l'opposition.
72. Fin de non recevoir contre l'opposition.
73. Peut-on appeler le jour même du jugement.
74. Désaveu du mandataire.
75. Dans quel délai l'opposition. — Discussion.
76. Opposition par un *tiers* qui n'était pas partie au procès.
77. M. Pardessus l'admet.
78. Tierce-opposition principale.
79. Tierce-opposition au jugement de faillite.
80. Tierce-opposition devant un juge quelconque.

71. Lorsqu'une partie s'est laissée condamner par défaut, l'opposition qu'elle forme au jugement doit être portée devant le juge qui l'a rendu. Alors le juge de commerce est compétent pour décider si l'opposition est recevable, puisqu'il serait compétent pour juger si elle était bien fondée, ainsi il pourra décider si l'opposition a été formée dans le délai voulu, et de la manière indiquée par la loi; si la partie est recevable dans son opposition, en ce qu'elle aurait laissé exécuter le jugement par défaut, ou y aurait acquiescé en faisant une partie de ce qu'il ordonnait, ou enfin en demandant terme et délai, par lettre ou autrement.

Ce n'est point là à proprement parler connaître de *l'exécution* d'un jugement, c'est-à-dire de la régularité du mode d'exécution. L'opposition faisant renaître l'instance, l'exception d'acquiescement ou de tardiveté, est une de celles qui forment incident que le tribunal de commerce doit juger.

72. On conçoit par suite, que si, en réponse à une fin de non recevoir résultante de la tardiveté de l'opposition, l'opposant par contre-exception répli-

quait que le jugement ne lui a pas été signifié par huissier commis, ou avec élection de domicile suivant l'article 435, le tribunal connaîtrait de ces questions qui sont des incidens d'instruction. V. 29.

Il connaîtrait encore lors même qu'à son tour l'acte d'acquiescement serait attaqué par l'opposant, comme surpris par dol. V. 168.

73. Peut-on interjeter appel d'un jugement par *défaut*, même le jour du jugement? V. 165.

74. C'est ordinairement sur opposition que vient le désaveu formé par une partie contre son défenseur, lorsque son adversaire lui objecte que le jugement premier était contradictoire, la partie ayant été représentée. Delà incident. Il est reconnu que le tribunal en connaît et vérifie s'il y avait pouvoir pour représenter. Lors même que c'est un avoué qui s'est présenté, le désaveu n'a pas besoin d'être suivi par les formes du code de procédure parce qu'il est sans caractère devant le tribunal de commerce, comme tout autre mandataire. Il suffit en désavouant de dire qu'il n'a pas donné de pouvoirs ou qu'il demande la représentation de ceux qu'on prétend qu'il a donnés; car il n'a pu être lié à son insu. Il n'y aurait lieu à compétence civile qu'autant qu'une action en dommages-intérêts serait portée contre la personne désavouée, ou que celle-ci interviendrait au tribunal de commerce pour faire valoir qu'elle avait un pouvoir.

75. Il n'est pas hors de propos d'examiner dans quel délai l'opposition doit être faite. L'article 436 dispose : « l'opposition ne sera plus recevable après

» la huitaine du jour de la signification ». Mais cette disposition du Code de procédure de 1807, ne peut guère se concilier avec l'article 648 du Code de commerce de 1808, qui est rédigé de manière à apporter modification au Code de procédure, titre des tribunaux de commerce, et rend applicables à ces tribunaux les articles 156, 158 et 159. Or, ces articles accordent plus de huitaine à partir de la signification pour former opposition ; ils la permettent jusqu'au moment des contraintes caractérisées qui ne permettent pas au condamné d'ignorer le jugement de condamnation ; en un mot le jugement, quoique signifié et suivi de commandement, peut tomber dans la péremption de six mois.

Il est donc évident que l'article 436 ne reste pas dans toute sa force.

Mais il n'est pas entièrement annulé, il n'est que modifié : il subsiste dans certains cas ; celui où la partie, après avoir comparu pour proposer quelque moyen de nullité, incompétence ou autre exception, ne plaide pas sur le fond. Alors ce jugement sur le fond n'est pas un défaut faute de comparoir, mais un défaut faute de plaider, analogue à celui qui est rendu par défaut contre un avoué qui refuse de plaider ou conclure. Les articles 156, 158 et 159 sont uniquement pour le cas où le défendeur ne comparait pas du tout par lui-même ou fondé de pouvoirs ; l'opposition peut être formée jusqu'à l'exécution, et le jugement est susceptible de péremption, s'il n'est pas reconnu ou exécuté dans les six mois. Tandis que s'il y a eu comparution momentanée de la partie qui a prouvé par là avoir bien reçu son assignation, l'opposition devra être formée dans la huitaine de la signification, et le jugement ne tombera pas en péremption. Cassation, 5 mai 1824, et 7 octobre 1827.

Le juge peut-il ordonner l'exécution nonobstant opposition? Voyez n.os 164 et suivans.

76. Parmi les incidens, se présente notamment la tierce-opposition à un jugement commercial.

Nous avons vu que, pour éviter un préjudice, une partie pouvait intervenir dans une instance pendante entre le demandeur et le défendeur; il peut arriver qu'un jugement porte préjudice au tiers qui n'y est pas intervenu. Il veut l'attaquer par la voie de l'opposition-tierce, laquelle est admise en matière civile (article 474, C. pro.). Cette voie est aussi dans le cas d'être employée devant le tribunal de commerce contre un jugement antérieur, parce qu'au regard du tiers qui n'y a pas été partie ou représenté, l'instance ou l'incident sont vraiment nouveaux.

77. M. Pardessus admet la tierce-opposition devant les tribunaux de commerce, et cite un arrêt de rejet du 23 juin 1806. Cet arrêt qu'on trouve au répertoire (V.° opposition-tierce §. 1.er, et dans Sirey t. 6), n'est relatif qu'à la *justice de paix*. Mais l'arrêt énonce que nul ne peut être condamné sans avoir été entendu et que ce principe de tous les temps et de tous les lieux s'applique aux *justices de paix* comme à toutes *les autres juridictions*. Le Code de commerce, postérieur à cet arrêt n'a rien

changé au principe, dont on trouve un exemple dans l'art. 457; et la nouvelle jurisprudence y est conforme. Arrêt de Rouen du 22 mars 1815, et de Bordeaux du 4 août 1824, Sirey t. 16 et 24.

78. La tierce-opposition est de la compétence du tribunal de commerce, soit qu'elle soit formée par action principale, soit qu'elle le soit incidemment. La tierce-opposition incidente a lieu dans le cours du procès, lorsqu'une partie, pour faire réussir sa cause, tire avantage d'un jugement précédemment rendu hors la présence de son adversaire; l'intérêt de la défense de celui-ci exige qu'il puisse attaquer de suite le jugement qu'on lui oppose : c'est encore un incident dans l'instruction.

79. D'autres fois la tierce-opposition est formée par action principale par exploit, quand le tiers à qui un jugement rendu en son absence fait préjudice, en a connaissance. Tel est entre autres exemples le cas où un créancier veut attaquer soit un jugement qui déclare un débiteur en faillite, soit l'époque à laquelle l'ouverture de la faillite est déclarée, soit la collusion, si le débiteur s'était laissé condamner sans défense, ou sur une défense simulée : ce qui pourrait compromettre son gage, sa créance hypothécaire, ou nuire d'une manière quelconque à ses droits.

80. Mais la tierce-opposition, si elle est principale, doit nécessairement être portée devant le juge qui a rendu le jugement, tandis que celle incidente peut être portée devant le juge saisi de la contestation dans le cours de laquelle on invoque le juge-

ment attaqué, encore que ce jugement émane d'un autre tribunal. Voyez articles 475, 476 et 477 du C. pro. Il y a exception en cas de faillite, 632 de cet ouvrage.

81. Au surplus, l'effet du jugement précédent n'est pas suspendu par l'effet de la tierce-opposition, comme il l'est ordinairement par l'effet de la simple opposition à un jugement par défaut. Le tribunal devant lequel le jugement attaqué aura été produit, pourra suivant les circonstances, passer outre ou surseoir.

Requête civile.—Mode de défense.

82. De même qu'il n'y a pas lieu de renvoyer au tribunal civil une tierce-opposition qui donnera lieu à l'examen d'une question commerciale, de même la requête civile pour faire retraiter un jugement consulaire, ne doit pas être portée devant un tribunal civil.

La nature des causes qui donnent lieu à requête civile, se rattache à ce qui s'est passé devant le tribunal de commerce dont le jugement est attaqué par cette voie, depuis le dol personnel d'une partie jusqu'au jugement *ultrà petita*, jusqu'à la découverte de la fausseté d'une pièce, ou du recouvrement d'une pièce décisive qui avait été retenue par le fait de la partie.

83. Cependant les auteurs et les tribunaux avaient varié sur la recevabilité de la requête civile devant les tribunaux de commerce; M. Pigeau,

tom. 1.er, refusait à ces tribunaux la voie de requête civile, ainsi qu'aux juges de paix ; il donnait pour motif que l'article 480 du C. pro. semble n'ouvrir cette voie que contre les sentences des tribunaux de *première instance* et d'appel, ce qui, suivant cet auteur, excluait les tribunaux de commerce, lesquels, ajoutait-il, n'avaient pas les connaissances nécessaires pour statuer sur ces sortes de questions. M. Merlin, en examinant la question relativement à la justice de paix, dans un plaidoyer de 1813, rapporté V° requête civile, §. III, avait pensé que la requête civile ne pouvait pas plus s'appliquer au jugement de paix qu'à celui de commerce : et en effet, la cour de Poitiers jugea dans ce sens, le 19 janvier 1818. S. t. 18.

84. Mais dans ses *additions* de 1825, M. Merlin revient contre ce passage de son plaidoyer, comme lui étant échappé transitoirement sur la foi de M. Pigeau qu'il croyait alors sans contradicteur ; et il ajoute qu'un arrêt de Bruxelles du 23 janvier 1812 qu'il rapporte, avait jugé le contraire ; Sirey, tom. 12 ; Palais 33 ; enfin, qu'un arrêt de la cour de cassation du 24 août 1819 avait cassé un arrêt de Douay qui avait refusé de reconnaître la compétence commerciale en matière de requête civile. Depuis un arrêt de Paris du 28 juillet 1826, a reconnu cette compétence, S. t. 27 et t. 20.

85. Toutefois la requête civile ne peut pas, ainsi que la tierce-opposition, être portée devant un tribunal consulaire quelconque, mais seulement devant celui qui a rendu le jugement. De plus, les

mêmes juges pourront statuer sur la requête civile, parce qu'il n'y a rien là qui blesse leur délicatesse. Art. 490 du C. pro.

86. Au surplus, la requête civile aura lieu bien rarement ; car les jugemens en premier ressort, lors même qu'ils seraient viciés d'un des moyens donnant ouverture à requête civile, ont dû être attaqués par la voie ordinaire de l'appel ; la requête civile n'est admise que contre les décisions rendues en dernier ressort, c'est-à-dire, sur une demande au-dessous de 1,000 francs : la loi prononce une amende en cas de non succès ; et la requête civile doit être accompagnée d'une consultation de trois avocats, exerçant au moins depuis dix ans, gage de légalité et de prudence.

87. Enfin, le mode de la défense employé par les parties ou leurs défenseurs, peut donner lieu à de graves incidens ; c'est-à-dire, à cause des injures ou outrages dont ils pourraient se rendre coupables. Delà le droit que l'article 1036 du C. pro., laisse *aux tribunaux*, suivant les circonstances, dans les causes dont ils seront saisis, de prononcer, même d'office, des injonctions, supprimer des écrits, les déclarer calomnieux, et ordonner l'impression et l'affiche de leurs jugemens.

Au milieu des règles de bienséance que personne ne doit jamais perdre de vue, la défense serait inutile, s'il ne lui était pas permis d'employer tous les termes les plus propres à combattre l'iniquité ; surtout dans les actes attaqués pour violence ou dol, et les oppositions à concordat fondées sur la fraude aux créanciers. Le raisonnement demeurerait sans force, s'il était sans liberté. La nature des expressions dont on est obligé de se servir, dépend de la qualité des causes que l'on a à défendre. Il est une noble véhémence et une sainte hardiesse qui fait partie du ministère des défenseurs, comme de l'avocat. Il est des circonstances qu'ils ne sauraient peindre avec des couleurs trop noires pour exciter la juste indignation des magistrats. Ainsi que dans les matières civiles, il est des espèces où l'on ne peut défendre la cause sans offenser la personne, attaquer l'injustice sans déshonorer la partie, expliquer les faits sans se servir de termes durs, seuls capables de les faire sentir et de les représenter aux yeux des juges. Dans ces cas, les faits injurieux, dès qu'ils sont exempts de superfluité et de calomnie, sont la cause même, bien loin d'en être les dehors; et la partie qui s'en plaint, doit plutôt accuser ses torts personnels et le dérèglement de sa conduite que l'indiscrétion de son adversaire.

Mais à part ces circonstances, on doit éviter tout ce qui sent l'injure. Le champ de Thémis ne doit pas être une arène de gladiateurs. Si, avec le droit le plus légitime, l'on ne pouvait se présenter au temple de la justice sans y recevoir des affronts, on aimerait souvent mieux renoncer à ses prétentions que d'être obligé de soutenir tous les assauts de l'injure et de la calomnie pour les réclamer (1).

(1) Il est des distinctions de police intérieure d'audience relatives à la place et au costume des agréés dans quelques

§ III.

Exceptions et moyens du fond. — Appel en garantie.

SOMMAIRE.

88. Moyens du fond qui prorogent la juridiction.
89. Appréciation de titres en la forme. — Au fond, leur cause.
90. Le tribunal apprécie même les titres notariés.
91. Actes attaqués pour simulation — Dol.
92. Contre-exception ou récrimination.
93. Le tribunal connait d'une demande principale en nullité d'acte notarié. — Main levée d'hypothèque.
94. *id.* des exceptions du droit civil. — Remise. — Compensation etc.
95. Compensation résultante d'une créance civile.
96. Sur chose non liquide. — Mais commerciale.
97. Serment décisoire.
98. Forme du serment.
99. Si la partie décède avant d'avoir prêté serment.
100. Où doit-on discuter une caution.
101. Motifs de douter.

---

tribunaux : un tribunal pourrait modifier sa bienveillance à cet égard. Mais, en définitive ; les agréés n'étant que des mandataires, le tribunal ne pourrait que donner des avertissemens d'audience, pour les faits d'audience, et non pas suspendre un agréé parce que son mandat appartient aux parties. La Cour de Pau l'a jugé ainsi le 1.er septembre 1818, S. 19, encore qu'il s'agit d'irrégularités dans la rédaction des qualités et d'un jugement.

88. Les incidens dont nous nous sommes occupé jusqu'à présent tiennent plus particulièrement à l'instruction et aux formes à suivre devant les tribunaux de commerce dans les limites de leur compétence. Il y a, en dehors de ces incidens de procédure et de qualité, des moyens qui tiennent au fond de la contestation, et sont préjudiciels pour la terminer. Le besoin de la défense amène une prorogation de juridiction.

89. Parmi ces moyens, figure l'appréciation du titre qui sert de base, soit à la demande, soit à la défense : delà, question de savoir si un titre ou une quittance sont réguliers, suffisamment probans; si l'obligation est valable en soi, ou susceptible d'être annulée pour défaut de cause ou cause illicite, ou défaut de consentement ; si un endossement est régulier et translatif de propriété ; si un protêt a été fait à temps et régulièrement; car son irrégularité est plutôt un moyen de fond et de déchéance, qu'un simple vice de procédure.

90. Le tribunal ne cesserait pas d'être compétent quand même le titre qui sert de fondement à la demande aurait été passé devant notaire; car

une dette commerciale, quoique résultant le plus souvent de titres privés, correspondance etc., peut aussi bien résulter d'un acte authentique. Arrêt de Douay du 27 février 1835, S. t. 26. M. Pardessus cite un arrêt de rejet du 23 mars 1824, sans en indiquer le recueil. S. 35.

91. Si le défendeur attaquait comme fruit de la simulation l'acte qu'on lui oppose, comme cela conduirait à examiner la sincérité de la cause, le tribunal de commerce en connaîtrait, M. Pardessus est de cet avis : mais ensuite il pense que si celui au profit de qui une lettre de change aurait été tirée ou endossée et qui en serait encore porteur, avouait, ou s'il était allégué contre lui que cette négociation n'a été qu'un moyen de libéralité en sa faveur, le tribunal de commerce cesserait d'être compétent. Tout en respectant l'opinion du savant jurisconsulte, nous ne pouvons la partager. Puisqu'on admet que les tribunaux de commerce peuvent rechercher si un titre est sans cause, ou sur cause illicite, la libéralité étant avouée ou même prouvée, c'est là une cause efficace comme une autre, à titre gratuit; essentiellement licite, ainsi que la remise gratuite d'une dette. Il ne peut pas dépendre d'un défendeur de changer la compétence, lorsqu'il ne s'agit pas de l'état des personnes. Il n'y aurait plus qu'à examiner si la dette n'étant pas commerciale, elle peut entraîner la contrainte par corps contre le créeur ou endosseur. V. 94. Voyez d'ailleurs au livre 2, 3.e catégorie §. 4, la cause des lettres de change, art. 477.

92. Mais si, lorsqu'un endosseur vient opposer

que le protet ayant été fait à tard, le demandeur est déchu de son action, celui-ci : par une contre-exception, vient exciper de ce que l'endosseur l'a prié de ne pas faire de protêt, et lui oppose ainsi son propre dol, le tribunal de commerce en connaîtra-t-il ? La défense du demandeur est bien ici fondée sur un fait de *dol* qui n'a rien de commercial. Cependant comme cette défense incidente n'est en définitive qu'un *moyen* d'arriver à l'obtention de la demande principale, le tribunal de commerce doit en connaître, attendu que le tribunal compétent pour connaître du fond de la demande, l'était aussi pour apprécier et juger les moyens qui étaient employés soit pour la faire accueillir, soit pour la faire rejeter ; que le moyen de dol et de fraude accueilli par le tribunal de commerce, n'a été employé que comme moyen justificatif de la demande : c'est ce qu'enseigne un arrêt de rejet de la cour de cassation du 2 août 1827. S. 28. Palais 1828. ., p. 481.

93. Le tribunal de commerce peut connaître de la nullité, même d'un acte authentique non seulement quand c'est le *défendeur* qui oppose cette nullité incidemment, mais encore lors que le même individu est demandeur au principal en nullité, quoique non commerçant, lorsque l'acte attaqué de dol a pour objet une opération de banque. Le tribunal de commerce peut même par suite ordonner une main levée d'hypothèque consentie par l'acte annulé. Rejet du 11 février 1834 (annales 1835).

94. Puisque la défense doit être appréciée en tant qu'elle résulte d'une exception ordinaire étran-

gère aux questions d'état, il en résulte que le juge-consul sera compétent pour apprécier le moyen du défendeur consistant à dire qu'il a payé, que remise lui a été faite de sa dette ou qu'elle a été éteinte par novation, (édit de 1563) confusion, prescription et chose jugée. Toutes ces exceptions, comme celles tirées de l'erreur, du dol, du défaut de cause, de la violence ou de l'incapacité de contracter, exigent donc du magistrat-consulaire certaines connaissances du droit civil sous plusieurs rapports; mais ces questions ardues pour ceux qui se sont voués à l'étude du droit, ne font que relever la dignité des magistrats électifs, qui, du reste, il faut l'avouer, sont bien secondés dans leurs travaux par des agréés souvent aussi modestes qu'habiles.

95. La compensation, comme la confusion, tendant à établir que la dette est éteinte, sont admissibles, quand même elles ne procéderaient pas d'une créance commerciale : en tous cas, pourvu que la créance soit certaine et liquide, et l'on tient comme liquide, la créance qui peut facilement s'établir sans un long examen. *Ita tamen compensationes objici jubemus, si causa ex quâ compensatur liquida sit, et non multis ambagibus innodata, sed possit judici facilem exitum sui præstare.* l. 14 au Code. Cette maxime est passée dans la pratique actuelle. Toullier tome 7. Toulouse 14 août 1818, et arrêt de cassation du 3 février 1819. S. 19.

96. Lors même que la créance opposée en compensation ne serait pas liquide et serait contestée, le tribunal en connaîtrait dès que le défendeur conclû-

rait par demande incidente et reconventionnelle, pourvu qu'il s'agît de chose commerciale, car si la dette contestée était civile, même contre un commerçant, il y aurait lieu de renvoyer les parties au civil, tous droits et moyens réservés. Henrion. Comp. des j. de p.

97. La délation du serment que fait l'une ou l'autre des parties, est aussi un moyen de faire admettre ou rejeter la demande. Quoique les tribunaux de commerce ne connaissent pas de l'exécution de leurs jugemens, articles 442 et 553 C. de proc., ils doivent recevoir le serment qu'ils ont ordonné soit d'office, soit sur la déclaration d'une partie, de même qu'ils reçoivent l'enquête qu'ils ont ordonnée pour en faire dépendre la décision de la cause. Le tribunal peut commettre un des juges et même un juge de paix, si la partie est dans l'impossibilité de se présenter, articles 121, 428, 1035, C. de proc.

98. On sait que la forme du serment varie suivant les cultes; par respect pour les croyances religieuses, les juges consulteront le rit de la religion de celui qui doit prêter le serment : c'est ainsi que cela se pratique au civil et au criminel dans les témoignages.

99. Faisons remarquer ici que quand la partie à qui le serment a été déféré ou référé vient à décéder avant de l'avoir prêté, elle est réputée avoir persévéré dans l'intention de le prêter, et que par suite ses héritiers en recueillent l'avantage. Telle est la jurisprudence que nous avons fait plusieurs fois appliquer.

100. Si le tribunal avait ordonné, comme condition d'une condamnation qu'une caution serait fournie, l'offre de la caution, ainsi que la discussion de sa solvabilité aurait lieu devant le tribunal consulaire. Art. 440 C. de pr.

101. On ne peut se dissimuler que le doute est permis à la première lecture de l'art. 440 qui porte que la caution sera présentée par acte signifié au domicile de *l'appellant*; ce qui supposerait que les parties étant en *appel*, c'est au greffe de la Cour que la caution doit être offerte. Mais qu'on remarque que, quand il s'agit de fournir caution, c'est qu'il y a eu jugement qui l'a *ordonné* ordinairement; or, ce jugement est exécutoire par provision, et de plus on ne conçoit guère qu'il soit convenable que la cour connaisse de cette exécution ou plutôt complément d'un jugement consulaire.

Ce qui achève de démontrer que la discussion de la caution reste au tribunal de commerce, c'est d'une part que l'art. 440 rappelle qu'on pourra procéder au domicile indiqué par l'art. 442, c'est-à-dire le *greffe* du tribunal; et d'autre part, que l'art. 441, tout en employant aussi le mot *appellant*, énonce que le *jugement* sera exécutoire nonobstant opposition ou *appel*, énonciation qui ne serait pas applicable si la caution eût été jugée par un arrêt de la Cour d'appel.

102. Des dommages-intérêts peuvent être réglés par deux jugemens. Le tribunal d'Avesnes, après avoir condamné Petit à payer des dommages-intérêts à Gilmart, suivant état et déclaration, eut le scru-

pule de se déclarer incompétent pour statuer sur les dommages dont Gilmart avait fait notifier la déclaration, de peur de connaître de l'exécution d'un précédent jugement ; mais cette sentence a été réformée le 20 août 1827 par la cour de Douay, par le motif de droit que le sens de l'article 442 du C. de pr. était fixé par l'article 553, que l'exécution dont les tribunaux de commerce ne peuvent connaître, n'est autre que l'exécution possible après que ces tribunaux ont statué *définitivement* sur le litige. S. 28.

103. La question de savoir si le tribunal de commerce peut ordonner que son jugement sera exécuté nonobstant appel, paraît bien rentrer dans *l'exécution* des jugemens dont les tribunaux consulaires ne peuvent connaître, cependant ils *peuvent* ordonner cette exécution provisoire ; c'est ce qui confirme la pensée émise et qui se représentera sous le §. 3 que l'exécution dont il est défendu à ces tribunaux de connaître, c'est celle qui rentre dans les voies de contraintes et dans leur régularité.

104. Un jugement à interpréter, à compléter serait de la compétence du tribunal qui l'a rendu ; ce ne serait pas là connaître de l'exécution de ce jugement. Mais on sent que, sous couleur d'interprétation, on ne pourrait modifier les dispositions claires, sans porter atteinte à la chose jugée. 17 mai 1826, Caen, S. 27.

105. Des personnes pleines de maximes d'exactitude, sont disposées à croire que les tribunaux de commerce ne peuvent accorder des délais pour

l'exécution de leurs jugemens, soit parce que ce serait connaître de l'exécution de ces jugemens, soit parce que, suivant les articles 157 et 187 C. de com., il n'est pas accordé de délai pour le paiement de lettres de change et billets à ordre; soit enfin parce que, d'après l'art. 647 du même Code, les cours d'appel ne peuvent à peine de nullité et même de dommages-intérêts des parties, s'il y a lieu, accorder des défenses, ni surseoir à l'exécution des jugemens des tribunaux de commerce, quand même ils seraient attaqués pour incompétence.

Mais ces argumens ne font que prouver qu'il importe aux intérêts commerciaux que les sentences consulaires reçoivent exécution prompte; c'est apparemment quand cette exécution est ordonnée provisoirement, ou qu'elle n'est pas modifiée par la sentence même. Ainsi quand les juges consulaires, très-idoines en ce point sur l'opportunité, n'ont pas accordé de délai, les cours d'appel ne peuvent accorder des *défenses* provisoires, en attendant le jour de l'audience pour le fond de la cause. Les art. 157 et 187 du C. de com. n'indiquant qu'une sorte d'engagement qui, en effet, par sa nature, n'est pas susceptible de retard, sans nuire à la confiance et à l'activité commerciale; ce sont les traites et billets, il faut en conclure que, dans tous autres engagemens non exceptés par la loi, les tribunaux de commerce sont compétens pour accorder terme et délai suivant les circonstances.

En effet, on voit des prêts remboursables à la volonté du débiteur, ou quand ses facultés le lui permettront ; ou enfin la reconnaissance qui constate le prêt ne fixe pas de délai pour la restitution, comme on le voit par les articles 1900 et 1901 du Code civil. Le juge doit alors fixer un délai, selon les circonstances. Il en est de même au cas de marchandises vendues à livrer, il faut un temps quelconque, suivant la nature de la convention, pour que le débiteur mette les choses en état ; ce qui s'applique à un artiste qui s'est chargé de la confection d'un travail ; il doit, lors même qu'il n'a stipulé aucun terme, avoir un délai moral suffisant pour remplir ce qu'il a promis. Le tribunal est arbitre du délai, en recherchant, autant que possible, l'intention des parties, quand la loi ne s'en est pas expliquée.

Quelquefois encore, des obligations de payer ou de faire, tout en énonçant le délai de l'exécution, deviennent l'objet d'assignation devant le juge de commerce, le défendeur en retard peut encore obtenir une prorogation de délai, en ce sens que le juge condamne à exécuter ou payer dans un temps qu'il fixe. L'article 1244 du Code civil offre un exemple et des conditions au juge. D'abord, le débiteur ne peut forcer le créancier à recevoir en partie le paiement d'une dette, quoiqu'elle soit divisible et susceptible d'exécution partielle. Ensuite le juge peut, en considération de la position du débiteur, mais en usant de ce pouvoir avec une grande réserve, accorder des délais modérés pour le paiement et surseoir l'exécution des poursuites, toutes choses demeurant en état.

106. Mais, pour accorder ces délais, il faut que le juge s'en explique dans la sentence même qui prononce, en énonçant les motifs du délai. Si la partie n'a pas demandé le répit avant le jugement, c'est qu'elle n'en avait pas apparemment besoin. Si elle la demandait après le jugement, le juge ayant terminé sa mission, n'aurait plus à s'en occuper.

107. Par la même raison, lorsqu'il y a lieu à la contrainte par corps, (mais dans tous les cas non exceptés par la loi, tels qu'en cas de condamnation au paiement de lettre de change, billet, et autres d'urgence) le tribunal a le pouvoir d'ordonner que la contrainte par corps ne pourra être employée contre le débiteur, qu'après un délai fixé, sans qu'il soit besoin d'un autre jugement. Mais ce sursis ne peut être prononcé qu'en statuant sur la contestation, art. 122 et 120 du Code de procédure. La loi du 19 avril 1832 qui a modifié les rigueurs de la contrainte par corps, résultantes des lois antérieures, n'offre rien qui s'oppose à cette concession de délai. La justice peut être d'accord avec l'humanité.

108. Il en serait de même de toute contestation sur la régularité de rapports d'experts, comptes et vérifications, faits en vertu de jugemens interlocutoires ; le tribunal pourrait, sans excès de pouvoir, allouer plus ou moins que l'estimation des experts, ou ne pas les prendre pour guides nécessaires, art. 323 du C. de procédure ; puisqu'on a vu, n.° 45, que le tribunal a pouvoir discrétionnaire dans le silence de la loi. Le tribunal aurait

aussi le droit de connaître des erreurs, omissions, faux ou doubles emplois dans les comptes qui auraient été jugés consulairement (édit. de 1563), il faut retourner devant les mêmes juges, porte l'art. 541 C. pr. ce qui ne veut pas dire que les magistrats devront être absolument les mêmes; mais que ce sera la même juridiction qui en connaîtra.

Appel en garantie.

SOMMAIRE.

109. En général la garantie est portée au premier tribunal saisi.
110. Action de celui qui, de confiance ou espérant provision, a accepté une lettre de change.
111. Du tiré qui n'a pas accepté.
112. Lors même qu'il peut être débiteur comme responsable.
113. Action en garantie concertée.
114. Le *garant* peut lui-même opposer l'incompétence, dans le silence du *garanti*.
115. Garantie contre le porteur *en blanc*, ou fondé de pouvoir qui n'a pas fait protester.
116. Garantie, pour indication inexacte.
117. Il faut qu'au moins le garant soit justiciable d'un tribunal de commerce quelconque. — Huissier.
118. Garantie contre un cultivateur.

109. L'action en garantie doit en général être portée devant le tribunal qui doit juger l'action principale, art. 181 C. de pr.; mais s'il paraît par écrit, ou par l'évidence du fait que la demande originaire n'a été formée que pour traduire le garant hors de son tribunal, il devra y être renvoyé:

c'est le tribunal de commerce qui doit apprécier cette exception.

110. Ainsi, celui qui a prié son ami d'accepter des lettres de change, tirées par lui ou par d'autres, de son ordre, et qui ainsi devait en faire les fonds à l'échéance, peut être assigné durant l'instance ou après l'instance, par l'accepteur, devant le juge du lieu du paiement. C'est là en effet que le paiement ou la provision devait se faire, art. 420 C. de pr., arrêt de cassation du 27 mars 1812.

111. Mais si celui sur qui la lettre de change serait tirée, ne l'acceptait pas, le tireur assigné en paiement, ne pourrait, par demande en garantie, assigner à son tour le *tiré* non accepteur, ailleurs que devant le juge du domicile de ce dernier. Question qui pourrait souvent s'élever, par suite d'adresse avisée pour distraire un individu, fût-il débiteur, de ses juges naturels: on ne peut se faire un titre à soi-même. On ne saurait s'élever avec trop de force contre ces abus. M. Horson qui traite la question dans le même sens n.° 200, signale l'espèce de prévention avec laquelle le déclinatoire est accueilli, quoiqu'il ait pour objet de conserver l'ordre des juridictions. Il cite la doctrine conforme de Sirey, qui cite lui-même deux arrêts, et il indique que plus tard, la cour de cassation a été appelée à apprécier cette question, et qu'un arrêt de réglement de juges du 12 février 1811, contenu dans le recueil de Sirey, tom. 11, pag 265, l'a décidé suivant cette manière de voir, par le motif « que le débiteur au« rait dû à son domicile et que celui qui n'a ni *tiré*,

« ni *accepté*, ni endossé une lettre de change, ne « peut, sous prétexte qu'il en doit le montant, « être distrait de ses juges naturels (1) ».

112. Ajoutons qu'un autre arrêt de la sect. civile du 17 juin 1817, S. 17, dans une affaire où un voiturier commissionnaire se reconnaissait cependant responsable, porte : «Vu l'art. 59 du C. de pr., attendu que le défendeur doit être assigné devant le juge de son domicile, hors les cas exceptés par la loi, et attendu que celui qui n'a ni créé, ni accepté, ni endossé, ni autrement signé une lettre de change, ne peut être distrait de ses juges naturels; sous prétexte qu'il est redevable ». Un arrêt de Colmar du 14 mars 1822, s'est, en quelque sorte, approprié ces motifs pour condamner l'abus que l'on voulait faire de l'art. 181 du C. de pr. Même décision d'Angers, 28 novembre 1828. Encore que le tiré se reconnût débiteur, mais il avait défendu qu'on fît traite sur lui. Sirey, 29.

113. M. Horson cite, 201e question, d'après la Gazette des Tribunaux, du 9 octobre 1826, un arrêt de Paris qui rejetta comme concertée, une action en garantie, dirigée contre un prétendu acheteur. Un fabricant de Troyes avait expédié à un marchand de Rouen des marchandises qui furent refusées, comme n'ayant pas été définitivement commandées. Le commissionnaire chargé du tran-

---

(1) On retrouve cet arrêt Répertoire V.° lettre change p. 412 et autres arrêts, Questions de droit, même mot.

sport, les retourna à l'expéditeur qui ne voulut ni les reprendre, ni payer 5 fr. 85 c. montant de la lettre de voiture. Le commissionnaire avait assigné l'expéditeur devant le tribunal de Troyes, et celui-ci avait espéré y attraire le marchand de Rouen par action en garantie.

114. Faisons remarquer ici que celui qui est appelé comme garant, devant un tribunal, par le garanti, peut opposer l'incompétence du chef du garanti, encore que celui-ci ne l'oppose pas, bien entendu si l'incompétence est fondée. C'est la jurisprudence.

115. L'appel en garantie contre un tireur, créeur ou endosseur, ne peut guère offrir de difficulté. Mais, après contestation élevée, on a décidé que celui qui, étant porteur d'une lettre de change, imparfaite, devait en exiger le paiement à l'échéance, au moins comme mandataire, serait appelé en garantie du tort qu'il a occasionné par sa négligence, devrait procéder devant le tribunal, saisi d'abord de la demande en paiement de cet effet. Sirey, 27.

116. De même dans l'exemple suivant : *Pierre*, de Paris, a vendu des marchandises à *Paul*, de Bayonne, et les a adressées à *Jean*, commissionnaire à Bordeaux, pour les faire parvenir à l'acheteur. La non arrivée ou l'arrivée tardive donne lieu à un procès entre *Paul* et *Jean*. Celui-ci, pour s'excuser prétend que *Pierre*, expéditeur, lui a donné des indications inexactes qui ont été la cause première du tort dont *Paul* se plaint et assigne *Pierre*, en garantie, devant le tribunal saisi de la demande.

Eh bien, celui-ci qui, dans la règle, et s'il avait été assigné directement en livraison, n'aurait pu l'être qu'à Paris, ne peut se dispenser de procéder sur la garantie devant le tribunal de *Jean*, où il a été assigné. M. Pardessus professe cette doctrine qu'il appuie de deux arrêts.

117. Ce qui vient d'être dit sur l'obligation imposée à l'appellé en garantie, de procéder devant le tribunal saisi de la demande principale, suppose que le tribunal est compétent, pour statuer sur le *fond* de cette demande en garantie : car si l'appelé en recours n'était pas justiciable du tribunal de commerce, l'action en garantie, quoiqu'accessoire, ne pourrait point attribuer cette compétence à ce tribunal. Tel serait le cas où la garantie serait portée contre un notaire ou huissier, comme ayant commis une nullité dans un acte destiné à interrompre la prescription, ou dans un protêt. Quoique le tribunal fût compétent, pour statuer sur le mérite des actes invoqués entre les parties principales, il ne le sera pas pour statuer sur les conséquences et la responsabilité de cette nullité, au regard d'un tiers qui n'est pas commerçant. La cour de cassation a proclamé maintes fois ce principe sur la garantie des huissiers et les dommages-intérêts dont ils peuvent être passibles, même lorsqu'ils sont appellés devant la cour suprême en garantie.

Seulement la partie qui a employé un huissier ou un mandataire accusé de négligence, est dans l'usage de faire à ce tiers, quand la contestation s'est élevée sur l'effet et le mérite de l'acte, sommation d'intervenir, s'il le juge à propos, devant le tribunal de commerce, pour en soutenir la validité. Sans cette précaution, ce tiers dont l'acte aurait été annullé, en son absence, pourrait former tierce-opposition au jugement intervenu sur la nullité et qui est destiné à servir de base à une action en dommages-intérêts au civil.

118. Ceci s'applique à tous autres cas où la demande en garantie ne serait pas fondée sur un fait commercial. Ainsi les vignerons et cultivateurs qui ne sont pas justiciables du tribunal de commerce, pour la vente de denrées ou objets de leur cru ou exploitation, art. 638, C. de com., ne pourraient pas être appelés en garantie par un marchand de vins ou de farines, qui serait lui-même assigné au principal, devant le tribunal de commerce, soit afin de livraison de ces denrées, soit à l'occasion de leurs défauts et conditions, V. Jousse, p. 252, arrêt de cassation du 27 juin 1831. Tel serait le cas où un commissionnaire, assigné en remise d'objets à lui confiés, agirait en garantie contre le particulier qui les aurait reçus induement, V. n.° 258.

II SECTION.

Questions et incidens qui ne peuvent être jugés par les tribunaux de commerce. — Différence d'avec d'autres questions dont ils connaissent.

SOMMAIRE.

110. Objets trop longs et trop graves pour surcharger les juges-consuls.

119. Il est des difficultés qui, malgré qu'elles s'élèvent incidemment, ne peuvent être résolues par le tribunal soit à cause de la longueur d'une instruction qui enleverait trop de temps aux juges-consulaires, soit à cause de l'importance des questions et des suites graves qu'elles pourraient avoir quant à l'ordre public. Ceci s'applique 1.° aux questions de qualité touchant l'état civil ou politique. 2.° Aux dénégations d'écritures. 3.° Et aux questions sur l'exécution des jugemens.

120. Faisons remarquer que le tribunal doit se déclarer incompétent, encore que le déclinatoire n'ait pas été proposé. L'art. 424 du C. de pr. éta-

blit sur cela une règle générale qui doit s'appliquer aux incidens de cette nature, comme à la matière du fond qui ne serait pas dans les attributions du juge. Lors même qu'il y aurait consentement des parties à proroger comme défense, car les juridictions sont d'ordre *public*, et d'après l'art. 6 du C. civil, on ne peut y déroger par des conventions particulières.

§. I.er

Des questions de qualité touchant l'état civil ou politique.

121. Il est des qualités qui ne tiennent pas à la jouissance de l'état civil d'un citoyen, mais à sa position accidentelle ; la question alors n'est pas d'état, mais de profession, souvent de circonstance passagère.

122. Ainsi nous avons dit, V. 28, que le tribunal pouvait rechercher soit pour établir sa compétence, soit pour prononcer la contrainte par corps, qu'elle est la profession d'une partie et si elle faisait habituellement des actes de commerce ; comme aussi si le siége de son commerce ou domicile était dans tel lieu plutôt que dans tel autre. Ce n'est pas là une *qualité* civile dans le sens de l'art. 426 du C. de pr. qui dit que si la qualité des veuves et héritiers est contestée il y a lieu de surseoir jusqu'après le réglement par le tribunal civil.

123. La qualité de *cessionnaire* qui serait con-

testée à une partie, étant la base d'une réclamation pécuniaire, rentrant dans les exceptions servant de fond à la demande ou à la défense, le tribunal en connaîtrait : c'est l'appréciation du titre.

124. Un individu assigné comme associé d'un autre et devant être tenu solidairement avec lui, dénie l'existence de la société ; le tribunal de commerce en connaîtra parce qu'il ne s'agit ici que de rapports d'affaires pécuniaires nées du commerce. Le motif de droit est, suivant arrêt des requêtes du 9 mai 1826, Sirey 26, que le juge de l'action est le juge de l'exception, lors surtout que l'exception, par sa nature et par la qualité des parties, rentre dans les limites de la juridiction consulaire, arrêt conforme du 10 décembre 1806. Sirey 6.

125. Un motif d'inquiétude pourrait exister : c'est la portée que pourrait avoir une décision sur l'existence de la société, car une fois un défendeur condamné comme associé, sur une simple assignation en paiement de 600 fr., se verra inquiété par d'autres personnes qui lui donneront d'autant plus le titre d'associé qu'il lui aura été imprimé par un jugement. Mais de même que la décision sur la société n'étant qu'incidemment jugée est un accessoire de l'action principale de 600 fr., et devient en dernier ressort comme ce principal ; de même la décision rendue entre deux plaideurs sur la société, comme existant ou comme n'existant pas, n'a d'effet qu'entre eux : un autre créancier ne pourrait s'en prévaloir, comme de la chose jugée ; et réciproquement celui qui aurait été affranchi du

titre d'associé, ne pourrait opposer son jugement à un nouveau créancier ou demandeur.

Ces principes de l'ancien droit, résumés d'après Daguesseau et Jousse sur les présidiaux, dans le répertoire V.° dernier ressort, sont confirmés par la jurisprudence nouvelle, un exemple en est donné dans l'art. 800 du C. civil au regard d'un individu qui s'est débattu sur la qualité d'héritier.

126. Mais ce qui tient à la personne et aux circonstances de son état civil dans la société, ne peut être jugé ni au principal, ni incidemment comme exception et défense, ni en premier ni en dernier ressort.

127. Ainsi la question qui s'élèverait de savoir si le demandeur ou le défendeur, comme curateur à un absent, militaire ou non, a qualité pour le représenter ; si ses fonctions ont ou n'ont pas cessé par une déclaration d'absence, le tribunal de commerce devrait renvoyer l'incident devant les tribunaux ordinaires.

128. Il en serait de même sur la question de majorité, dont l'époque a pu changer suivant différentes législations, ou suivant la séparation ou réunion de pays voisins. Bruxelles 10 juillet 1807. Sirey 8. Ordonnance de 1673. Titre 12, art. 9.

129. La qualité d'héritier tient aussi à l'état des personnes puisqu'elle est la suite non seulement de la parenté, mais encore de l'acceptation de la succession. Toutefois, si un défendeur, sans nier sa qualité de fils, n'excipait point de sa renonciation

à la succession de son père, ne pouvant nier qu'il fût, de droit, héritier; sa qualité forme contre lui une présomption qu'il doit détruire en prouvant qu'il y a renoncé. Arrêt de rejet du 1.er juillet 1829. Sirey 29.

Mais s'il y avait contestation sur la forme de la renonciation, ou sur ce que l'on prétendrait que, nonobstant la renonciation, ce fils s'est immiscé avant ou après cette renonciation, ou a pris le titre et fait acte d'héritier, la qualité ainsi contestée serait à renvoyer au civil, même si la contestation avait lieu dans le cours d'opérations de faillite : parce que les juges de commerce sont juges d'exception, ils doivent se restreindre dans les limites voulues, leur juridiction étant extraite de la juridiction générale qui appartient aux tribunaux civils.

130. La question de savoir si une partie est bien celle qui serait envoyée en possession des biens d'un absent, pour justifier sa demande ou sa défense, échapperait au tribunal de commerce; ainsi que les conditions du cautionnement ordonné par le jugement d'envoi en possession.

131. Il est des personnes qui, sans avoir la qualité d'héritiers proprement dite, ont droit à une quote part de la succession; tels sont les enfans naturels; si donc un enfant actionné, à ce titre, déniait la qualité, ou excipait du défaut de saisine par les héritiers légitimes, il faudrait la faire juger par les tribunaux civils.

132. Par la même raison, une légataire, qui

joue le rôle d'héritier, s'il est actionné comme héritier universel ou à titre universel, et qu'il y ait difficulté sur cette qualité, ou sur l'effet de la délivrance, il y aurait également lieu à surseoir jusqu'après la décision civile. Même solution par conséquent *pour le donataire* ou l'héritier institué par contrat de mariage (1).

133. Une femme est assignée comme tutrice légale d'un enfant qu'elle aurait eu avec son défunt mari, si elle repousse cette qualité de tutrice, en niant la filiation, faute de contrat de mariage ; le tribunal de commerce sera incompétent.

134. Il le sera aussi, si, sans contester sa qualité de femme, et lorsqu'elle rapportera la preuve de sa rénonciation à la communauté, son adversaire prétendra qu'elle s'est néanmoins immiscée dans les biens de cette communauté ou qu'elle a fait quelque recel ou soustraction capables de la faire déchoir du bénéfice de la renonciation.

135. Une espèce peut se présenter souvent après

---

(1) « Les veuve et héritiers de marchands, négocians ou autres contre lesquels on pourrait se pourvoir par-devant les juges et consuls, y seront assignés, ou en reprise ou par nouvelle action. Et en cas que la qualité ou de commune ou d'héritiers purs et simples, ou par bénéfice d'inventaire soit contestée, ou qu'il s'agisse de douaire ou de legs universel ou particulier, les parties seront renvoyées par-devant les juges ordinaires pour les régler, et après le jugement de la qualité, douaire, ou legs, elles seront renvoyées par-devant les juges et consuls. » Ord. de 1673, tit. 12. art. 16.

les désastres de la guerre, ou en cas d'absence. Une femme de bonne foi ou non prend le titre de veuve, croyant ou feignant de croire que son mari est décédé, sur la foi d'anciens militaires échappés aux périls ; elle fait des actes de commerce, et souvent une profession habituelle de marchande : elle est assignée en sa qualité putative de *veuve*, mais elle vient dire pour sa défense qu'elle n'est pas veuve, que son mari n'est qu'absent sans nouvelles et qu'ainsi en puissance de mari, elle n'a pu contracter valablement et faire le négoce. Que fera le tribunal de commerce ? il nous semble que ce n'est pas sa qualité de veuve que le tribunal aura à décider, son jugement ne devant pas tenir lieu d'acte de décès du mari. Le tribunal pourra d'abord l'autoriser, en tant que de besoin à défendre, ainsi que nous l'avons vu section 1.ere n.o 55. Et ensuite juger cette femme, attendu que les faits qui se rattachent à sa gestion ont établi une erreur commune sur sa qualité ; qu'elle ne pourrait sans mauvaise foi se faire un titre de l'erreur dans laquelle elle aurait entretenu les personnes avec lesquelles elle a traité : d'où il suit que veuve ou non elle a engagé personnellement sa responsabilité. De cette manière la question d'état resterait intacte.

136. La validité des engagemens d'une femme qui a pris mal-à-propos la qualité de veuve, est admise dans le droit, comme justifiée par l'erreur commune sur sa qualité putative ; ce qu'on voit dans Pothier, sur la puissance maritale, en son traité de la communauté.

Dans le droit romain, un certain *Barbarius Philippus*, quoique esclave, passait pour citoyen, et remplissait même des fonctions publiques ; on décida que la bonne foi publique demandait que ses actes fussent validés. *ff de officio prætoris.* Un fils de famille en puissance paternelle ne pouvait s'obliger ; cependant il arriva qu'un homme passait lui-même pour père de famille, libre de ses actions, *sui juris* : on décida que ses engagemens étaient valables. *Si quis patrem familias esse credidit, non vanâ simplicitate deceptus, nec juris ignorantiâ, sed quià publicè pater familias habebatur plerisque, sic agebat, sic contrahebat, sic muneribus fungebatur, cessabit senatus consultum.* L. 3. ff de Senat. c. maced.

Delà ce brocard du palais, *error communis facit jus*, que nous avons vu appliquer sur notre plaidoirie à deux femmes, dont l'une demandait la nullité de vente de maison qu'elle avait vendue comme veuve, dont l'autre voulait échapper aux poursuites pour des actes de commerce qu'elle avait faits avec une patente de veuve.

187. Une question qui parait se rattacher à l'exception de *qualité*, mais plutôt *politique* que *civile*, c'est celle de savoir si tel ou tel département a été affranchi de contributions indirectes, sur le sel par exemple, pour en induire qu'un billet fait à la régie, dont le paiement est demandé, est sans cause, comme ayant été souscrit par suite de perception de taxe sur le sel : c'est au moins ce qu'a jugé la cour de cassation, le 28 mai 1811. S. 11.

La question de savoir si une personne est de nation étrangère, et par conséquent, peut-être, tenue de donner caution, ou peut cautionner un tiers, ou doit jouir de quelque privilège ou exception, à cause de sa qualité, se réfère à l'état politico-civil.

§. II.

Des dénégations d'écritures.

SOMMAIRE.

138. Texte de l'art. 427.
139. Distinction entre dénégation et méconnaissance d'écriture.
140. Justification de cette distinction.
141. Il ne faut pas qu'il y ait nécessairement inscription de faux.
142. Erreur d'un arrêt de Paris.
143. Faut-il dénégation de la dette même?
144. Le tribunal peut ordonner le dépôt au greffe.
145. Si la pièce arguée n'est relative qu'à un chef de conclusions.
146. Si, entre plusieurs pièces, une seule est contestée.
147. Exemple. — S'il y a d'autres preuves.
148. Arrêt cité mal-à-propos par M. Pardessus.
149. Autre arrêt plus applicable.
150. Grande affaire Regnier-Michel.
151. Encore qu'il s'agisse d'acte authentique. — S'il y a autres documens.
152. Si ces débats sont étrangers à une 3.e partie en cause.
153. Le tribunal civil ne juge que l'incident.
154. Si le tribunal de com. est à la fois tribunal civil.

138. Pour bien comprendre les explications suivantes, sur les difficultés qui peuvent se présenter

à l'occasion de dénégation d'écritures, et qui pourraient résulter du laconisme de l'art. 427 du C. pr., puisé dans un édit du 15 mai 1703, il faut le transcrire ici : « si une pièce produite est méconnue, déniée ou arguée de faux, et que la » partie persiste à s'en servir, le tribunal renverra devant les juges qui en doivent connaître, et » il sera sursis au jugement de la demande principale. — Néanmoins, si la pièce n'est relative » qu'à un des chefs de la demande, il pourra être » passé outre au jugement des autres chefs ».

139. Quelle est la différence de ces mots appliqués à une pièce produite, sans distinction des parties, *méconnue, déniée* ou *arguée de faux?* Nous devons mieux connaître la signature qu'on nous oppose comme notre ouvrage personnel : si elle n'est pas de nous, nous devons la *dénier* positivement. Quand il s'agit d'un tiers, notre auteur ou autre, nous pouvons l'ignorer, nous nous bornons à la *méconnaître* : enfin, il peut arriver que nous ayons tellement la conviction de l'altération de la vérité, qu'au lieu d'attendre que celui qui se prévaut de la pièce, en provoque la vérification, nous nous chargeons de prendre les devant pour en établir la falsification. Nous l'arguons directement de *faux* : ce qui a lieu également quand il s'agit de protester contre le contenu en un acte authentique, toutes les fois qu'il n'est pas attaqué pour dol et violence, et par des tiers pour simulation.

140. Le Code civil et le Code de procédure justifient ces explications. Art. 1323 du C. civil : celui

auquel on oppose un acte sous-seing privé est *obligé* d'avouer ou de désavouer formellement son écriture ou sa signature. — Ses héritiers ou ayant cause, peuvent se *contenter* de déclarer qu'ils ne connaissent point l'écriture ou signature de leur auteur.

ART. 1324. Dans le cas où la partie désavoue son écriture ou sa signature, et dans le cas où ses héritiers ou ayant cause, déclarent ne point les connaître, la vérification en est ordonnée en justice.

ART. 195 du C. de procédure : si le défendeur dénie la signature à lui attribuée, ou déclare ne pas reconnaître celle attribuée à un tiers, la vérification en pourra être ordonnée, tant par titres que par experts et par témoins.

141. Dès que, pour ordonner le renvoi, l'art. 427 C. proc. n'exige pas que la pièce produite ait été frappée d'une inscription de faux ou d'une instance en vérification, il en résulte que le tribunal est obligé de renvoyer aussitôt qu'il a acquis à l'audience la preuve de l'incident, élevé par la simple déclaration de méconnaissance, dénégation, ou falsification de la pièce produite d'une part, et persistance à s'en servir d'autre part.

142. Et nous n'aurions pas pensé à relever l'erreur d'un arrêt de Paris du 9 août 1809 (S. 7. 2. 1107) qui a décidé le contraire en confirmant un jugement consulaire qui avait passé outre nonobstant déclaration par exploit réitéré à l'audience que la partie voulait s'inscrire en faux, si nous n'y avions pas remarqué le nom d'une célébrité du jour, M. de Schonen qui avait donné des conclusions

contraires à l'arrêt, comme conseiller auditeur remplissant fonctions de substitut.

143. Il n'est pas non plus nécessaire que la partie qui déclare vouloir s'inscrire en faux, ait positivement *denié* la dette ou la quotité de la somme ; il suffit de la déclaration de l'intention de se pourvoir en faux du titre dont l'autre partie persiste à se prévaloir. Arrêt de la chambre des requêtes du 1.er avril 1829. S. 29. 1. p. 134.

144. Le même arrêt a décidé que l'art. 427 ni aucune disposition de la loi ne défendent aux juges de commerce d'ordonner le dépôt au greffe de la pièce arguée de faux, que ce dépôt était une mesure de précaution dans l'intérêt de toutes les parties, et même, vu la nature de l'affaire, une mesure d'ordre public. L'arrêt aurait pu ajouter qu'aux termes de l'art. 29 du C. d'instruction criminelle, toute autorité constituée (et par conséquent un tribunal de commerce) qui, dans l'exercice de ses fonctions acquiert la connaissance d'un crime ou d'un délit, est tenue d'en donner avis au procureur du Roi, et de lui transmettre tous procès-verbaux et actes qui y sont relatifs.

145. D'un autre côte, il ne faut pas prendre trop à la lettre l'art. 427 pour en induire que par cela seul qu'une pièce produite aura été méconnue ou déniée, le tribunal devra renvoyer au juge civil. Déjà le même article a pris soin de dire que si la pièce n'est relative qu'à un des chefs de la demande, il pourra être passé outre au jugement des autres chefs sur laquelle la pièce contestée ne peut

avoir d'influence. On conçoit que cela s'applique à toutes les pièces produites soit par le demandeur ou par le défendeur et qui deviennent l'objet d'un incident.

146. Si donc une demande ou une exception était basée sur plusieurs pièces, dont une seule fut méconnne, le tribunal sans avoir besoin de s'occuper de cette méconnaissance ni de la vérification de la pièce, pourrait retenir la cause si elle pouvait à ses yeux être jugee par les autres pièces produites.

147. Ce qui s'appliquerait au cas où une dette étant reclamée sur un billet ou autre titre contesté, la preuve pourrait être acquise au procès indépendamment de ce titre argué, et résulterait de la correspondance, et de la preuve par témoins, souvent même de demi-aveux faits à l'audience par la partie sur l'origine de la dette ou les circonstances de sa prétendue extinction. Qu'importe que la pièce soit vraie ou fausse, si le procès peut-être jugé sans elle. Delà la maxime *frustrà probatur quod probatum non relevat.*

148. M. Pardessus qui partage ce sentiment, cite à l'appui deux arrets de rejet de la chambre des requêtes des 8 mai et 25 juillet 1827 ; S. 27, mais on procédait par inscription de *faux* devant des tribunaux civils essentiellement compétents, et en vertu de l'art. 214 du C. de pr., lequel, ainsi que l'art. 195 laisse au juge le *pouvoir, si le cas y échet*, d'ordonner la vérification ou bien admettre l'inscription de faux. Ces tribunaux civils peuvent

même tenir la signature pour *vérifiée* si les débats et pièces produites ont opéré leur conviction.

149. Mais ce qui est plus positif est un arrêt de rejet de la cour de cassation, du 18 août 1806, S. 6, dans une espèce où la dénégation et même inscription de faux contre un endossement ayant été faite, le tribunal de commerce admit en preuve les circonstances de la négociation. Considérant, porte l'arrêt, que les tribunaux de commerce ne sont pas tenus de surseoir au jugement du fond, pour faire préalablement procéder par juges compétens à la vérification des écritures déniées, ou au jugement du faux principal dont elles sont arguées, qu'autant qu'elles sont nécessaires pour le jugement du fond : que dans l'espèce la signature *Tetrel* n'était point nécessaire, puisqu'en procédant au jugement du fond le tribunal de commerce s'est fondé sur la preuve de la vérité de la créance due par Tetrel père et fils, résultante de l'*enquête* et non sur la signature, déniée et arguée, sur la vérité ou la fausseté de laquelle il a au contraire déclaré formellement n'entendre rien préjuger par son jugement.

150. Même décision, section civile, arrêt du 19 mars 1817, dans la fameuse affaire Regnier et Michel, S. 17, où on y lit : « que les tribunaux de commerce sont tenus de renvoyer devant les juges civils, pour la vérification de l'écriture et de la signature, lorsque le sort de la contestation tient à cette vérification ; qu'il n'en est pas de même, lorsque indépendamment et abstraction faite de toute véri-

fication ; l'instruction de la cause démontre les vices essentiels et les nullités des traités. Que dans l'espèce, le tribunal de commerce n'a fondé sa décision sur aucun motif qui s'applique au faux ; que tous les motifs de ce jugement ont, au contraire, pour unique base, les présomptions qui s'élèvent contre ce traité, toutes indépendantes du faux ».

De même quand un souscripteur de billet ne méconnaît pas sa signature, il n'a pas d'intérêt à alléguer qu'un endos est faux, quand le prétendu endosseur ne se plaint pas, et que d'ailleurs ce souscripteur n'a pas de compensation à opposer au bénéficiaire endosseur, rejet, 2 février 1836.

161. Lors-même qu'il s'agirait d'un acte authentique, la décision serait la même, s'il y avait au procès, preuve suffisante, sans rien juger sur la vérité des énonciations de cet acte. On a déjà vu d'ailleurs qu'un acte, même en la forme publique, peut-être attaqué comme n'ayant pas de cause, ou comme le résultat de la violence ou du dol, on peut même l'attaquer comme frauduleux au regard des tiers, et quelquefois simulé entre les parties, V. 30, 93 et 169. Pour faire juger ces moyens, l'inscription de faux n'est pas nécessaire : par conséquent aussi, nonobstant la déclaration de vouloir s'inscrire en faux, cet acte authentique peut être attaqué devant le tribunal de commerce qui, reconnaissant, suivant les circonstances, s'il renferme les conditions voulues pour faire un engagement valable, dès qu'ils ne jugent pas et ne présupposent pas le faux.

152. De même que si la pièce incriminée, n'est relative qu'à un des chefs de la demande, il y a lieu de juger commercialement les autres chefs ; de même si celui qui s'inscrit en faux, n'était qu'un appellé en garantie, par exemple, un donneur d'aval, l'inscription de faux ou dénégation qu'il formerait, n'empêcherait pas la condamnation de l'obligé principal et des endosseurs qui sont étrangers à cet incident, et ne peuvent en profiter.

153. Puisque le tribunal après avoir renvoyé l'incident au civil, est obligé de surseoir au jugement de la demande principale, il en résulte que le tribunal reste saisi de cette demande. Le tribunal civil auquel les diverses sortes d'incidens sont renvoyés, ne peut juger que la contestation incidente et les frais y relatifs, l'amende et les dommages-intérêts que l'incident envisagé isolément aura occasionnés ; et lors même que cet incident emporterait évidemment la décision du fond, le tribunal civil laissera retourner l'affaire au tribunal de commerce à qui il restera toujours à statuer sur la contrainte par corps sur les dépens-intérêts, même sur plus amples dommages-intérêts qui pourraient être dûs à cause du retard de la contestation sur le fond.

154. Dans les lieux où il n'y a pas de tribunal de commerce, le tribunal civil en remplit les fonctions : dans ce cas s'il s'élève un incident de la nature ci-dessus, le tribunal jugeant sursoit, et renvoi devant lui comme juge civil ; et alors les formalités exigées dans ces sortes d'incident devront être remplies de

la même manière que si par suite d'un renvoi le tribunal civil en avait été saisi.

§. III.

De l'exécution des jugemens des tribunaux de commerce.

SOMMAIRE.

155. Laconisme du code. — Sauf-conduit.
156. L'édit de 1563 attribuait aux tribunaux civils l'exécution des sentences consulaires.
157. Par *exécution*, la loi entend *contrainte*.
158. Exécution d'instruction.
159. Confirmation de la distinction par M. Thomines.
160. Reproches contre témoins, experts, sont d'instruction.
161. On n'aurait pas dû soulever la question de vente d'*immeubles*.
162. La désignation d'un officier ministériel. — Faillite.
163. Le tribunal peut commettre huissier pour exécuter contrainte par corps.
164. Peut-il ordonner l'exécution provisoire de son jugement.
165. On peut interjeter appel le jour du jugement, même par défaut.
166. Le tribunal ne peut connaître de la péremption de 6 mois.
167. Ni d'un acquiescement qui aurait empêché la péremption. — Exemples.
168. Acquiescement attaqué pour dol, comme obstacle à l'opposition.
169. En annulant une obligation notariée, le tribunal peut faire main-levée de l'hypothèque.
170. Appréciation du mode d'exécution.

155. Le Code de procédure ne contient qu'une disposition bien laconique sur cette matière : l'art. 442 dispose : les tribunaux de commerce ne connaîtront point de l'exécution de leurs jugemens. » A plus forte raison ne connaissent-ils pas de l'exécution de jugemens rendus par d'autres, surtout pour les paralyser momentanément par un *sauf-conduit*. Car on sait que suivant l'art. 782 du C. de procédure un débiteur ne peut être incarcéré s'il a obtenu un sauf-conduit. En général le sauf-conduit est délivré par le magistrat qui appelle devant lui une partie ou un témoin. Mais si leur comparution était nécessaire devant un tribunal de commerce ou de paix, le sauf-conduit doit être délivré, s'il y a lieu, par le Président du tribunal civil, conformément à un avis du conseil d'état approuvé le 31 mai 1807. Pardessus 1515. C'est une dérogation à l'art. 782. Id. Thomines Démazures.

Il ne s'agit pas ici du sauf-conduit qu'un failli doit demander au tribunal de commerce, art. 467 C. com. Voyez faillite.

156. Sur l'exécution des tribunaux de commerce

l'édit de 1563 rapporté par Bornier, porte : « les saisies, établissemens de commissaires et ventes de biens ou frais seront faits en vertu desdites sentences et jugemens (consulaires). Et s'il faut passer outre, les criées et interpositions de décret se feront par autorité de nos juges ordinaires des lieux; auxquels très-expressément enjoignons, et chacun d'eux en son détroit, tenir la main à la perfection desdites criées, adjudication des héritages saisis; et l'entière exécution des sentences et jugemens qui seront donnés par lesdits juge et consul des marchands. Sans y user d'aucune remise et longueur, à peine de tous dépens, dommages et intérêts des parties ».

L'Edit ajoute : « les exécutions encommencées contre les condamnés par lesdits juge et consul seront parachevées contre leurs héritiers, et sur *les biens seulement*. — Mandons et commandons aux géoliers et gardes de nos prisons ordinaires, recevoir les prisonniers etc ».

157. On peut voir par là de quel genre d'*exécution* les tribunaux de commerce ne connaissent pas, quand il s'agit de l'exécution de leurs jugemens suivant l'art. 442 du C. de pr., c'est en général des voies de *contraintes* employées par la partie qui a obtenu le jugement de condamnation. Ceci a besoin d'être bien établi pour éviter les confusions quand on prononce le mot *exécution*.

158. Il y a deux sortes d'exécutions. Le *livre 5* du C. de pr. a pour rubrique, *l'exécution des jugemens*. Le titre premier traite des réceptions de

cautions ; le titre 2 de la liquidation des dommages-intérêts ; le titre 3 des restitutions de fruits ; le titre 4 des redditions de compte ; et le titre 5 de la liquidation des dépens et frais. Tous ces objets se rattachent à la suite de l'instance et en forment le complément, c'est une exécution d'instruction, *ordinaria litis*. L'autre exécution commence au titre 6, intitulé *règles générales sur l'exécution* FORCÉE *des jugemens et actes* : et sous ce titre de contrainte en exécution *forcée* que se trouve l'art. 553 qui porte : « les contestations sur l'exécution des jugemens des tribunaux de commerce seront portées devant le tribunal de première instance du lieu où l'*exécution se poursuivra* ».

159. Il s'agit donc ici de poursuites ou exécution *forcée*. Les tribunaux de commerce ne connaissent pas de cette exécution *forcée* qui se fait par le ministère des huissiers sur les biens, et quelquefois même sur la personne du débiteur, par les voies de saisie-arrêts, saisie-exécutions et emprisonnement. Toutes les difficultés qui s'élèvent sur ce genre d'exécution, par suite de jugemens consulaires, sont portées au tribunal de première instance.

M. Thomines-Démazures résume ainsi cette doctrine : « on ne peut entendre par *exécution* celle » qui se fait par suite d'*instance*, et qui n'est que » l'*interprétation* et le *complément* du jugement dé» finitif ».

160. Les reproches contre témoins et experts doivent être jugés naturellement par le tribunal

qui les a entendus ainsi que les reproches contre arbitres vérificateurs ; art, 430 C. pr. même contre les arbitres nommés comme juges dans les affaires de société : c'est là un incident sur la nomination qui appartient au tribunal de commerce. Paris 30 décembre 1813.

161. D'après cela, n'est-on pas étonné de voir l'intervention d'un arrêt de la cour de cassation et un avis du conseil d'état, en 1810, pour proclamer que les ventes d'immeubles, ni l'ordre de la distribution des prix ne sont pas de la compétence des tribunaux de Commerce. S. t. 10 et 13. A la vérité il s'agissait de la vente de biens de failli, mais ces ventes ne pouvaient avoir lieu qu'après jugement sur la déclaration de faillite qui dessaisit le failli de l'administration de ses biens, et par conséquent la vente était la suite ou l'exécution de jugement antérieur.

162. On verra également, en traitant de la compétence sur les faillites, que ni le tribunal ni un juge-commissaire ne peuvent nommer un officier ministériel dont le syndic serait obligé de se servir durant sa gestion.

163. Cependant nous ne regardons pas la nomination d'un huissier pour signifier le jugement portant la contrainte par corps, comme un acte d'exécution d'un jugement du tribunal de commerce. Car cette nomination d'huissier est faite dans le jugement même, elle en est le complément ; elle a pour objet une garantie de plus pour le débiteur condamné. D'ailleurs l'article 435 permet que le tribunal dé-

signe l'huissier pour signifier un jugement par défaut; à plus forte raison pour le jugement définitif qui peut avoir des suites si graves, la privation de la liberté. L'article 780 du C. de pro. suppose que l'huissier aura été commis par le jugement même portant emprisonnement. Aussi dans les nombreuses affaires de demandes en nullité d'emprisonnement dont nous avons été chargé, n'avons-nous jamais cru devoir employer ce moyen. Si quelques arrêts ont prononcé en sa faveur, la jurisprudence générale le repousse. S. 27. 28. V. Dalloz, id.

164. Traitant du pouvoir du tribunal, on demande s'il *pourrait* ordonner l'exécution provisoire de son jugement par défaut nonobstant opposition, de même qu'il lui est loisible d'ordonner l'exécution nonobstant (1) appel : ce n'est pas là, à la rigueur connaître de l'exécution de son jugement, ce qui ne s'applique qu'aux formes des contraintes ultérieures. Le soin avec lequel les articles 435, 436, 438 et 439 expliquent les délais pour former opposition et son effet, ainsi que la faculté d'ordonner l'exécution provisoire nonobstant *appel*, portent à croire que le législateur n'a pas voulu laisser la même latitude quand une partie n'a pas été entendue. Le jugement par défaut peut être exécuté un

(1) Un arrêt de la section civile du 2 avril 1817, rapporté par Favard, décide que les sentences des juges et arbitres sont, *de droit*, exécutoires par provision à la charge de donner caution ; et que leur intervention n'est nécessaire que quand il y a lieu de dispenser de cette caution.

jour après la signification, l'opposition doit être faite et peut être jugée promptement, en sorte qu'il semble que tous les intérêts sont couverts.

Un arrêt fortement motivé de la cour de Turin du 14 décembre 1813, Sirey. 14. prend avec raison argument dans l'article 643 du C. de commerce qui se référant aux articles 156 et suivans du Code de procédure pour la péremption des jugemens consulaires par défaut, n'a pas rendu applicable à ces jugemens l'article 155 qui permet aux juges civils d'ordonner l'exécution provisoire; et cette doctrine est partagée par M. Thomines. On peut ajouter que suivant l'article 2068 du C. civil *l'appel* seul est considéré comme n'étant pas un obstacle à la contrainte par corps.

165. Disons en passant que l'article 455 du C. de pro. qui défend d'interjeter appel tant que le délai de l'opposition au jugement par défaut n'est pas expiré n'est pas applicable aux jugemens consulaires par défaut. l'art. 645 du C. de com. laissait peut-être à désirer. Mais l'application en a été faite dans ce sens par arrêt de Montpellier du 13 novembre 1834. S. 35, et un de cassation du 24 juin 1816.

166. La question de savoir si un jugement de commerce est comme non avenu pour être tombé en péremption faute d'exécution suivant l'article 156 dans le délai de six mois, portant essentiellement sur l'exécution ultérieure et forcée d'un jugement, ne peut être soumise directement aux juges-consuls.

167. Lors même qu'il s'agirait du mérite d'un

acquiescement à un jugement par défaut consulaire, dans la disposition relative à la contrainte par corps, quand le mérite de cet aquiescement se rattache directement à la *péremption* de six mois.

Espèce. 17 décembre 1830 jugement par défaut commercial qui condamne Judenne envers Bouteille au paiement d'une lettre de change inférieure à 1,000 fr. Le 13 juin 1831, à la suite d'un procès-verbal de *saisie-exécution*, Judenne demande un sursis de quelques jours et déclare *acquiescer* au jugement du 17 décembre, consentant qu'il soit exécuté *selon sa forme* et teneur. En 1832 arrestation. Judenne demande devant le tribunal civil la nullité de son arrestation sur le motif que le jugement par défaut est périmé pour inexécution dans les six mois de son obtention; il soutient, de plus que l'acquiescement par lui donné à ce jugement est nul et n'a pas empêché la péremption, en ce qu'il n'est pas permis d'acquiescer à une décision prononçant la contrainte par corps.

23 Mars 1832 jugement civil qui annulle l'emprisonnement. Appel par Bouteille pour incompétence, prétendant qu'au tribunal de commerce seul appartient de connaître de la contestation. 9 avril 1832, arrêt d'Amiens qui rejette le moyen d'incompétence, et déclare l'appel non recevable de chef de dernier ressort.—Pourvoi en cassation par Bouteille. — 17 juin 1833 arrêt de rejet par ce motif: attendu que le débiteur prétendant qu'il n'avait pu *être contraint* par corps, malgré l'acquiescement par lui donné au jugement qui l'avait condamné par

corps, le créancier soutenant au contraire que l'acquiescement volontaire et régulier du débiteur avait été un obstacle à la *péremption*, et avait donné force de chose jugée à toutes les dispositions du jugement, c'était une contestation sur *l'exécution*, qui n'avait pu être portée que devant le tribunal de première instance, conformément aux art. 442 et 553 du C de pr., d'où il suit que, loin d'avoir violé la loi, en rejetant l'exception d'incompétence, la cour royale d'Amiens en a au contraire fait la juste application. Au surplus, la cour a fait remarquer que la procédure était antérieure à la loi du 17 avril 1832 qui a introduit un droit nouveau en admettant que, même au-dessous de 1,000 fr., l'appel est recevable quand le jugement prononce la contrainte par corps. Dalloz 1833. Sirey id.

On voit du reste que le débiteur, emprisonné, demandait par action principale la *nullité* de l'emprisonnement et la *péremption* du jugement qui y avait donné lieu : la juridiction commerciale avait été consommée.

168. Quand cette juridiction n'a pas été épuisée, lors même que l'on mêlerait la question de péremption avec le mérite d'une reconnaissance opposée comme fin de non recevoir à une opposition à jugement par défaut, le tribunal de commerce connaîtrait du mérite de cette reconnaissance quoiqu'arguée de dol; l'espèce suivante, compliquée d'incidens, va expliquer cette doctrine.

L. obtient consulairement jugement par défaut contre P.; celui-ci donne un acte sous seing-privé qui, s'il est valable, emporte acquiescement à ce jugement qu'on renonce à attaquer par appel ou cassation. Ce jugement est signifié onze mois après à P. qui y forme opposition avec assignation au tribunal de commerce pour se faire décharger de la condamnation, sans opposer la péremption de jugement. L. soutient que l'opposition n'est pas recevable, parce que le jugement a été exécuté au moyen de la reconnaissance sous seing-privé. P. répond que cette reconnaissance est le résultat de surprise et il en demande incidemment la nullité. L. réplique que, s'agissant de savoir si le jugement a été exécuté, le tribunal de commerce n'en peut connaître, d'autant plus que l'acte de reconnaissance est attaqué pour dol, et que, si la reconnaissance était annulée, il en résulterait que le jugement obtenu par L. serait frappé de péremption.

Le tribunal de commerce devant lequel nous plaidions pour P. s'est déclaré incompétent attendu qu'il ne pouvait connaître de l'exécution de son jugement et que d'ailleurs la reconnaissance attaquée pour dol n'était pas un acte commercial.

Ce tribunal en voulant respecter un principe l'avait outré. Aussi sur l'appel de P., la cour royale d'Amiens, par arrêt du 11 février 1835, sur les conclusions conformes de M. Caussin de Perceval avocat général, a réformé par le motif que l'opposition formée au jugement le paralysait; et que le tribunal était appelé à décider s'il reprendrait force ou demeurerait sans effet; que la fin de non-recevoir opposée, résultante de la reconnaissance, devait être appréciée par le juge devant qui était portée l'opposition, encore qu'elle fût attaquée pour dol.

169. Lorsque le tribunal déclare nulle soit sur action principale, soit sur la défense incidente, une obligation emportant hypothèque, il peut prononcer la *main-levée* de cette hypothèque, s'il y a conclusions à cette fin; c'est une suite nécessaire de l'annulation de la créance. Affaire Gaillard-Barrel. Rejet du 11 février 1834. (Annales).

170. Lorsque la contestation qui s'élève sur l'exécution d'un jugement du tribunal de commerce dérive, non de l'obscurité des termes dans lesquels ce jugement est conçu, mais de l'appréciation du fait par lequel on prétend l'avoir *exécuté*, c'est au tribunal civil et non au tribunal de commerce qu'il appartient d'en connaître ; ce n'est pas là interprétation, mais application. Arrêt de Florence du 28 janvier 1811, S. 14.

171. On comprendra donc que si un défendeur avait été condamné par jugement contradictoire à payer une somme ou faire une chose indiquée, il ne pourrait plus retourner ultérieurement devant le tribunal de commerce pour demander un *delai* : l'examen d'un délai nouvellement demandé, ayant pour objet de paralyser un jugement qui, par sa nature, est exécutoire de suite, s'il n'y a pas énonciation contraire, rentrera dans la connaissance de l'*exécution* ; ce qui alors n'appartient plus qu'au tribunal civil qui connaît de l'exécution des sentences consulaires, art. 553. C. procéd.

172. Par suite, les tribunaux de commerce ne

peuvent connaître de la validité d'offres réelles et consignations faites en vertu de sentences consulaires; mais avant jugement, pour prouver sa bonne volonté, une partie fait souvent des offres réelles que le tribunal apprécie en jugeant le fond : elles servent alors de défenses.

173. Ils ne seraient pas plus compétens pour connaître d'une demande en validité de saisies-arrêts, et déclaration affirmative du tiers-saisi, quoiqu'il s'agît de créance commerciale, et que le tiers-saisi fût aussi commerçant. On ne pourrait pas dire, comme le contient un jugement commercial d'Anvers, que la saisie-arrêt n'est qu'une mesure conservatoire et que la demande en déclaration affirmative et main-vuidange était le commencement d'une *nouvelle action* entre négocians et pour raison commerciale, tant entre le saisissant, la partie saisie, que le tiers-saisi. Cette doctrine a été rejetée par un arrêt de Bruxelles du 28 mai 1807. Dalloz. S. 7.

174. N'y a-il pas contradiction entre cet arrêt, et deux de la cour de Rouen des 15 août 1819 et 21 juin 1825, Sirey t. 27. Nous devons rappeler le fait pour saisir le caractère de différences.

Les syndics Randon prétendent en cette qualité avoir un droit de propriété dans le navire *la Félicité*. Pour sûreté de ce droit, ils avaient formé entre les mains de Bardin à qui le navire avait été affrété par Cavelu, qui s'en disait seul propriétaire, une opposition ou saisie-arrêt sur les sommes que Bardin pourrait devoir par suite de l'affrétement. — La veuve Michel qui, en sa qualité de consignataire du navire, avait fait des avances sur ce navire demanda la main-levée de cette opposition ou saisie-arrêt, et assigna en conséquence les syndics Randon devant le tribunal de commerce. Les défendeurs opposèrent un déclinatoire, fondé sur ce que, s'agissant d'exécutions judiciaires, aux tribunaux civils seuls appartenait exclusivement la connaissance de la contestation. — Jugement qui écarte le déclinatoire; sur l'appel, arrêt du 21 juin 1825 ainsi conçu;

« Considérant que l'opposition du 22 juin 1824 a été conduite ès-mains des sieurs Bardin et C.ie sur le fret du na vire *la Félicité*; que toutes les parties sont commerçantes, et que les contestations existantes entre elles ont pour cause des opérations de commerce; que dès-lors la demande en main-levée de la dame Michel, de l'opposition du 22 juin, était de la compétence du tribunal de commerce. »

La différence dans le caractère du fait serait qu'il s'agissait de la *propriété* d'un navire, sorte de revendication portant sur un objet essentiellement commercial. Toutefois la question a besoin d'être éclairée par la jurisprudence. On trouve dans Sirey t. 7. 2 un arrêt de Bruxelles du 31 décembre 1807 analogue à ceux de Rouen, se fondant sur l'art. 1.er titre 2 de l'ordonnance de la marine de 1681, attribuant à l'amirauté toute contestation sur navires, et sur l'art. 2 tit. 12 de la loi du 24 août 1790 suivant laquelle les tribunaux de commerce ont remplacé les tribunaux d'amirauté.

175. Quoique des syndics de faillite soient en

général sous la surveillance des tribunaux de commerce, cependant, quand ils sont constitués débiteurs par jugement, le créancier peut faire sur eux des saisies-arrêts, dont le mérite ne peut être soumis au tribunal de commerce, lequel ne peut plus connaître de l'exécution de son jugement ; cassation du 27 juin 1821. S. 22.

176. Avant le code civil, les héritiers d'un débiteur condamné ne pouvaient être poursuivis *deplano*, en vertu du jugement de condamnation ; il fallait les assigner en justice pour entendre déclarer ledit jugement *exécutoire* contre eux. Le code civil art. 877 a dispensé de ce circuit frustratoire. Cependant si, par erreur, quelqu'un aujourd'hui assignait ainsi l'héritier d'un débiteur afin de faire rendre exécutoire contre lui personnellement le jugement rendu contre son auteur, comme il n'y aurait plus rien de commercial à juger, mais seulement à appliquer ou exécuter un jugement complet, le tribunal de commerce serait incompétent. Rejet du 3 brumaire an 12.

LIVRE DEUX

DE LA COMPÉTENCE D'ARRONDISSEMENT OU DE PLACEMENT; ET DE LA COMPÉTENCE D'ATTRIBUTION SUR LES REGNICOLES ÉTRANGERS.

L'arrondissement ou placement d'un tribunal de commerce, comporte : 1.° Sa composition et circonscription ; 2.° Le domicile des parties, réel ou élu, 3.° Son étendue sur les étrangers.

ARTICLE I.

De l'arrondissement ou circonscription des tribunaux de commerce. — Composition.

SOMMAIRE.

177. Les citoyens élisent des juges. — Renouvellement. — Serment aux élections.

178. Excepté dans les petites localités. — Alors le tribunal civil juge.

179. L'art. 640 trop restreint. — Il y a d'autres lois que le code qui fixent la compétence.

180. Circonscription comme celle du tribunal civil — Exception.

181. La juridiction tient à l'ordre public. — Créée par une simple ordonnance.

182. Lacune de l'art. 620. — Dans les lieux où il n'y avait pas encore eu de juges.

183. Les juges se choisissent même parmi les citoyens qui ne sont plus commerçans.

184. Organisation générale. — Les suppléans remplacés par des notables.

185. Quand on appelle un suppléant.

177. Quoique les tribunaux de commerce soient beaucoup plus nombreux que les anciennes juridictions consulaires, ces établissemens n'existent dans les localités qu'en raison du nombre des affaires commerciales ; d'ailleurs, les juges devant être choisis par élection, dans une assemblée de commerçans notables, il faut qu'il y ait assez d'électeurs et d'éligibles, réunissant les qualités requises pour pourvoir à la composition du tribunal en juges et suppléans, et ensuite aux élections suivantes, la loi, art. 623 du C. de com., ayant voulu que le président et les juges ne pûssent rester plus de deux ans en place, ni être réélus qu'après un an d'intervalle (1).

---

(1) On ne voit ni dans les articles 621 et suivans du C. de comm. qui s'occupent du scrutin d'élection, ni dans le décret du 6 octobre 1809 qui veut que le procès-verbal d'élection soit envoyé au ministre de la justice, si les notables-électeurs seront tenus de prêter serment avant de voter. La conséquence est que cette condition ne peut être exigée, et l'on peut tirer argument dans ce sens d'une ordonnance du Roi, en conseil d'État, du 3 février 1835 qui a cassé un ar-

178. Aussi, il est des localités où les fonctions de tribunal de commerce sont remplies par le tribunal de première instance. Dans les arrondissemens où il n'y aura pas de siège de commerce, les juges du tribunal civil exerceront les fonctions et connaîtront des matières attribuées aux juges de commerce; leurs jugemens sont précédés de la même instruction, et produisent absolument les mêmes effets. On ne pourrait plus dire sérieusement, avec

---

rêté du Préfet de la Seine-Inférieure qui avait annulé la nomination de M. Cavalier comme membre de la Chambre de commerce de Dieppe, sous le prétexte qu'il avait refusé de prêter serment, les incapacités ne peuvent se suppléer.

Il y a bien de l'inconvénient à abandonner aux Préfets la formation de la liste; la politique se glisse partout quand la haine ou la faveur n'agissent pas. Le projet de loi présenté en 1835 par M. Persil pour la modification de la compétence dans les matières civiles, propose des améliorations sur la formation de la liste des notables, en augmentant leur nombre. — L'art. 620 C. C. n'exige pas qu'un *commerçant*, pour être éligible soit porté sur la liste des notables électeurs. — Pas de distinction entre le négociant, banquier ou marchand; la loi dit que le commerçant est éligible, s'il réunit les autres conditions de l'art. 620.

M. Carré soutient par de fortes raisons que les juges n'étant nommés que pour deux ans, les jugemens qu'ils rendraient après ce délai seraient nuls; et qu'il y aurait lieu alors de saisir le tribunal civil comme quand il n'y a pas de tribunal de commerce.

Le gouvernement ne peut refuser l'institution des juges élus, lorsque les formes et conditions ont été suivies.

deux jurisconsultes, que le ministère d'avoué y soit nécessaire, art. 640, 641.

179. Cet article 640 parle des attributions faites aux juges de commerce par la *présente loi*. Cependant, comme le Code de commerce n'est pas un corps complet sur ces attributions, s'il y avait d'autres lois antérieures ou postérieures qui concernassent les juges de commerce en général, les tribunaux *civils* seraient tenus de les observer commercialement, tel, par exemple, que les décret et ordonnance qui autorisent les tribunaux de commerce à permettre la vente de certaines masses de marchandises, par courtiers, à la bourse ou autrement, décret de 1812, ordonnance de 1819, droit de pilotes lamaneurs, etc.

180. Il y a d'autant moins d'inconvénient à donner mission aux tribunaux civils de juger les affaires commerciales, qu'en général, suivant l'art. 616, l'arrondissement de chaque tribunal de commerce est le même que celui du tribunal civil dans le ressort duquel il est placé. Et si le gouvernement qui a droit de faire des réglemens d'administration publique sur ce point, comme sur les villes qui sont susceptibles d'en recevoir par l'étendue de leur commerce ou de leur industrie, juge à propos d'établir plusieurs tribunaux de commerce dans le ressort d'un seul tribunal civil, il leur assigne une circonscription particulière.

181. Cette création d'une juridiction tient tant à l'ordre public, qu'il semblerait qu'une *loi* ne serait pas trop pour en assurer la légalité constitu-

tionnelle, d'autant plus qu'il en résultera quelques frais qui se couvrent par des contributions sur les villes et sur les patentes. Cependant, comme c'est une loi, l'art. 615 du C. de comm. qui donne au gouvernement le droit de statuer à cet égard par réglement d'administration publique, et qu'ainsi le gouvernement agirait pour l'exécution d'une loi, une ordonnance sur cette circonscription serait obligatoire.

182. L'art. 620 ressent un peu la précipitation. Il dispose que tout *commerçant* pourra être nommé juge ou suppléant s'il est âgé de 30 ans, s'il *exerce* le commerce avec honneur et distinction depuis 5 ans : le Président devra être âgé de 40 ans et ne pourra être choisi que parmi les *anciens* juges y compris ceux qui ont exercé dans les tribunaux actuels (1808), et même les anciens juges-consuls des marchands. L'exécution, quant au président, supposait que le tribunal à former existerait là où il y aurait déjà eu d'*anciens* juges. Mais s'il n'y avait jamais eu là de juges-consulaires, il était impossible d'y choisir le président parmi les anciens juges. Un avis du conseil d'état du 21 décembre 1810 a déclaré que l'art. 620 quant au président était inapplicable à la première formation d'un tribunal de commerce.

183. Quant au choix des juges et suppléans, le sens naturel de l'art. 620 paraît être que pour être nommé à ces fonctions il faut *exercer* le commerce au moment de l'élection : un autre avis du

conseil d'état du 26 janvier 1808 (1), convient qu'il y a au moins équivoque, mais il a décidé que l'esprit de la loi n'a pas été d'exclure les négocians retirés qui, même sous l'ordonnance de 1673, formaient les tribunaux consulaires, et que cette exclusion ne pourrait être que nuisible au commerce en privant ses tribunaux de juges qui, à une expérience également garantie, réunissent plus de loisirs. Mais il faut que l'ancien commerçant n'ait pas quitté le commerce pour suivre une autre profession.

184. Le décret du 6 octobre 1809 contient l'organisation générale des tribunaux de commerce et leur circonscription, un autre du 18 novembre 1810 contient quelques rectifications, notamment en plaçant dans l'arrondissement du tribunal de commerce d'Abbeville, le canton de Rue qui d'abord avait été mis dans l'arrondissement de St.-Valery; et en attribuant au tribunal d'Amiens quatre juges et quatre suppléans. Les suppléans peuvent eux-mêmes être remplacés par des notables (2).

185. Quoique les parties ne soient guère appel-

(1) D'après la constitution d'alors, le Conseil-d'État passait pour être l'interprète légal des lois.

(2) « Lorsque par des récusations ou des empêchemens, il ne restera pas dans les tribunaux de commerce un nombre suffisant de juges ou de suppléans, ces tribunaux seront complétés par des négocians pris sur la liste fournie en vertu de l'art. 619 du C. de commerce, et *suivant* l'ordre dans lequel ils y sont portés, si d'ailleurs ils ont les qualités énoncées en l'art. 620 ». Art. 4 du décret du 6 octobre 1809. — Ce décret fixe le costume.

lées, devant le tribunal de commerce, à discuter sa composition ; mais seulement sur l'appel, quand il s'agit d'attaquer le jugement comme rendu par personne sans qualité, plaçons ici l'art. 626 du C. de com. portant : « les jugemens dans les tribunaux de commerce seront rendus par trois juges, *au moins ;* aucun suppléant ne pourra être appelé que pour compléter ce nombre ».

186. Ainsi, quatre ou cinq juges titulaires pourraient juger : mais les suppléans ne peuvent être appelés que pour *compléter* le nombre de trois. D'où il suit qu'il y a vice et nullité, quand un juge suppléant prend part au jugement, lui quatrième, c'est la jurisprudence en matière civile, comme en matière de commerce.

187. Il en résulte un inconvénient, qu'a fait remarquer, avec raison, M. Vincens, c'est que les suppléans doivent rester oisifs aux audiences, en attendant qu'ils soient appelés pour compléter le nombre trois, et que, dès-lors, la discussion ne profite pas de leurs lumières. Il est cependant des tribunaux où les suppléans sont consultés et discutent, mais le jugement ne fait pas mention de leur concours, ce qui n'est pas rigoureusement légal.

188. M. Vincens est dans l'erreur, quand il dit, que des arrêts ont décidé que deux suppléans avec un juge seul, ne *compléteraient* pas, mais constitueraient irrégulièrement un tribunal, puisqu'ils seraient en majorité. Deux avocats ou deux avoués ne peuvent concourir avec un seul juge, parce qu'ils n'ont pas le titre de juge, c'est ce qu'on décide dans la pratique ; mais les

suppléans ayant le titre et faisant partie de la constitution du corps appelé tribunal, deux suppléans ne sont pas deux étrangers, ils peuvent donc concourir avec un juge. Cassation 21 décembre 1820. — Il pourrait arriver que l'on ne pût former le tribunal, si trop de juges étaient parens ou créanciers d'une partie, ou autrement empêchés : alors, ce ne serait pas le cas de saisir le tribunal civil, comme s'il n'y avait pas de tribunal de commerce, mais bien de saisir le tribunal le plus voisin, conformément à l'art. 8 de la loi du 23 vendémiaire an 4, 15 octobre 1795. Le décret du 15 septembre 1807, sur la mise en activité du C. com., n'abroge que les lois antérieures qui traitent des matières *commerciales*, sur lequel le Code a statué.

189. Si les notables appelés à défaut de suppléans pour *compléter* le tribunal doivent être appelés suivant *l'ordre de la liste électorale*, selon l'article 4 du décret du 5 octobre 1809, (1) on ne voit pas qu'il en soit de même au regard des *suppléans*. Cet ordre de tableau est bien prescrit par le décret du 30 mars 1808 pour les tribunaux civils, mais on n'est pas obligé de le suivre en matière de commerce, à peine de nullité. Arrêt de de rejet du 18 août 1825. S. 26.

190. Sur la circonscription, nous ferons remarquer que souvent des actes législatifs changent les

---

(1) Sans doute en prêtant serment, comme toute personne appellée à des fonctions publiques.

arrondissemens, ajoutant aux uns une ou plusieurs communes, ou en leur en retranchant. Quand un tribunal est saisi d'une contestation par assignation, le défendeur ne peut demander son renvoi devant le domicile de la nouvelle circonscription. La loi n'a pas d'effet rétroactif. D'ailleurs, ce n'est qu'une exception personnelle et particulière.

191. Mais si un tribunal de commerce était créé dans un lieu où il n'y en avait pas, les affaires alors pendantes devant le tribunal civil devraient y être renvoyées ausitôt qu'il sera installé, à moins que les ordonnances de création n'en décidassent autrement; de même que si un tribunal de commerce était supprimé, les affaires lors instantes seraient reportées au tribunal civil du ressort à partir de la publication de l'ordonnance obligatoire. Là l'intérêt est général; la juridiction première a cessé absolument d'exister.

ARTICLE II.

Domicile réel, — Élu. — Accidentel.

SOMMAIRE.

192. Trois sortes de domiciles. — D'établissement. — De naissance. — De convention.
193. Caractères du changement.
194. Double domicile.
195. Domicile de la femme séparée de biens. — De corps.
196. Résidence, à défaut de domicile.
197. S'il y a plusieurs défendeurs.
198. Demandes contre les veuves, — Avant partage.
199. Domicile d'une société.
200. Domicile en cas de faillite.

192. Le domicile pour la compétence et l'instruction, peut être réel, ou bien d'élection, ou enfin dépendant de circonstances.

Le domicile réel de tout français, quant à l'exercice de ses droits civils, est au lieu où il a son principal établissement. Article 102 C. civil. Mais indépendamment de tout établissement, le mineur non émancipé a son domicile naturel chez ses père et mère, ce qui est le caractère du domicile de *naissance*, article 108 et 406 : le lieu de la naissance est donc toujours réputé lieu du domicile, à moins qu'il n'apparaisse de changement.

193. Le changement de domicile s'opère par le fait d'une habitation *réelle* dans un autre lieu, joint à l'intention d'y fixer son principal établissement. La preuve de l'intention résultera d'une déclaration expresse faite tant à la municipalité du lieu que l'on quittera qu'à celle du lieu où l'on aura transféré son domicile. Mais à défaut des deux déclarations, ou même de l'une d'elles, la preuve de l'intention dépendra des circonstances.

194. Il y a des personnes dont l'état ou l'établissement présente un caractère tellement équivoque, qu'on peut, jusqu'à certain point, dire qu'elles ont deux domiciles, quand elles ont deux demeures pour lesquelles elles marquent une même affection, comme on peut le voir V.° domicile dans le répertoire de jurisprudence, d'après les lois romaines et un arrêt de 1670.

195. Si une femme non légalement séparée de corps ; quoique demeurant au dehors du domicile du mari, a toujours le domicile de celui-ci, la femme séparée de corps peut acquérir un domicile différent et changer à volonté ; elle est au moins égale au mineur émancipé : telle est l'opinion générale des auteurs, Pothier, Proudhon, Toullier, conforme à un arrêt de Dijon du 28 avril 1807 ; quoique M. Merlin t. 16 soit d'une opinion contraire.

196. Nous avons dû signaler ces caractères de domicile, parce que la règle générale et naturelle du droit commun auquel ne déroge pas le Code de commerce, excepté pour certains faits, est qu'en matière personnelle, le *défendeur* sera assigné devant le tribunal de son domicile ; s'il n'a pas de domicile proprement dit et caractérisé, il doit être assigné devant le tribunal de sa résidence. Art. 59 et 415 du C. pr.

197. S'il y a plusieurs défendeurs justiciables du tribunal de commerce, ils seront assignés devant le juge du domicile de l'un d'eux. N.° 2 de l'article 59. On verra, en parlant des lettres de change et billets à ordre, comment un non négociant peut être assigné consulairement.

198. D'un autre côté, nous avons vu que les veuves et héritiers des justiciables du tribunal de commerce, suivant l'article 426, peuvent y être assignés comme leur auteur. L'article 59 dispose également que les demandes qui seraient intentées par des créanciers du défunt *avant* le partage, doivent être portées devant le tribunal du lieu où la succes-

sion est ouverte. Enfin l'article 110 du C. civil dispose que le le lieu où la succession s'ouvrira, sera déterminé par le *domicile*.

199. Les sociétés qui forment un être moral ont aussi un domicile propre; souvent elles ont leur maison sociale. Tant qu'elles *existent*, (1) le juge compétent est celui du lieu où elles sont établies. Quand elles n'ont pas de maison sociale, leur siége est présumé légalement être au domicile de l'un des associés. C'est à ce domicile, ou en la personne d'un de ces associés, que la copie d'assignation doit être remise. Articles 59 et 69, n.º 6 du C. de pro.

200. En matière de faillite les actions sont portées devant le juge du domicile du failli, quand il s'agit des opérations de la faillite, article 59. Nous y reviendrons sous le titre d'objets divers, livre 4.

Mais quand il y a syndics, union ou direction de créanciers, la copie d'assignation est remise à l'un des syndics ou directeurs.

201. Enfin sur la manière d'assigner ceux qui n'ont ni domicile ni résidence connus en France, Voyez l'article 69 n.º 8 et suivans du C. de pro., et ce que nous dirons sur les étrangers, n.º 283.

202. Chaque partie qui se croit incompétemment assignée, doit demander son renvoi devant son domicile. Chaque partie peut se trouver demanderesse de son côté, et porter la contestation devant des tribunaux différens en arrondissement ou en matière de

(1) Voyez cependant le livre 4 sur les sociétés, 868—874.

juridiction. En ce cas, si les deux tribunaux sont du ressort d'une même cour d'appel, il faut se pourvoir à la cour d'appel en réglement de juges, suivant l'article 363 et suivans du C. de pro. Cette cour décide devant quel tribunal il faut procéder. Si les deux tribunaux saisis ressortissent de deux cours d'appel différentes, ce réglement de juges est prononcé par la cour de cassation.

Il y a souvent un autre incident pour connexité; une partie est assignée, mais s'il a été fait précédemment une demande pour le même objet, ou si la contestation est connexe à une demande déjà pendante en un autre tribunal qui pourra exercer de l'influence ou préjuger la difficulté, cette partie peut demander et les juges peuvent ordonner le renvoi devant le tribunal premier saisi.

Domicile élu.

SOMMAIRE.

203. Du domicile fictif ou de convention. — Significations et attributions de juridiction.
204. Le plus souvent il est libre au demandeur d'assigner au domicile réel.
205. *Quid* si la partie qui a élu domicile en sa *demeure*, vient à en changer?
206. Dans quels actes peut-on faire élection?
207. Peut-on la faire par exploit?
208. Effet de l'élection quant aux héritiers. — Quant aux tiers.
209. Élection expresse. — Par parties capables.
210. L'indication d'un lieu de paiement ne vaut pas élection de domicile.

203. Une ou plusieurs parties peuvent renoncer à l'avantage du domicile réel, et en indiquer un fictif ou domicile d'élection. « Lorsqu'un acte contiendra de la part des parties, ou de l'une d'elles, élection de domicile pour l'exécution de ce même acte dans un autre lieu que celui du domicile réel, les significations, demandes et poursuites relatives à cet acte, *pourront* être faites au domicile convenu, et devant le juge de ce domicile. » Art. 111 C. civ.

204. Remarquons que le droit de poursuivre au lieu du domicile élu est une faculté, et non une obligation ; en sorte que, nonobstant cette élection, le défendeur n'aurait pas à se plaindre s'il était assigné au lieu de son domicile réel (1).

205. Il ne pourrait même se plaindre, si, ayant élu domicile dans sa propre *demeure*, il venait à transférer ailleurs son domicile réel, et qu'on l'assi-

(1) Art. 59. C. proc. dernier *alinéa*, à moins qu'il n'y eût convention de renonciation à ce domicile. Arrêt de rejet du 2 février 1826 : l'élection a été faite dans l'intérêt du défendeur.

gnât à ce premier domicile où il ne demeure plus ; car si l'art. 111 confère la faculté d'élire domicile pour l'exécution des actes qu'elles contractent, et énonce que l'élection sera faite dans un *autre* lieu que le domicile réel ; cette locution est démonstrative et nullement limitative, et il n'est en effet aucune raison plausible de restreindre l'exercice de ce droit introduit indistinctement dans l'intérêt des parties pour rendre plus facile l'exécution des actes qu'elles souscrivent. Denizart V.° Domicile § 6, arrêt de rejet du 24 janvier 1816.

206. Dès que l'art. 111 n'est pas limitatif, il en résulte que l'élection de domicile attributive de juridiction peut être faite non pas seulement dans l'acte constitutif de la créance, mais encore dans un acte séparé et que des étrangers peuvent aussi faire élection de domicile.

207. L'élection de domicile se fait souvent par exploit. La partie qui l'a faite, ne peut trouver mauvais que son adversaire l'assigne à ce domicile pour choses qui se rattachent à l'objet de la signification, comme en cas d'action réconventionnelle. Tel est le cas où la discussion aurait lieu entre un expéditeur et un destinataire ; l'expéditeur ayant formé opposition à ce que les marchandises soient livrées, et le destinataire voulant faire décider qu'il n'y a pas vente ou qu'il ne sera pas tenu de recevoir ces marchandises, rejet 9 juin 1830.

208. Ajoutons que dès que l'élection de domicile est contractuelle et permise, ses effets se transmettent activement aux héritiers et représentans

des parties. Telle était l'opinion des anciens auteurs, notamment Bacquet, traité des D. de justice chap. 8. N.° 16. Mais cette faveur ne peut aller jusqu'aux tiers, qui n'exercent pas les droits d'une partie, car l'art. 1165 du C. civil dispose que les conventions n'ont d'effet qu'entre les parties contractantes, sans nuire ni *profiter* aux *tiers*.

209. L'élection de domicile produit deux effets bien remaquables, le premier d'attribuer juridiction au tribunal dans l'arrondissement duquel se trouve le siége du domicile de choix ; le deuxième de permettre, en la forme, que les sommations et demandes soient remises en ce même lieu : conséquence importante pour la défense de l'assigné qui, dans son domicile réel, pourrait ignorer ces poursuites. Aussi l'élection de domicile, dérogeant au droit commun, doit en général être faite par personne capable, et d'une manière expresse, quand la loi elle-même n'a pas fait cette élection pour les parties.

210. Il ne faut donc pas confondre une simple indication d'un lieu pour le paiement, avec l'*élection* de domicile qui emporte à-la fois juridiction et remise d'assignation, surtout pour un acte qui ne serait pas commercial, soit comme fourni par un commerçant, soit pour cause de commerce. Goisson, propriétaire à Bourg souscrit au profit du sieur Sangnier un billet *à ordre* payable au domicile de ce dernier à Lyon. — Goisson appelé devant le tribunal civil de Lyon demande son renvoi ; le déclinatoire est rejeté par jugement et

arrêts du 23 mars et 14 juin 1809. — Mais 28 octobre 1810 arrêt qui casse :

« Vu l'art. 111 du C. civil et le dernier alinéa de l'art. 59 du C. de proc. qui veut que le défendeur soit assigné, en cas d'élection de domicile pour l'exécution d'un acte, conformément à l'art. 111 du C. civ. — Vu encore l'art. 420 du C. de pr. qui, sous le titre de *procédure devant les tribunaux de commerce*, et pour ce cas seulement, donne au demandeur le pouvoir d'assigner à son choix ou devant celui dans l'arrondissement duquel la promesse a été faite et la marchandise livrée, ou devant celui dans l'arrondissement duquel le paiement devoit être fait. Attendu que le billet souscrit le 17 janvier 1809 par le demandeur en cassation en faveur du défendeur n'était pas un effet commercial. Que la promesse convenue dans le billet d'en payer le montant au domicile du créancier à Lyon, n'était qu'une simple indication du lieu de paiement. — Qu'il résulte des articles cités que ce n'est, en matière civile, que dans le cas d'élection de domicile, que le code civil donne au demandeur le *pouvoir* de poursuivre le défendeur au domicile convenu, devant les juges de ce domicile ; qu'en appliquant à la simple déclaration du lieu pour le paiement, ce que la loi n'a permis que pour le cas d'élection de domicile, les juges de Lyon ont faussement appliqué, et par là violé les art. 111 du C. civil et 59 du C. de pr. Sirey 10. Merlin. T. 16 v.° domi.

211. D'après cette doctrine, l'exception d'incompétence pourrait donc appartenir au non-négociant

signataire d'un billet à ordre qui serait seul appelé devant un tribunal de commerce, en ce sens que non seulement il aurait à dire que le tribunal de commerce n'est pas compétent à raison de sa personne, suivant ce que nous verrons en parlant du billet à ordre, mais encore parce que ce tribunal ne serait pas compétent du chef de la circonscription et du domicile, si le lieu où le paiement était indiqué devoir être fait, n'était pas dans l'arrondissement du domicile réel.

212. Indépendamment du domicile conventionnel, il en est un légal en matière de procédure commerciale : c'est celui réputé fait au greffe par l'art. 422, C. pr. Si les parties comparaissent et qu'à la première audience il n'intervienne pas de jugement définitif, les parties non domiciliées dans le lieu où siége le tribunal seront tenues d'y faire une élection de domicile. Elle doit être mentionnée sur le plumitif de l'audience ; à défaut de cette élection, toute signification, même celle du jugement définitif, sera faite valablement au greffe du tribunal.

213. Puisque cette signification au greffe peut être valablement faite, il faut qu'elle produise effet : et comme la loi n'a pas distingué entre l'effet, quant à l'opposition et celui quant à l'appel, il semble rationnel d'attacher à cette signification la même vertu qu'à celle faite au domicile réel. Cependant, la cour de cassation fait une distinction. Elle a décidé le 2 mars 1814, en cassant un arrêt de Gênes, que le délai général de l'appel était de trois mois, à partir de la signification à personne

ou domicile, suivant l'art. 443 C. p.; que l'art. 442 ne contient pas d'exception et n'exprime pas de déchéance pour le délai de l'appel. Plusieurs cours partagent cette doctrine ; preuve nouvelle qu'on en revient toujours au droit commun, dans les choses douteuses.

214. Mais s'agit-il d'un jugement qui ordonne une enquête, ou d'un jugement par défaut, faute de *plaider*, puisque l'art. 442 suppose que la partie a comparu, alors l'on tient à faire courir utilement les délais, à partir de la signification au greffe. Cassation du 13 novembre 1822. S. 23.

215. Le motif de différence est que l'instruction doit être prompte devant le tribunal de commerce. Lorsque le jugement est par défaut, sa juridiction n'est pas épuisée, puisqu'on peut y revenir par opposition, ou après réglement de quelqu'incident préjudiciel, jugé civilement, ou sur appel d'un jugement interlocutoire ou autre, tandis que, quand il est définitif, la mission du tribunal étant terminée, il n'y a plus le même motif de promptitude.

216. La cour de Bordeaux a porté la sévérité de principes, le 26 février 1830, jusqu'à décider que rien ne pouvait remplacer cette élection de domicile au greffe ; qu'ainsi, le demandeur ayant fait dans l'assignation élection de domicile, chez un *défenseur*, et une enquête ayant été ordonnée, la notification de la liste des témoins n'avait pas dû être faite par le défendeur à ce domicile, mais bien au greffe. Nous pensons bien que le défendeur était rigoureusement dans son droit, en signifiant au greffe, et qu'il ne pouvait com-

mettre nullité : mais le demandeur n'aurait pas pu prétendre qu'il y aurait eu nullité, si la signification de cette liste eût été faite à son domicile réel, ou élu par son propre exploit introductif; dès que sa défense n'en souffre pas.

217. Par suite du désir de célérité, il ne doit pas être accordé à la partie assignée à ce domicile, un délai en raison de la distance du domicile réel. Pardessus cite un arrêt de 1825.

Domicile accidentel.

SOMMAIRE.

218. Domicile d'urgence. — A bord. — A un voiturier.
219. Circonstances constitutives de l'attribution de domicile.
220. Concours de la promesse *et* de la livraison dans le même lieu.
221. Acheteur et vendeur sont soumis à cette condition.
222. S'il y a négation de la promesse.
223. S'il y a allégation du lieu du payement.
224. Lieu de la promesse quand les parties ont traité en personne.
225. Promesse par correspondance. — Acceptation.
226. S'il y a ordre, il ne faut pas acceptation.
227. Information préalable.
228. Si le vendeur a fait ses propositions personnelles.
229. Propositions générales par annonces.
230. Vente par Commis-Voyageur.
231. Si le marché a été conclu.
232. S'il n'y a eu qu'une simple commission.
233. Lieu de la délivrance. — A quel signe il se reconnait.

Nous avons vu que le défendeur doit être régulièrement assigné à son domicile réel et devant le tribunal de ce domicile, ou au moins au tribunal du domicile élu. La loi a fait quelques exceptions, et n'oublions pas que ce sont des exceptions.

218. Ainsi, on peut assigner à bord dans les affaires maritimes, relatives au voyage qui va commencer, art. 419 C. pr. M. Pardessus, n.° 1366, et M. Thomine-Démazure pensent que cette faculté pourrait s'étendre aux voituriers par terre et par eau, et aux marchands forains; qu'ainsi une assignation serait valablement donnée au bâteau, ou à l'auberge dans laquelle loge le voiturier; ce qui pourrait faire douter, c'est que les forain et voiturier sur terre sont plus faciles à suivre que ceux qui s'embarquent, et que l'art. 822 du C. de proc. permet de saisir, gager leurs effets, même sur une ordonnance du juge-de-paix.

219. Il est des circonstances où le demandeur a le choix du tribunal. L'art. 420, C. pr. est ainsi conçu : « le demandeur peut assigner, à son choix,
» devant le tribunal du *domicile* du défendeur ;
» Devant celui dans l'arrondissement duquel la
» promesse a été faite et la marchandise livrée ;
» Devant celui dans l'arrondissement duquel le
» paiement devait être effectué ».

220. Quant à la *promesse* faite et la marchandise *livrée*, comme il s'agissait du choix du demandeur, on a prétendu pendant quelques temps qu'il avait le choix entre deux tribuaux ; 1.° celui du lieu où la promesse a été faite ; 2.° celui du lieu où la marchandise a été *livrée*. Ensorte qu'un marchand de Lyon qui rencontre un Amiénois à Paris, et lui fait à Paris une vente de marchandises qu'il a

en dépôt à Bordeaux d'où elles doivent partir, aurait le double choix d'assigner cet Amiénois, soit à Paris, lieu de la convention, soit à Bordeaux, lieu de la délivrance. Mais la jurisprudence est bien fixée dans le sens contraire, c'est-à-dire, qu'il faut cumulativement que la promesse et la livraison aient été faites dans le même lieu, pour que le défendeur puisse être appelé devant le juge de ce lieu (1).

221. Nous disons le *défendeur*, sans distinction; ce qui comprend aussi bien l'acheteur que le vendeur. De même que le vendeur pourrait assigner devant le tribunal de ce lieu complexe, l'acheteur en paiement, de même l'acheteur pourrait l'assigner devant ce tribunal, pour faire juger que la chose livrée devra être reprise, comme n'étant pas conforme à l'échantillon, ou de la quantité et qualité voulues.

222. Jusque là, on suppose vente et livraison, toutes deux effectuées ou convenues constamment, et nous verrons tout-à-l'heure, à quel caractère on reconnaît le lieu de leur existence : dès-lors, on comprend que la règle générale du domicile du défendeur reprend sa force, lorsque la promesse ou vente alléguée par l'un, est niée par l'autre; et encore, lorsque l'un demande la livraison ou que l'autre assigne pour la faire prendre.

223. Que si, dans le cas ci-dessus de vente con-

(1) Id. sous l'ord. de 1673, liv. 12, art. 17; Jousse.

testée, le demandeur pour justifier la juridiction du tribunal, alléguait aussi que le *paiement* devait être fait dans le ressort de ce tribunal, ainsi que le prévoit aussi l'art. 420 du C. de pr. : on pourrait lui répondre que ce lieu de paiement est pour l'exécution d'une vente, une fois qu'elle est constante ou prouvée. Car un lieu de paiement n'est qu'un accessoire ou modification d'une vente préexistante ; il faut donc, avant tout, voir si la vente a été faite, si la promesse a été conclue. Nous pensons donc, avec M. Pardessus, que les moyens de distraire un commerçant de ses juges naturels, seraient trop fréquens et trop faciles, si on pouvait le traduire devant un tribunal quelconque, sous prétexte qu'il a consenti une vente ou achat, dont on ne justifie pas l'existence, et que le tribunal devant lequel on le traduit, était celui du lieu où devait être effectué le paiement de cette prétendue vente. Pard. 1354.

224. Le lieu de la promesse est facile à reconnaître, lorsque les parties ont traité en personne ; on sait en quel lieu positivement. Mais, dans le commerce, les affaires se font plus souvent par correspondance, ou par commis-voyageurs qui ont des pouvoirs différens : delà des difficultés.

225. Depuis long-temps, Pothier n.° 32, avait enseigné que la vente pouvait se faire par correspondance, *per epistolam, aut per nuntium*. Mais il faut le concours de la demande et de l'acceptation (1) ;

---

(1). M. Favard pense, d'après Jousse, que si un négociant

en sorte que jusqu'à l'acceptation, le demandeur peut changer de volonté, sauf à indemniser le vendeur des dispositions préparatoires qu'il aurait pu faire, suivant la nature et les termes de la proposition.

220. Ainsi, lorsqu'une lettre est moins dans le sens d'une proposition que dans celui d'un ordre ou commission d'acheter et d'envoyer telles marchandises à tel prix, c'est plutôt un contrat de commission qui devient parfait, non seulement par l'acceptation expresse de la personne à qui le pouvoir est adressé, mais encore par l'*exécution* qu'elle y donne, suivant l'art. 1985 du C. civil sur le mandat. Le juge compétent est donc celui du commissionnaire, encore qu'il s'agisse de chose vendue au poids ou mesure, cas où la vente est suspendue jusqu'à vérification, suivant l'art. 1585 du C. civil; ce commissionnaire n'étant pas précisément vendeur. Arrêt du 21 juillet 1819. S. 20. L'acceptation par *exécution* s'appliquerait encore, lorsqu'on s'adresserait à un marchand qui aurait lui-même ces marchandises à sa disposition, car le mandat était direct et pur et simple, sur la chose et le prix.

---

de Bordeaux se trouvant momentanément à Paris, y recevait une demande de marchandises de sa fabrique de Bordeaux, et qu'il s'obligeât à faire l'envoi des marchandises par une lettre de Paris, ce serait à Paris et non à Bordeaux que le marché serait réputé conclu, l'acceptation ayant été envoyée de Paris.

227. Que si un marchand écrit à un autre pour lui demander s'il a telle marchandise de tels quantité et qualité et prix, parce qu'il en aurait besoin plus ou moins prochainement ; ce serait là une information, un renseignement pris plutôt qu'une commande.

228. D'autres fois, le vendeur fait les premières avances, quand il offre ses marchandises de qualité déterminée à tel prix ; celui qui a fait la proposition à son correspondant individuel, ne peut se refuser à livrer, si la demande lui est adressée presque aussitôt la réception de la lettre : nous disons presque aussitôt, parce que si le destinataire laissait passer, avant de répondre, un plus long temps, les tribunaux jugeraient si l'acceptation ne serait pas tardive, le prometteur n'ayant pas dû garder indéfiniment ses marchandises, le prix ayant pu changer depuis les offres, ainsi que la solvabilité du destinataire, et la facilité sur le lieu du paiement.

229. On conçoit que le principe sur l'engagement résultant des offres du vendeur, serait modifié, si, au lieu d'une lettre individuelle, un marchand annonçait seulement généralement par circulaire, des notes de prix-courant de marchandises qui font l'objet de ses opérations. Il n'est pas probable que le vendeur ait voulu vendre au hasard, au premier venu qu'il ne connaît pas ; il peut n'avoir plus à sa disposition, une quantité suffisante de marchandises, quand la demande lui arrive. Les juges sont appréciateurs des circonstances, même du silence qui peut valoir d'acquiescement,

quand on a écrit que le défaut de réponse sera considéré comme acceptation.

Toujours est-il que la promesse se fait par correspondance, soit celle de vendre, soit celle d'acheter, et que l'on peut voir par ce qui précède, quand il y a eu concours de volontés ou consentement positif des deux parties. Le lieu où la promesse est devenue complète est celui du domicile de l'*acceptant*. Ce qui explique le besoin des livres, copies de lettres, exigées dans le commerce, et l'application de l'art. 109 du C. com. qui veut que la preuve de la vente résulte de la correspondance, et même des livres des parties, quand elles ont traité en personnes présentes.

230. Quand les rapports ont lieu par commis-voyageurs, on demande en quel lieu se fait la vente. Est-ce au lieu où le voyageur s'est abouché avec l'acheteur dont il a pris la commission ou commande ; ou bien au lieu de la maison de commerce de son patron commettant, dont il fait les affaires. On est encore ici dans le vague des circonstances qui peuvent donner lieu à deux hypothèses.

231. Si le marché a été conclu avec le commis-voyageur ou représentant du vendeur, suivant les termes de la convention, la promesse aura été faite au domicile de l'acheteur qui reçoit les offres du voyageur. Arrêt de réglement de juges du 4 décembre 1811. S. 13. 14 novembre 1821 et 21 avril 1830, portant rejet sur arrêt de Limoges, encore que, depuis la demande du voyageur, la maison de commerce ait envoyé facture énonçant un lieu de

paiement qui n'avait pas été convenu avec le voyageur. Id. rejet du 3 mars 1835.

232. Si au contraire ce voyageur n'avait rien définitivement arrêté, et n'avait pris qu'une simple commission à fournir, sauf l'agrément du patron, alors le lieu de la promesse ne serait que celui du domicile du patron qui donne son acceptation. C'est la jurisprudence.

233. Ainsi le lieu de la *promesse* arrêtée étant connu, il faut rechercher ensuite le lieu de la *livraison*. A quel signe le reconnaît-on ?

« La délivrance doit se faire au lieu où était, au » temps de la vente, la chose qui en fait l'objet, » s'il n'en a été autrement convenu ». Art. 1609 C. civ.

« La marchandise sortie du magasin du *vendeur* » ou de l'expéditeur voyage, s'il n'y a convention » contraire, aux risques et périls de celui à qui » elle appartient, sauf son recours contre le com» missionnaire et le voiturier chargés du trans» port ». Art 100 C. comm.

D'où il faut conclure qu'en général la livraison ou tradition est légalement censée faite à moins de stipulation contraire, au domicile ou au magasin du vendeur, quand il a un dépôt qui n'est pas dans le même arrondissement que ce domicile ; car c'est de ce magasin qu'elle est expédiée.

Cette règle est vraie quand il s'agit de choses certaines et bien déterminées ou vendues en bloc, C. civil 1686.

Au contraire, dans les ventes au poids, au compte

et à la mesure et dans les choses sujettes à dégustation, la vente étant incomplète jusqu'à vérification, le lieu de l'envoi ne devrait pas servir de base, mais bien celui de l'arrivée où se fait la vérification. C. civil art. 1685. Argument d'un arrêt, section civile du 21 juillet 1819. S. 20.

Lieu du Paiement.

234. Lieu du paiement attributif de juridiction.
235. Factures mensongères sur le lieu.
236. Lieu de paiement. — Lieu de délivrance.
237. Présomption légale. — Domicile du débiteur.
238. Si un tiers est intéressé à la livraison.
239. Promesse de donner des effets payables en un autre lieu.
240. Corollaire.
241. Lieu où est payé un commissionnaire.
242. Même pour se remplir de lettre de change.
243. Domicile d'un tiers consignataire.
244. En effets de commerce, on ne considère que le lieu du paiement.
245. Exemple.
246. On peut y remettre l'exploit.
247. Lieu pour *l'exécution* de conventions.
248. Renonciation tacite au lieu du paiement.
249. Lieu pour l'obligation de faire une chose.
250. Voiturier assigné pour perte ou avarie.
251. Effet du lieu contre les héritiers.
252. Il faut restreindre les exceptions. — Conséquence éloignée du fait premier.
253. Exemple.
254. Du tiré qui n'accepte pas, quoique débiteur.
255. Demande en restitution après billet payé.

234. Quand on ne peut avoir le concours du lieu de la promesse et de la livraison pour fixer la compétence, l'art. 420 du C. pr. permet de saisir le tribunal du lieu où le paiement devrait être fait.

235. On a déjà vu que souvent des vendeurs, lorsque rien n'a été d'abord convenu sur le lieu de paiement, envoient à l'acheteur, en expédiant la marchandise, une facture indiquant dans quel lieu se fera le paiement, soit la ville du vendeur soit une autre à sa convenance. C'est là un moyen détourné pour changer la juridiction qui s'est trouvée fixée par la manière dont la vente s'est opérée et a été parfaite par le seul consentement des parties. Cela est arrivé notamment après des ventes faites par commis-voyageur : ce n'est pas la facture ultérieure qui fait la vente, aussi les tribunaux rejettent ces factures artificieuses, notamment arrêts des 21 avril 1830 et 3 mars 1825 déjà cités. Il est prudent de protester à la réception de la facture, pour ne pas donner prise à un acquiescement tacite au lieu du paiement.

236. Le lieu comme le temps du paiement est celui où doit se faire la délivrance, quand il s'agit de corps certain et déterminé, articles 1247 et 1651 C. civil. Cela suppose la vente faite au *comp-*

tant, puisqu'on doit payer au moment de la livraison.

Mais presque toujours les ventes, dans le commerce, sont à terme ; alors il s'agit de savoir dans quel lieu ce paiement s'effectuera. La convention est le premier point à consulter.

237. Dans le silence de la convention, ou lorsqu'on n'a pas dû payer au moment de la délivrance, *le paiement doit se faire au domicile du débiteur*. Article 1247. C. civil; c'est donc là que doit se porter l'action. Merlin V.° trib. com. p. 187.

238. Un négociant, Bruzon de Bayonne, assigne Lanegasse, commissionnaire de roulage de Bordeaux, afin de livraison de marchandises à Bayonne: ce n'était pas suivre le domicile du défendeur; cependant un arrêt de rejet du 8 mars 1817 a maintenu la compétence de Bayonne « attendu que l'arrêt at» taqué a constaté en fait que les marchandises » dont il s'agit devaient être *livrées* à Bayonne, et » dès-lors la cour royale de Pau a fait une juste ap» plication de l'art. 420 du C. en décidant que le » tribunal de commerce de Bayonne était compé» tent pour connaître de la demande portée devant » lui. »

Pour être d'accord avec les principes, cet arrêt aurait dû énoncer si la *promesse* avait été faite à Bayonne, puisque l'article 420 exige promesse et livraison au même lieu. Mais il résulte de l'exposé de fait que ce marchand de Bayonne avait demandé des schals au sieur Remond de Paris pour les expédier à l'adresse du commissionnaire Lanegasse de

Bordeaux. Ainsi la vente avait été faite à Paris, ou si elle avait été faite à Bayonne entre Bruzon et Remond, cela était étranger à Lanegasse. Quant au lieu du *paiement*, on ne voit pas qu'il en ait été question. En un mot il faudrait supposer que le commissionnaire Lanegasse s'était chargé spécialement envers Bruzon de transporter à Bayonne les marchandises à lui destinées, et que le lieu du *paiement* des frais de transport était à Bayonne. Voyez n.ºs 250 etc.

239. Une difficulté peut se présenter souvent sur le lieu du paiement. L'acheteur a promis de payer en effets payables sur une ville principale, Paris par exemple. Le vendeur a-t-il le droit d'assigner l'acheteur devant le tribunal de Paris, ou bien doit-il assigner devant le tribunal de cet acheteur afin qu'il soit tenu de fournir les effets ou réglemens sur Paris ? Si l'on pense que le défendeur est assigné afin de remise d'effets ou réglement et qu'il doit les avoir chez lui ou les confectionner s'il s'agit de ses propres billets, la compétence de son propre domicile paraît devoir être respectée : et c'est ainsi que l'a décidé un arrêt de Trêves du 14 mars 1810. S. 12. Un arrêt de Paris du 14 décembre 1816 suppose que l'acceptation d'effets vaut *paiement* pour éteindre le privilège du vendeur. Mais le vœu de la loi a été le lieu du paiement réel, de l'encaissement; le billet donné n'est pas paiement, ce n'est qu'un moyen pour parvenir plus tard à paiement. C'est ce qui résulte, en d'autres termes d'un arrêt de réglement de juges du 29 janvier 1811, par application

de l'article 420 portant qu'en matière de commerce le demandeur pourra assigner devant le tribunal dans l'arrondissement duquel le paiement devait être *effectué*. Arrêt du 29 janvier 1811. Arrêt analogue du 25 mars 1815.

240. Par suite, lors même que l'acheteur aurait promis de payer en ses billets à ordre payables chez lui, mais remis à fur et à mesure des livraisons au domicile du vendeur, ce vendeur ne pourrait actionner devant le juge de son propre domicile, comme étant celui du paiement, parce que les billets à fournir n'étaient que des *promesses* de paiement qui ne se consomment en définitive que par la numération *en espèces* desdits billets. Arrêt d'Angers du 30 août 1822. S. 23.

241. Un commissionnaire doit être payé de ses avances à son domicile, puisque c'est là qu'il reçoit son mandat et l'accepte, mais de plus il se rembourse de ses avances avec le prix des marchandises sur lesquelles il a privilège. Le lieu du *paiement* de ses avances doit donc être celui de son domicile. C'est là qu'en doit avoir lieu le règlement si son commettant l'actionne.

242. De plus il peut actionner lui-même son commettant devant ce domicile; cela a lieu lors même que ce commissionnaire aurait acquitté des lettres de change tirées sur lui et dont il devait se rembourser sur prix de marchandises, soit que ces marchandises ne fussent pas arrivées, ou n'eussent pas produit un prix suffisant, ou se fussent perdues ou seulement détériorées. Car il est toujours vrai

de dire qu'il devait s'attendre à être réglé de ses avances à son domicile. 10 janvier 1814, arrêt qui casse l'arrêt d'appel qui avait jugé le contraire. S. 14.

243. Le domicile d'un tiers *consignataire* peut devenir un lieu de juridiction; c'est toujours un lieu indiqué pour le paiement. L'acheteur peut donc être assigné au domicile de ce tiers consignataire ou entrepositaire dans les magasins duquel se trouvaient les marchandises vendues, alors qu'il a été annoncé à l'acheteur que ces marchandises lui seraient expédiées par ce consignataire et que la facture porterait que le paiement serait fait au domicile de ce dernier. Rejet 6 mars 1833.

244. En matière de billets à ordre souscrits par un commerçant ou de lettres de change entre toutes personnes le lieu du paiement est attributif de juridiction encore qu'il ne s'agisse pas de promesse ou livraison de marchandises. On ne considère donc pas le lieu dans lequel la négociation ou l'endossement a été fait, mais le lieu où le paiement doit s'effectuer; sauf au porteur le choix d'actionner devant le juge de ce dernier lieu, ou du domicile de l'un des signataires.

245. On peut citer entr'autres exemples, celui-ci: un individu au profit duquel une lettre de change a été endossée charge un tiers demeurant dans une autre ville de la négocier: le négociateur, par suite de la négociation, se trouve forcé de payer au porteur-acheteur de la lettre de change, une certaine somme parce que le tiré l'a acquittée en monnaie légalement dépréciée, l'action en rembour-

sement formée par ce négociant contre son endosseur n'est pas de la compétence du tribunal de commerce du lieu où la lettre de change a été négociée, cette action est personnelle et principale, comme action de mandat, elle doit être portée devant le domicile du défendeur. Rejet 4 octobre 1808. Dall. V.° Comp. p. 382.

246. On tient assez dans la pratique que le lieu où un effet de commerce est payable est non seulement attributif de juridiction, mais qu'il est réputé contenir élection de domicile au point que l'exploit d'assignation peut être remis à ce lieu. Arrêt de rejet du 13 janvier 1829. S. 30, Bordeaux 4 février 1835.

247. Ce qui se rattache à l'exécution de la chose promise suit la compétence du lieu où elle devait s'exécuter ; — Ainsi la demande en remboursement d'une ou plusieurs traites acquittées par un tiers sur la prière du tireur, peut être portée devant le domicile de l'accepteur ; car c'est là que le tireur devait faire provision.

V. Ce que nous avons dit sur les incidens de garantie.

248. Un porteur d'effet peut renoncer, même tacitement, à actionner devant le lieu où il était payable. Tel est le cas où un porteur d'une lettre de change non échue demande au tireur un cautionnement provisoire et l'assigne à cette fin devant le tribunal de son domicile ; si le tireur conteste la propriété du porteur et qu'ainsi l'instance soit engagée devant le tribunal du domicile du tireur sur

la propriété de la lettre de change, ce tribunal est seul compétent pour statuer ultérieurement sur l'action en *paiement* de la lettre de change, après qu'elle est échue. En ce cas, la litispendance fait perdre au porteur le droit d'assigner le tireur en *paiement* au lieu où la lettre est stipulée payable. Cass. 19 mars 1812, Palais t. 33. Denevers t. 10.

249. Le lieu du paiement détermine la juridiction non seulement dans les ventes et effets de commerce, mais encore dans les obligations de faire une chose; (1) déjà l'on a vu l'application au regard du commissionnaire chargé d'acheter ou de vendre. Ce qui s'applique aussi au voiturier qui a transporté des marchandises et en demande le paiement : il peut saisir le domicile du lieu du déchargement, d'une action contre celui même qui l'a chargé du transport, puisqu'en cas de refus de réception, ou contestation pour la réception, c'est à ce lieu que des experts peuvent être nommés, suivant l'article 106 C. com.; arrêt de réglement du 14 mars 1826.

250. S'il s'agit de perte ou d'avaries de marchandise en route, le destinataire peut assigner le voiturier devant le tribunal du lieu où les marchandises ont dû être livrées d'après la convention et où le voiturier aurait eu le droit d'exiger son paiement s'il était arrivé à destination. C'est ce que la cour de cassation a jugé par deux arrêts des 7 juillet 1814 et qu'enseigne M. Pardessus. L'arrêt regarde

(1) Toullier t. 7. Jousse.

le commissionnaire comme subrogé à l'expéditeur, et devant par conséquent suivre le lieu du paiement de la vente. Un autre arrêt du 22 janvier 1818, paraît d'abord contraire, mais le commissionnaire n'était pas assigné; c'était un commettant qui assignait l'expéditeur en restitution *de prix*, la marchandise ayant été avariée et non expédiée; alors c'était une action personnelle de mandat qui devait être portée au domicile de l'expéditeur.

251. Les circonstances qui déterminent la compétence pour un individu produisent le même résultat contre ses héritiers ou sa veuve, et même contre sa faillite, ainsi que nous l'avons dit pour le domicile élu. Ce serait vainement que les syndics de la faillite se prévaudraient de l'article 59 C. p. pour demander leur renvoi devant le domicile du failli, car ce domicile n'est admis que pour régler les contestations qui se rattachent à l'administration de la faillite, et non pour les actions à intenter contre la faillite elle-même qui représente le failli pour faits antérieurs. Arrêt de Toulouse du 15 janvier 1828.

252. Ainsi qu'on l'a dit, ces circonstances qui font attribution de juge sont des exceptions qu'il faut renfermer dans de justes limites. Hors delà, il faut s'attacher à la règle *actor sequitur forum rei*, le domicile du défendeur.

Quand donc une action en justice aura pour but, non l'exécution directe d'un acte ou d'une promesse, mais n'en sera qu'une conséquence éloignée et accidentelle, l'action devra être portée devant le juge du défendeur.

253. On peut donner pour exemple le cas où celui qui a perdu une lettre de change s'adresse à un endosseur pour en obtenir un second exemplaire, ou caution dans les cas qui y donnent lieu, il ne pourrait pas l'assigner au lieu où la lettre serait payable, puisqu'on ne demande pas le paiement, mais bien au tribunal du domicile de cet endosseur. Cass. 19 mars 1812.

254. De même la personne sur qui une lettre était tirée, et qui ne l'a pas acceptée, ne peut être traduite que devant le tribunal de son domicile, quand même elle serait débitrice du tireur, à moins qu'elle n'eût autorisé à faire traite sur elle. Voyez nos observations sur l'acceptation de la lettre de change.

255. Ainsi, après qu'une vente a été soldée et un effet à domicile a été acquitté, celui qui croirait devoir agir en restitution de sommes qu'il aurait payées au delà de ce qu'il devait, ne pourrait porter sa demande que devant le juge du défendeur, la première opération ayant été éteinte et consommée.

256. Ainsi, l'action pour réglement de compte, soit contre un gérant d'une maison, dans un lieu autre que le domicile du propriétaire, soit entre personnes en compte-courant, doit être portée devant le domicile du défendeur, encore que le créancier apparent ait fourni les valeurs en son domicile, toujours sauf convention contraire. Tel est aussi l'avis de M. Pardessus, n.° 1356, et nous le préférons à un arrêt de Lyon du 2 décembre 1829, qui a pensé que les opérations élémentaires qui

avaient pu déterminer la compétence, lorsque chacune d'elles a été faite, avaient conservé cet effet, malgré le compte-courant. Voyez dans notre sens, arrêt d'Agen du 6 mai 1824.

257. Les principes ci-dessus n'ont lieu que pour déterminer la compétence de l'action contre l'assigné principal. Si celui-ci exerce une action en recours contre un tiers, ce tiers pourra être appelé devant le même tribunal, qui n'est pas celui de son domicile réel. Ainsi, l'expéditeur qui, s'il avait été assigné directement, aurait été justiciable de son domicile, ne peut décliner le tribunal du lieu où devait s'effectuer la livraison, s'il y est appelé en garantie. Il y a des règles particulières pour les actions en garantie, résultantes de l'art. 181 du C. de pr. Nous en parlons notamment sur les incidens.

258. Ajoutons qu'en cette matière, comme il se pratique en matière civile, si le garanti assigné par le demandeur n'oppose pas l'exception d'incompétence, celui qui est garant peut faire valoir ce moyen, car tout le procès retombe sur lui.

ARTICLE III.

DE LA COMPÉTENCE QUANT AUX ÉTRANGERS.

1.° *Entre deux étrangers non domiciliés. — Consuls.*

SOMMAIRE.

259. Juridiction attribut de la souveraineté. — L'étranger en est affranchi pour intérêts privés. — Soumis aux lois de police. — Opinion de Vattel.

260. Doctrine de Vattel trop large sur les intérêts privés.
261. Modification de son principe dans la pratique. — Contestation réelle. — Personnelle.
262. Raisons pour renvoyer les affaires civiles.
263. En matière de commerce, ancienne ordonnance. — Boullenois.
264. *Quid* de l'acte de commerce arrivé en pays étrangers?
265. Législation actuelle.
266. Distinction consacrée antérieurement au code.
267. Doutes de M. Horson. — Arrêt évasif, dangereux.
268. Arrêt plus décisif, en matière de commerce, d'après l'art. 420 C. pr.
269. Doctrine antérieure de Toullier.
270. Si les juges français peuvent se dessaisir?
271. Motifs contraires. — S'il y a société entre étrangers.
272. Si l'étranger peut obtenir saisie conservatoire pour une créance étrangère?
273. L'étranger doit proposer l'incompétence à l'entrée du procès.
274. Traité entre les états pour la compétence de leurs citoyens.
275. L'étranger peut y renoncer.
276. Consuls étrangers, pour la protection du commerce.
277. Étendue de leur juridiction fixée par les traités. — Prohibition pour les français.
278. Droits de nos consuls dans le Levant.
279. Formes qu'ils suivent.
280. Les consuls eux-mêmes peuvent être assignés commercialement.
281. L'étranger peut-il demander la révision en France?
282. Peut-il opposer qu'il y a déjà instance en son pays?
283. En quel lieu l'assignation doit être remise.

259. De tous les droits de la souveraineté, le plus étendu est celui de la juridiction; et comme la souveraineté, à proprement parler, n'existe que sur ou entre les citoyens du même pays, on peut conclure que, en général, des étrangers ne sont pas soumis à la juridiction du pays dont ils ne sont pas sujets. Cette conclusion n'est relative qu'aux intérêts privés des étrangers entre eux; car, quant au pays où ils habitent, la souveraineté n'a de bornes que celles même de l'Etat; ce qui comprend biens et personnes qui s'y trouvent. Delà obligation pour tous ceux qui habitent le territoire de se soumettre aux lois de police et de sûreté. Art. 3 du C. civil. C'est ce qu'avaient enseigné les publicistes et notamment Vattel, droit des gens, livre 2, §. 101, ayant pour texte: *les étrangers sont soumis aux lois*, ainsi conçu: « mais dans les pays même où » tout étranger entre librement, le souverain est » supposé ne lui donner accès que sous cette con» dition tacite qu'il sera soumis aux lois, j'entends » aux lois générales faites pour maintenir le bon » ordre, et qui ne se rapportent pas à la qualité » de citoyen ou de sujet de l'Etat. La sûreté pu» blique, les droits de la nation et du prince exi» gent nécessairement cette condition; et l'étran» ger s'y soumet tacitement, dès qu'il entre dans » le pays, ne pouvant présumer d'y avoir accès sur » un autre pied. L'empire est le droit de comman» der dans tout le pays, et les lois ne se bornent » pas à régler la conduite des citoyens entre eux; » elles déterminent ce qui doit être observé dans » toute l'étendue du territoire, et par tout ordre de » personnes, en vertu de cette soumission, les » étrangers qui tombent en faute, doivent être

» punis suivant les lois du pays. Le but des peines » est de faire respecter les lois, et de maintenir » l'ordre et la sûreté.

260. Ceci ne pourrait s'appliquer à la juridiction pour les intérêts privés, entre deux étrangers, qui ne touchent en rien à la souveraineté. Il y avait donc trop d'étendue à l'enseignement donné par le même auteur Vattel, sur cette question, *quel est le juge de leurs différends?* « Par la même raison, dit-il, §. 103, (la soumission aux lois), les différends qui peuvent s'élever entre les *étrangers*, ou entre un étranger et un citoyen, doivent être terminés par le juge du *lieu* et suivant les lois du *lieu*. Et comme le différend nait proprement par le refus du défendeur qui prétend ne point devoir ce qu'on lui demande, il suit du même principe que tout défendeur doit être poursuivi pardevant son juge qui, seul, a droit de le condamner et de le contraindre... Le juge du défendeur est le juge du *lieu* où ce défendeur a son domicile, ou celui du *lieu* où le défendeur se trouve à la naissance d'une difficulté soudaine, pourvu qu'il ne s'agisse pas d'un fonds de terre ou d'un droit attaché à un fonds. En ce dernier cas, comme ces sortes de biens doivent être possédés selon les lois du pays où ils sont situés, et comme c'est au supérieur du pays qu'il appartient d'en accorder la possession, les différends qui les concernent ne peuvent être jugés ailleurs que dans l'état dont ils dépendent ».

261. Cet enseignement a subi des modifications dans la pratique. Quant aux contestations relatives

aux fonds ou *réelles*, rien n'est changé au principe posé par l'auteur.

Quant à l'autre thèse, celle d'attribuer juridiction entre deux *étrangers* au juge du *lieu* où se trouve le défendeur à la naissance de la difficulté survenante; comme la difficulté ne survient que lorsqu'un des étrangers refuse de remplir son engagement antérieur, il peut arriver que la dette soit civile ou bien commerciale; et que l'une ou l'autre dette ait commencé d'exister en pays étranger, avant qu'ils ne l'eussent quitté, ou bien sur le sol de la France, depuis qu'ils y sont arrivés. Dans la pratique, en contestation civile, le défendeur non domicilié en France pourrait demander son renvoi devant le juge de son pays, encore que la dette eût été contractée en France.

262. Outre les raisons d'un ordre supérieur pour autoriser ce renvoi, en l'absence de loi positive, on disait que deux étrangers ayant contracté suivant l'esprit de leurs lois nationales, on ne pouvait les juger par nos lois; d'un autre côté, nos magistrats ne sont pas les organes des lois anglaises, américaines ou russes, et il n'est pas probable non plus qu'ils les aient asssez étudiées, pour que leur vertu puisse se contenter des lumières qu'ils ont dans une législation étrangère. De plus, ce n'est pas de leurs lumières seulement qu'ils doivent douter; la sagesse qui doit quelquefois douter d'elle-même leur ordonne de ne pas se confier dans leurs sentimens. L'intérêt que les juges prennent naturellement à leurs concitoyens leur fait porter dans leurs

jugemens un amour plus vif de la justice. Des étrangers inspireront-ils toujours cet intérêt? L'autorité de la loi française ne pourrait tout au plus commencer rationnellement que pour les faits postérieurs à l'époque où l'étranger vient résider en France. Voyez le répertoire, V.° souveraineté; et V.° étranger, on trouve des monumens de la jurisprudence; Bacquet, droit de justice.

263. En matière de commerce, on admettait anciennement l'action entre étrangers, et quelques dispositions d'ordonnances qui tenaient lieu de loi y prêtaient argument. En effet, l'art. 1.er, titre 2, livre 1.er de l'ordonnance de la marine, 1681, portait que les juges de l'amirauté connaîtront privativement à tous autres, et entre toutes personnes de quelque qualité qu'elles soient, même privilégiées, français et *étrangers*, de tout ce qui concerne la construction, les agrès et apparaux, avitaillement et équipement, ventes et adjudications de vaisseaux. « L'édit du commerce de 1673, titre 12, art. 17, portait que, dans les matières attribuées aux juges-consuls, le créancier pourrait donner l'assignation à son choix, ou au lieu du domicile du débiteur, ou au lieu auquel la promesse a été faite et la marchandise livrée, ou au lieu auquel le paiement doit être fait ».

Ces énonciations étaient la suite des usages du commerce et de la faveur attachée aux marchés faits en foire. Et, d'après ces termes généraux, comme il n'y pas d'actes de commerce qui ne renferme vente et livraison ou promesse de payer, on admettait généralement la compétence pour tous actes de commerce sans distinction. C'est ici une sorte de mesure de sûreté. Aussi Boullenois remarque-t-il, dans son traité des statuts réels et *personnels*, que les *étrangers commerçans* ont, parmi nous, comme les négocians nationaux le choix accordé par l'édit de 1673 pour l'assignation. S'ils n'avaient pas ce choix, ajoute-t-il, souvent ils ne seraient pas à portée de se faire rendre facilement justice et se faire payer, et *le commerce en souffrirait*.

264. Mais il ne faudrait pas qu'il fût question d'un acte de commerce arrivé en pays étranger *avant* que le défendeur étranger vînt résider en France. Il y a sur ce point plusieurs arrêts des parlemens, de Paris et de Douay de 1732, 1784 et 1785, rapportés dans le répertoire V.° étranger §2. On peut ajouter un arrêt bien positif de la cour de cassation du 21 juin 1820, S. 22, encore que l'étranger défendeur eût formé depuis, un établissement en France. Il en serait autrement s'il y avait été naturalisé. Rejet 27 mars 1833.

265. Sous la législation actuelle, la question est restée dans les termes de l'ancien droit commercial, ainsi qu'il résulte de la discussion du code civil sur le projet qui devint l'art. 14; il résulte du procès-verbal que la question a été positivement posée et convenue dans le sens de la juridiction consulaire.

266. La distinction entre la juridiction pour affaires commerciales, se trouvait déjà tracée par un arrêt de la chambre des requêtes du 22 janvier 1806. Sirey. T. 6. Dalloz — V.° compétence, ré-

pertoire V.° Souveraineté. Il s'agissait de faits antérieurs aux codes de procédure et de commerce.

Depuis, la question s'est présentée devant la Cour de Paris affaire Omaly C. Swan, tous deux américains, pour le solde d'un compte-courant. Le ministère public avait pensé, d'après l'art. 14 du C. civil, que l'étranger ne pouvait rester devant les tribunaux de commerce qu'autant qu'il s'y trouvait avec un français demandeur ou défendeur ; mais par arrêt du 10 novembre 1825. Sirey 26, la Cour de Paris en a décidé autrement par le motif que la demande, sur laquelle s'est élevée la question de compétence, avait pour objet le réglement d'un compte-courant relatif à des opérations commerciales entre étrangers résidant en France.

267. M. Horson, qui rapporte cet arrêt, 207e question, tout en approuvant sa doctrine comme conforme à l'usage établi sous l'édit de 1673, conserve des doutes fondés dit-il, sur ce que, après une discussion solennelle et une mûre délibération, la cour de cassation s'était prononcée dans un sens tout-à-fait contraire par arrêt du 6 février 1822.

Peut-être, remarquera-t-on une circonstance particulière et absence de violation de *loi* formelle dans l'espèce de cet arrêt. En 1818, Orrock, anglais, reçoit par endossement une lettre de change de Wolmar, aussi anglais, souscrite par Bearcroft, à Paris, payable à *Londres*. Cette lettre revient protestée de Londres, et Orrock exerce son recours contre Wolmar. Le tribunal de commerce de Paris se déclare incompétent, attendu que bien que la

10.*

lettre dont il s'agit ait pris son origine en France, il n'en est pas moins constant qu'elle est tirée par un étranger et qu'elle est stipulée payable à Londres ; que d'ailleurs, il n'est pas justifié qu'aucun des contestans ait son domicile habituel en France, et y jouisse des droits de citoyen français. 30 avril 1810, arrêt qui adopte le motif, 6 février 1822, arrêt de la section civile qui rejette le pourvoi : « attendu que les tribunaux français ne sont com- » pétens pour connaître des contestations qui s'élè- » vent entre étrangers, que dans les cas où ils y » sont légalement autorisés ; et que, dans l'espèce, » la cour de Paris, en reconnaissant qu'elle ne se » trouvait dans aucun de ces cas, n'a violé aucune » *loi* ».

Ainsi, en fait, la lettre étant payable à Londres, il semblait qu'on s'éloignait de la juridiction française : et en droit, la cour de cassation n'a pas trouvé qu'il y eût une *loi* qui eût été violée. En effet, il n'y en a pas qui formellement s'occupe de la compétence sur *étrangers*, devant les tribunaux de commerce, autre que l'ordonnance de la marine pour des cas indiqués. Mais il y a maintenant le Code de procédure, art. 420, qui ne fait que répéter l'ordonnance de 1673, sans distinction de personnes. L'art. 632 du C. de com. dit que les tribunaux consulaires connaîtront entre *toutes personnes* des lettres de *change* ou remises d'argent faites de place en place.

L'arrêt de 1822 (et autres de la même forme), serait dangereux comme une arme à deux tranchans, en ce qu'il consacrerait, en ce point, l'arbitraire et le bon-plaisir qui gêne souvent le magistrat consciencieux. Si un tribunal se déclare compétent, il aura bien jugé, car il n'aura pas violé *de loi*: s'il se déclare incompétent, il aura encore évité la cassation, car il n'aura pas encore violé de loi.

268. Mais depuis, la cour de cassation s'est prononcée autrement, en proclamant l'art. 420 du C. de pr., comme loi obligatoire en pareil cas, affaire Harris C. Wolmar. Il s'agissait entre deux anglais d'une entreprise de fourniture de grains à livrer en France, payable à Paris. Demande en validité de saisie-arrêt pour assurer le paiement du prix; 6 janvier 1825, jugement par lequel le tribunal civil de Paris se déclare incompétent, —15 avril 1825, arrêt confirmatif; 26 novembre 1828, arrêt qui *casse* par le motif, « en droit, que l'art. 420 du C. de pr. qui, en matière de commerce, permet d'assigner le débiteur dans le lieu où la promesse a été faite, n'établit pas de distinction entre les *étrangers* et les français, et qu'il n'était pas dans l'esprit du législateur d'en établir aucune, puisque, d'après l'ancienne jurisprudence et les principes reconnus lors de la discussion du C. civil, il est certain que les tribunaux français sont *tenus* de prononcer sur les actes de commerce faits en France par des étrangers. — Que d'ailleurs, l'art. 14 du C. civil ne renferme pas de disposition contraire, d'où il suit que la cour royale de Paris a violé l'art. 420 du C. de proc. en jugeant par le seul motif de l'ex-

tranéité des parties que le tribunal civil de Paris était incompétent, pour connaître l'action intentée par les demandeurs contre le défendeur, en paiement du reste de prix des grains qu'ils lui avaient vendus et livrés.

269. Depuis long-temps, Toullier avait dit, en peu de mots : « un étranger qui aurait contracté en France avec un autre étranger, ne pourrait contraindre son adversaire à plaider devant les tribunaux français, à moins qu'il ne s'agît de matières commerciales ou maritimes ». V. arrêt analogue du 24 avril 1827, S. 28, premier motif, sur une traite même entre étrangers, parce que c'est un acte de commerce du droit des gens, soumis dans son exécution aux lois et tribunaux du pays où il a eu lieu. La traite avait cependant été faite à Paris, payable à Londres.

270. M. Pardessus exprime l'opinion que les tribunaux français peuvent se dessaisir en tout état de cause de l'affaire soumise à leur juridiction par un étranger; il cite un arrêt de la cour de cassation du 8 avril 1818, qui l'a en effet ainsi jugé sur les conclusions de M. Daniels qui citait Becman dans les annotations sur Boehmer, introd. in jus. Digest. ad tit. de jurid. §. 1. Suivant ce magistrat, le juge français avait la *faculté* de juger d'après le consentement des parties, mais non pas la nécessité; que le principe contraire tendrait à épuiser les forces d'un juge, en l'obligeant à prêter son ministère à tout le monde : il s'agissait cependant d'une société en participation, réglée par décision d'arbi-

tres, nommés par le tribunal de commerce, et sur l'appel, la cour de Lyon sur les requisitions du ministère public se déclara d'office incompétente : arrêt de rejet de la chambre civile.

271 Cette solution était admissible sous l'empire de l'opinion que les tribunaux français n'étaient pas autorisés par une loi formelle à juger les étrangers, opinion exprimée par l'arrêt ci-dessus, du 6 février 1822. La solution ne devrait-elle pas être contraire, depuis l'arrêt du 28 novembre 1828, qui a reconnu l'efficacité de l'art. 420, C. proc., comme n'établissant pas de distinction entre les étrangers et les français, et formant loi obligatoire ?

Au surplus, quand des étrangers sont en *société*, il n'y a pas *vente* et *paiement* certain à effectuer en lieu fixe, suivant l'art. 420.

272. Bien moins encore un étranger pourrait-il, pour une dette contractée hors de France, demander au président du tribunal de commerce de saisir conservatoirement entre les mains d'un français des marchandises appartenantes à son débiteur étranger, quoiqu'un arrêt d'Aix du 6 janv. 1831. S. 33, ait admis cette saisie-arrêt.

273. D'après ce qui a été dit de la *faculté* qu'ont les tribunaux français de juger les étrangers, lorsque d'ailleurs ils sont compétens en raison de la matière, on a pu induire que l'incompétence ne serait pas d'ordre public ; elle ne repose que sur la règle qui veut que tout défendeur soit appelé devant son juge naturel, celui de son domicile. D'où il suit que si un étranger qui aurait pu décliner la

compétence française, commerciale ou civile, ne l'a pas fait, s'il a défendu au fond, il rentre dans les termes de l'art. 169 du C. de pro., et dès-lors ne peut proposer le moyen d'incompétence pour la première fois en cour d'appel ou de cassation. Arrêts de la cour de cassation 5 frimaire an 14. S. 6. 4 septembre 1811 t. 11. Et 29 mai 1833 t. 33.

Un étranger peut être appelé incidemment devant un tribunal français ; et même, lorsque ce tribunal a été saisi d'une demande formée par un étranger contre un français, il serait compétent pour statuer sur l'*intervention* que formerait dans l'instance un *autre* étranger, encore que par cette intervention le *français* se trouvât désintéressé, et que par suite la contestation ne dût plus s'agiter qu'entre deux étrangers Cassation 19 mai 1830.

274. Tels sont les principes du droit commun. On a vu souvent des traités de puissance à puissance de nature à modifier la compétence, notamment entre les Suisses et les Américains à certaine époque. On conçoit donc que si par un traité il avait été convenu avec le chef de l'Etat que les tribunaux de France ne connaîtraient pas même des contestations commerciales entre deux sujets d'une puissance étrangère, mais bien les consuls de leur nation, l'incompétence ne pourrait guère se couvrir. Le défendeur pourrait l'invoquer après avoir défendu au fond ; l'ordre public étant intérsssé au maintien des traités ; et les particuliers ne peuvent ni formellement ni tacitement déroger à ce qui touche l'ordre public, art. 6. C. civil.

275. Néanmoins si un étranger se laissait condamner sans avoir invoqué ce moyen en quelqu'état de la cause, avant jugement ou arrêt définitif, la décision qui aurait acquise l'autorité de la chose jugée demeurerait irrévocablement à celui qui l'aurait obtenue, et devrait recevoir son exécution.

Disons un mot des consuls.

276. « L'une des institutions modernes les plus utiles au commerce est celle des consuls. Ce sont des gens qui, dans les plus grandes places de commerce, et surtout dans les ports de mer, en pays étranger, ont la commission de veiller à la conservation des droits et des priviléges de leur nation et de terminer les difficultés qui peuvent naître entre marchands. Quand une nation fait un grand commerce dans un pays, il lui convient d'avoir un homme chargé d'une pareille commission; et l'Etat qui lui permet ce commerce, devant naturellement le favoriser, il doit aussi par cette raison, admettre le consul. Mais comme il n'y a pas obligation absolue et d'obligation parfaite, celui qui veut avoir un consul doit s'en procurer le droit par le traité même du commerce ». Vattel, Droit des gens, liv. 2, §. 34.

277. Souvent les traités de commerce, ou les nominations et agrémens des consuls dans un pays étranger déterminent l'étendue de leur juridiction, et l'effet que leurs jugemens peuvent avoir dans le pays étranger où ils sont rendus; car il faut les coordonner avec l'emploi de la force publique qui ne se fait qu'au nom du souverain du lieu. Un édit de 1778 défend au français de traduire un français

devant un juge étranger dans les échelles du Levant, sous peine d'amende. Il faut s'adresser au consulat.

278. Les droits des consuls sont en général fort étendus dans les consulats du Levant et sur les côtes de Barbarie ; ils exercent même la police et la poursuite des crimes sur les sujets de leur nation, comme le magistrat ordinaire aurait pu le faire dans leur patrie. Mais, dans les pays où la civilisation est plus avancée, il en est peu où les jugemens des consuls aient l'exécution parée comme ceux des juges locaux. Quelquefois cette exécution doit être demandée aux autorités territoriales, et n'est accordée qu'avec connaissance de cause, ainsi que nous le verrons plus tard n.° III, quelquefois cette juridiction est réduite aux simples effets d'un arbitrage.

279. Ces consuls étant en quelque sorte l'image de l'autorité judiciaire de leur pays suivent les formes et les lois de leur nation, puisqu'ils n'ont à juger qu'entre des nationaux qui ont conservé leurs habitudes. Outre le dépôt des lois et instructions de leur gouvernement, la traduction des écritures, les consuls ont le droit de constater les naissances, mariages et décès des individus de leur nation. Les articles 48 et 70 du C. civil nous en donnent l'exemple : d'autre part ils apposent ou font apposer les scellés sur les objets mobiliers après décès, en l'absence des héritiers ; ils veillent au sauvetage des marchandises, constatent les sinistres et donnent des certificats sur l'apparition ou rencontre des batimens en voyage, et correspondent avec leurs am-

bassadeurs pour tout ce qui peut intéresser le commerce de leur nation.

280. Toutefois ces consuls n'ont pas le caractère de ministre public, et n'ayant en général pour but que des intérêts privés, ils sont soumis comme les simples étrangers aux lois de police et de sûreté sans jouir des privilèges des ambassadeurs; et ils seraient soumis à la juridiction de nos tribunaux de commerce pour leurs affaires commerciales avec d'autres étrangers, ou avec des français dans les cas indiqués n.° II ci-après.

281. Un étranger qui aurait été condamné dans son pays ou tout autre hors de France, lorsqu'il est poursuivi en France, peut demander que cette décision soit révisée en France, comme le pourrait un français lui-même qui aurait été condamné par un tribunal étranger; même quand ce serait un français qui aurait obtenu contre l'étranger la condamnation. La cause de cette révision sera exposée au n.° II ci-dessous.

282. Cet étranger qui pourrait opposer contre un français l'exception de litispendance en ce que le français aurait déjà formé la même demande devant un tribunal français (cassation 1.er juillet 1823. S. 24), peut naturellement opposer la même exception contre un étranger demandeur.

283. En quel lieu faudra-t-il remettre l'assignation à un étranger? s'il a en France un domicile réel par établissement ou signe constant, il n'y a pas de doute que l'assignation devra être remise à ce domicile. S'il n'a qu'une simple résidence, c'est

au lieu de cette résidence. S'il n'a pas de résidence, l'assignation est remise au procureur du Roi qui vise l'original et une autre copie est affichée à la principale porte de l'auditoire du tribunal où la demande est portée. Art. 69 n.° 8 du C. de pr. Sous l'ordonnance de 1667 l'assignation était donnée au parquet du procureur général près le parlement.

II. *Étrangers domiciliés en France.*

SOMMAIRE.

284. Ancienne défense aux étrangers de faire la banque.
285. Ordonnance non exécutée. — Savary.
286. On peut empêcher la résidence d'étrangers. — Lois de sûreté.
287. Autorisation donnée par le Roi de fixer son domicile.
288. Effets actifs et passifs de ce domicile.
289. S'il faut toujours une autorisation ?
290. Établissement de fait, sans autorisation.
291. Si l'étranger qui réside sans autorisation peut actionner ?

284. Dans l'intérêt du commerce et pour la sûreté des régnicoles, nos anciens rois avaient imposé des conditions aux étrangers qui voulaient se livrer aux affaires de banque. L'ordonnance de Charles IX de janvier 1563, art. 38, portait : « tous étrangers » qui voudront exercer fait de banque en nos » royaumes, pays et terre de notre obéissance, » seront tenus et contraints bailler préalablement » caution de cinquante mille écus de gens resséans » et solvables ; et ce, par devant nos juges ordi» naires desquels ils seront tenus de prendre per-

» mission après ladite caution baillée et reçue, et » icelle renouveller de cinq ans en cinq ans ». Henri III, par ordonnance de 1579, a réduit ce cautionnement à *quinze mille écus sols* ; et son ordonnance de 1581 porte : « enjoignons que inhibitions et défenses de par nous à son de trompe et cry public soient faites à toutes personnes quels qu'ils soient de faire aucun change ou trafic de deniers sous le nom de banque, compagnie et communauté ni autrement, sans avoir au préalable pris congé et permission ».

285. Mais Savary, liv. 3, chap. 4, des commissionnaires et correspondans de banquiers, atteste qu'il n'a pas vu ni oui dire que ces ordonnances eussent été exécutées par les étrangers qui s'établissent en France pour être correspondans et commissionnaires des négocians de leur nation pour exercer la banque et faire le commerce d'argent, quoiqu'il fût très-important pour le bien du public qu'elles fussent exécutées.

286. Toutefois, le droit de souveraineté emporte avec lui le droit d'empêcher que des étrangers ne se fixent en France. Les étrangers qui y sont en quelque sorte passant comme voyageurs, jouissent sans doute de protection et du droit des gens, comme ils sont sujets aux lois de police et de sûreté. Quant aux droits, l'étranger non autorisé à demeurer en France jouit en France des mêmes droits civils que ceux qui sont accordés aux français par les *traités* de la nation à laquelle cet étranger appartient. Art. 11 du C. civil.

287. Mais l'étranger qui aura été admis par l'autorisation du roi à établir son domicile en France, y jouit de tous les droits civils tant qu'il continue d'y résider. Une absence momentanée ne détruirait pas cet avantage. Art. 13. C. civil. Le domicile continué pendant dix ans conduit à la naturalisation suivant la constitution de l'an 8, et rend habile à recueillir une donation, succession, et à être admis au bénéfice de cession, article 905 C. procédure et 575 C. de com. et à n'être pas arrêté provisoirement, même en matière civile, suivant la loi du 17 avril 1832 qui n'a fait que confirmer, quant à la contrainte par corps, ce que portait la loi du 10 septembre 1807 contre les non-domiciliés.

288. Dès-lors, c'est à ce domicile en France que l'assignation peut être donnée à cet étranger puisqu'on pourrait l'assigner même au lieu d'une simple résidence. Les effets de cette qualité sont actifs et passifs; il peut invoquer le droit d'être jugé par les tribunaux français et suivant les règles de droit qui seraient admises entre français; de même, il doit subir la juridiction des tribunaux français lorsqu'il est assigné devant eux quoiqu'il eût été autorisé à la décliner s'il était resté simple étranger résidant.

289. Un avis du conseil d'état des 18 et 20 prairial an 11, sur l'étranger qui veut devenir *citoyen français* par la résidence indiquée en l'art. 3 de la constitution du 22 frimaire an 8, déclare *que dans tous les cas où un étranger veut s'établir en France*, il est tenu d'obtenir la permission du gouvernement, et que ces admissions pouvant être, suivant les cir-

constances sujettes à des modifications, à des restrictions et même à des révocations, elles ne sauraient être déterminées par des règles ou des formules générales : qu'il ne s'agit ici que de la qualité de citoyen français et de mesure de haute administration.

290. Il est constant et à remarquer que des étrangers, même sans avoir obtenu l'autorisation du roi pour fixer leur domicile en France, y prennent de fait un domicile par la création d'un établissement quelconque. Ces individus ne jouissent pas *de plano* des droits civils et par conséquent des avantages ci-dessus. Cependant, cet établissement ayant un caractère de domicile adoptif, l'étranger ne pourrait demander son renvoi, devant le juge de son domicile national; on pourrait lui appliquer la règle *actor sequitur forum rei*, sur le fondement de laquelle des étrangers non-domiciliés en France demandent et obtiennent leur renvoi devant les juges de leur domicile territorial. Il est devenu habitant, *incolas domicilium facit*, l. 7. C. de incolis. l. 239 ff de Verb. Signif. M. Pardessus paraît partager ce sentiment, et deux arrêts de la cour de cassation des 20 août 1811 et 26 avril 1831 le confirment complètement. S. 11 et 32.

291. On a même décidé qu'un étranger domicilié, jouissant des droits civils, quoique sans *autorisation*, peut actionner un étranger devant les tribunaux français. Paris 30 mai 1808. Id. 24 mars 1817. Cassation 24 avril 1827. S. 28.

III. *Étrangers assignés par un Français, et vice versâ.*

SOMMAIRE.

292. Un Français peut être assigné pour dette française ou étrangère.
293. Applic. des art. 14 et 15 C. civ. — Devant le domicile du Français.
294. On suit la forme des tribunaux Français.
295. Si déjà le Français a assigné devant un trib. étranger.
296. Si l'étranger n'est pas actuellement résident.
297. Peut-on l'assigner au domicile de son mandataire.
298. Si les fonctionnaires Français n'envoient pas la copie à l'étranger.
299. Compétence pour les héritiers d'un étranger.
300. Compét. pour conventions. — Dommage. — Quasi-contrat.
301. Dette étrangère, devenue créance d'un Français.
302. Partage des cours sur la question. — Cour de cassation.
303. Remarques sur un arrêt de Paris.
304. Arrêt de Douay modifié par circonstances.
305. Arrêts en faveur des étrangers.
306. Même sous l'ancien droit.
307. Distinction entre un billet négoc. — Et transport.
308. S'il y a des traités contre la juridiction.
309. Demande accessoire. — En garantie. — Si l'étranger a résidence.
310. Si l'étranger est sujet à caution dans les incidens civils.
311. Corollaire.
312. Par quels principes on juge les faits passés en pays étrangers.
313. Distinction. — Immeubles. — Mobilière. — Exécution. — Capacité.

292. Qu'un *Français* qui s'est obligé envers un *Français*, même en pays étranger, soit traduit devant les tribunaux de France, il ne peut s'en plaindre, puisqu'il est appelé devant son juge naturel, celui de sa nation et même de son domicile ; car le lieu du contrat ne fait rien sur la juridiction entre règnicoles. Si ce Français est appelé par un *étranger* devant un tribunal français, pour une dette contractée en pays étranger, il ne peut davantage s'en plaindre, car on lui applique la règle générale *actor sequitur forum rei*. Art. 15 du C. civil. A plus forte raison, si la dette du Français a pris naissance en France.

Quand c'est l'étranger qui est, au contraire, actionné par un Français, les tribunaux de France sont compétens 1.° pour l'exécution des obligations par lui contractées *en France* envers un Français, quoique cet étranger n'y réside pas ; 2.° même pour les obligations par lui contractées en pays étranger, envers un Français. Art. 14. C. civil.

Ces deux articles 14 et 15 du C. civil peuvent donner lieu à différentes questions dans l'application.

293. Quoique la loi, en mentionnant les tribunaux de France en général, n'ait pas spécifié la circonscription particulière, on tient que c'est le tribunal du domicile du Français demandeur ou défendeur, puisque la compétence a été fixée en faveur

de ce Français, à moins qu'il ne se trouve dans les cas particuliers de l'art. 420 du C. de procédure, ou de l'élection de domicile ; art. 111 du C. civil ; ou que l'étranger n'ait domicile, ni résidence. V. 809.

294. L'étranger, étant obligé de procéder suivant les formes des tribunaux Français, pourrait invoquer ces lois comme moyen de défense, ainsi qu'il peut opposer la litispendance, si le Français demandeur l'avait déjà assigné ou avait été assigné par lui devant un autre tribunal de *France* ; arrêt du 1.er juillet 1823, arrêt de réglement. S. 24.

295. Si même un Français formait sa demande devant un tribunal étranger, et venait à y succomber, il ne pourrait plus former la même demande devant un tribunal de France contre son adversaire étranger. La compétence française est une *faculté*, ou faveur à laquelle le Français a pu renoncer en traduisant d'abord son adversaire devant le juge de sa nation : vainement, le Français dirait-il que s'il obtenait un jugement étranger, il ne pourrait l'exécuter en France, suivant l'ordonnance de 1629, car ce jugement étranger n'est pas *nul*, il est seulement sujet à révision pour acquérir force *exécutoire* ; arrêt du 15 novembre 1827. Sirey, Dalloz. La même fin de non-recevoir ou exception de litispendance aurait lieu également, si un Français désertant *l'instance pendante*, et non encore jugée en pays étranger, formait sa nouvelle demande en France, à moins qu'il ne se fût régulièrement désisté de la première. C'est ce qu'a jugé la cour de Paris, le 3 mai 1834.

296. L'étranger qui a contracté en pays étranger, envers un Français peut-être assigné devant un tribunal de France, encore qu'il ne soit ni résident, ni présent en France. L'art. 14 du C. civil, en se servant du mot *traduit*, ne suppose pas qu'il faille que l'étranger soit trouvé en France, au moment du procès. Locré. Arrêt du 7 septembre 1808. L'assignation est donnée au domicile du Procureur du Roi, outre une copie à l'auditoire du tribunal saisi, art. 69 du C. pro.

297. L'étranger qui n'a en France ni domicile, ni résidence, ne peut être assigné par copie laissée à son fondé de pouvoir, encore que celui-ci ait en France résidence ou domicile. Arrêt de la cour de cassation du 5 août 1807, qui annulle la signification d'un arrêt d'admission qui avait été faite au domicile d'un mandataire.

298. Ceux qui habitent le territoire français hors du continent, et ceux qui sont établis chez l'étranger, sont assignés au domicile du Procureur du Roi près le tribunal, dans l'arrondissement duquel est formée la demande civile ou commerciale; ce magistrat doit viser l'original et envoyer la copie au Ministre de la marine, ou à celui des relations extérieures, selon leur attribution. Le *visa* étant un fait à constater par l'huissier, est prescrit à peine de nullité : mais si le Procureur du Roi n'adresse pas la copie au Ministre compétent, ou la garde dans ses bureaux, la partie ne pouvant répondre de son fait, il n'y aurait pas nullité. 21 mai 1815, arrêt d'Amiens, contre lequel le pourvoi a

été rejeté, le 11 mars 1817. S. 18. Denevers 6. Journal du Palais, t. 23.

299. Les héritiers d'un étranger peuvent être assignés devant les tribunaux français comme aurait pu l'être leur auteur; l'art. 420 du C. de pro. ne reçoit pas d'exception en cette matière. Arrêt 1.er juillet 1829. S. 29. Denev. 27.

300. Quelle est l'étendue de ces mots, *obligation contractée*, qui se trouvent dans les art. 14 et 15 du C. civil? Par arrêt du 5 juin 1829, Sirey 29, la cour de Paris, dans une affaire civile, a pensé que cette *obligation* doit être entendue de l'obligation dérivant d'un *contrat conventionnel*, et non d'un *fait* donnant lieu seulement à action civile. Il est permis de douter que cela soit conforme aux vrais principes. Pourquoi un étranger qui aurait fait un quasi-contrat, quasi-délit, en un mot, causé préjudice à un Français, soit en France, soit en pays étranger, se verrait-il affranchi d'en faire réparation devant un tribunal français? Le Code civil est plus large dans son objet. Le mot obligation nous paraît comprendre tout élément de responsabilité, d'avantage ou de préjudice. C'est ce qu'avait décidé un arrêt de Poitiers, du 8 prairial an 13, S. t. 6. Disons donc avec M. Pardessus, n.° 1478, que tout Français qui aurait à exercer des droits contre un étranger, et réciproquement, soit en vertu de conventions expresses ou tacites, soit par l'effet de quasi-contrats, soit pour réparations pécuniaires des suites d'un fait dommageable, peut traduire son adversaire devant un tribunal français. Cela s'ap-

pliquera sur tout au fait d'*abordage*, ainsi qu'on le verra sous la rubrique des actes de commerce maritime.

801. Un étranger qui a contracté, hors de France, une dette envers un homme de sa nation ou un autre étranger, pourra-t-il être traduit devant un tribunal français, parce que cette dette ou créance sera devenue la propriété d'un Français? Les art. 14 et 15 parlent clairement d'une dette contractée *envers un Français*, ce qui suppose que la créance lui est directe, et originaire, soit qu'elle ait pris naissance en France, soit qu'elle soit née en pays étranger. Le texte présente cette solution.

La question n'est pas sans difficulté. Car si on reconnait que par l'effet d'un endos un billet souscrit par un étranger peut devenir la propriété d'un Français, il en résultera bien que cet étranger devra *payer* au porteur français, mais il s'agit ici de *juridiction*; cet étranger pourra t-il être assigné en France lui qui n'a contracté qu'en pays étranger envers un étranger? d'après la maxime *actor sequitur forum rei*, et qui est du droit des gens, tout défendeur doit être cité devant le tribunal de son domicile, et c'est par *exception* à cette règle que l'art. 14 du C. civil établit qu'en certains cas spécialement déterminés, l'étranger pourra être distrait de ses juges naturels et cité devant les tribunaux français; toute exception étant de droit rigoureux, on ne peut l'étendre au-delà de son sens direct et clairement exprimé. L'art. 14 est général, il ne distingue pas entre les engagemens civils et commerciaux;

ni si l'étranger souscripteur envers un de ses compatriotes d'une obligation négociable ou transportable, sauf la forme, sait que son engagement peut passer aux mains d'un habitant de tous les points du globe, et qu'il peut ainsi avoir un jour cet habitant pour créancier; il sera néanmoins difficile de croire qu'il a contracté avec ce tiers dans le sens de l'art. 14. On peut bien admettre que tout étranger est censé aussi connaître la loi française, et savoir qu'en traitant avec un *Français* il s'expose à perdre l'avantage de la règle *actor sequitur forum rei*. Cet article est bien loin d'avoir disposé, clairement surtout, que tout étranger qui souscrit, en pays étranger, une obligation civile ou commerciale envers un *étranger*, et payable hors de France, sera aussi, malgré tout cela, enchaîné à la juridiction française quand il a pris toutes les précautions nécessaires pour s'y soustraire. Interpréter dans ce sens l'art. 14, qui cependant ne présente rien d'obscur, c'est décider d'une manière générale et absolue que les négocians de tous les points du globe ne pourront souscrire une obligation quelconque, un seul effet négociable surtout sans renoncer au bénéfice de la règle *forum rei*, sans se soumettre par cela seul à quitter leur pays, leurs juges naturels pour recevoir la juridiction française à laquelle ils n'ont pas dû penser en contractant directement avec tout autre qu'un français.

Qu'un étranger soit appelé devant les tribunaux de France après avoir reçu sur cette terre hospitalière des secours pécuniaires, on le conçoit : qu'un

Français qui a été contracter à l'étranger, pour affaire de commerce ordinaire qu'il est allé provoquer au domicile de l'étranger, attire cependant celui-ci devant les tribunaux de France, cela est passablement exhorbitant du droit commun. Il faut donc encore ajouter à l'exception : agraver la position de l'étranger sans son fait. Que serait-ce à plus forte raison si l'étranger, au lieu d'être souscripteur ou créeur de billet ou de lettre de change, on lui en présentait une qui aurait été tirée sur lui à son insu ou contre son gré par un étranger sous prétexte qu'il a provision entre les mains, et que cet effet arrivât entre les mains d'un Français ? On ne parle pas ici de la facilité des prête-noms, parce que la simulation doit toujours faire exception dans une discussion générale.

302. Il faut avouer cependant que sur cette question les cours royales sont partagées. En faveur de la juridiction française contre l'étranger on cite un arrêt de Douay du 7 mai 1828, Paris 8 mars 1831, Caen 12 janvier 1832, Rouen dont le pourvoi a été rejeté le 26 septembre 1829, Paris (1) dont le pourvoi a été aussi rejeté le 20 janvier 1833.

(1) La Gazette des Tribunaux du 27-28 avril 1833, contient encore un arrêt de Paris du 12 février qui prononce l'emprisonnement, en vertu de la loi du 17 avril 1832, contre Abraham Behr, de Berlin, qui devait par compte-courant à un banquier de Londres une somme de 80,000 f., que ce banquier céda à Doumerc de Paris par acte sous seing-privé. La question de *contrainte par corps*, est

Ce dernier arrêt, le plus explicite sur la question, quoique très-laconique, donne pour motif : « Attendu que celui qui souscrit une lettre de » change ou un billet à ordre s'oblige envers celui à » l'ordre duquel l'effet est passé à lui en payer le » montant — qu'à la différence du cessionnaire » d'une créance qui n'est transmissible que par la » voie du transport, lequel cessionnaire ne peut » agir que comme exerçant les droits de son cé» dant, le porteur d'une lettre de change qui lui a » été transmise par la voie d'ordre est créancier » *direct* du souscripteur de cette lettre de change ; » qu'ainsi par l'effet de l'ordre passé au profit de » Détape banquier à Paris des quatre lettres de » change souscrites par Juglée négociant américain, » ces lettres de change ont constitué un engagement » d'un étranger envers un Français, et qu'aux » termes de l'article 15 du C. civil, Juglée a pu » être traduit pour le paiement desdites lettres de » de change devant les tribunaux français. »

Ces deux arrêts de la cour de cassation auraient beaucoup plus d'autorité sur la question si, au lieu de provenir de la chambre des requêtes, qui juge sans contradiction, ils appartenaient à la chambre civile après un débat contradictoire. Et contre cette décision il y a quelque argument à puiser dans deux

sans doute différente de celle de *compétence*, puisque la contrainte par corps a lieu contre l'étranger même en matière civile.

autres arrêts de la même cour qui a décidé que le sort d'une créance entre étrangers ne peut changer par suite de faits postérieurs. Ainsi 1.° on trouve, dans le répertoire au mot souveraineté qu'un jugement consacrant un droit et rendu dans un pays étranger, ne peut avoir d'effet dans un autre pays, à cause de la révision autorisée par l'ordonnance de 1629, encore que plus tard et au moment de l'exécution, les deux pays soient réunis sous la même puissance. Arrêt de la section des requêtes sur les conclusions conformes de M. Merlin, du 27 août 1812. 2.° La section civile, par arrêt du 28 juin 1820, a jugé que, pour des obligations contractées en pays étranger entre deux étrangers, les tribunaux français ne peuvent être saisis, encore qu'au moment des poursuites, l'étranger débiteur eût son *domicile* en France.

303. Même argument contre la Cour de Paris qui elle-même a jugé le 28 février 1814 que le *Français* n'a droit d'assigner en France l'étranger avec lequel il a contracté en pays étranger, qu'autant que ce Français n'était pas à l'époque du contrat *domicilié* dans le pays de l'étranger. M. Delvincourt partage ce sentiment en disant qu'en effet, dans ce cas, l'étranger a pu et dû croire que le Français était fixé là où il avait son domicile, et il n'a pas dû s'attendre à se voir poursuivi en *France* comme s'il s'agissait d'un contrat passé avec un voyageur français. — Même décision du 5 juin 1829 la même cour a jugé le 6 août 1817 (V. Paillet.) que l'ordonnance du roi qui admet un étranger à

jouir des droits civils en France, ne peut avoir un effet rétroactif à l'égard des tiers, et attribuer à cet étranger les droits d'un Français pour un contrat passé antérieurement en pays étranger.

804. Quant à l'arrêt de Douay du 7 mai 1828 qui paraît contraire à l'étranger, il est modifié par une circonstance de faits qui portait à croire que l'étranger souscripteur devait s'attendre à être traduit devant les tribunaux français par le porteur quelqu'il fût. En effet, porte l'arrêt, « le billet à » ordre dont il s'agit bien que créé par un anglais » au profit d'un autre anglais a été rédigé en langue » française ; qu'il a été fait en France et à courte » échéance ; que ces circonstances indiquent suffi- » samment que ce billet était destiné à être né- » gocié à des français ; que conséquemment le sous- » cripteur s'est soumis à avoir des Français pour » créanciers ».

805. Il faut dire aussi qu'il y a en faveur de l'étranger d'autres monumens de jurisprudence ; notamment arrêt de Douay du 27 février 1828 ; d'Aix du 25 août 1828, de Pau du 27 mai 1830, et de Poitiers du 5 juillet 1832. Ce dernier arrêt est surtout remarquable par la science et l'indépendance qui y domine ; qui n'a pu être diminuée par le premier arrêt de la cour de Cassation du 23 septembre 1829.

Si, dans ce conflit de jurisprudence, celle de la cour de Cassation s'établit définitivement, il en résultera que, par fiction, on pourra dire qu'un billet à ordre équivaut à un billet au *porteur* valant du monnoie courante non seulement pour la créance, mais encore pour la compétence.

306 L'ancien droit offre un exemple analogue : on lit en effet dans la nouvelle édition de Denizart V.° consul des marchands § 3 n.° 23 : « un arrêt rendu en la grande chambre le 7 août 1732 sur les conclusions (conformes) de M. l'avocat-général Gilbert a jugé qu'un étranger ne peut être poursuivi en France pour des billets à ordre faits dans sa patrie et transportés à un français qui n'est que *prête-nom* ». L'auteur rapporte l'espèce où l'on voit que l'étranger, après avoir succombé à Boulogne contre son co-étranger, passa les billets à un Français qui à son tour assigna cet étranger à Calais pour le distraire ainsi de ses juges naturels. Ce français fut reconnu prête-nom. On peut donc conclure delà que, quand un français est porteur sérieux d'un effet négociable souscrit par un étranger au profit d'un étranger, il peut actionner cet étranger devant les tribunaux français.

307. Il résulte aussi de l'arrêt de la cour de Cassation du 26 janvier 1833 que la même faveur ne serait pas accordée au Français si, au lieu d'être porteur d'un effet de commerce par *endos*, il était seulement cessionnaire d'une créance par l'effet d'un transport distinct, comme acheteur d'une créance ; parce qu'alors on lui appliquerait la règle que le cessionnaire ne peut pas avoir plus de droit que le cédant : or l'étranger cédant n'aurait pas pu actionner son débiteur étranger devant un tribunal

français pour une dette contractée hors de France, ni exercer contre lui la contrainte par corps.

Après avoir établi les cas où les tribunaux de *France* peuvent être compétens, voyons quel est celui de ces tribunaux qui peut être saisi de la demande formée contre un étranger.

308. On tient dans la pratique, que dans le cas même où des traités diplomatiques légalement formés assurent aux étrangers qui ont contracté avec des Français, et réciproquement aux Français, le droit de ne pouvoir être traduits que devant leurs juges naturels, cela n'a lieu que pour les actions principales en général. Cela n'aurait pas lieu pour les actions incidentes et accessoires telles que celles qui résulteraient de la garantie ou de la solidarité : par suite, l'étranger, au cas de ces traités, qui serait assigné en France en paiement d'une lettre de change ou de tout autre effet négociable, ou ordinaire et solidaire obligation, ne pourrait décliner la juridiction française.

309. S'il s'agit d'action solidaire ou en garantie, l'étranger suivra la juridiction du tribunal où sera portée l'action principale contre un des défendeurs, art. 59 et 181 du C. de pro. : il y a là accessoire.

La demande est-elle principale contre l'étranger? elle devra être portée devant le tribunal de son domicile, à défaut devant le tribunal de sa résidence, souvent au domicile élu dans la convention. Art. 59 C. pro. art. 111, C. civil.

Enfin s'il n'y avait pas de résidence, ce qui peut

arriver quand l'étranger a contracté chez lui avec un Français ou un étranger, le demandeur français pourrait porter la cause devant le tribunal dont il est lui-même justiciable, et devant lequel son adversaire pourrait l'assigner s'il avait quelque demande à diriger contre lui en prenant l'initiative.

310. On a déjà dit que l'étranger demandeur en matière de commerce n'est pas tenu de donner caution avant le jugement : c'est bien là la règle générale. Mais, si durant l'instance commerciale, l'étranger élevait un incident, soit de qualité, soit par suite d'une demande en vérification d'écriture ou inscription de faux dont le renvoi doit être prononcé devant le tribunal civil ; cet incident n'étant toujours qu'accessoire à la demande principale ne devrait-il pas être dispensé également du cautionnement ? il en serait dispensé sans doute si cet accessoire restait lui-même soumis à la compétence consulaire : mais le tribunal de commerce étant incompétent pour en connaître, cet incident devant le tribunal civil a le caractère d'une demande principale, puisqu'alors la contestation devient purement civile ; d'ailleurs il peut résulter de pareils incidens des dommages-intérêts d'une grande importance contre l'étranger : il doit alors fournir la caution *judicatum solvi*, si elle est demandée par son adversaire.

311. De même l'étranger étant condamné et emprisonné, même pour dette commerciale, s'il forme une demande en élargissement qui alors de-

vient *principale*, il peut être astreint à donner caution, Sirey 31.

Mais si un étranger appelé devant un tribunal de France par un Français, venait à contester cette qualité de Français au demandeur pour éviter la compétence française, il y serait reçu, puisque cette exception est inhérente à son droit de défense; mais comme elle porterait sur une question de qualité, cet incident serait renvoyé au tribunal civil; et cela aurait lieu quand même la qualité de Français aurait été reconnue ou supposée vraie par les autorités françaises; il faut la vérifier suivant le droit, ou examiner si elle n'a pas été perdue, puisque c'est à cette qualité et condition que la loi attache la compétence des tribunaux de France. Sirey et Dalloz 1834. 14 mai 1834, chamb. civile.

IV. *Par quels principes les tribunaux Français peuvent juger les actes faits en pays étrangers.*

312. Cette question immense embrasse toute la science du droit universel; nous avons déjà dit, n.° 262, qu'il n'est pas probable que nos magistrats aient assez étudié les lois étrangères, pour que leur vertu puisse se contenter de leurs connaissances dans ces lois. C'est une étude de législations comparées, capable d'effrayer les plus modestes, si les questions assez rares n'étaient pas le plus souvent assez simples devant les tribunaux de commerce. Dans les autres affaires, nos magistrats, qui ont besoin de toute leur vie pour connaître nos lois si multipliées, malgré l'abolition des coutumes, ignorent apparemment presque toujours les lois des peuples voisins dans leurs détails. « S'ils tentent, dit le répertoire V.° souveraineté, d'en prendre rapidement quelques connaissances, ils en comprendront mal l'esprit, parce qu'ils l'interprèteront toujours, malgré eux, avec l'esprit de la législation française. Presque toujours, celui qui devrait gagner sa cause la perdra, parce qu'il sera jugé par des lois opposées aux lois sous lesquelles il a contracté. Dans cet ordre de juridiction entre les peuples, les vertus seraient des pièges pour le magistrat vertueux, et les lumières ne serviraient qu'à égarer le magistrat éclairé ».

313. Comme il s'agirait ici du fond du droit, les questions qui se présenteraient seraient en dehors d'un traité sur la compétence; on peut cependant les analyser et les réduire à quelques distinctions dont quelques-unes se rencontrent devant les tribunaux de commerce.

Si l'affaire est relative à un immeuble, il est clair que l'on doit suivre la loi du pays où l'immeuble est situé. Art. 3, C. civil.

Si l'action est *mobilière*, il faut encore distinguer; si l'action est relative à l'interprétation d'une convention, l'on suivra la loi du pays où le contrat a été passé; si c'est au mode d'exécution, ce sera la loi du pays où le paiement devait être fait ou l'obligation exécutée.

Si l'affaire est relative à la capacité de la personne, il faudra se conformer, en général, à la loi du pays de la personne dont la capacité est contestée : c'est au statut personnel qui ne quitte guère la personne. Enfin, s'il s'agit de la forme d'un acte, il faudra consulter la loi du pays où l'acte a été passé.

La loi applicable à la capacité des personnes est encore susceptible de distinction. Deux étrangers traitant entre eux, soit à l'étranger, soit en France, sont régis, quant à la faculté de s'engager, en raison de leur âge ou de leur qualité de femme, par les lois de leur pays. De même, entre deux Français, contractant en pays étranger, le statut personnel ne les abandonne pas, puisqu'il est relatif à leurs droits civils, leur état et capacité, art. 3. C. civil.

(314) Mais si un étranger contracte avec un Français, en *France*, nous avons peine à croire avec M. Pardessus n.° 1482 et 1483 que cet étranger assigné devant un tribunal français pût invoquer sa minorité suivant la loi de son pays, tandis qu'il serait majeur suivant la loi de France sur le sol de laquelle il a contracté. Le Français n'a dû voir que la capacité commune de France : comment admettre deux âges inégaux et deux capacités entre deux parties, dont l'une pourrait et l'autre ne pourrait pas se prévaloir. D'ailleurs le Français traitant en France, n'a pas besoin de s'enquérir de la capacité suivant la loi étrangère. C'est ce qu'ont jugé deux arrêts rapportés par Sirey, t. 34. La cour de cassation avait jugé de même le 17 juillet 1833 par ce motif : « Attendu que si l'article 3 déclare que les » lois concernant l'état et la capacité des personnes

» régissent les Français même résidant en pays
» étranger, il ne contient aucune disposition sem-
» blable ou analogue en faveur des étrangers qui
» résident en France. »

Au surplus, quand il s'agit d'appliquer la loi étrangère, l'erreur des juges ne peut former qu'un mal-jugé et ne donnerait sans doute pas lieu à cassation, car la cour suprême n'est pas instituée pour établir uniformité de jurisprudence étrangère et réprimer les atteintes portées aux lois des autres nations. Un arrêt de la cour du 25 septembre 1829, décide implicitement dans ce sens sur le mérite d'un endossement fait à Londres d'après les lois Anglaises. V. ci-après 470 bis.

V. *De la force et de l'exécution en France des jugemens rendus par les tribunaux étrangers.*

SOMMAIRE.

315. Protection aux Français contre les jugemens étrangers.
316. Ord. de 1629. — Confirme le droit de débattre les jugemens.
317. Exception dans les traités diplomatiques.
318. Ce n'est pas une simple forme. — Mais révision du procès.
319. Les jug. étrangers ne sont pas dénués de toute force.
320. Une sentence arbitrale étrangère a plus de force. — Elle résulte de la convention.
321. Quant à la manière de rendre exécutoire, distinction entre Français et étranger qui a obtenu le jugement.

315. « Toute justice émane du roi » portent nos constitutions.

Il importe que le droit public ou les lois d'ordre public et de protection ne soient pas violés dans la personne des français par des décisions des tribunaux forains; d'ailleurs, la justice étant un attribut de la souveraineté, c'est au nom du roi que se fait l'exécution forcée des jugemens en France, le gouvernement de France ne peut être l'instrument passif des jugemens d'un tribunal étranger; delà l'examen de ces jugemens. Dumoulin dans ses notes sur les Conseils d'Alexandre t. 4, Conseil 130, n.° 3, dit en parlant du juge français à qui l'on demande un *pareatis* pour faire exécuter en France un jugement rendu par un tribunal étranger contre un Français, que *cognoscere debet de justiciâ et scire quod agat; et ità practicatur in hoc regno.* Même doctrine dans Brodeau sur la coutume de Paris art. 174; et il cite deux arrêts du 15 août 1534 et 21 mai 1585 rapportés par Chopin sur la coutume d'Anjou.

316. Telle était la pratique judiciaire lorsqu'après une assemblée de notables, durant la minorité

de Louis XIII, sous le ministère du cardinal de Richelieu, fut rendu en 1629 par les soins de Michel Demarillac, un édit appelé Code *Michaux*, en 461 articles, véritable code sur la religion, la police, l'état militaire et la justice. L'article 121 en est ainsi conçu : « les jugemens rendus, les con-» trats ou obligations reçus ès-royaumes et souve-» rainetés étrangères n'auront aucune hypothèque ni » exécution en notre royaume : ainsi tiendront les » contrats lieu de simple promesse ; et nonobstant » les jugemens nos sujets contre lesquels ils auront » été rendus pourront de nouveau débattre leurs » droits comme *entiers* devant nos officiers. »

317. En ce point, il y aura aussi exception dans les cas où des traités diplomatiques en ordonneraient autrement. On peut donner pour exemple un traité entre la France et la Suisse du 4 vendémiaire an 12 (27 septembre 1803), ainsi conçu : les jugemens définitifs en matière civile (par opposition aux matières criminelles), ayant force de chose jugée, rendus par les tribunaux français seront exécutoires en Suisse, et réciproquement, après qu'ils auront été légalisés par les envoyés respectifs, et à défaut, par les autorités compétentes de chaque pays. Arrêt de la cour de cassation du 23 juillet 1832, où il s'agissait d'affaire de commerce.

318. On a élevé la question de savoir si les tribunaux de France n'ont qu'à donner, en quelque sorte de forme, un *visa* ou *pareatis* aux jugemens étrangers pour en assurer l'exécution en France, ou bien s'ils doivent examiner la contestation à nouveau, c'est-

à-dire *réviser* le procès. C'est dans le sens d'une révision que l'entendaient les tribunaux. V. Emérigon Traité des assurances ; Questions de droit V.° jugement §. 14, où l'on trouve un arrêt de la cour de cassation du 18 pluviose an 12 qui casse un arrêt de Rouen qui avait jugé le contraire. Pour justifier le simple *exequatur* sous la législation actuelle, on invoquait 1.° l'art. 2123 du C. civil portant l'hypothèque ne peut résulter des jugemens rendus en pays étrangers qu'autant qu'ils ont été déclarés *exécutoires* par un tribunal français, sans préjudice des dispositions contraires qui peuvent être dans les lois diplomatiques ou dans les traités, 2.° l'article 546 du C. de proc. portant : les jugemens rendus par les tribunaux étrangers et les actes reçus par les officiers étrangers ne seront susceptibles d'exécution en France que de la manière et dans les cas prévus par les articles 2123 et 2128 C. civil. Et au premier aperçu, il semblait d'après ces textes qu'il ne s'agissait que de demander un simple *exécutoire*. Mais s'il faut en effet rendre ces jugemens *exécutoires*, reste à en fixer le mode. Or l'ordonnance de 1629 n'étant pas abrogée, les parties *pouvaient débattre de nouveau leurs droits comme entiers* devant l'autorité française. Telle est aujourd'hui la jurisprudence.

319. Les jugemens étrangers ne sont pas essentiellement nuls ; ils sont dénués de la force exécutoire, mais ils ont un degré de force laissé à l'appréciation du juge français, lors surtout qu'ils ne violent pas de lois françaises positives : ils peuvent

être tenus pour probans de certains faits ; ainsi un jugement rendu sur le possessoire par un tribunal étranger, bien qu'il ne puisse recevoir exécution en France, peut néanmoins servir à établir le fait de la possession. Cassation 21 février 1826. Ainsi, est probant un jugement de déclaration de faillite, quand on ne rapporte pas de preuve pour détruire la faillite. « Attendu, porte un arrêt de Bordeaux du 10 février 1824, que l'époque de l'ouverture d'une faillite ne peut être mieux constatée que par un jugement rendu à cet effet par le tribunal de commerce dans l'arrondissement duquel la faillite a eu lieu, à quelqu'époque que le jugement de déclaration de faillite ait été prononcé, et quelque soit le créancier qui l'ait provoqué, lorsque d'ailleurs on ne s'est pas pourvu contre ce jugement; qu'il est vrai qu'un jugement rendu par le tribunal de commerce de Rotterdam n'a aucune autorité judiciaire en France, d'où il suit que le fait qu'il constate en Hollande peut être débattu et contredit en France par des preuves contraires ; mais qu'à défaut de preuves contraires ce fait doit être tenu constant par les tribunaux Français, et que dans l'espèce on n'oppose à ce document, sur l'époque de l'ouverture de la faillite, aucune espèce de preuve ».

320. Une sentence arbitrale rendue en pays étranger n'étant pas l'œuvre de l'autorité publique étrangère, si elle n'est pas non plus exécutoire en France, a aussi un effet tel que les tribunaux Français peuvent y accorder foi, sans nécessairement

juger à nouveau les objets de la contestation, parce que l'arbitrage appartient au droit des gens, et que la décision qui en est la suite paraît être jusqu'à certain point l'ouvrage des parties. On peut dire que son contenu doit valoir comme *simple promesse* aux termes de l'ordonnance de 1629.

Ceci est bien plus fortement applicable quand il s'agit d'une sentence arbitrale ou d'un jugement rendus entre étrangers dans leur pays : parce qu'alors les décisions régulièrement rendues par des tribunaux étrangers entre des personnes soumises à leur juridiction constituent entre elles un lien de droit qui ne résulte pas à la vérité de leur consentement, mais de leur qualité et du fait qui les rend justiciables de ces tribunaux ; ce lien peut-être assimilé à un acte sous seing-privé qui, quoique souscrit en pays étranger, donne devant les tribunaux Français un droit acquis et constant.

321. Un arrêt de Paris du 7 janvier 1833 contient cette distinction. La juridiction des tribunaux étrangers n'étant point reconnue de droit à l'égard des Français, leurs jugemens ne peuvent produire effet contre ces derniers; d'après ces principes, pour donner la force exécutoire en France à un jugement prononcé par un tribunal étranger, il faut distinguer s'il a été rendu contre un Franççais, ou entre des personnes soumises à sa juridiction. — Dans le premier cas, les droits des parties n'étant déterminés par aucune autorité compétente, il est nécessaire de statuer de nouveau sur ces mêmes droits avant d'ordonner l'exécution. — Dans le se-

cond cas, au contraire, les droit des parties étant fixés par un lien obligatoire pour elles, l'exécution doit être prononcée sans nouvel examen, pourvu que le jugement ne contienne aucune disposition prohibée par les lois, et que son existence et sa régularité soient reconnues. L'arrêt ajoute que l'obligation de rejetter toutes dispositions qui seraient prohibées par les lois n'exige pas nécessairement la révision du jugement en ce qui concerne les droits des parties, puisque ce sont deux choses différentes, l'une ayant pour objet l'intérêt général, l'autre seulement l'intérêt des particuliers.

Cette distinction est aussi faite par Pigeau, Carré t. 2. procédure. Ces auteurs ont pu être entraînés par l'opinion des auteurs qui avaient écrit sous l'ordonnance de 1629, tel que Julien, statuts de Provence, Boullenois statuts réels, et Daguesseau. L'ordonnance portait que les *sujets* pourraient débattre leurs droits comme *entiers*, ce qui portait à croire que les étrangers n'avaient pas la même faculté.

322. Cependant ces considérations toutes rationnelles qu'elles puissent être, fondées sur l'intérêt des Français jugés en pays étranger dont ils ne sont pas naturellement justiciables, doivent être restreintes dans le cas d'arbitrage en pays étranger; le juge arbitre est du choix des parties, il n'a fait que remplir leur mandat privé : ce qui serait applicable par conséquent aussi au Français qui aurait volontairement signé un compromis en pays étranger.

Mais aujourd'hui, et d'après les lois nouvelles art. 546 C. pr. et 2123 du C. civil, dont les dispositions sont générales, l'étranger condamné en pays étranger soit en faveur d'un étranger, soit d'un Français, peut demander la révision de la cause; car ces articles n'autorisent pas nos tribunaux à déclarer les jugemens étrangers exécutoires sans examen, ainsi qu'il y a lieu pour jugemens arbitraux par les art. 1020 du C. procéd. et 61 du C. de com., à soumettre au *président* seul; tandis qu'ici c'est le *tribunal* entier qui doit prononcer, par conséquent après délibération. Le législateur ne considère nullement les qualités accidentelles des parties qui ont figuré au procès; il ne considère que l'extranéité du *pouvoir* dont le jugement est l'ouvrage. Un arrêt de la cour de Cassation du 19 avril 1819 qui juge ainsi la question contient ce motif transcendant: « que le C. civil et le code de procédure ne font aucune distinction entre les divers jugemens rendus en pays étrangers, et permettent aux juges de les déclarer *tous* exécutoires; qu'ainsi ces jugemens, lorsqu'ils sont rendus contre des *Français*, étant incontestablement sujets à examen sous le code civil, comme ils l'ont toujours été, on ne pourrait pas décider que tous les autres doivent être rendus exécutoires autrement qu'en connaissance de cause, sans ajouter à la loi, et sans y introduire une distinction arbitraire aussi peu fondée en raison qu'en principe ».

Depuis, la cour de cassation a admis la révision entre étrangers, par arrêt du 14 juillet 1825. S. 26.

323. Il faudrait des traités diplomatiques pour soustraire les jugemens à la révision par les tribunaux français. Témoin, le traité fait avec la Sardaigne, le 24 mars 1760, portant réciprocité pour les hypothèques dérivant de jugemens et actes publics, et notamment n.° 2, que pour favoriser l'*exécution* réciproque des arrêts ou jugemens, « les cours suprêmes déféreraient de part et d'autre, *à la forme de droit*, aux réquisitions qui leur seront adressées à ces fins, même sous le nom desdites cours ». Ces mots à la forme de droit ont été traduits en ce sens, que le tribunal auquel on demande cette exécution, doit, selon le droit, examiner si l'exécution qu'on veut obtenir en France n'a rien qui blesse les lois du royaume et notre droit public. Arrêt du 14 juillet 1825 et 17 mars 1830.

324. Depuis les guerres de la révolution de 1789, nous avons vu tant de bouleversemens d'états, démembremens et conquêtes; nous avons vu, par suite, tant de tribunaux étrangers qui sont devenus Français, puis redevenus étrangers, qu'il peut se présenter bien des difficultés sur l'effet de leurs jugemens.

On trouve dans les questions de droit de M. Merlin V.° réunion, et sur les conclusions de ce profond jurisconsulte, un arrêt du 18 thermidor an 12, qui a décidé que la dame Dechampigny qui avait obtenu, au parlement de Paris, deux arrêts contre la famille Selys, de Liége, n'avait pu les exécuter *de plano*, dans le pays Liégeois, lorsqu'il fut réuni à la France, par le motif que la réunion n'avait pu nuire aux habitans de Liége, qu'elle n'avait pu modifier leurs droits ; en un mot, qu'ils avaient été réunis avec leurs *droits, actions* et *leurs exceptions*.

Vice versâ, si un pays étranger venait à être réuni à la France, le Français qui aurait été condamné dans ce pays étranger, aurait, malgré la réunion, le droit de faire rejuger la contestation en France. La réunion intéresse l'état, sans préjudice aux droits et exceptions des particuliers.

325. Mais on ne peut considérer comme rendu en pays étranger un jugement émané d'une autorité passagère, établie par un vainqueur dans un pays conquis, tant que ce pays n'a pas été abandonné par le souverain auquel il appartenait. Cette autorité de fait, de roi de *providence*, remplace celle du possesseur légitime : les peuples ne peuvent se passer de justice, même de la part des conquérans. « Les immeubles, les terres, les villes, les provinces passent sous la puissance de l'ennemi qui s'en empare ; mais l'acquisition ne se consomme, la propriété ne devient stable et parfaite que par le traité de paix ou par l'entière soumission et l'extinction de l'État auquel ces villes et provinces appartenaient. Vattel liv. 3, chap. 13, §. 197. Id. Puffendorf de jur. nat.

La colonie française de Sainte-Lucie, long-temps avant sa cession à l'Angleterre, par le traité du 30 mai 1814, avait été occupée par les Anglais qui y avaient établi des magistrats. 1.er août 1812, jugement du sénéchal de Sainte-Lucie : en 1816, le créancier voulut en poursuivre en France l'exécution ; on lui opposa que le jugement émanait d'un tribunal étranger. Mais la cour de Bordeaux pensa que l'île de Sainte-Lucie, quoiqu'occupée par les Anglais, avait dû être comptée au nombre des colonies françaises jusqu'à la cession faite par traité ; que la cession étant postérieure au jugement du sénéchal, il s'en suivait qu'il émanait d'un tribunal français, et pouvait, par conséquent, recevoir exécution en France. Dalloz 25. Sirey 26.

Même décision dans un arrêt de la cour de cassation du 6 avril 1826, Sirey 26, par le motif qu'on ne peut assimiler les jugemens prononcés entre deux nationaux, *inter incolas*, par les juges locaux d'un pays accidentellement soumis aux armes d'une puissance qui l'a conquis, aux jugemens rendus en pays étranger, entre des étrangers advenus, ou contre des Français y résidans, lesquels, sans sanction en France, ne peuvent y être exécutés que de l'autorité des tribunaux français : qu'une coutume aussi ancienne qu'universelle chez les peuples civilisés et devenue maxime incontestable du droit des gens, c'est que les faits, les actes, les contrats et les jugemens intervenus entre les habitans, pendant l'occupation d'un pays conquis et revêtus du sceau de l'autorité publique, restent obligatoires et sont exécutoires après la retraite du conquérant, comme ceux intervenus avant la conquête, à moins qu'il n'ait été contrairement stipulé par les traités, ou que, par des lois formelles, il n'ait été dérogé à l'usage consacré par le droit public de l'Europe.

326. M. Troplong, dans son profond travail sur les hypothèques, art. 2123, cite en outre un arrêt de la Cour de Corse qui a jugé ainsi, malgré une lettre de M. Merlin, alors ministre de la justice, qui décidait que de pareils jugemens devaient être considérés comme non avenus. Cette lettre pouvait être inspirée par des sentimens élevés et conformes à l'esprit public-national français, qui ne pouvait admettre l'idée d'une domination étrangère, dont l'autorité eût été, en quelque sorte, reconnue : mais elle n'était pas conforme aux maximes du droit public.

Sur l'effet que produirait en France à l'égard d'un Français, un jugement rendu en pays étranger, contre un étranger qui serait constitué en état de faillite, V. 681.

LIVRE TROIS.

DES ACTES DE COMMERCE. — COMMERÇANS. — CONTRAINTE PAR CORPS.

Observations préliminaires.

SOMMAIRE.

327. Les économistes divisent le commerce en trois branches d'industrie. — Agricole. — Manufacturière et Commerciale.

328. Exemples de ces opérations.

329. Les opérations de l'agriculture sont une sorte de manufacture.

330. La loi sur la compétence rétrécit ce grand cercle.

331. Elle spécialise les personnes à cause de leurs professions. — Actes de commerce.

Les mots *actes de commerce* ont ici une signification restreinte par la loi elle-même, loi de convention pour fixer les limites d'une compétence spéciale.

327. Ces *actes* ne sont pas nécessairement *tous* les faits et moyens ou agens de commerce tels que les conçoit la science de l'économie politique, c'est-à-dire embrassant la communication entre les hommes de tous les produits de l'industrie. Car les économistes, pour l'ordre des idées, distinguent trois classes d'industrie. 1.° celle qui extrait les produits des mains de la nature, soit que l'industrie ait provoqué leur production, soit que cette production ait été spontanée, reçoit le nom d'industrie *agricole*. 2.° L'industrie qui prend les produits entre les mains de leur premier producteur et qui leur fait subir une transformation quelconque par les procédés chimiques ou mécaniques, se nomme industrie *manufacturière*. 3.° Enfin l'industrie qui prend les produits dans un lieu pour les transporter dans un autre où ils se trouvent plus à portée du consommateur, quelque soit l'intervalle des terres ou des eaux prend le nom d'industrie commerciale ou simplement *commerce*. J. B. Say. *Cours* 1828. Mathieu de Dombasle, *Avenir* de la France 1835.

328. « Il suffit de regarder autour de soi pour apercevoir partout des produits de l'industrie et des exemples de ses opérations.

« Le sable est une matière dépourvue de presque toute valeur : un verrier en prend, y mêle de la soude, expose ce mélange à un feu violent qui en combine les parties, et en fait une matière homogène, pâteuse, qu'à l'aide de tubes de fer, on souffle en larges bulles. On fend ces bulles, on les étend : on les coupe ensuite dans différentes dimensions, et il en résulte ce produit transparent, étendu, qui, sans empêcher la lumière du jour de pénétrer dans nos maisons, ferme l'accès au froid et à la pluie. Qu'a fait en réalité pour la richesse, ce manufacturier de vîtres ? il a changé du sable et d'autres matières de peu de valeur en un produit qui a beaucoup plus de valeur.

« Voyez un chapeau de paille d'Italie : je ne pense que la valeur de la matière première de ces chapeaux s'élève au-dessus de quelques sols. Une adroite industrie natte cette paille avec tant d'art qu'elle en fait un des plus jolis articles de la parure d'été de nos familles et trouve le moyen d'en relever la valeur quelquefois au-dessus de plusieurs centaines de francs.

« Un cultivateur prend des semences, des engrais, les met dans une espèce de creuset que nous nommons un *champ* ou un fonds de terre, et à la suite de certaines opérations que l'expérience lui a enseignées, il se trouve que les sucs contenus dans la terre et dans ses engrais, joints à ceux que lui fournit l'atmosphère, se changent en végétaux, en fourrage. Ensuite à l'aide d'un instrument que j'appellerai une brebis, ce même cultivateur modifiera les particules qui composent son herbe, et il en fera de la laine.

« Un fabricant de draps achète la laine de ce

cultivateur, la dégraisse, la carde, la file, en fait un tissu qui, après avoir été foulé, coloré, tondu, forme les habits qui nous couvrent.

« D'autres personnes ont procuré au fabricant de draps, une matière colorante, de l'indigo, par exemple, qu'elles ont été prendre aux grandes Indes, ou aux Antilles; ces personnes que nous appelons des *commerçans* ont fait subir à l'indigo une préparation (que nous appellerons un *transport*,) opération qui a mis cette matière sous la main du fabricant, et a procuré ainsi à ce dernier la possibilité de s'en servir. Ce commerçant, comme vous voyez, a par cette opération, changé la situation de la matière nommée *indigo*, et son industrie a reçu sa récompense par l'augmentation de valeur qui en est résultée pour cette marchandise.

« C'est par l'industrie de toutes ces personnes que vous jouissez de l'avantage de porter un habit de drap bleu; et quoique leurs opérations soient prodigieusement variées, cependant vous apercevez qu'elles sont toutes analogues en ceci, que ces hommes industrieux, ou ces *industrieux* pour les désigner en un seul mot, ont pris leurs matières premières dans un certain état, pour les rendre dans un autre état où ces mêmes matières ont acquis un degré d'utilité, et par suite un degré de valeur qu'elles n'avaient pas auparavant. » J. B. Say.

329. D'après ces généralités, on pourrait dire que les manières dont les choses peuvent être modifiées et appropriées à nos usages se fondent les unes dans les autres par des nuances imperceptibles. Ainsi le

cultivateur est manufacturier, quand il rouit son chanvre pour le préparer à la filature, quand il presse sa vendange pour en faire du vin : le jardinier est négociant, quand il porte des salades au marché. Chaque ménage a un fonds de terre dans son potager, et un atelier de manufacture dans sa cuisine. Une ménagère qui file du lin et qui tricote des bas pour elle ou pour ses enfans, exerce une industrie manufacturière; un tailleur est un manufacturier, puisque la même quantité d'étoffe a un peu plus de valeur lorsqu'elle est en habit qu'elle n'en avait auparavant.

Terminons par cette citation du même auteur : « Nous rangerons dans l'industrie *commerciale* tous les travaux qui ont pour objet de revendre ce qu'on a acheté, sans avoir fait subir à la marchandise aucune transformation essentielle, sauf le transport et la division par partie, afin que le consommateur puisse se procurer la quantité dont il a besoin, et dans le lieu où il lui est commode de la trouver; ce n'est donc pas seulement le négociant, comme celui dont les navires apportent le café d'Amérique qui fait le commerce, c'est encore l'épicier qui le vend à la li[illegible] On fait le commerce dans de vastes comptoirs et dans de petites boutiques. Tous ceux qui achètent en gros les produits des manufactures pour les revendre en détail, font le commerce. La fruitière qui achète aux gens de la campagne du beurre ou des légumes pour les revendre, fait le commerce. Les hommes qui portent de l'eau ou qui crient des fagots dans la rue font le commerce. »

330. Mais la législation spéciale retréeit ce grand cadre, elle retranche de la compétence des tribunaux de commerce, les produits spontanés ou industriels de l'agriculture, tant qu'ils proviennent du producteur, et les produits de l'art tant que l'auteur n'a pas fait de transformation sur des objets venant de l'industrie d'un autre : ce qui s'applique au cultivateur pour les objets de son fonds de terre, et à l'artisan qui ferait des meubles avec les bois de son crû. Mais l'industrie commerciale et manufacturière restent dans la compétence commerciale en tant qu'il s'agit d'objets achetés et destinés à être livrés au commerce.

Pour éviter toute confusion par suite de ces généralités un peu abstraites, la loi afin de déterminer la compétence commerciale a spécifié 1.° une classe de personnes en raison de leurs professions, 2.° un détail de relations qui sont appelées *actes de commerce*, entre toutes personnes quelque soit leur profession et le nombre de ces actes, parce qu'ils font essentiellement partie de l'élément commercial. Articles 631 et 632. C. de com.

331. Nous ne suivrons pas cet ordre, parce que le caractère des professions n'est connu qu'après avoir apprécié les actes auxquels se livre une personne; il faut donc d'abord considérer ces actes. Et si ces actes, ainsi qu'on l'a dit, sont réputés commerciaux, quoique isolés, entre toutes personnes, à plus forte raison une série de ces actes sera réputée commerciale envers le même auteur qui en fait ainsi profession. C'est cette multiplicité d'actes

de commerce, remplissant ses habitudes qui impriment à une personne le nom générique de *commerçant.* Art. 1.er C. de commerce; et l'astreignent à toutes les règles commerciales, relatives à la compétence, et aux lois de police qui protègent le commerce.

DISTINCTION PREMIÈRE.

DES ACTES COMMERCIAUX.

Les actes de commerce peuvent se diviser en quatre catégories.

La 1.re relative aux achats et ventes;

La 2.me relative au louage des choses et d'industrie, ce qui comprend toute entreprise de manufactures, de spectacles, d'agence, etc.;

La 3.me relative aux opérations de change;

La 4.me relative au commerce maritime et aux assurances terrestres.

I.re CATÉGORIE.

ACHATS ET VENTES.

SOMMAIRE.

332. Achat et vente considérés séparément.
333. L'achat dans le principe dans *l'intention* de revendre.
334. Achat valeur en *marchandises.*
335. Revente faite long-temps après l'achat.
336. Vente d'un fonds de commerce.

332. Quoique les mots achat-vente aient entre eux une co-relation invincible en ce qu'il ne peut y avoir un *acheteur* sans qu'il y ait en même temps un *ven-*

deur, on les sépare ici parce qu'à la *qualité* sont attachées des conséquences en dehors du droit commun, par rapport à la compétence et à la contrainte par corps. Prenons pour exemple la vente d'une coupe de bois : le vendeur qui tire ainsi profit de sa chose, ne fait pas acte de commerce, tandis que l'acheteur qui achète pour revendre cette coupe de bois fait acte de commerce.

1.° *Achats.*

333. L'article 632 dispose : que la loi répute acte de commerce, tout achat de denrées et marchandises *pour les revendre*, soit en nature, soit après les avoir travaillées et mises en œuvre... V. 358. et suiv.

Dès que *l'achat* doit avoir été fait pour revendre, il résulte que, quelque soit la quantité des choses achetées, on ne fait pas acte de commerce, si cet achat n'était pas fait dans l'intention de les revendre : encore que l'acheteur ait peut-être acheté au-delà de ses besoins personnels, car il peut s'être trompé dans ses prévisions sur l'étendue de ses besoins, ou il peut avoir acheté pour plusieurs années, ou pour d'autres personnes dont il ne serait que mandataire *negociorum gestor*. On peut avoir acheté des matériaux pour bâtir, et changer ensuite de résolution. Esprit de l'Exposé des motifs par M. Maret, orateur du conseil d'état, Locré, p. 226. 238. t. 8.

Il faut voir l'intention dans *l'origine* pour connaître si l'acheteur avait d'abord le désir ou l'espoir d'un bénéfice dans la revente de la chose achetée ; ce qu'on appelle ordinairement spéculation. Il peut arriver qu'un acheteur qui ne pensait pas d'abord au bénéfice de revente, s'y détermine par quelque motif ou circonstance ultérieurs; même d'un avantage présent, suivant le renchérissement des objets achetés, ou pour changement de domicile ou de fortune. Il n'y aura pas là acte de commerce, parce que primitivement l'acte d'achat n'était pas commercial.

334. Cet achat ne serait pas réputé acte de commerce lors même que l'acheteur aurait souscrit ou endossé en paiement, un ou plusieurs billets avec la mention causée valeur en *marchandises*, puisque ce n'est pas le mot marchandise qui donne le caractère d'acte de commerce, mais bien l'achat pour *revendre*. On ne peut par un mot changer l'ordre des juridictions. Angers. Sirey 24. Tout ce qui est dans la circulation est *denrée*, c'est-à-dire destiné à la nourriture et à l'entretien d'hommes ou d'animaux; ou bien *marchandise*, c'est-à-dire en général toute chose mobilière destinée à des besoins moins impérieux, et qui subsistent encore après le premier usage. (1)

(1) On considère encore comme marchandise des choses intellectuelles, tels que l'achalandage d'une boutique, le droit de publier des productions littéraires. Les *créances* n'auraient cette dénomination qu'autant que l'acheteur serait jugé se livrer à leur occasion à des opérations de

335. Par suite de cette *intention* de vendre, requise pour constituer acte de commerce, il faut dire aussi que quand même la marchandise n'aurait pas été revendue en tout ou en partie, et qu'elle ne pourrait l'être que long-tems après l'acquisition, l'acheteur n'en aurait pas moins fait un acte de commerce.

Quoiqu'habituellement commerçant, celui qui n'acheterait des denrées et marchandises que pour son usage et celui de sa famille ne ferait pas un acte de commerce. « Ne pourront les juges-consuls connaitre des contestations pour nourriture, entretien et emmeublement, même entre marchands, si ce n'est qu'ils *en fassent* profession. » Art. 6. titre 12, édit de 1673. Voyez sous la rubrique *reventes*, les achats faits par un cultivateur ou vigneron.

336. La vente d'un *fonds de commerce* de limonadier, pharmacien ou d'exploitation d'hôtel garni et autres, forme-t-elle acte de commerce de la part de l'acheteur, de manière que l'action en résiliation ou en paiement de prix puisse être portée contre lui par le vendeur devant le tribunal de commerce ?

Les Cours royales sont partagées sur cette question, et leur solution n'est pas fortement développée. Il faut bien fixer les espèces pour faire res-

---

banque. V. 447 bis. Nous sommes honteux d'être obligé de dire que dans les pays où l'esclavage n'est pas aboli, où il est permis de vendre l'homme à l'homme, l'esclave est *marchandise*.

sortir la difficulté. Sur la vente d'un fonds d'hôtel garni dont la résiliation était demandée, la cour de Paris, par arrêt du 23 avril 1828, Sirey. 28, en infirmant la sentence qui avait rejeté l'exception d'incompétence, donne ce laconique motif. « Considérant que l'achat d'un fonds de commerce pour » l'exploiter par soi-même ne constitue pas un acte » de commerce ». C'était là la question même.

Sur la vente toujours d'un fonds d'hôtel garni, on lit dans un autre arrêt de Paris infirmatif du jugement consulaire, du 14 avril 1831, ces motifs : « Considérant en droit que l'acquisition d'un fonds » de commerce par un individu qui n'est pas com» merçant, ne constitue pas de la part de l'acqué» reur un acte de commerce ».

Autre espèce : il s'agissait d'un fonds de *limonadier* dont la vente avait été signée et devait être réalisée par acte public à certaine époque. L'acheteur ne remplissant pas sa promesse fut actionné commercialement en 3000 fr. de dommages-intérêts pour inexécution de la vente. Déclinatoire de l'acheteur rejetté par le tribunal. 12 mars 1829, arrêt de Paris, Sirey. 29, dont voici le motif : « Considérant que l'acquisition d'un fonds de commerce faite par un individu non commerçant pour l'exploiter personnellement, ne constitue pas de la part de l'acquéreur un acte de commerce, et ne lui confère pas avant son entrée en jouissance la qualité de commerçant ».

Autre espèce, fonds de pharmacie ; 19 novembre 1830, Sirey 31. Arrêt de Paris portant : « Considérant en droit que l'acquisition d'un fonds de commerce faite par un individu non commerçant, ne constitue pas un acte de commerce. Considérant en fait qu'au moment de la prétendue vente du fonds de pharmacie par Levi à Morize, ce dernier n'était pas commerçant.

337. Ces arrêts déclarent bien que l'achat d'un fonds de commerce pour l'exploiter personnellement ne constitue pas acte de commerce, mais quel est le motif légal ou plausible déterminant? Un fonds de de commerce d'hôtel garni, limonadier, pharmacien ou autre s'exploite par l'acheteur ou il se fait aider d'autres personnes, comme en toute autre entreprise. On donne pour motif des deux dernières espèces, que l'acheteur n'était pas commerçant auparavant : mais il y a un commencement à tout; à supposer qu'un acheteur de ces fonds eût été horloger, fabricant ou négociant auparavant, l'achat d'un fonds de commerce ayant tout autre objet que son précédent établissement, ne peut pas changer sa position. Il arrive toujours étranger à l'hôtel garni, à la pharmacie qu'il dira vouloir exploiter par lui-même. Quoi, voilà un ensemble de meubles, un achalandage (1) qu'on appelle *fonds de commerce*, et l'acquisition pour l'exploiter ne serait pas qualifiée acte commercial! un fonds de limonadier ou pharmacien, outre la pratique qui y est attachée, comprend nécessairement des marchandises, qui

(1) A Paris, on dit *clientelle*.

vont être revendues au premier jour, sinon en totalité ou en gros, au moins en détail ; et la pratique est destinée à être revendue, améliorée ou détériorée avec les marchandises qui existeront quand cessera l'exploitation de l'acheteur. L'arrêt sur le fonds de limonadier dit que l'acquisition de ce fonds ne rend pas l'acheteur commerçant avant son entrée en jouissance, donc il est évidemment commerçant aussitôt cette entrée en jouissance. Mais l'acquisition pour devenir commerçant, c'est-à-dire pour revendre, n'est-elle pas le cas de l'achat pour revendre une chose soit en nature, soit après l'avoir travaillée, soit seulement pour en louer l'usage aux termes de l'art. 632 du C. de com.?

338. On a pu remarquer que le tribunal de commerce de Paris s'est toujours déclaré compétent, en rejetant le déclinatoire de l'acheteur, nonobstant les arrêts de la cour royale. M. Horson n.° 184, en examinant si le vendeur d'un fonds de commerce peut exercer un privilége en cas de faillite de l'acquéreur (question en dehors de la compétence) suppose toujours que l'achalandage ou clientelle forme une valeur *essentiellement commerciale* et un établissement *commercial* : de même, 197e, lorsque les marchandises du fonds ou le mobilier de l'hôtel garni forment l'objet principal. Hors.

339. Pour terminer cette discussion, il faut dire que d'autres arrêts plus motivés ont consacré notre doctrine. Un arrêt de Nismes du 27 mai 1829 Sirey. 30, porte : attendu qu'un pharmacien est évidemment rangé dans la classe des commerçans,

puisque, suivant la définition donnée par l'article 1er du Code de com., il exerce des actes de commerce et en fait sa profession habituelle ; attendu d'ailleurs qu'en achetant le fonds de pharmacie qui se compose en majeure partie de drogues, médicamens et autres marchandises de ce fonds, le sieur Malbec achetait incontestablement lesdits objets pour les revendre, ce qui constituait un acte de commerce aux termes de l'article 632 du Code, qu'il suit de ces considérations que le tribunal de commerce de Nismes était doublement compétent pour connaître de la contestation dont s'agit en vertu de l'art. 631 ».

La résolution de la vente d'un fonds de limonadier avait été demandée devant le tribunal *civil* de Paris qui retint la cause nonobstant le renvoi demandé par l'acheteur ; appel ; 11 août 1829, arrêt de Paris, Sirey, t. 29. « Considérant que, de la part du vendeur et de l'acheteur, la vente d'un fonds de commerce est un acte de commerce. — Renvoie les parties devant le tribunal de commerce ».

Enfin 7 août 1832, autre arrêt de Paris, (Sirey. 33 : en ce qui touche l'exception d'incompétence : Considérant que la femme Lemaire, en achetant avec le consentement de son mari des marchandises et le fonds de commerce dont elles dépendaient, avec l'intention d'exploiter ledit fonds de commerce, c'est-à-dire de revendre lesdites marchandises, a fait acte de commerce.

On peut citer, comme frappante analogie, l'espèce par laquelle Levacher régisseur d'une forge avait acquis du marquis de Belabre, moyennant prix convenu, et pris pour son propre compte les effets morts et marchandises qui s'y trouvaient; assigné commercialement, le tribunal et la cour de Bourges, rejettèrent le déclinatoire. 4 mars 1825. Sirey 26.

340. Mais une charge ou office de courtier serait moins un élément commercial en cas de vente; outre que c'est un droit incorporel, il est subordonné à l'agrément du gouvernement; il n'y a donc pas libre exercice ni libre exploitation. Paris 2 août 1832. S. 33.

341. Le seul point de difficulté qui pourrait s'élever, serait celui où un particulier serait assigné afin de voir reconnaître l'achat d'un fonds de commerce, ou d'une coupe de bois pour revendre, si ce particulier non commerçant déniait l'acquisition, et que par suite il s'agit de savoir si la preuve par témoins ou autrement est admissible comme en matière de commerce. On conçoit qu'en cas d'action en résolution d'une vente avouée ou prouvée, ou d'une action en paiement du prix d'un fonds de commerce, le tribunal consulaire soit compétent: il y a là un fait antérieur caractérisé qui détermine sa compétence. Mais en cas de négation de la vente et acquisition par le défendeur, comme il n'y aurait pas d'antécédent donnant prise à la compétence, il nous semble que le déclinatoire devrait être admis.

Il en serait autrement si c'était l'hôtelier ou limonadier qui fussent assignés afin de reconnaître la vente, devant le tribunal de commerce, quoique ce n'est pas le fait de vendre un fonds de commerce, ou cessation d'exploitation qui forme acte de commerce mercantile, c'est le fait d'acheter pour exploiter, pour revendre ou louer l'usage. Cependant, sous prétexte d'acte commercial, la preuve par témoins qu'il est souvent si dangereux d'admettre, et par exception à la règle générale de la preuve par *écrit*, deviendrait bientôt la règle du droit commun. On ne sait où s'arrêteraient les abus.

342. Il est bien entendu qu'il n'y a acte de commerce que sur achat ou vente d'objets mobiliers. D'où il suit que l'on ne peut considérer comme ayant fait acte de commerce, et par suite l'assigner commercialement en paiement du prix, ou en prise de livraison ou exécution de clause, celui qui achèterait un ou plusieurs *immeubles*, plus ou moins souvent, quand il aurait acheté pour revendre, même en partie, ou qu'il aurait revendu, même avec bénéfice. La jurisprudence est bien fixée aujourd'hui.

Il faut en dire autant de l'achat d'une manufacture fait même avec intention de la revendre, lors même qu'elle renfermerait nombre d'instrumens ou ustensiles qui auraient, peut-être, plus de valeur que le fonds; car ils n'en forment toujours qu'un accessoire, que la loi déclare immeuble par destination. Art. 524 du C. civil.

Même solution pour l'achat de la propriété d'une maison à usage de café, auberge, même avec l'intention de louer en tout ou en partie, ou même de l'exploiter, parce qu'il s'agit ici d'autre chose que du mobilier ou achalandage : c'est un immeuble.

343. Cependant une futaie ou bois taillis, quoiqu'inhérens au sol, deviennent meubles, quand ils sont vendus séparément du sol pour être abattus; on en peut dire autant d'un bâtiment qui serait vendu pour être démoli; et de la cession du droit d'exploiter seulement une minière, tourbière, qu'on appelle aussi bail : l'acheteur exploitant ferait un acte de commerce, s'il avait acheté pour revendre et non pour employer sur son terrein, ou conserver ces bois ou matériaux pour son usage. Dans la jurisprudence, on ne peut poursuivre par l'action hypothécaire foncière, celui qui achète des bâtimens à démolir; cette destination rend les choses *mobilières*.

344. Ce serait jouer sur les mots que de douter si des marchandises qu'on s'est procurées par *échange*, mais pour revendre ou troquer, peuvent constituer pour l'acquéreur, acte de commerce; et suivant la loi romaine, *permutatio emptioni-venditioni æquiparatur*.

2.° *Reventes ou Locations.*

345. Puisque l'acte commercial n'est que dans l'*achat* pour *revendre*, il faut reconnaître que l'action de *revendre* ne suffirait pas seule pour faire acte de commerce, si le vendeur n'a pas acheté la chose, mais s'il la trouvée ou acquise par donation, succession, adresse, ce qui s'applique au chasseur ou pêcheur qui vendrait le produit de sa chasse ou pêche.

Delà il résulte, et c'est la suite de l'art. 638 du

C. de commerce, que ne sont point de la compétence des tribunaux de commerce, les actions intentées contre un propriétaire, cultivateur ou vigneron, pour vente de denrées provenant de son *crû*, parce que ces objets ne lui provenaient point d'*achat*.

La loi ne distingue pas si ce cultivateur, propriétaire ou fermier vend ce qu'il a recueilli naturellement ou par l'effet de la culture, comme fourrages; ou s'il leur a fait subir une préparation qui les fasse changer de forme par son industrie, comme le vin et le cidre. Le raisin et les poires ou pommes ne sont pas destinés à rester dans cet état; vigneron et cultivateur convertissent leurs produits en liquides, c'est une condition presqu'habituelle de leur profession, n.° 354.

Il faut en dire autant de celui qui extrait de sa terre même, par des ouvriers salariés, les produits d'une carrière, sablière, tourbière, etc., pour les vendre : il use de sa chose sans avoir rien acheté.

A plus forte raison, celui qui vend ou débite les productions de son intelligence ou de son art libéral, ne fait-il pas acte de commerce. Un peintre qui exécute un tableau, un sculpteur qui confectionne une statue ne deviennent pas entrepreneurs de commerce, pour avoir fourni l'un la toile et les couleurs, l'autre le verre, le plâtre ou le marbre. Ici la valeur est toute entière dans la *forme* de la chose; les élémens n'en sont que l'accessoire. L'art. 571 du C. civil en offre l'exemple. Locré t. 8, p. 302. *Forma dat esse rei.*

Appendice.

346. Mais l'auteur d'une propriété littéraire ou scientifique, pour donner jour, corps et consistance aux produits de son esprit ; le cultivateur et vigneron pour parvenir à mettre en vente le produit de leur industrie agricole, ont souvent besoin de se procurer différens objets indispensables. Ils savent, en achetant ces objets, qu'ils les revendront ; cependant l'achat de matières propres à faire valoir cette industrie n'est pas acte de commerce, parce que ce n'est là qu'un *accessoire*, et il faut que la *revente* d'une chose achetée soit le but principal de l'acheteur, pour qu'elle puisse attribuer la qualité d'acte commercial à l'*achat* qui l'a précédée.

Ainsi, l'auteur qui charge pour son compte un imprimeur d'imprimer son ouvrage qu'il vendra lui-même ou par un tiers, ne peut être traduit commercialement en paiement de frais de papier et d'impression typographique. Le sieur Billiard, voulant publié un ouvrage intitulé : *Bréviaire des Vendéens*, traite avec le sieur Merlin, imprimeur ; le prix convenu devait être payé à la livraison de chaque volume ; après la livraison de quelques volumes, l'imprimeur assigne le sieur Billiard devant le tribunal de commerce de Versailles, et nonobstant l'exception d'incompétence, il y est condamné à payer par *provision*, en attendant une expertise ordonnée pour vérifier la gravité d'*errata* indiqués. Appel par le sieur Billiard, dont le mobilier fut vendu. 28 octobre 1834, arrêt infirmatif de la cour de Paris, sur les conclusions conformes de M. Legorrec (1), « attendu que les propriétés litté» raires peuvent, de même que les propriétés » foncières, être exploitées, sans que les marchés » relatifs à cette exploitation puissent être réputés » acte de commerce ». Disons que, depuis longtemps, M. Pardessus avait enseigné cette doctrine.

347. La cour de Limoges a été jusqu'à décider que les officiers de santé qui sont autorisés, dans les campagnes, à avoir et composer quelques médicamens pour leurs malades, par l'art. 27 de la loi du 21 germinal an XI, ne peuvent être assignés commercialement par le fournisseur, par le motif que l'administration des médicamens, de la part des chirurgiens, n'est qu'un accessoire indispensable de leur profession libérale. Cet arrêt n'est-il pas trop libéral ?

348. Mais un libraire qui aurait acheté de l'auteur le manuscrit ou un droit d'édition, ne pourrait pas prétendre n'avoir pas fait acte de commerce envers l'imprimeur (2) ; il y a vraiment difficulté,

---

(1) Annales théoriques et pratiques du droit *commerciales* 1.re livraison 1835.

(2) Nous ne saurions partager l'opinion de M. Carré qui pense qu'un achat de papiers par un Imprimeur ne le rend pas justiciable parce que le papier ne changerait pas de nature ni de forme entre ses mains. Ce papier change de forme travaillé et mis en œuvre, il est vendu, enrichi de caractères, c'est la base de l'industrie. L'édit de 1673 disait *achat...... afin de travailler de leur profession*. Sans quoi il

quant au journaliste qu'on ne peut assimiler tout-à-fait à celui qui compose un ouvrage littéraire, même périodique, car ce journaliste est moins auteur qu'un publicateur de faits et choses qui, pour la plupart, sont du domaine public. M. Carré ne le trouve pas commerçant pour le prix de papiers et impressions, car il compose et publie de suite des matériaux historiques, comme un auteur qui ferait un traité d'histoire ou science sur d'anciens matériaux.

349. Il semblerait que les contestations sur les brevets d'invention et leurs bénéfices devraient être de la juridiction consulaire, puisqu'il s'agit d'industrie commerciale; mais on remarque qu'entre l'inventeur et l'imitateur, il n'y a pas *vente*. D'ailleurs, il y a souvent lieu de vérifier si le procédé était nouveau, s'il n'avait pas déjà été dans le domaine public, et si déjà il n'était pas mis en usage par un artisan, au moment où un autre a obtenu le brevet d'invention. Aussi la loi du 25 mai 1791 a placé ce genre de contestation dans la compétence des juges de paix. Elles ne sont pas essentiellement commerciales.

La vente même d'un *procédé* industriel, et du matériel nécessaire à son exploitation ne constitue pas acte de commerce, le vendeur tirant partie de sa création, et le matériel n'étant qu'un moyen de mise en œuvre ou de donner forme à la conception de l'esprit. Arrêt de Paris, 14 janvier 1836.

---

faudrait dire que l'imprimeur n'est pas commerçant, puisque l'achat d'outils et de presses ne sont pas actes de commerce, aussi de l'avis de M. Carré.

350. Par les mêmes raisons, un instituteur dont l'objet principal est de s'occuper de l'éducation et instruction, ne fait qu'un objet accessoire quoique nécessaire, en achetant les marchandises et denrées pour les besoins de son établissement. C'est ainsi, que la régie des contributions indirectes a vainement voulu assujétir les maîtres de pensions à la licence et visites; et, par suite, n'étant pas commerçants, ils ne peuvent être déclarés en faillite, ni poursuivis comme banqueroutiers frauduleux. Cassation du 23 novembre 1827. S. 28.

Un préposé qui ne ferait que débiter le tabac du gouvernement, chose qui n'est pas dans le commerce, ne ferait pas actes de commerce; mais s'il vend d'autres objets mobiliers, tels que tabatières, pipes, etc, quoiqu'ayant trait à son dépôt, alors il agit en son privé nom et devient commerçant; il est libre dans ses spéculations.

351. Il y a des acheteurs de denrées et fournitures entre lesquels une distinction est à faire. Ceux qui achètent, comme agens soit d'un établissement public, soit d'un particulier, sans faire cependant entreprise de *commission* dont on parlera 2.e catégorie § 3: leurs achats ne font point acte de commerce, car ils n'achètent pas pour revendre, c'est le destinataire qui achète par leur intermédiaire; ces établissemens publics eux-mêmes n'achètent guère que pour leurs besoins, et ne font pas eux-mêmes acte de commerce par l'achat de leur préposé.

Au contraire si ces acheteurs ont intérêt personnel à l'achat, comme s'ils se sont engagés envers un tiers même envers le gouvernement à faire les fournitures pour des prix convenus à l'avance ; alors ils ne sont plus *agens*, mais ils deviennent entrepreneurs ; et la circonstance qu'ils auraient été munis de commissions ou qu'ils seraient assujétis aux réglemens qu'une administration impose à ses employés, ne changerait pas la réalité de la qualité, celle d'acheteur pour revendre. (1)

352. Ces acheteurs entrepreneurs n'ont pas manqué de se targuer de leur commission, qui n'était qu'une manière de les accréditer auprès des vendeurs, pour demander leur renvoi devant l'autorité administrative ; aussi la jurisprudence est remplie de réglemens de juges sur la distinction ci-dessus, entre les deux sortes d'acheteurs. A cinq arrêts cités par M. Pardessus, n.° 21, on peut ajouter une ordonnance du Roi, en conseil d'état du 12 avril 1832.

Il résulte encore de cette ordonnance, conforme à d'autres antérieures, Sirey, t. 16 et 32, que les contestations qui s'élèvent entre les entrepreneurs de travaux publics et des sous-traitans, sont de la compétence des *tribunaux*, à l'exclusion de l'autorité administrative, quelque soient d'ailleurs les conventions insérées, à cet égard, dans les traités :

---

(1) Les contestations entre l'état et les fournisseurs ayant pour causes des marchés passés avec les ministres, ou la maison du Roi, sont soumises au conseil d'état. Art. 14 décret du 11 janvier 1806. Mais les contestations pour marchés faits avec les Préfets sont jugées par le conseil de Préfecture. Ord. du 20 juin 1816.

il n'en est pas comme des différends entre les entrepreneurs et le gouvernement.

Quid des entrepreneurs de travaux pour les communes et établissemens publics ? Voyez 2.e catégorie, §. 2, entreprise de *travaux*, n. 377.

353. On vient de voir qu'il y a des personnes qui, pour être commissionnées par l'autorité, n'en font pas moins spéculation et trafic personnel (1).

Disons la même chose d'un maître de poste aux chevaux; la cour de Bruxelles par arrêt du 11 janvier 1808 n'avait pas voulu le reconnaître comme commerçant, mais pour un simple commissionné du gouvernement. Cela serait bon s'il n'était employé que pour le gouvernement, ainsi que pourrait l'être un salpêtrier, mais l'acquisition de chevaux pour en louer l'usage, et l'acquisition de fourrages sont des élémens nécessaires de son exploitation. C'est ce qu'a reconnu la cour de Paris le 6 octobre 1813. S. 14, (2) et celle de Bordeaux 23 août 1835. Annales.

Ceci s'applique à plus forte raison aux acquisi-

---

(1) La fabrication du salpêtre est devenue libre par la loi du 10 mars 1819, sauf patente. Mais, sur les sociétés pour exploiter une concession de mines, voyez l'art. 32 de la loi du 21 avril 1810. Arrêt de rejet du 15 avril 1834.

(2) Locré t. 8. pag. 274 comprend les *maîtres de postes* avec les loueurs de carrosses, de chevaux, de maîtres d'hôtels et de chambres garnies, parmi ceux qui achètent pour louer, d'après les observations des tribunaux et surtout de la cour d'appel de Paris sur le projet du code de commerce. id. Carré.

sitions faites par un entrepreneur de voitures publiques, loueur de chevaux et moyens de transports, même avant d'avoir commencé son état, parce qu'il a acheté pour exploiter et bénéficier par louage.

354. Il ne faut pas confondre ces caractères avec la position d'un cultivateur ou d'un artisan qui achètent des choses dont ils se servent pour l'exercice de leur art ou profession. Les futailles ou sacs achetés par le vigneron ou cultivateur pour livrer leurs vins ou grains, sont des moyens d'exploitations, plutôt que de spéculation. V. Jousse.

Un cultivateur achète des animaux nécessaires à la culture, un manufacturier ceux nécessaires à faire tourner ses usines : bientôt ces animaux ne leur conviennent plus, ils les vendent ou échangent ; ils n'ont pas fait acte de commerce, parce que le fait non commercial dans l'origine, n'a pu le devenir par un événement ultérieur qui n'a pas d'effet rétroactif.

Il est même des circonstances où la pensée de revendre présidait même à l'acquisition d'un *cultivateur* (nous ne répétons plus le mot vigneron ou autre, parce que ce mot embrasse tous les moyens de tirer profit des terres par toutes les branches de l'agriculture.) Son exploitation a besoin d'un troupeau pour l'engrais de champs ; il achète des moutons maigres qu'il espère revendre six mois après en meilleur état : il élève de jeunes chevaux et autres bestiaux, même achetés dans leur jeune âge, soit avec des fourrages même achetés, soit avec la pulpe résidu de sa fabrique de sucre ou d'eau-de-vie de pommes de terre : tout cela forme élément essentiel de l'agriculture, le cultivateur qui a acheté ces différens objets, avec l'intention de les vendre plus tôt ou plus tard après avoir fait consommer ses fourrages; ne fait point en cela acte de commerce tant que sa profession est véritablement celle de l'agriculture, dont ces acquisitions ne sont que des moyens d'amélioration.

355. L'établissement d'une fabrication de sucre de butterave ou autres végétaux faite par un propriétaire ou fermier n'est encore qu'un accessoire de son exploitation, c'est comme un vigneron qui tire partie de son vin par les préparations, distillations. 21 juillet 1830, Douay. La patente n'en changerait pas la nature. Il en serait autrement si, sans se livrer à la culture, le fabricant *achetait* les betteraves pour les travailler et mettre en œuvre.

Mais il y aurait acte de commerce, si l'acquisition de bestiaux au lieu de servir aux besoins de l'agriculture, dégénérait par des actes géminés, en spéculation de *nourrisseur* qui les engraisse; ou si l'acquisition de fourrages et de graines pour varier les semences, excédait notablement les besoins d'une exploitation connue.

356. Par suite du principe que l'acte de commerce résulte d'achat pour revendre ou louer l'usage d'une chose, on peut décider que ce qu'un propriétaire d'usine tel qu'un brasseur ou manufacturier fait faire par un ouvrier pour la construction ou l'entretien de l'usine, n'est pas acte de commerce qui le rende justiciable de la juridiction consulaire,

pas plus que l'acquisition d'une meule de moulin, parce que l'objet des fournitures ou travail de l'ouvrier, devenu l'accessoire de l'immeuble, n'a été acheté ni pour être revendu ni pour être loué. C'est ce qui a été jugé par la cour d'Amiens, et celle d'Aix le 9 mars 1827. Sirey 28. La solution serait la même quand les travaux auraient été faits par un entrepreneur; il peut bien faire en cela acte de commerce, sans que le propriétaire qui fait travailler sur son fonds fasse en cela acte commercial. Pardessus, n.° 36.

Il faudrait en dire autant de l'acquisition de tables, balances, et rayons d'un commerçant; ces objets n'entrent pour rien dans la confection de la marchandise.

357. Mais il y a plus de difficulté pour l'achat de combustibles que fait un chef d'usines; en brûlant le bois ou le charbon ou la tourbe, il ne revend pas, il ne loue pas non plus l'usage. La *consommation* de ces objets semble se fondre dans leurs moyens de préparation; dans le *travail* et mise en *œuvre* des denrées et marchandises dont parle l'art. 632. C'est la transformation qui fait l'industrie manufacturière, ce qui comprend ses agens nécessaires. Dans cette perplexité nous dirons avec M. Pardessus que ce serait abuser des mots que de dire qu'un distillateur ne vend pas le charbon en tout ou en partie après les avoir travaillés; sans cet emploi, il n'aurait pu fabriquer les liqueurs qu'il vend, et ici l'esprit de la règle doit l'emporter sur le respect pour les mots. Mais l'achat des vases ne serait pas

commercial, à notre avis, parce que, comme les combustibles, ils ne sont pas perdus et consommés par l'emploi.

358. Quant à la transformation des objets achetés que la loi désigne comme marchandises revendues après avoir été travaillées ou mises en œuvre, l'édit de 1673, contient la désignation de beaucoup de professions particulières qui font ce travail commercial; mais il y a erreur dans l'art. 4 du titre 12, en ce qu'il suppose que les *ventes* ont été faites *par des marchands*. Voici le texte :

« Les juges et consuls connaîtront des différends pour ventes faites *par des marchands*, artisans et gens de métier, afin de revendre ou de travailler de leur profession, comme tailleurs d'habits pour étoffes, passemens et autres fournitures; boulangers et pâtissiers pour blé et farine; maçons pour pierre, moëlon et plâtre; charpentiers, menuisiers, charrons, tonneliers et tourneurs, pour bois; serruriers, maréchaux, taillandiers, armuriers, pour fer; plombiers et fontainiers, pour plomb, et *autres semblables*. »

359. Ce sont là des exemples qui peuvent se multiplier à l'infini. On fait remarquer que dans ces indications les travailleurs conservent ordinairement la substance de la chose achetée et n'en font que modifier et changer la forme; tandis que souvent, par l'effet de l'art et de l'industrie, ces objets sont entièrement dénaturés et convertis en d'autres substances; tel serait l'achat de pommes fait en pays où ce produit est plus abondant, pour les

convertir en cidre et le vendre, et l'achat de matières premières qui, par la fabrication, donnent les produits chimiques.

Mais, dans tous ces cas et autres semblables (1), il y a acte de commerce, soit que l'artisan qui doit travailler ou manœuvrer la chose l'ait achetée d'un marchand, ou bien d'un cultivateur ou propriétaire et provenant de leur fonds.

360. Parmi les acquisitions pour relouer, on peut citer l'acquisition de meubles pour garnir un café ou établissement qu'on loue : ce serait acte de commerce ; ces meubles ne sont pas un accessoire qui doive prendre la nature de l'objet auquel ils servent, et quoiqu'il n'y ait pas un prix spécial de *location* de ces objets entre le cafetier et le consommateur, ce prix se confond avec le débit et profit de son établissement.

On comprend qu'il y a une grande différence entre cette acquisition, et celle que fait un artisan d'outils ou instrumens employés à l'exercice de sa profession. Ces objets ne sont pas loués ensuite par l'artisan, et ils ne forment qu'une accessoire de son industrie dont le prix est plus considérable que l'u-

---

(1) Il ne faudrait donc pas s'arrêter à quelques arrêts, même de la C. de cassation, qui ont jugé qu'un cordonnier, boulanger, aubergiste ne sont pas commerçans. On a trop cédé au désir de soustraire les personnes aux poursuites des juifs qui, d'après le décret du 17 mars 1808, devaient prouver pendant 10 ans avoir réellement et sans fraude fourni la valeur de leurs billets, au débiteur non commerçant. *Distinguas tempora, conciliabis jura.*

sage des outils. Tels seraient les instrumens achetés par un cordonnier, tonnelier.

II.e CATÉGORIE.

LOUAGES DES CHOSES ET DES PERSONNES.

SOMMAIRE.

361. Location de choses mobilières.
362. Sous-locations.
363. Location accidentelle.
364. Fermiers de l'octroi.

1.° *Louage des Choses.*

Nous avons considéré précédemment les achats afin de revendre ou louer, comme constituants acte de commerce. Nous allons nous occuper ici de la simple *location* d'objets mobiliers.

361. Pour constituer acte de commerce, il faut que la location porte sur objets mobiliers ou marchandises : ainsi le meunier n'est qu'un simple artisan lorsqu'il emploie son moulin à convertir en farine ou huile le grain qu'on lui confie. Il exploite un immeuble, en propriétaire ou locataire. Arrêt d'Amiens du 17 mars 1823 ; il ne ferait acte de commerce qu'autant qu'il acheterait des graines pour en vendre le produit après les avoir travaillées. V. 373.

362. Il ne faut nécessairement, en prenant à la lettre l'art. 632, que l'achat de la propriété d'un objet commercial ait précédé la *location*, pour que

cette location devienne acte de commerce. Ainsi un marchand de meubles prend souvent lui-même à location des meubles qu'il sous-loue en tout ou en partie. Un voiturier qui n'a pas toujours de chevaux en propriété ou qui en manque accidentellement entreprend des transports avec voitures et autres objets qu'il prend à loyer. On peut dire alors que la prise à loyer est pour eux l'achat de l'usage.

363. Mais on ne considérerait pas comme acte de commerce la location accidentelle que ferait un cultivateur ou propriétaire, même un fermier à cheptel qui tient à bail bœufs et chevaux, parce que ces animaux n'ont pas été originairement achetés ou pris à bail dans l'intention de relocation pour la fatigue des transports et voyages.

364. Les locataires de la perception de l'octroi ne font pas, en cela, acte de commerce, puisqu'ils sont bornés par un tarif, mais ils rentrent dans la catégorie des comptables par leurs billets, suivant l'art. 638. C. de commerce. Voyez le n.° 559. (Sirey. 15. 1. 21.)

2.° *Louage du service des personnes.*

Les services des personnes ont des caractères différens auxquels on peut reconnaître s'ils sont ou non des actes de commerce, et se distinguent par les objets auxquels ils s'appliquent; ce qu'on va voir dans les § suivans.

§. I.er

Entreprise des transports.

SOMMAIRE.

365. Ce n'est certainement point par la nature des choses que les services d'une *personne* qui ne viennent que d'elle-même et non de la source d'un *achat*, peuvent être qualifiés actes de commerce. Mais la fréquence de ces services dans la vie civile, et les agens ou intermédiaires qu'emploie ordinairement le locateur de services sur lesquels il retire profit, offre encore une sorte d'échange et de conventions intéressées qui a autorisé une législation spéciale à assimiler aux actes de commerce ce louage de services intelligens : et d'ailleurs, nous avons vu n.° 328, que l'industrie qui prend les produits dans un lieu pour les transporter dans un autre où ils se trouvent plus à portée du consommateur, joue un grand rôle dans le commerce, et forme une classe notable de l'industrie en général.

366. La loi spéciale, art. 632, C. de comm. répute acte de commerce *toute* entreprise,... de

transport par terre et par eau ; ce qui embrasse la mer, les rivières de toute nature, et les bassins d'eaux plus ou moins considérables : suivant M. Carré, il ne faudrait pas prendre à la lettre le mot *entreprise* qui, en général, signifie dessein formé : mais l'ensemble des engagemens et opérations de l'entrepreneur, relatif au genre de commerce qu'il s'est proposé. Nous ne saurions admettre cette définition, qui conduirait à dire qu'il n'y a entreprise qu'autant qu'il y a une série d'opérations. Sans doute un homme n'est pas entrepreneur, par cela seul qu'il aura conçu le projet de transporter : mais s'il se charge, fût-ce pour la première fois, de conduire des marchandises ou objets mobiliers, dans un lieu où ses affaires ne l'appelaient pas privativement, il a fait entreprise et acte de commerce. N'aura-t-il pas le privilége accordé au voiturier de profession ?

367. Peu importe que l'entreprise soit faite avec le gouvernement pour transports *militaires*, de prisonniers ou autres choses. Lyon 30 juin 1827.

368. Mais puisque cette convention ne fait point naturellement acte de commerce, on ne pourrait pas considérer comme entreprise de transport, un acte officieux, mais bien la spéculation caractérisée, rentrant dans les habitudes de l'entrepreneur. Ainsi nous avons fait juger à la cour d'Amiens (1) qu'un *conducteur* de diligences, contre lequel on

(1) Le 17 janvier 1832, Raux-Thuillier.

voulait avoir la contrainte par corps, ne pouvait être traduit commercialement, à raison d'argent qu'on prétendrait lui avoir confié à porter, encore qu'il pût accidentellement en retirer une légère rétribution. Ainsi on pourrait ajouter qu'un cultivateur ou batelier qui, après avoir conduit ses grains ou fournitures en ville, en ramenerait des marchandises pour le compte d'autrui, ne ferait pas un acte de commerce, encore qu'il reçût un loyer de cette location de transport.

369. Il en serait de même d'un fermier de bacs affermés par le gouvernement, il n'est qu'un préposé à un lieu fixe, et d'ailleurs restreint par le tarif, il n'a pas la liberté de la spéculation.

C'est ainsi qu'*après* la construction d'un pont terminée, la société formée par actions au porteur, pour la *perception* et la répartition du droit de péage, pendant le temps déterminé par l'autorité, ne constitue pas une entreprise commerciale, comme le serait la société pour la formation d'un pont, encore qu'il s'agisse de l'exploitation d'un pont, sorte de moyen de *transport*. Rejet 23 août 1820. Mais un entrepreneur de transports *militaires* ferait acte de commerce, parce qu'il fait libre spéculation sur les prix ou rétrocessions.

Une voiture publique telle que messagerie, forme entreprise de transport : le cautionnement que reçoit un entrepreneur de ses employés rentre dans l'exploitation d'une entreprise commerciale ; l'action en restitution de ce cautionnement serait de la compétence consulaire, Bordeaux, 19 avril 1833. Voyez dans ce 3.e livre la distinction, 2.e article, commerçans.

§. II.

Entreprise de Manufacture et de Travaux.

SOMMAIRE.

370. Ce n'est pas l'obligation de travailler de la *main*, et de faire une opération quelconque, qu'on peut appeler véritablement *entreprise* de manufactures, sans quoi le laboureur qui se charge de labourer le champ de son voisin, le moissonneur, le terrassier seraient autant d'*entrepreneurs*, et bientôt de commerçans. Ils font de la *main-d'œuvre* et non pas acte de manufacture dans le sens commercial.

371. Une circulaire du Ministre de la justice du

7 avril 1811, S. 11, porte : « je n'ai jamais pensé qu'on dût ranger, dans la classe des fabricans, le simple artisan qui, ne travaillant qu'à fur et à mesure des commandes qu'il reçoit journellement, ne fait point de son état un objet de spéculation ». Id. Cour de Rome, 5 septembre 1811. Sirey, 12.

372. Il y aurait donc entreprise de travaux de la part de celui qui, voulant creuser un fossé ou faire disparaître un tertre, aurait besoin de prendre en sous-œuvre des ouvriers auxquels il fournit souvent des instrumens, sur le salaire desquels il spécule ou retire un bénéfice des fonds qu'il avance pour leur salaire.

373. Ainsi un simple meunier qui ne fait que moudre le grain de ses pratiques, ne fera pas acte de commerce, n.° 361, tandis que la personne qui se chargerait vis-à-vis d'un négociant de lui faire moudre 200 hectolitres de grain à prix fixe, ferait une entreprise commerciale.

374. Les entrepreneurs de travaux publics ou particuliers font essentiellement acte de commerce, mais leur opération est mixte, en ce sens qu'elle participe de l'entreprise de travaux et de la revente d'objets achetés pour être ainsi remployés. Au surplus un entrepreneur serait encore soumis à la juridiction commerciale, si, au lieu de diriger lui-même l'opération, il avait cédé son marché à un autre.

375. Aux termes de la loi du 21 avril 1810, l'exploitation d'une mine n'est pas acte de commerce quand elle a lieu sous la direction et pour

le compte des actionnaires ; mais la société ayant pour objet une réunion d'actionnaires pour parvenir à l'exploitation forme acte de commerce, non seulement entre les parties, mais encore envers les ouvriers et fournisseurs de l'entreprise. Rejet 30 avril 1826.

376. Le plus souvent l'entreprise de travaux se fait sur des immeubles, telle que construction de ponts, canaux, desséchement de marais, défrichement de bois ou de landes : il y a acte de commerce de la part de l'entrepreneur et non pas de la part du propriétaire ou fermier du fonds.

Il n'y a acte de commerce de la part de personne, 1.° si le propriétaire ou autre fait exécuter lui-même les travaux par des ouvriers à la tâche ou à la journée, payés par lui directement ; 2.° si quelqu'un entreprend le nettoyage d'une ville pour engrais de sa culture : *secùs* s'il vendait ces engrais.

377. Une distinction est à faire entre les entrepreneurs de travaux publics. Ceux qui traitent avec le gouvernement, doivent être jugés par le conseil de préfecture, administrativement suivant l'art. 4 de la loi du 28 pluviose an 8, relative à la division du territoire et à la hiérarchie des pouvoirs, tandis que si ces entrepreneurs ont des contestations avec des sous-traitans, ils sont, l'un à l'égard de l'autre passibles de la juridiction de l'autorité judiciaire : ils le sont aussi à l'égard des particuliers. (Locré sur l'art. 631.)

Quant aux entrepreneurs de travaux pour les communes et les établissemens publics, on leur a fait long-temps une fausse application de la loi de l'an 8, pour les traiter comme entrepreneurs des *travaux publics* dont parle cette loi ; et par suite ils ont attendu long-temps une décision administrative, sans garantie de débats publics : cette erreur est enfin réparée.

378. L'art. 4 de cette loi de l'an 8 portait en effet sous le titre 2, de l'*administration* de département : le conseil de préfecture prononcera sur... « les difficultés qui pourront s'élever entre les en« trepreneurs de *travaux publics* et l'adminis« tration, concernant le sens ou l'exécution des « clauses de leurs marchés. » La plupart des travaux pour les communes se font par adjudication devant l'autorité administrative, et souvent même le cahier des charges énonçait que le conseil de préfecture connaîtrait des contestations qui surviendraient. Long-temps les conseils de préfecture ont jugé ces contestations qu'ils ont cru leur être dévolues par la loi de l'an 8 sur leur organisation : l'appel de leurs décisions ne pouvait se porter qu'en Conseil d'État ; ce qui éloignait les parties de leur domicile, et ne leur offrait pas la garantie d'une discussion contradictoire et publique. Mais il est reconnu maintenant que les travaux pour les communes (1) ne sont pas les travaux publics concernant l'administration départementale ; que la loi ne s'applique qu'aux ouvrages d'utilité publique dont

---

(1) Excepté les travaux pour la ville de Paris, ord. du 26 février 1817, art. 8.

les plans ont été adoptés par le gouvernement dans les formes prescrites par les réglemens, et dont l'exécution est surveillée par un agent délégué à cet effet par l'autorité supérieure; enfin que la compétence des tribunaux tenant à l'ordre public, on ne peut y déroger par des conventions, suivant l'art. 6 du Code civil. Ord. du roi en conseil d'état du 12 avril 1820, aff. Bazin c. la commune de Mollans; et autre du 10 juin 1829, où il s'agissait d'un marché pour l'éclairage d'une commune. Sirey 29. La cour de cassation n'avait pas attendu ces décisions administratives pour rendre à l'autorité judiciaire la plénitude de sa juridiction, en renfermant la loi de l'an 8 dans ses termes positifs et exceptionnels.

379. Quant aux entreprises de manufacture proprement dites, on peut donner pour exemple l'opération d'un chef d'atelier qui se chargerait de peigner ou filer le coton, la laine ou le lin qu'on lui aurait confiés : et encore celui qui fait faire préparation, élaboration ou perfectionnement de certaines matières quelque soient les procédés, soit dans son atelier, soit par des individus travaillant dans leur domicile. C'est à ces caractères que se rattachent les opérations industrielles des mégissiers, teinturiers, et de ces fabricans à qui on confie de la laine ou du coton écrus, et qui le convertissent en étoffe. Nous parlerons plus tard des simples ouvriers de fabrique et de la compétence des prud'hommes.

380. Voici une espèce qui nous paraît présenter acte de commerce de la part des deux parties. Renoz

fabricant de papiers fait avec Vandereiden physicien une convention d'après laquelle celui-ci s'engage à donner ses soins pendant six ans à la manufacture du premier et de la perfectionner à l'aide des procédés de sa science, le tout à la charge d'une indemnité annuelle de 500 fr. Le chimiste assigne le fabricant devant le tribunal de commerce qui retient la cause « attendu qu'il est de principe que » la compétence se règle d'après la nature de la » demande et de la contestation. — Que, dans l'es» pèce, il s'agit de l'exécution d'une convention re» lative à une entreprise de manufacture et d'un » salaire réclamé par une personne attachée à une » fabrique. » Appel-arrêt confirmatif de la cour de Liège du 27 décembre 1811. Il y a là un peu plus que la location des services d'un commis, qui fait souvent son apprentissage.

§. III.

Entreprise de Commission.

SOMMAIRE.

381. ENTREPRISE DE COMMISSION.
382. Ce n'est pas simple procuration.
383. Commissions non réputées gratuites. — Responsabilité.
384. Différentes sortes de commissions.

381. Il ne s'agit pas ici de la simple procuration ou mandat qui est accepté par quelqu'un pour faire l'affaire d'un tiers; gratuit ou non gratuit le mandat reste un acte purement civil. L'entreprise de

commission ne s'applique guère qu'aux intermédiaires pour les actes de commerce; et le plus souvent, ce n'est que par la profession d'un chargé d'affaires, ou une serie de ses actions que l'on peut juger si telle operation particulière forme *entreprise de commission*. id. Locré.

382. Ordinairement le commissionnaire est celui qui agit en son propre nom, ou sous un nom social, pour le compte d'un commettant: art. 91. Code de comm. S'il agissait au nom et pour compte d'un tiers, il ne serait que son mandataire, et ne serait point personnellement engagé envers la personne avec laquelle il aurait traité; et réciproquement, cette personne traitant avec un commissionnaire qui agit en son propre nom, n'aurait point d'action directe contre le commettant, lors même qu'elle parviendrait à découvrir son nom. Bien entendu que cette personne pourrait, suivant le droit commun, exercer les droits et actions du commissionnaire, son débiteur, contre le commettant de celui-ci. Art. 1166 du C. civil.

383. On conçoit que les commissions ont lieu à raison de la distance, pour faciliter les écoulemens de produits et les négociations commerciales, autrement que par simples préposés ou commis dont nous parlerons tout-à-l'heure; et comme acte de commerce, on ne peut les réputer faites à titre gratuit, surtout pour éviter les conséquences de la responsabilité.

Toutefois il y a lieu à distinction par suite de la rétribution. Si elle n'est qu'une *simple* commission, le commissionnaire ne répond pas envers son commettant des personnes avec qui il traite, pourvu qu'il n'y ait de sa part ni tort ni faute, ni imprudence; quand au contraire le commissionnaire garantit la négociation, la commission est toute autre; on lui donne le nom de *dû croire*, et il répond des débiteurs. Par suite, s'il reçoit en paiement des effets négociables créés ou endossés par celui avec qui il traite, le commissionnaire doit en garantir le paiement à son commettant par un endossement ou un aval. L'usage des lieux peut seul déterminer quelle est celle des deux responsabilités que le commissionnaire doit supporter, lorsque pour éviter la plus rigoureuse, il prétend n'avoir entendu exiger que la commission simple.

384. Quoique ces observations rentrent plus dans le fond du droit, elles font ressortir le caractère de l'entreprise de commission qui est une spéculation commerciale. Il y a des commissionnaires pour vendre, d'autres pour acheter, et en général faire les opérations de change; d'autres pour louer ou fréter les bâtimens de mer et de rivière, d'autres pour les faire assurer ainsi que les marchandises; d'autres pour faire transporter en leur nom, pour le compte d'autrui, les marchandises de leurs commettants, ce qui a lieu surtout lorsqu'un transport ne peut être fait par un même voiturier; comme si des marchandises, après avoir parcouru quelques lieues de terre, doivent voyager sur l'eau pour arriver à leur destination etc.

§. IV.

Entreprises de fournitures.

SOMMAIRE.

385. Quoique location d'industrie de personne, ce genre d'affaire a beaucoup d'analogie avec l'*achat* pour revendre, puisqu'il s'agit de fournir des choses que l'entrepreneur se sera procurées pour revendre ensuite, soit en nature, soit après les avoir fait modifier par le travail.

386. Cependant il y a une différence, en ce que l'intention d'acheter, sans réalisation de l'achat, ne constitue pas un acte de commerce, tandis que, dans l'entreprise de fournitures, celui qui s'est chargé de faire ces fournitures, s'est engagé comme en matière commerciale, malgré qu'il n'eût pas encore acheté un seul objet de la spéculation; mais il se fait fort de chercher et de livrer les choses convenues à ses risques et périls; et les soins à prendre pour se les procurer par lui-même ou par

des tiers, le bénéfice espéré du placement font le but et la spéculation de l'entrepreneur; il a entrepris un acte de commerce.

387. On peut appliquer ceci à la promesse de fournir une quantité de denrées ou marchandises soit à un particulier, non commerçant, soit à un commerçant; comme si, voulant bâtir une maison, je fais marché avec quelqu'un qui se chargera de me fournir sur place une quantité de bois indigènes ou exotiques, ou un nombre de cubes de matériaux dont j'aurai besoin pour combler un fossé ou élever un monticule. La promesse de fournir fait acte de commerce.

D'autres fois la fourniture consiste en élémens moins matériels, telles que les entreprises de pompes funèbres, d'arrosage ou éclairage d'une ville.

388. Nous voyons tous les jours des fournitures d'ouvrages littéraires précédées de *souscriptions* provoquées par toutes sortes de moyens et combinaisons séduisantes, ces entreprises appartiennent aux opérations commerciales.

Toutefois il y aurait exception pour les cas où le fournisseur n'aurait à disposer que de sa chose à lui provenant autrement que par opération mercantile. Ce qui s'applique au cas où l'auteur de l'ouvrage le ferait publier et vendre par souscription : c'est la conséquence de ce que nous avons dit à l'*appendice* des achats et ventes. Pareille application à la promesse faite par un cultivateur de fournir des denrées et fourrages, bois et autres choses de son crû. Nous en avons dit aussi la raison.

389. Ceci n'est qu'une exception, car, en général, lorsque quelqu'un, sans être commerçant, s'engage à fournir quelques denrées, marchandises, sans les désigner spécialement et limitativement, comme faisant partie de son fonds ou de sa culture, ou sans qu'il apparaisse de cette source, il y aura présomption que ce prometteur de fournitures ne recueillant pas ces objets dans son exploitation, s'en procurera par achats ou actes analogues, et retirera des profits industriels commerciaux.

390. A plus forte raison, lorsqu'un fermier s'est obligé de fournir des cendres ou terres lessivées pour les produits chimiques et extraites du fonds à lui loué, la cession que fait ultérieurement le propriétaire à un commerçant de ces marchandises, ne peut changer la position du fermier, et le faire attraire, par incident ou autrement, devant la juridiction commerciale. Cassation 27 juin 1831.

391. Il y a aussi distinction à faire, quant à la compétence, entre l'entreprise de fourniture avec l'administration supérieure ou pour compte de l'Etat, et l'entreprise pour les établissemens publics. Voyez les n.os 352 et 377.

392. L'entreprise de fournitures ne comporte pas toujours l'obligation de livrer la *propriété* de la chose vendue; ce caractère lui appartient encore, malgré qu'il ne s'agisse que de simple location; on en voit un exemple dans l'entreprise de pompes funèbres, où l'entrepreneur ne vend rien; telle

serait aussi la spéculation de ceux qui se chargent de fournir des meubles et décorations pour l'usage seulement.

§ V.

Agences, Bureaux d'Affaires.

SOMMAIRE.

393. AGENCES-BUREAUX D'AFFAIRES.
394. Erreur de M. Pardessus qui pense que l'établissement a dû être annoncé par circulaires.
395. Influence de la patente pour déterminer le caractère de l'agence.
396. Interprètes.
397. Bureau de prêt sur nantissement.
398. Ventes à l'encan.
399. Officiers ministériels qui instrumentent.

393. Cette dénomination s'applique à la spéculation d'industrie, de la part de ceux qui se chargent de la suite des affaires près les administrations publiques ou privées, de la gestion de fortunes mobilières ou autres, de recouvremens et liquidation ; ils font acte de commerce.

Et leur industrie paraît commerciale, encore que les affaires auxquelles elle s'applique n'aient qu'un caractère civil, et dégénère même en abus.

Toutefois, l'entreprise doit être *complexe* pour constituer opération commerciale, c'est-à-dire, embrasser une série d'affaires qui indique une sorte de profession ; sans quoi le mandat, pour gérer telle ou telle affaire, quoique rétribué, serait acte de commerce, et personne n'oserait se charger d'un mandat que les auteurs placent parmi les actes de bienfaisance.

394. Mais aussi nous admettrions quelque restriction à ce que dit M. Pardessus, n.° 42. « Il faut » remarquer, dit-il, que la qualité d'entreprise » commerciale n'est donnée qu'à ce qu'on appelle » *agence*, bureau, c'est-à-dire, une sorte d'établis» sement annoncé à la confiance générale par des » circulaires et par tous autres moyens de publi» cité ». Cependant, on voit souvent des personnes se livrer aux spéculations d'agens d'affaires, sans avoir auparavant fait publier leur agence, par écriteau ou de toute autre manière : sans doute, c'est là un caractère extérieur qui ne laisserait pas de doute. Quand un individu a pris une patente, on ne doute pas qu'il ne fasse le commerce y relatif : cependant bien des gens font des actes de commerce et ne se font pas scrupule de ne prendre, ni payer patente. Ajoutons que l'érudit professeur cite un arrêt de la cour de cassation du 18 novembre 1813. Nous avons fait la vérification. Sirey. 16. 1. p. 52. Mais cet arrêt ne consacre pas la doctrine du besoin de circulaire ou publicité. Seulement, un agent d'affaires condamné comme banqueroutier frauduleux, s'étant pourvu en cassation, parce qu'il prétendait n'être pas *commerçant*, la cour rejeta son pourvoi sur le motif que le *prospectus* d'agence du condamné était général pour toutes sortes d'affaires, Mais la cour n'a pas dit qu'il n'aurait pu être ré-

puté commerçant, s'il n'avait pas lancé un *prospectus*.

395. L'extension de la patente, comme mesure fiscale, entre autres reproches, troublerait l'ordre des idées reçues, si on l'impose à des personnes qui n'ont rien de commun avec le commerce par leur profession libérale. Médecins, avocats, notaires ne vont-ils point paraître commerçans du moment qu'ils seront patentables? jusque-là au moins leur profession ne constitue pas une agence d'affaires. V. 36.

396. Mais il paraît naturel de considérer comme telle, la spéculation de ceux qui, dans les grandes villes et ports de mer, s'attachent des interprêtes pour guider les voyageurs ou pour traduire les actes et pièces rédigées en langues étrangères.

Les gens qui tiennent un bureau pour placemens de domestiques, ouvriers ou autres, louant leur industrie et retirant profit de leurs soins et recherches intermédiaires, font acte de commerce.

397. A plus forte raison, ceux qui ont bureau de prêt sur nantissement en leur nom personnel; mais si cette administration appartenait à un établissement public autorisé par le gouvernement, comme les caisses de prévoyance et d'épargnes, les préposés ne faisant pas spéculation libre et personnelle, n'auraient pas fait une entreprise de bureau d'affaires.

§. VI.

Établissemens de vente à l'encan.

398. C'est encore là une location d'industrie,

ressemblant à l'entreprise de commissions. La multiplicité des opérations possibles, la confiance qui doit être protégée, la publicité de l'établissement où chacun peut présenter son mobilier à la vente; la rétribution pour le dépôt de ce mobilier, et la garantie de deniers, sont des occasions d'une spéculation commerciale, qui doit être garantie par la contrainte par corps contre l'entrepreneur.

399. Mais l'huissier ou commissaire-priseur qui se borne à prêter son ministère, sans autre intérêt que les émolumens y attachés ne ferait pas acte de commerce. Toutefois la location d'une maison pour recevoir les objets à vendre, la perception d'un droit de magasinage sortiraient des habitudes de ces officiers ministériels, pour donner l'idée d'une entreprise, encore que les réglemens puissent leur défendre de faire le commerce.

SUITE DE LA II.e CATÉGORIE.

LOUAGE DE PERSONNES.

§. VII.

Établissemens de spectacles publics.

SOMMAIRE.

400. Variétés de spectacles publics.
401. Acteurs, chanteurs.

400. Le plus souvent on donne ce nom au genre de spéculation qui appelle le public moyennant une rétribution à jouir du travail ou de l'industrie d'un chef qui, par lui-même, ou à l'aide d'autres personnes ou de mécanisme, offre un spectacle quelconque.

Ce qui comprend non seulement les ressources de l'art dramatique, musical et autres qui tiennent aux talent et faculté personnels des hommes ; mais encore les exercices gymnastiques ; les expositions des choses curieuses ; les exercices des saltimbanques ; les établissemens de danse et autres espèces de divertissemens offerts au public. Tout cela forme opération commerciale. Nous n'admettons donc pas l'opinion de M. Carré qui ne voit de spectacle public que dans les représentations *théâtrales*.

401. Mais que doit-il en être au regard des acteurs, chanteurs et autres à qui les entrepreneurs paient appointement ou salaire pour le concours de leur industrie, sans laquelle l'établissement serait souvent impossible ? M. Pardessus pense que les acteurs ne font pas acte de commerce, parce qu'ils ne sont pas à proprement *établissement de spectacle*. Cette raison est plausible en ce sens que les acteurs ne sont pas nommément désignés dans la loi, et qu'ils n'ont pas les chances de l'*entreprise* du spectacle. — Cependant, et quelque soit notre disposition à ne pas donner trop d'extension à la compétence consulaire, nous ne partageons pas cette doctrine. Si les acteurs n'entreprennent pas directement et personnellement le spectacle, ils s'y associent autant qu'il est en eux par le rôle qu'ils ont à y jouer, souvent même ils ont un bénéfice de représentation, outre leur appointement annuel ; et leur réception par le directeur, est soumise à l'homologation du public.

Et si l'on ne trouvait pas assez juridique cette raison que, sans le grand moyen de la contrainte par corps, les acteurs pourraient trop souvent se jouer de leurs engagemens; au moins faut-il reconnaître que ces acteurs, expression qui comprend tous rôles, se donnent en spectacle public, qu'ils ont même des représentions à bénéfice, et que la loi répute *commerciale*, toute *entreprise* de spectacle public, quelque soit la part d'intérêt que l'acteur ait dans l'administration.

Denizart, dans sa grande collection V.° comédien, enseigne que les comédiens *mineurs* peuvent sans autorisation prendre tous engagemens relatifs à leur état, et que leur minorité ne peut servir pour s'en faire relever. Il cite deux actrices condamnées consulairement par corps en payement de lettres de change pour fourniture d'habits de théâtre et autres objets; sur l'appel, les sentences furent confirmées. Le même auteur cite l'espèce d'un autre arrêt du 4 février 1775 dans lequel une actrice ne put obtenir la nullité de mémoire de fournitures, malgré la minorité. M. l'avocat-général d'Aguesseau a dit qu'en supposant même la demoiselle Vernier, mineure, son état d'actrice la faisait regarder comme majeure pour tous les actes qu'elle avait souscrits. « On regarde cet état, ajoute-t-il comme une es- » pèce de *commerce* qui fait réputer majeur celui » qui l'exerce, pour tout ce qui y a rapport ». On trouve dans le répertoire de Merlin, V.° mineur n.° 7 même attestation de jurisprudence, pour les engagemens des acteurs et actrices même mineurs.

Un directeur assigne deux danseuses devant le tribunal de commerce de Paris pour les obliger à lui payer indemnité pour refus de jouer, suivant arrêté pris. — Exception d'incompétence rejetée, « attendu que les acteurs, comme les entrepreneurs, » sont justiciables du tribunal de commerce, pour » raison des indemnités auxquelles peut donner lieu » l'exécution de leurs engagemens. » 31 mai 1808, arrêt de Paris confirmatif. 11 juillet 1825, autre arrêt de Paris par le motif que « les artistes » contractant avec un directeur, doivent être consi- » dérés comme concourant à l'exploitation d'une » entreprise commerciale. » id. 28 nov. 1834.

§. VIII.

Des engagemens respectifs des ouvriers et des chefs de manufactures.

SOMMAIRE.

402. Ouvriers et chefs de manufactures. — Prud'hommes.
403. Propriété de marques, dessins. — Tribunal juge d'appel. — Pas de contrainte par corps.
404. Sentence en dernier ressort des prud'hommes.
405. Récusation des prud'hommes.
406. Prud'hommes arbitres. — Juges. — Limites,
407. Ne jugent que les rapports entre subordonnés.
408. Ne jugent pas un cultivateur qui reçoit un ouvrier sans livret.
409. Incompétence réelle.
410. Si on peut assigner directement au tribunal.
411. *Quid* dans les lieux où il n'y a pas de prud'hommes ?
412. Entre manufacturiers pour violation de réglement, livrets.
413. Poursuite en contrefaçons.

402. On a déjà vu que l'on ne pouvait considérer comme *entreprise* de manufacture la location du travail et de l'industrie d'un ouvrier ou artisan travaillant chez ou pour autrui. Les chefs ouvriers, connus sous le nom de *contre-maîtres* ne font pas davantage entreprise de manufactures, soit au regard des ouvriers, soit au regard des chefs de l'établissement qu'ils surveillent, qu'on leur donne le nom de manufacture, ou celui de fabrique ou atelier.

Nous dirons seulement ici que la propriété de marques ou dessins particuliers, admis pour distinguer la source de certains objets de fabrication, donne souvent lieu à des contestations qui sont jugées par le tribunal de commerce, après avoir pris l'avis des *Prud'hommes*. Voyez, sur l'organisation du conseil des prud'hommes, la loi du 18 mars 1806, et les décrets des 11 juin 1809 et 10 mars 1810. (1). V. la loi du 28 juil. 1824, sur *l'altération* des marques.

403. Le genre de difficultés qui peuvent survenir entre les marchands fabricans, les chefs d'ateliers, contre-maîtres, teinturiers, ouvriers, com-

---

(1) Suivant une ordonnance du 17 août 1825, le dépôt des échantillons de dessins qui, suivant la loi de 1806, doit se faire aux archives du conseil des prud'hommes pour les fabriques de leur canton, se fait pour les autres fabriques au greffe du tribunal de commerce.

Les prud'hommes dans leurs rapports avec les tribunaux de com. ont une grande analogie avec les Juges-de-Paix dans leurs rapports avec les tribunaux civils. Ils ont aussi une juridiction de simple police.

pagnons et apprentis, exigeant la connaissance de ce qui se pratique dans les ateliers de commerce; les tribunaux consulaires en connaissent, mais seulement sur l'appel des jugemens rendus par les prud'hommes dans les villes où il y en a.

Mais la contrainte par corps ne peut être prononcée en faveur des fabricans contre les ouvriers et respectivement, puisqu'entre eux il n'y a ni profit, ni spéculation vraiment commerciaux, mais seulement observation ou violation de réglemens ou d'usages, et responsabilité, ou action en compte pour le résultat des salaires.

404. Le premier conseil de prud'hommes a été rétabli à Lyon par la loi du 18 mars 1806, qui, par son article 34, autorise le gouvernement a en établir d'autres dans les villes où il jugerait convenable, par réglement d'administration publique délibéré en conseil d'état. Ce conseil, à Lyon, pouvait juger jusqu'à 60 fr. en *dernier ressort*. Art. 9, id. art. 23 du décret général du 11 juin 1809 : maintenant, c'est jusqu'à *cent* francs de *condamnation* en capital et *accessoires*, suivant le décret du 3 août 1810. L'article 1.er porte : « les conseils de prud'hommes sont autorisés à juger toutes les contestations qui naîtront entre les marchands-fabricans, chefs d'ateliers, contre-maîtres, ouvriers, compagnons et apprentis, quelque soit la quotité de la somme dont elles seraient l'objet, aux termes de l'art. 23 du décret du 11 juin 1809. » L'appel de ces décisions est porté au tribunal de commerce, ou au tribunal civil, s'il n'y a pas de tribunal de com-

merce ; art. 27 du décret de 1809, art. 640 du C. de com. art 2 du décret de 1810.

405. Il peut y avoir lieu à récusation contre un ou plusieurs prud'hommes ; la connaissance en appartient au tribunal de commerce qui juge sans qu'il soit besoin d'appeler les parties.

406 Les prud'hommes ne connaissent que comme *arbitres* ou plutôt comme experts des contestations entre fabricans, ou marchands pour les marques des marchandises fabriquées ; et comme juges entre un fabricant et ses ouvriers et contre-maîtres des difficultés relatives aux opérations de fabrique. Art. 12 du décret, et, pour bien fixer les limites de la compétence des conseils de prud'hommes dans le cas où ils agissent comme juges, soit en raison de la matière, soit à raison de la circonscription, il faut rapporter le texte ;

Art. 6. Les conseils de prud'hommes réunis sont arbitres de la suffisance ou insuffisance de différence entre les marques déjà adoptées et les nouvelles qui seraient proposées, ou même celles déjà existantes ; et, en cas de contestation, elle sera portée au tribunal de commerce qui prononcera après avoir vu *l'avis* du conseil de prud'hommes.

Art. 10. « Nul ne sera justiciable des conseils » des prud'hommes s'il n'est marchand-fabricant, » chef d'atelier, contre-maître, teinturier, ouvrier, » compagnon ou apprenti ; ceux-ci cesseront de » l'être dès que des contestations porteront sur des » affaires autres que celles qui sont relatives à la

» branche d'industrie qu'ils cultivent. Dans ce cas, » ils s'adresseront aux juges ordinaires.

Art. 11. « La juridiction des conseils de pru» d'hommes s'étend sur tous les marchands-fabri» cans, les chefs d'ateliers, contre-maîtres, teintu» riers, ouvriers, compagnons et apprentis *travail-* » *lant* pour la fabrique du lieu, ou du canton de la » situation de la fabrique, suivant qu'il sera expri» mé dans les décrets *particuliers* d'établissement » de chacun de ces conseils, à raison des loca» lités, quelque soit l'endroit de la *résidence* desdits » ouvriers. » (1).

Il y avait violation de limite territoriale dans une sentence des prud'hommes d'Orléans qui avait condamné un marchand-fabricant de Paris en dommages-intérêts envers un marchand-fabricant d'Orléans pour contrefaçons de marque de fabrique. Delà arrêt de cassation du 5 juillet 1821, rapporté au bulletin civil p. 255; « Attendu, porte l'arrêt, que le décret du 12 avril 1811 qui a établi un conseil de prud'hommes dans la ville d'Orléans, a limité le ressort de sa juridiction entre fabricans-marchands, chefs d'ateliers et ouvriers demeurans dans l'étendue du département du Loiret. » — On aurait pu ajouter que les prud'hommes n'étaient pas com-

(1) Les décrets particuliers d'établissement ajoutent souvent dans la juridiction des professions diverses, telles que les ouvriers et imprimeurs typographes et fondeurs de caractères et commis des fabricans. V. 416.

pétens pour juger, mais seulement pour donner leur avis sur l'imitation de marques; suivant l'art. 6. ci-dessus.

407. Ainsi, c'est pour juger les contestations par suite de rapports des fabricans aux ouvriers, et des ouvriers entre eux et chefs d'ateliers, que les arbitres ont caractère de *juge*. Ils n'ont donc pas compétence pour *juger* les contestations entre fabricans, manufacturiers et autres qui ne sont pas subordonnés entre eux. C'est ainsi que l'a décidé la cour de cassation le 2 février 1825, en cassant un jugement du tribunal de commerce de Louviers rendu sur l'appel d'une sentence des prud'hommes. Dans le fait, le sieur Prestat fabricant de draps à Louviers confie aux sieurs Ribouleau et Jourdain aussi fabricans de draps, et en même temps filateurs de laines, une certaine quantité de laines à filer. Le sieur Prestat ayant prétendu que les laines étaient mal filées, a cité les filateurs devant le conseil de prud'hommes afin de dommages-intérêts. Ce conseil décida que la perte que les draps éprouveraient à la vente serait supportée pour moitié entre les parties. C'est sur l'appel seulement que l'exception d'incompétence a été opposée par le filateur. S'agissant de contestation relative au mode de fabrication, les prud'hommes ne pouvaient avoir de mission que pour concilier comme *arbitres* et non pour *juger* des personnes non subordonnées l'une à l'égard de l'autre.

408. A plus forte raison les prud'hommes compétens pour juger un ouvrier qui a quitté sa fa-

brique sans congé d'acquit, ne sont pas compétens pour juger en même temps un cultivateur appellé devant eux en dommages-intérêts pour avoir employé cet ouvrier. Rejet 11 novembre 1834. V. 412.

Un menuisier qui aurait été employé par le chef d'une usine ne pourrait le considérer comme chef *d'atelier* et l'assigner aux prud'hommes en paiement de fournitures et journées de menuiseries.

409. Il résulte encore de l'espèce ci-dessus que l'incompétence a pu être opposée pour la première fois en appel, le silence des parties n'a pu donner aux prud'hommes une juridiction qu'ils n'ont pas.

410. Que si une partie, au lieu d'assigner son adversaire devant le conseil des prud'hommes qui devrait connaître de la demande en premier ou dernier ressort, l'assigne directement devant le tribunal de commerce, le défendeur pourra sans doute opposer l'incompétence : mais il devra le faire avant toute défense au fond; parce qu'en définitive, le tribunal de commerce est compétent, à raison de la matière, et que chacun peut renoncer à un degré de juridiction introduit en sa faveur.

411. Dans les lieux où le gouvernement n'a pas institué de conseils des prud'hommes, il peut cependant naître des difficultés entre fabricans, contre-maîtres, chefs d'ateliers, ouvriers, compagnons ou apprentis. Quel sera le juge compétent? A Paris, où ces conseils n'existent pas, les opinions sont partagées : le tribunal de commerce se croit compétent; les juges de paix réclament aussi juridiction. Par arrêt du 2 juillet 1831, la cour de Paris a

adopté les motifs d'un jugement commercial qui avait statué en ces termes : « attendu que, d'après » la *loi* et la jurisprudence constante du tribunal, » les contestations entre les apprentis et les maîtres » sont du ressort du tribunal de commerce. »

En matière de compétence, la jurisprudence peut sans doute éclairer, mais il faut qu'elle ne soit pas contraire à la *loi*; ou que l'on puisse exactement raisonner par analogie. On a déjà vu que, soit d'après la loi du 18 mars 1806, pour la ville de Lyon, soit d'après les décrets de 1809 et 1810, cette juridiction de prud'hommes est toute locale et exceptionnelle. La seule loi générale est celle du 22 germinal an 11, relative aux manufactures, fabriques et ateliers, qui a créé des règles de police, les livrets, la conservation des marques. L'art. 19 sur la *juridiction* confie les affaires de police municipale aux maires et adjoints, et à Paris au préfet de police. Le même article prévoit la police correctionnelle ou criminelle, et l'art. 20 ajoute : « les autres contestations seront portées devant les » tribunaux auxquels la connaissance en est attri- » buée par les *lois* » (1).

(1) L'art. 9 du décret du 5 septembre 1810 sur les contrefaçons de marque en quincaillerie dit que le conseil de prud'hommes ou *le Juge-de-Paix* entendra les parties et leurs témoins et prononcera ensuite son jugement.

Au regard des *apprentis*, la cour de cassation a décidé le 22 décembre 1835, conformément à ce qu'avait enseigné M. Henrion de Pansey, 1.° qu'ils n'étaient pas compris dans l'expression *gens de travail*, de la loi du 24 août 1790, 2.° qu'une mère qui avait traité pour son fils ne pouvait être

Il n'est pas douteux qu'entre les fabricans non subordonnés les uns aux autres, la matière étant commerciale, pour objet de fabrication de leur profession commerciale, les juges-consuls devaient en connaître, suivant la loi du 24 août 1790, organique des tribunaux civils et de commerce, et l'édit de 1673 et autres qui restèrent en vigueur, jusqu'au Code de commerce. Mais entre fabricant et ouvriers, contre-maîtres et ouvriers, on cherche vainement la *loi* qui attribue juridiction aux juges-consulaires. On a déjà vu qu'il fallait une disposition expresse pour donner action commerciale aux négocians, *contre* leurs commis, et que ceux-ci n'avaient pas la *réciprocité*. V. 416 et suivans.

Une loi qui paraît embrasser la question et la résoudre, c'est celle du 24 août 1790, titre 3, art. 9, sur la compétence de juges-de-paix, elle porte : ils connaîtront sans appel jusqu'à concurrence de 50 fr. et à charge d'appel à quelque valeur que la demande puisse monter : 1.°... 5.° « du paiement » des gens de travail, des gages de domestiques, » et des engagemens respectifs des maîtres et de » leurs domestiques et gens de travail. »

S'il s'agissait de prescription, on ne manquerait pas d'invoquer celle de six mois contre les ouvriers et gens de travail, placés sur la même ligne par l'art. 2271 du C. civil, pour le paiement de leurs

assignée par le maître devant le Juge-de-Paix, juridiction exceptionnelle, notamment devant celui de la *fabrique* qui n'était pas celui de son domicile. La juridiction commerciale est de même nature aussi exceptionnelle.

journées, fournitures et salaires. La vérité est qu'entre fabricans et contre-maîtres ou ouvriers, ce sont des rapports quasi de famille, qui rentrent dans les attributions des juges-de-paix. Autrement, il faudrait porter devant les tribunaux de commerce les contestations les plus minimes, même au-dessous de 50 fr.

412. On comprend qu'il en doit être autrement, et que le tribunal de commerce est compétent, quand la contestation roule entre manufacturiers, pour violation de réglemens entre eux, quoiqu'à l'occasion d'un ouvrier, par exemple, quand l'un a reçu un ouvrier, sans livret ou dont le livret n'était pas acquitté, conformément à l'art. 11 de la loi du 22 germinal an 11. L'action en dommages-intérêts contre le fabricant et entrepreneur de travaux, porte sur un élément commercial. Arrêt de cassation du 19 juin 1828, confirmatif d'un jugement d'Amiens, Horson, 218. V. *suprà* 407.

413. Par suite, les poursuites en dommages-intérêts, pour contrefaçon de marques, dessins, altérations ou suppositions de noms sur les produits fabriqués, ayant pour cause la violation des réglemens commerciaux, nous paraissent pouvoir être jugées commercialement, quoique les mêmes faits constituent aussi les délits définis par la loi du 28 juillet 1824; parce que les parties peuvent, à leur choix, employer la voie civile, suivant l'art. 3 du C. d'instruction. M. Pardessus admet l'opinion contraire, en se fondant sur un arrêt de rejet de la chambre criminelle du 8 décembre 1827. Mais cet

arrêt se borne à reconnaître que le fait est punissable par la voie correctionnelle, sans aucune induction contre la compétence consulaire, quand la partie préfère cette voie plus douce. On peut voir, au surplus, ce que nous disons sur les contestations entre marchands, dans ce livre, distinction 2 n.º 520.

Voyez à la fin de cet ouvrage les dispositions réglementaires.

§. IX.

Engagemens respectifs des marchands et de leurs commis, facteurs et serviteurs.

SOMMAIRE.

414. Marchands et leurs commis.
415. Pour le fait seulement du trafic.
416. Les commis peuvent-ils assigner les marchands consulairement?
417. Critique des arrêts de Paris.
418. Juridiction commerciale est de droit étroit, spéciale.
419. Observations sur M. Horson.
420. Sur M. Pardessus. — Jurisprudence.
421. S'il s'agit de compte de gestion et remise de livrets.
422. Serviteurs et préposés.
423. Facteur correspond à l'action *institoire* du droit romain.
424. Le maître, comme les tiers, peuvent actionner le facteur.
425. Sur un arrêt d'Amiens.

414. L'art. 634 du C. de commerce, à la différence des art. 632 et 633, n'est pas précédé de cette déclaration : *la loi répute actes de commerce* les engagemens de facteurs, commis etc. Ceux-ci

ne se livrent personnellement à aucune opération ou spéculation, leur rétribution étant fixée, ordinairement à l'année, ne font pas réellement acte de commerce; ce n'est donc pas à raison de la matière, mais à raison de leurs personnes que ces facteurs, commis etc., peuvent être appelés devant la juridiction consulaire.

415. Mais pour quels objets? l'art. 634 répond : « Les tribunaux de commerce connaîtront des » actions contre les facteurs, commis de mar» chands ou leurs serviteurs pour le fait *seulement* » du trafic du marchand auquel ils sont atta» chés ».

Ainsi les commis de bureau d'une administration ou d'un particulier non commerçant, ne pourraient être appelés devant le tribunal de commerce. Et comme ils ne peuvent l'être que pour le fait du *trafic* seulement du marchand auquel ils sont attachés, il s'en suit que, pour emprunt fait soit à leur patron ou à tout autre commerçant, ou pour répétition de gages trop perçus, ils devraient être traduits civilement; car il s'agit là de choses qui ne rentrent pas dans l'administration du comptoir, commerce et en quelque sorte la domesticité du marchand.

Il n'est pas inutile de transcrire ici les termes de l'art. 5 titre XII de l'édit de 1673 : « Connaîtront » aussi des *gages*, *salaires* et pensions des com» missionnaires, facteurs ou serviteurs des mar» chands, pour le fait de leur trafic seulement ».

L'édit de création des sièges consulaires de 1563,

portait : « Connaîtront lesdits juges et consuls de
» tous procès et différends qui seront mus entre
» marchands pour fait de marchandises seulement,
» leurs facteurs, serviteurs et commettans, *tous*
» *marchands* ».

416. Les *commis* peuvent-ils assigner aujourd'hui les *marchands* qui les emploient, devant le tribunal de commerce pour réglement de difficultés relatives à leurs appointemens ? cette question est encore controversée, les jurisconsultes ne sont pas plus d'accord entre eux que les tribunaux. MM. Delvincourt et Pardessus opinent pour la réciprocité d'action entre marchands et commis devant la juridiction commerciale, M. Mongalvi, au contraire, n'admet l'action que *contre* les commis et facteurs. Les arrêts qui n'admettent pas que les commis puissent porter une action commerciale *contre* leurs maîtres-marchands, pour leurs salaires, sont plus nombreux que ceux en sens contraire.

Tachons de résumer les principes qui peuvent amener une solution. (V. la note du N.° 406.)

On ne peut pas se dissimuler que la décision qui admettrait la réciprocité des actions des marchands contre les commis, et *vice versâ* serait rationnelle. Car, si les tribunaux de commerce jugent en appel des sentences de prud'hommes, les actions respectives des fabricans, contre-maîtres et ouvriers, parce qu'elles ressortent de faits qui touchent les connaissances commerciales et manufacturières, il n'y a pas de raison pour que le tribunal de commerce ne connaisse pas également des actions des commis contre les marchands qui les emploient. Et s'il s'agissait d'une législation à faire, nous admettrions la réciprocité d'action.

Mais il s'agit d'appliquer la loi faite. Le juge en entrant aux fonctions où l'ont élevé l'amour et la confiance des citoyens, ne prête-t-il pas serment d'obéissance aux lois ? Les magistrats sont trop remplis de l'amour de leur devoir pour s'offenser de la sévérité du conseil que donnait dans son temps le président Bouhier : « où en serait-on s'il » était permis aux magistrats de préférer, en ju- » geant, ce qu'ils s'imaginent être le plus équi- » table, à ce qui est ordonné par le législateur ? » Le docte Dargentré ajoutait : *cur de lege judicas, tu qui sedes, ut secundùm legem judices ?* Daguesseau, sur l'autorité du magistrat, s'élevant contre cette sagesse idéale et *arbitraire*, dit : « elle sonde » la loi en ennemi captieux plutôt qu'en ministre » fidèle ; elle combat la lettre par l'esprit, et l'es- » prit par la lettre ; et, au milieu de cette contra- » diction apparente, la vérité échappe, la règle » disparaît, et le magistrat demeure le maître. »

417. Voyons les motifs de décider. Les arrêts de Paris qui admettent l'action des commis contre les marchands se fondent sur ce que telle était en effet l'ancienne jurisprudence ; sur ce que l'art 634 en admettant l'action des marchands contre les commis *supposait naturellement la réciprocité*, les actions, tant en demandant qu'en défendant, ne peuvent être mieux appréciées que par les juges de commerce.

Ces motifs nous semblent devoir céder devant d'autres au moins aussi positifs. Quant au défaut de réciprocité d'actions, nous en voyons des exemples dans la loi, en ce que le fait de vente de blé ou vin à un marchand par un cultivateur forme acte de commerce de la part du marchand, et non de la part du cultivateur; que celui-ci peut actionner son acheteur devant le tribunal de commerce, tandis que le marchand ne pourrait le traduire directement devant ce tribunal. Ainsi, un commis peut avoir contracté envers son patron une sorte d'engagement de nature commerciale ou quasi-commerciale ; et cependant le patron n'aura pas contracté envers son subordonné un engagement de la même qualité.

D'un autre côté, c'est précisément parce que l'édit de 1673 avait une disposition précise sur la compétence touchant les *gages et salaires* des facteurs et serviteurs, que l'on peut raisonnablement croire que le législateur n'a pas voulu maintenir cette disposition. Il l'avait sous les yeux, car l'art. 634 répète littéralement une partie de l'art. 5 de l'édit, pour *fait du trafic des marchands seulement*. Le nouveau code qui a ajouté aux anciennes dispositions bien des actes qui n'étaient pas autrefois commerciaux, tels que les entreprises d'un directeur de spectacles et autres (Merlin V.° consuls de marchands) a bien pu supprimer d'autres dispositions qui ne convenaient pas, et dans l'intention de ménager les forces des juges-consulaires.

Quoiqu'il y ait dans la location de services d'un commis quelqu'analogie avec la location de l'industrie des chefs d'ateliers ou ouvriers, il faut convenir qu'il a fallu une loi expresse, celle de 1806 et le décret sur les prud'hommes, pour attribuer formellement compétence entre ces fabricans et artisans de fabrique au tribunal de commerce, et seulement par appel.

418. En définitive, les juridictions commerciales sont de droit étroit. Et lorsqu'il s'agit de la confection du code de commerce, la commission qui recueillit les observations des tribunaux s'accordait avec eux pour qualifier de *spéciaux* les tribunaux chargés de juger les contestations pour faits de commerce, sous le nom de tribunaux de commerce. Locré, t. 8. p. 212. Et la base de leur compétence était *personnelle* à cause de la qualité de commerçans, et *réelle* à cause de certains actes qui sont commerciaux de leur nature ou accidentellement, encore que leur auteur ne soit pas habituellement commerçant. C'est donc par une sorte de forcement de ce principe, que l'action est admise *contre* les commis par l'art 634, à cause de la confiance qui leur est accordée, et qui est une sorte de nécessité dans le commerce ou de leur qualité d'adeptes, initiés dans les règles commerciales.

Aussi les cours qui ont refusé l'action commerciale pour salaires aux commis *contre* leurs patrons, ou pour dommages résultant d'un renvoi subit et imprévu, ont en général sacrifié au principe qui veut que les tribunaux de commerce, comme tribunaux d'exception, ne puissent dépasser les limites de leurs attributions fixées par la loi, ni les étendre par analogie à des cas non spécifiés. Or, quand cette loi n'accorde action que *contre* les commis, elle ne peut avoir l'élasticité de signifier action réciproque *pour* les commis, lors surtout qu'il y avait une législation antérieure qu'on n'eût pas manqué de reproduire, si telle eût été la pensée des législateurs.

419. Un auteur riche de pratique, M. Horson, veut bien ne voir dans l'art. 634 qu'une disposition ambigüe, qui ne lui semble avoir d'autre but que de soumettre à la juridiction commerciale, pour certains faits, de simples employés qui, sans cette disposition, eussent pu la décliner. Pourtant suivant le même auteur 204e question, l'action des commis peut se porter *contre* les commerçans, d'après les art. 631, 632 et 633, parce que les demandes formées contre eux sont relatives aux actes de leur commerce. Mais d'abord, l'art. 634 n'a rien d'ambigu ; il n'y a pas un mot qui prête le moins du monde à deux sens différens. D'un autre côté, l'art. 631 ne s'occupe que d'engagemens *entre* négocians, marchands ; l'art. 632 énumère ce qu'il entend par acte de commerce. Autrement, l'homme de peine ou de journée qui fait les commissions d'un marchand, porte ses paquets en ville, au port ou au commissionnaire de roulage, actionnerait ce marchand en disant qu'il l'aide dans les actes qui donnent le mouvement et la vie à son commerce. Et ne verrait-on pas après

le propriétaire réclamer commercialement le loyer du magasin où s'exploite le commerce, et le prix du comptoir et balances avec lesquels il s'exerce?

420. L'opinion de M. Pardessus n.os 38 et 1346, outre qu'elle est d'un grand poids par elle-même, semblait accablante par la jurisprudence dont il l'appuie de la cour de cassation : il en cite trois arrêts des 10 vendemiaire an 10, 3 janvier 1828 et 15 avril 1829. Les engagemens, dit-il, entre les commerçans et leurs employés, sont des louages de services : et, comme ils ont pour objet le trafic ou commerce, la connaissance qui en résulte est attribuée à la juridiction commerciale. Ainsi pas de distinction dans cette doctrine entre l'action *pour* ou *contre* les commis. Toutefois elle laisse debout notre conviction. D'abord en l'an 10 (1802), avant le code de commerce, existait l'édit de 1673 qui était positif sur cette question. L'arrêt du 3 janvier 1828 est encore dans l'espèce d'un marchand qui agit *contre* un facteur. V. 424. Lebouc, facteur, fut assigné par Dhaudeterre et Noget associés pour le commerce de bois, en réglement de son compte de facteur devant le tribunal de commerce d'Evreux. Et ce fut ce facteur qui prétendit qu'il n'aurait pas dû être assigné par les marchands dont il était l'employé, mais bien par les *tiers* qui auraient traité avec lui. L'arrêt du 15 avril 1829 ne fait qu'effleurer la question *contre* les marchands. Ici c'est bien un marchand, un sieur Courtin, qui est assigné commercialement, par Saulières et sa femme

qui s'étaient engagés par un traité à donner leurs soins pendant trois ans à l'établissement de blanchisserie du premier ; le mari en faisant les écritures, tenant les livres, surveillant les ouvriers, présidant à la conduite des mécaniques à blanchir etc., la femme en allant chercher le linge dans les maisons, le rapportant, formant les ouvrières à calendrer etc. Sauclières devait avoir logement, chauffage et 3,000 fr. par an. Il assigne Courtin devant le tribunal de commerce de la Seine. Un arbitre fait son rapport, et, par suite, jugement qui condamne par corps Courtin en des dommages-intérêts sur le motif adopté de l'arbitre tel que Sauclières n'étant pas domestique à gages n'aurait pu être renvoyé par Courtin à son gré ; qu'on devait le considérer comme ayant fait avec lui un traité de *nature commerciale*, et, quant à la contrainte par corps, qu'il s'agissait de convention d'entreprise de *manufacture* qui constitue un négoce. Seize juillet 1828, arrêt de Paris, confirmatif. Courtin n'oppose pas le déclinatoire en 1.ère instance ni en appel. Pourvoi par Courtin, *notamment* dit l'arrêtiste pour excès de pouvoir et contravention à la loi du 15 germinal an 6, en ce que la contrainte par corps a été prononcée même pour appointemens. Quinze avril 1829, arrêt qui casse par les motifs suivans :

« Vu les art. 1 et 4 du titre 2 de la loi du 15 germinal an 6, relatifs à la contrainte par corps en matière de commerce. Considérant que les conventions faites verbalement entre les parties n'ont pas été considérées par l'arbitre, dont l'avis a été adopté par la cour royales sous le rapport d'une *société* faite entre elles ; qu'elles l'ont été seulement sous le rapport d'un établissement de blanchisserie formé par le demandeur en cassation ; que l'arbitre a reconnu sur ce point la compétence du tribunal de commerce pour prononcer 1.° sur les appointemens ou salaires promis aux mariés Sauclières pour leur travail dans cet établissement ; 2.° sur l'entière exécution des conventions, eu égard aux circonstances dans lesquelles se trouvaient les parties.

Considérant qu'en SUPPOSANT que le tribunal de commerce eût le droit de connaître des contestations des parties, il n'avait pas du moins celui de prononcer la contrainte par corps. — Qu'en effet les art. 1.er et 4 de la loi du 15 germinal an 6 qui déterminent les cas dans lesquels la contrainte par corps doit être ordonnée, ne comprennent pas dans leurs dispositions celui où le maître d'un établissement s'oblige à payer des appointemens ou un salaire à des ouvriers à raison des services et des soins qu'ils lui donnent. — Que conséquemment en *prononçant la contrainte par corps* contre le sieur Courtin, tant relativement aux appointemens que pour l'entière exécution des conventions des parties, la cour royale de Paris est *contrevenue* aux art. 1.er et 4 du titre 2 de la loi du 15 germinal an 6. »

Ainsi la cour de cassation ne s'est pas prévalue de la violation ou application de l'art. 634 qui nous occupé, mais d'un autre point, celui de la contrainte par corps, dans la *supposition*, laissée indécise de la compétence du tribunal de commerce pour connaître de l'action portée *contre* Courtin à cause de la convention d'appointement, supposition qui était déjà l'expression d'un doute.

Dans cet état de choses, il est plus simple et plus sage de s'en tenir au texte bien clair de l'art. 634 qui se borne à donner *contre* les *commis* et facteurs action de la part du commerçant au négoce de qui ils sont attachés.

421. Mais il nous semblerait que si un employé peut bien être appelé commercialement afin de remise de livres et compte de gestion, par le commerçant, cet employé pourrait prendre l'initiative, et assigner ce commerçant commercialement pour entendre au compte et en payer le reliquat. Il y a là quelque chose du détail du trafic du marchand plus commercial que l'action en paiement d'une rétribution à tant par an.

422. Pour apprécier d'autres difficultés il faut dire ici que c'est l'usage, et même dans chaque pays, l'acception particulière donnée aux mots, qui peuvent déterminer la différence qui existe entre les commis, les facteurs et les serviteurs destinés au commerce. En général ce sont des préposés admis par les commerçans pour les aider dans leur commerce, et dont ils louent les services corporels ou intellectuels. Souvent les employés débutant dans la carrière donnent gratuitement et provisoirement leur coopération pour quelque temps. Un fac-

teur a ordinairement une administration plus étendue, comme celui qui a reçu d'un manufacturier ou autre propriétaire d'un établissement de commerce l'autorisation de le représenter. Le commis n'a qu'une portion plus restreinte dans une maison administrée par le maître ou par un facteur ; et les serviteurs ont un travail souvent plus corporel qu'intellectuel dans certaine espèce de service commercial.

423. Le mot *facteur* paraît répondre au mot *institor* qui signifiait en droit romain la personne commise ou *installée* pour la gestion d'une branche de négoce, d'une entreprise ou d'une manufacture. Et comme les obligations de ce préposé engagent le chef qui l'a employé dans le but d'administrer son comptoir ou établissement, on a donné le nom d'action *institoire* à celle par laquelle le commettant est appelé à répondre des faits de son employé. Il n'est pas nécessaire qu'il y ait un acte qui constate que la personne a été préposée ; le fait tel qu'elle gère le commerce ou l'entreprise suffit pour rendre le maître responsable de l'affaire. M. Delvincourt, dans ses institutes commerciales, a donné l'analyse du titre du digeste *de notione institoriâ* : on peut la consulter avec avantage sur les limites de la responsabilité.

Il suffit de remarquer que le chef d'établissement est tenu au regard des *tiers* qui ont eu rapport avec le facteur, solidairement avec ce dernier, soit qu'il ait traité en son nom personnel, comme un commissionnaire qui a fait spéculation, soit qu'il ait laissé ignorer sa qualité de simple préposé, soit enfin qu'il s'agisse d'un fait dommageable de sa part qui donne lieu à responsabilité, fait ayant eu lieu à l'occasion du trafic ou commerce de son commettant. Souvent même des actions sont dirigées contre ces facteurs seuls, considérés comme chefs, surtout dans les affaires urgentes, maritimes, tels que réglement d'avaries et la notification des avis de sinistres.

424. C'est à cet exemple de l'action des *tiers* que peut se rapporter la difficulté élevée par le sieur Lebouc *facteur* de marchands de bois qui appelé commercialement par D'haudeterre à rendre son compte, prétendait qu'il pourrait être assigné devant le juge consulaire par un *tiers* avec lequel il aurait traité de l'affaire de ses commettans, et non par ceux-ci, afin de reddition de compte. Ce système a été rejeté par l'arrêt de la cour de cassation du 3 janvier 1828 (Voyez n.° 425), par les motifs suivans :

« Attendu que s'il résulte de l'art. 634 §. 1.er du Code de com. que les facteurs ne sont justiciables du tribunal de commerce que pour le fait *seulement* du trafic du marchand auquel ils sont attachés, ce mot *seulement* n'est pas tellement restrictif qu'il rende les facteurs non justiciables des mêmes tribunaux, à l'égard des marchands avec lesquels ils ont contracté en acceptant d'eux le titre et la qualité de leurs facteurs, lorsqu'ils sont poursuivis, comme dans la cause actuelle, pour raison de la gestion et administration qu'ils ont faites en cette même qualité de facteurs, cette gestion étant de leur part un acte de commerce; que la saine entente de l'art. 634 et du mot *seulement* qui s'y trouve inséré, est que, pour que les tribunaux de commerce soient compétens à l'effet de juger les demandes et actions dirigées contre les facteurs, il faut que les demandes et actions se rapportent à cette qualité de facteurs, et que c'est bien l'espèce sur laquelle est intervenu l'arrêt attaqué. »

425. Cependant il faut dire que le système de défense de Lebouc, dans l'espèce précédente était conforme à un arrêt d'Amiens du 21 décembre 1824, qui avait jugé que *Campeaux*, commis de Prevost, n'avait pu être assignée par ce dernier, marchand de bois, devant le tribunal de commerce afin de paiement de différentes sommes que Campeaux avait touchées pour lui, et que Campeaux n'aurait pu être assigné commercialement que par un *tiers* avec lequel il aurait traité durant sa gestion. Les motifs de cet arrêt sont : « attendu, en droit que les tribunaux de commerce ne sont compétens aux termes de l'art. 631 que pour connaître des contestations relatives aux engagemens et transactions entre négocians et marchands, et entre toutes personnes des contestations relatives au commerce — que si le n.° 1.er de l'art. 634, autorise les tribunaux de commerce à connaître des actions *contre* les facteurs, commis de marchands ou leurs serviteurs pour ce fait seulement du trafic du marchand auquel ils sont attachés, *cette disposition établie dans l'intérêt de ceux qui ont traité avec les commis ou serviteurs des mar-*

chands, n'est point applicable en l'espèce *entre le marchand et son commis*, parce qu'il ne s'agit pas dans la contestation de trafic ni d'aucun acte de commerce ou réputé tel par l'art. 632. »

Ces motifs contraires aux anciens principes, comme aux nouveaux, puisque les commis sont justiciables en leur qualité personnelle, sans avoir fait acte commercial, reçoivent leur réfutation par la dissertation de l'arrêt que nous avons transcrit à dessein dans le n.° précédent.

V. au Liv. 4 s'ils ont privilège en cas de faillite du marchand.

§. X.

Opérations de Courtage. (1)

SOMMAIRE.

426. Fonctions du courtier, — anciennement couratier.
427. Leurs fonctions ne sont pas naturellement commerciales.
428. Différence d'avec les autres commissionnaires.
428 *(bis)*. Concours des tribunaux de commerce dans le choix des courtiers.
429. L'achat de leur office n'est pas commercial.
430. Compétence pour les faits de courtage.
431. Plusieurs sortes de courtiers.
432. Si le courtier est assigné pour billet personnel.
433. Responsabilité. — Capacité des parties.
434. Autorisation de vendre par courtiers.

426. Voici ce qu'on lit dans le répertoire de jurisprudence de Merlin V.° *Courtier* : on disait au-

(1) Touchant l'origine ancienne des courtiers de toute nature, voyez les notes de M. Isambert sur l'ordonnance du 20 mai 1816, relative aux agens de change de Paris.

trefois courotier ou couratier, parce qu'un commissionnaire de cette espèce est obligé de courir et de se donner des mouvemens pour remplir l'objet de sa commission » c'est donc un entremetteur entre gens de commerce, pour faciliter aux uns la vente, et aux autres l'achat de marchandises, ou autre opération commerciale.

427. C'est une chose qui paraît d'abord assez étrange que de qualifier acte de commerce les opérations de courtage, lorsque nous voyons l'art. 85 du C. de commerce déclarer qu'un courtier, comme un agent de change, ne peut dans aucun cas et sous aucun prétexte faire des opérations de commerce ou de banque pour son compte; qu'il ne peut recevoir ni payer pour le compte de ses commettans, ni même se rendre garant de l'exécution des marchés dans lesquels il s'entremet. Enfin, suivant l'art. 86 et 87, toute contravention par le courtier aux dispositions ci-dessus, entraîne la peine de destitution, et une condamnation à l'amende à prononcer en police correctionnelle qui ne peut excéder la somme de 3,000 fr., sans préjudice de l'action des parties en dommages-intérêts. Que peut donc faire le courtier qui soit réputé commercial et l'assujétisse à la contrainte par corps?

428. Le courtier, puisqu'il ne peut agir pour son compte et en son propre nom, ne ressemble donc pas au commissionnaire: celui-ci n'est d'ailleurs chargé ordinairement que des ordres de son commettant, tandis que le courtier, négociateur entre deux parties, a des rapports avec les deux, portant

et rapportant les propositions, sans rien conclure par lui-même. Une autre différence avec le simple préposé ou fondé de pouvoirs, c'est que ce dernier conclut par lui-même pour son mandant et l'engage. Le courtier est destiné à constater les opérations qui se font par son intermédiaire; à l'effet de quoi il doit avoir un registre dans les formes commerciales, et y consigner exactement jour par jour ce qui s'est fait par son ministère.

Ainsi c'est vraiment par fiction de la loi que le courtage est réputé acte de commerce, en le considérant dans ses limites restrictives. Ajoutez que l'exercice de courtier est à la nomination du gouvernement, suivant la loi du 26 ventôse an 9 et l'arrêté du gouvernement du 20 germinal suivant.

428 (*bis*). Remarquons ici qu'un objet de la compétence des tribunaux de commerce, sur ce point, comme police administrative, c'était de désigner, en assemblée générale et spéciale, dix négocians qui, à leur tour, présentent des candidats à la nomination du gouvernement, d'après l'arrêté du 29 germinal dans les lieux où il s'agit de créer des courtiers pour la première fois et même ultérieurement; de sorte que le tribunal devait à chaque trimestre désigner les négocians et électeurs. Il y a aujourd'hui modifications à cet arrêté. Le budget de 1816 a rendu ces offices cessibles au moyen de l'augmentation de cautionnement, ainsi que pour les offices d'huissiers, notaires et avoués. Alors le tribunal de commerce donne directement son avis sur l'aptitude et

la réputation de probité des candidats. Art. 2 de l'ordonnance spéciale du 3 juillet 1816.

Ainsi, une fois nommés, les courtiers qui sont aussi sujets à fournir caution pour la fidélité de leur gestion, ont le droit de présenter directement leurs successeurs, d'après la loi du 28 avril 1816, sur les finances : « leurs veuves et héritiers ont pareil faculté » il faut toujours l'avis du tribunal de commerce sur la personne du candidat.

429. De là il suit que l'achat fait par un particulier de la charge ou office de courtier de commerce, ne constitue pas en soi acte de commerce, parce qu'alors ce n'est qu'un contrat civil, sujet à l'approbation du Gouvernement, au cautionnement, au serment. Ainsi l'acheteur ne pourrait être actionné commercialement soit en paiement du prix, soit en résiliation du traité. C'est ce qu'a jugé la cour de Paris le 2 août 1832, en infirmant un jugement du tribunal de commerce.

430. Mais dans l'exécution de ses actes de courtage, le courtier peut avoir à répondre d'un dépôt, d'une négligence, d'une infidélité ; par-tout il est sujet à la juridiction consulaire, parce que l'art. 632 répute acte de commerce les opérations auxquelles il se livre.

De même, l'action en paiement de la taxe qui lui est due, doit être jugée commercialement ; elle ne peut lui être due qu'à l'occasion d'une opération de commerce, à moins qu'il n'ait été employé par un non commerçant pour la vente de choses venant de son crû ou de circonstances non commerciales.

431. Les courtiers, commissionnaires pour le besoin du commerce, doivent se renfermer dans les limites de leur commission, dans les lieux où il y a plusieurs sortes de courtiers; car outre ceux, dits de commerce, pour les ventes et achats de marchandises, la loi reconnaît : 1.° les agens de change qui sont des intermédiaires, désignés art. 74 du C. de commerce; les courtiers remplissent les fonctions d'agens-de-change, dans les lieux où ces agens n'ont pas été institués : avis du conseil-d'état du 28 ventôse an 10, rapporté par M. Pardessus, n.° 122; 2.° les courtiers d'assurance, chargés de négocier et même de certifier les conventions d'assurances, nommées *Police*, concurremment avec les notaires : art. 79 et 192 du C. de commerce; 3.° les courtiers interprètes et conducteurs de navires; 4.° les courtiers de transport, qui ne peuvent point cumuler : art. 82 C. de commerce; 5.° et les courtiers *gourmets-piqueurs* de vin pour le service de l'entrepôt des vins, créés et organisés par les actes du Gouvernement des 30 mars 1808, 11 avril 1813 et 2 janvier 1814, qui n'ont pas été insérés à leur date au bulletin des lois.

432. On peut conclure de ce qui précède qu'un courtier, n'étant soumis à la juridiction consulaire que par suite d'opérations de courtage, il ne pourrait être assigné pour le paiement d'un billet qui reposerait sur une autre cause.

Et si cette cause était commerciale, soit par suite d'un acte isolé commercial, soit par suite d'opérations de cette nature, le courtier ne pourrait éluder la compétence consulaire, sous le prétexte que la loi lui interdit de faire des actes de commerce : car sa propre contravention ne peut lui servir de bouclier, suivant cette règle *fraus sua nemini patrocinari debet*. Aussi un courtier, dans le cas d'habitude d'actes de commerce, peut être déclaré en faillite ; alors, quand il enfreint les défenses portées par la loi, il ne tombe pas en *déconfiture*, en cas de mauvaises affaires, mais il est réputé banqueroutier. Art. 89 du C. de comm., sans préjudice de la destitution que tout intéressé a pu provoquer contre le courtier contrevenant.

433. Le courtier n'étant que négociateur intermédiaire ne répond que de ses faits ou fautes personnels ; et s'il répond de l'identité des individus et de leur signature, il ne répond pas de leur capacité civile, parce que c'est là un caractère qui n'est pas ostensible ordinairement. Le courtier ne serait donc pas responsable de ce que un vendeur aurait été soumis à un curateur, et n'avait plus la faculté de traiter. L'arrêté du 27 prairial an 10 n'étend pas jusque là la responsabilité même des agens de change, à moins qu'il n'y ait collusion. Arrêt de cassation du 8 août 1827. Sirey. 27. P. 426.

434. Ce qui rentre dans la compétence des tribunaux de commerce, c'est de permettre ou de défendre de vendre par le ministère de courtiers des marchandises déterminées, aux enchères publiques, à la bourse ou autrement, soit sur la demande du

commerçant à qui les marchandises appartiennent, soit sur celle d'un commissionnaire qui les aurait reçues pour les vendre et se rembourser d'avances faites ou d'acceptations données par lui sur la foi de cet envoi de marchandises. Cette condition d'autorisation a pour objet de conserver les intérêts du commerce local, contre l'invasion inopportune de marchandises foraines. Les décrets des 22 novembre 1811 et 17 avril 1812 avaient singulièrement restreint les cas de vente possibles, en fixant un *minimum* et un maximum des valeurs des marchandises à mettre en vente par lots. Mais l'ordonnance du 9 avril 1819 a permis aux tribunaux de commerce d'y admettre des modifications suivant les circonstances, par ordonnances motivées, de manière toutefois à ne pas nuire aux opérations du commerce en détail en mettant en vente des articles *pièce à pièce*, ou en lots à la portée immédiate des particuliers consommateurs.

Comme cette autorisation paraît être de police intérieure, elle n'est pas à proprement parler contentieuse, en ce sens que l'appel ne serait pas permis si le tribunal avait jugé convenable de refuser l'autorisation, sauf l'opposition de la part de tiers intéressés à empêcher la vente.

Il est beaucoup d'autres questions qui concernent les courtiers, mais elles sont hors de la compétence dont on s'est, peut-être, déjà trop écarté. Voyez n.os 448 et suiv. agent de change.

III.e CATÉGORIE.

Opérations de banque et change.

SOMMAIRE.

435. Le commerce de l'échange de l'argent contre des lettres n'était pas connu dans le droit romain ; mais on en sentait le besoin. Ainsi nous voyons dans les lettres de Cicéron à Atticus, (1) que Cicéron voulant envoyer son fils faire ses études à Athènes s'informe si, pour épargner à son fils de porter lui-même à Athènes, l'argent dont il aurait besoin, on ne trouverait pas quelque occasion de le compter à quelqu'un à Rome qui se chargerait de le lui *faire* compter à Athènes. Mais ce n'était point là la négociation des lettres de change ; un simple mandat donné par le créancier de Rome, était une mis-

(1) Epist. ad Attic. XII. 24. XV. 28.

sive par laquelle le débiteur d'Athènes était prié de payer à un tiers désigné.

436. Les savans ne sont pas d'accord sur les véritables inventeurs des lettres de change et sur ceux qui en ont introduit l'usage en France. Mais la *cause* en paraît être les troubles des états et les persécutions religieuses ou politiques qui amenèrent des émigrations. C'est ainsi qu'à différentes époques, les Juifs (1) ayant été expulsés de France sous Philippe-Auguste en 1181, et sous Philippe-le-Long en 1316, pour se retirer en Lombardie, ils voulurent toucher l'argent qu'ils avaient déposé en sortant de France entre les mains de leurs amis. Ils se servirent de l'entremise des voyageurs et marchands étrangers qui venaient en France, auxquels ils donnaient des lettres en style concis à l'effet de toucher ces deniers. V. *Savary*, en son Parfait Négociant. D'autres attribuent cette invention spécialement aux Florentins qui, chassés de leur pays par les Gibelins, se retirèrent en France, à Lyon, comme plus proche de l'Italie, et firent usage des lettres de change pour tirer de leur pays le principal ou le revenu de leurs biens. Plus tard, les Gibelins chassés de l'Italie par la faction des Guelphes, se réfugièrent à Amsterdam, et se servirent de la voie de lettres de change pour retirer les effets qu'ils avaient laissés en Italie.

(1) V. dans Montesquieu Esp. des lois, liv. 21 chap. 20, les spoliations qu'ils éprouvèrent en Angleterre : un d'eux, à qui on arracha sept dents, une chaque jour, donna dix mille marcs d'argent à la huitième.

Ils inventèrent le rechange, comme dommage-intérêt résultant du défaut de paiement de la lettre. On assure qu'à Amsterdam, la place des marchands est encore aujourd'hui appelée *place Lombarde*, à cause que les Gibelins s'assemblaient en ce lieu pour y exercer le change. Par suite les négocians d'Amsterdam répandirent dans toute l'Europe le commerce des lettres de change par le moyen de leurs correspondans.

M. Pardessus a résumé avec sa précision ordinaire ce qu'enseignent les anciens auteurs sur le change, tels que Pothier et le répertoire ; mais, sans entrer dans tous les détails relatifs à la forme, transmission et protêt de la lettre de change, il importe de se fixer sur le caractère du *change*, puis que c'est là la matière qui détermine la compétence commerciale. Ce qui induit à donner quelque notions 1.° du change, 2.° des agens de change, 3.° de la banque, 4.° des lettres et *billets* de change, et remise de place en place.

§. I.er

Du Change.

437. Ce n'est qu'après les progrès de la civilisation et du commerce que l'or, l'argent, et même quelques métaux moins précieux, sont devenus la mesure ordinaire de toutes les valeurs ; et pour éviter la lenteur et l'embarras des vérifications de poids ou de qualité, les gouvernemens ont fait fabriquer ces métaux en portions plus ou moins considérables, marquée d'une empreinte particulière,

et dont ils attestent la valeur : c'est ce qu'on appelle *monnaies*, *numéraire* ou *espèces* (1).

Il se présente double nécessité de changer ces pièces de métal, soit parce que d'après la combinaison de leur fabrication, il s'en trouve qui équivalent seules à la valeur de plusieurs autres ; soit quand ces pièces cessent d'être admissibles dans la circulation, à cause d'un frottement inévitable, ou d'une altération malveillante qui en ont diminué le poids et changé la forme. Ces deux espèces d'échanges qui ont lieu dans la monnaie d'un même pays, ou de pays voisins ; et même entre le numéraire métallique et certain papier-numéraire ne peuvent être l'objet d'un trafic qu'autant que les lois ne s'y opposent pas. On donne aux échanges ci-dessus le nom de change local ou *manuel*, et ceux qui font ce trafic s'appellent *changeurs* ; M. Emile Vincent donne des détails curieux sur leurs petites combinaisons ; il les appelle *regrattiers*.

438. Il est une autre sorte de change moins matérielle et moins fréquente. Nous concevons bien

(1) On sait combien de fois les gouvernemens ont fait varier le prix de la même pièce d'or : et l'histoire conserv le nom des princes qui faisaient falsifier les espèces en leur conservant le même nom et le même prix. C'est faire de la fausse-monnaie ; on recommandait la discrétion aux directeurs des hôtels de monnaie, sous les peines les plus graves. — La richesse primitive consistant principalement en troupeaux, les pièces de monnaie en portaient l'effigie. Delà le mot *pecunia*, venant de *pecus*, troupeau.

aujourd'hui que des débiteurs, pour éviter des frais et les risques du transport des monnaies cherchent à acquérir des créances payables dans les lieux où ils ont à faire leurs paiemens, pour n'être pas obligés à des envois de fonds, comme nous l'avons vu n.° 435.

Deux manières se présentent de réaliser cette négociation 1.° directement, si celui qui contracte l'engagement de faire trouver une somme dans un lieu autre que son domicile, s'oblige à effectuer lui-même le paiement : c'est ce qu'on nomme change personnel qui s'opère par le moyen d'un engagement direct de celui qui promet de payer une somme convenue dans le lieu qu'il désigne : l'écrit porte ordinairement le nom de *billet* ; 2.° par l'entremise d'un tiers à qui celui qui veut faire trouver la somme dans un lieu mande de la payer à la personne quil lui indique ; l'écrit s'appelle *lettre* de change.

On sait comment ces billets et lettres sont à *ordre* et endossés pour la facilité de la circulation ; quels sont les droits et devoirs du porteur. C'est l'objet du titre 8, livre premier du C. de com., art. 110 à 189. V. ci-après 485 et sur le *retour sans frais* le n.°. 500 *bis*.

439. Pour faire comprendre le but et les moyens de trafic, ajoutons que si, au moment où il y a des sommes à faire payer de Paris dans Lille, et si tous les créanciers et débiteurs pouvaient se rencontrer et s'accorder pour se faire les cessions convenables, tout serait compensé par des échanges et transports réciproques, sans autres frais que

ceux qui sont la suite de la confection des actes, la correspondance et le salaire des intermédiaires employés à préparer et à consommer ces négociations. Mais il arrive souvent qu'il y a plus de fonds à faire passer dans une ville que d'autres n'ont besoin d'en retirer : quelquefois aussi il se trouve que les communications avec une ville sont plus difficiles qu'avec une autre.

On conçoit donc que les contractans envisagent les chances de gain ou de perte qu'ils peuvent espérer, craindre ou éviter, l'un en s'obligeant à faire payer l'autre en stipulant qu'on lui fera toucher une somme dans un lieu. Comme il y a du danger à faire voiturer de l'argent ; qu'il y en a aussi à se contenter d'une créance qui peut n'être pas payée avec exactitude, il en résulte une balance par suite de laquelle l'un paie à l'autre un bénéfice ou profit qui ressemble au retour ou soulte dans l'échange de deux choses de valeur inégale. Ce profit se nomme prix de change, ou par abréviation, change ; il prend naturellement un taux uniforme dans les traités de ce genre qui se font à la même époque et pour les mêmes villes ; c'est ce qu'on nomme *cours du change*. Ce profit n'a rien de commun avec le prêt d'argent. On dit que le change est *au pair* entre deux villes, quand par exemple on donne dans l'une 100 fr. pour recevoir 100 fr. dans l'autre ; et l'on dit que le change est *pour* telle ville quand les lettres payables dans cette ville gagnent au prix du change ; et qu'il est *contre* elle, quand on offre une lettre payable dans cette ville pour une somme inférieure à celle que la lettre donnera droit de recevoir.

440. Autre combinaison. Je veux faire passer une somme de Lille à Lyon ; mais je ne trouve pas à prendre de lettres sur Lyon ; alors j'en chercherai sur Paris, qui seront ensuite échangées avec d'autres sur Lyon ; ainsi il faut s'adresser à une troisième personne. On est alors obligé de combiner les divers élémens du change de ces places, les unes à l'égard des autres ; c'est ce qu'on nomme *arbitrage*, expression qui n'a rien de commun avec la manière de faire régler un procès par des arbitres.

441. Combinaison par suite des variétés de monnaies. Jusqu'ici on a supposé que les lettres étaient payables dans le pays avec la monnaie du pays ; mais les monnaies étrangères donnent lieu à d'autres calculs.

On sait que les monnaies ont deux sortes de valeurs : l'une réelle et intrinsèque, et l'autre nominale. La valeur intrinsèque est déterminée par le poids et par le titre de la matière métallique dont elle est composée ; la valeur nominale et arbitraire est fixée par l'autorité dans chaque pays, qui en détermine le *titre*, c'est-à-dire, la quantité d'or ou d'argent fin allié à un autre métal ; elle y est monnaie *légale*. Mais, dès qu'une pièce de monnaie est transportée hors du pays dont elle est monnaie légale, elle perd sa valeur nominale, et ne conservant que sa valeur intrinsèque, n'est plus considérée que comme simple métal.

Ainsi deux pièces de monnaies, ayant le même

titre et le même poids, quoique frappées au coin de deux états différens, seraient intrinséquement de la même valeur. Si elle étaient au même *titre*, mais de poids inégaux, la différence de leur valeur serait uniquement en raison du poids. Si, au contraire, le poids étant égal, le titre n'était pas le même, la différence serait en raison du titre, c'est-à-dire en raison de la quantité d'or et d'argent pur qu'elles contiendraient sous un poids égal. Et s'il y avait tout-à-la-fois inégalité de poids et de titre, la différence de la valeur intrinsèque de ces deux pièces serait en raison composée de leur poids et de leur titre.

Outre la valeur intrinsèque d'une monnaie ou d'un métal qu'on veut échanger contre un autre, il faut encore considérer son abondance ou sa rareté pour en fixer le prix; d'autres fois ce prix est augmenté par le besoin que plusieurs personnes peuvent en avoir au même moment; de là la spéculation pour le change *local* dont nous avons parlé n.° 437.

Mais lorsqu'il s'agit de négociations de place sur place, quoiqu'au fond le change soit le même quant à sa nature et à ses effets, cependant, pour juger de son état entre deux villes soumises à des souverainetés différentes, la différence des monnaies exige une opération préalable qui consiste à les réduire chacune à une valeur commune, dans la fixation de laquelle on fait abstraction de celle que leur attribue le gouvernement qui les a fabriquées.

Par là on voit la différence comme l'analogie des

deux changes. Le change entre deux villes soumises au même gouvernement ne se base que sur la considération du plus ou moins de frais et de risques dans les transports, et de la plus ou moins grande étendue des besoins d'argent d'une ville à l'égard de l'autre. Et le change entre deux villes soumises à des gouvernemens différens, se base, indépendamment et en outre de ces considérations qui existent toujours, sur la comparaison de la valeur intrinsèque des monnaies, abstraction faite de leur valeur nominale que les sujets du même gouvernement sont seuls obligés de respecter, dans leurs pays.

§. II.

De la Banque (1).

SOMMAIRE.

442. Élémens de la banque.
443. Manœuvre de fonds. — Variétés.
444. Banques publiques,
445. Départementale, — légalité d'approbation.
446. D'où vient le mot Banque, *mont*.
447. Les papiers de banque ne sont pas forcés en paiement.

442. Le calcul du change, de ses difficultés à cause de la valeur de monnaie, de l'éloignement ou de l'abondance des valeurs ou effets à négocier, forment la principale matière du commerce du banquier. On peut donc dire que le banquier est proprement le négociant qui se charge envers les autres particuliers, commerçans ou non, du soin

(1) V. n.° 284 les ordonnances qui défendaient aux étrangers de faire la banque.

de faire trouver à leur disposition des sommes d'argent ou des valeurs dans tel lieu où ils en ont besoin, ou d'en retirer celles qu'ils ont à y recouvrer.

La marche des changes est donc pour eux un sujet d'étude journalière ; et ce n'est pas seulement à l'occasion d'un paiement ou d'un recouvrement particulier dont on les charge, c'est pour en faire la matière de leurs spéculations spontanées ; en raison de la disette ou de l'abondance des moyens de négociation. Celui qui prévoit et juge le mieux sans se méprendre, s'exagérer ni s'opiniâtrer ; qui sait agir immédiatement en sens contraire, si quelque circonstance contredit ses premiers calculs ; celui qui opère avec assez d'activité pour devancer les autres dans une voie où le vulgaire poussé par l'exemple arrive trop tard et à contre-temps, celui-là est banquier par excellence ; et certes il lui faut plus que de la routine. Il y a de quoi employer dans cette profession autant de sagacité que dans les études les plus savantes ou dans des professions plus distinguées, quoique le hasard des circonstances y ait donné quelquefois, et comme ailleurs, de grands succès à des hommes médiocres. M. Vincent développe de très-hautes vues sur le commerce de la banque.

443. Mais en dehors du change proprement dit, le banquier a une sorte de comptoir local, dans lequel il donne des fonds contre les billets et valeurs des personnes qui ne veulent pas attendre l'époque du remboursement ; où il reçoit les fonds

de celles qui veulent en retirer intérêt jusqu'au moment où leurs besoins leur manderont de puiser à la caisse du banquier, ce qui établit un compte courant.

En résumé, les opérations de banque se font 1.° par spéculation, lorsque dans l'espérance de quelque profit, on vend ou l'on achète, dans une place, des créances ou de la monnaie payables dans une autre; 2.° par commission, lorsqu'on reçoit de la monnaie ou des titres de créances, le plus souvent commerciales, dont le montant doit servir à payer les engagemens que l'auteur de cet envoi a souscrits, ou doit lui être compté, ou doit de toute autre manière être employé pour lui et à sa disposition, (arrêt de rejet en cassation du 24 mars 1825), soit, lorsqu'on s'oblige à payer, ou qu'on paie des lettres de change tirées par un correspondant qui n'en a pas, d'avance, fourni la valeur, et à qui, en termes de commerce, on ouvre un *crédit*.

Ce crédit, quoiqu'ouvert par un acte notarié qui contient affectation hypothécaire, pour sûreté des sommes à fournir pour complément du crédit, n'est pas moins acte de commerce donnant lieu à la juridiction consulaire, puisque la loi n'a vu que l'*opération* en elle-même, art. 632, sans s'occuper de la forme extérieure de l'acte qui en prouve l'existence; nous en avons parlé, livre premier, §. 8, exceptions et moyens du fond, n.os 90, 93, 160.

444. Jusqu'ici, il ne s'agit que de banques individuelles ou privées : mais elles prennent le nom de *banques publiques*, quoiqu'administrées par et pour

le compte de particuliers, lorsque les formes et conditions sont sujettes à l'approbation du gouvernement, à cause de l'influence que leurs opérations peuvent avoir sur le crédit public et sur les grands intérêts du commerce intérieur ou extérieur des états, à cause des emprunts publics. Les caisses d'escompte qui existaient avant 1790, les sociétés financières anonymes, la fondation de la banque de France, fondée par actions, appartiennent aux banques publiques.

445. A l'imitation des services que le grand et petit commerce retirent de l'existence de la banque de France à Paris, les commerçans dans les villes du premier ordre commercial, ont senti le besoin de créer des banques départementales; il en a été créé en 1818 et 1819 à Nantes, Rouen et Bordeaux. La banque de France provoque même des succursales.

Les ordonnances d'approbation fixent le capital de fondation, le nombre et la forme de billets à émettre, même le taux de l'intérêt des fonds qui y seraient portés. Smith répond à ceux qui demandent si l'on peut empêcher le public de recevoir des billets pour telle somme et pour telle coupure qu'il lui plaît d'accepter, que la loi peut faire de telles défenses pour la sécurité de la circulation, du même droit qu'elle règle l'usage d'un mur mitoyen entre voisins dans l'intérêt de la sûreté publique. Le gouvernement a l'autorité et le droit d'intervenir toutes les fois qu'il se répand des valeurs dans la circulation publique, pour y faire office de monnaie : car les valeurs n'étant que des signes de convention dont le public peut se dégoûter, et des promesses qui peuvent n'être pas tenues, la perte de la confiance, la suspension des échanges à bureau ouvert, la faillite de l'établissement causeraient une confusion épouvantable, capable d'ébranler les fortunes et de troubler l'état : le grand nombre de pertes particulières qui en résulteraient serait une calamité générale, et un péril public auquel l'autorité tutélaire ne doit laisser exposés ni les citoyens, ni elle-même.

446. M. Vincent, dans son exposition raisonnée de la législation de banques, nous apprend que les premières institutions viennent de l'Italie, ainsi que le mot *banque*. Ce mot, dit-il, y est encore employé dans ce sens; il dérive du *banc*, ou comptoir sur lequel on paie et l'on reçoit, exactement comme chez les Romains la *table* sur laquelle on comptait l'argent fournissait aux receveurs et banquiers le nom de *tabularii*. La cessation des payemens est marquée par l'abandon du banc (au figuré la rupture) ou la banqueroute.

Le même auteur nous apprend que ceux qui avaient prêté à l'état dans de pressantes nécessités formaient des associations ou grandes banques, et qu'on les appelait aussi, et qu'on les appelle encore des *monts* pour signifier des masses, des aggrégations d'intérêts. L'expression de *Mont-de-Piété* n'a pas d'autre origine. Aussi ces établissemens destinés au prêt sur gage ne sont admis, ainsi que leurs statuts, qu'avec l'approbation du gouvernement.

Au surplus, l'approbation est dans l'intérêt du public ; l'absence des formalités requises pour la publicité art. 42 et 46 du C. de commerce, n'empêcherait pas que les opérations de ce genre d'établissement, ne constituassent acte de commerce et véritable opération de banque publique.

447. Disons en passant qu'un avis du conseil d'état du 12 frimaire an 14 a décidé que le porteur d'une lettre de change doit être payé en numéraire, et non en billets de banque, par la raison que les billets de la banque, qui a été établie pour la commodité du commerce, ne sont que de simple confiance.

Quel serait le genre de preuve à admettre pour la libération d'un banquier au regard d'un individu, non commerçant, qui lui aurait donné des traites à encaisser ? Un arrêt de Toulouse avait admis les livres du banquier, et le pourvoi contre cet arrêt a été rejeté le 21 juin 1827, par le motif que la violation des art. 1341 et 1353 invoquée par les demandeurs en cassation, ne peut être admise qu'autant que l'objet de la contestation serait seulement civil et non susceptible de l'application des règles spéciales pour les actes de commerce ou réputés tels ; que l'objet réel de la contestation était le paiement d'une traite de Montpellier négociée à Toulouse par la veuve Tiffe, ce qui rentrait dans les art. 631 et 632 C. com. ; que cette détermination de la nature de la contestation avait d'ailleurs *été reconnue par un arrêt de cour de Toulouse qui n'a pas été attaqué et rendu du con-*

sentement des parties. Sirey 27, fait remarquer avec raison cette dernière circonstance. Il y avait chose jugée. Sans quoi la veuve Tiffe qui avait un billet de garantie de la traite qu'elle avait remise pour encaisser, avait une action ordinaire. Elle n'était pas assignée comme défenderesse, comme créeuse ou endosseuse de traite. V. 460 et suiv.

447 *bis.* On voit par là comment l'achat réitéré d'effets publics est considéré comme opération de banque, par les tribunaux, ou achat de marchandises pour revendre. Id. Carré.

§. III.

Des Agens de Change.

SOMMAIRE.

448. Agent de change, courtier en sa partie.
449. Concurrence avec les courtiers.
450. On n'est pas toujours forcé de s'en servir.
451. Responsabilité de l'agent.
452. *Quid* s'il agit pour un incapable?
453. Faute ou connivence.
454. Quoiqu'ils ne puissent faire le commerce, leurs actes sont valables.
455. Les tiers cessionnaires d'effets de commerce ne connaissent que l'agent. — S'ils sont de bonne foi.
456. Moyen de concilier l'art. 85 C. C. qui lui défend de se rendre garant, avec l'arrêté de l'an 10 qui le rend responsable.
457. *A fortiori*, les tiers ne connaissent que l'agent dans la cession d'effets publics.
458. Cautionnement pour leur gestion. — Pour leurs affaires privées.
459. De quelle prescription jouit l'agent.

448. Relativement à ce qui peut entrer dans les

opérations de change et banque, le commerce a besoin d'intermédiaires, les uns pour se procurer des espèces, valeurs ou lettres de change, les autres pour en faire le placement et l'emploi ; ce ce que nous avons dit au § 10 sur le courtage s'applique aux agens de change, qui sont courtiers en leur partie. Il y a cependant des modifications.

449. Suivant l'article 76 du C. de commerce, les agens de change constitués de la manière prescrite par la loi, ont seuls le droit de faire les négociations des effets publics et autres susceptibles d'être cotés ; de faire pour le compte d'autrui les négociations des lettres de change ou billets et de tous papiers commerçables et d'en contaster le cours, surtout en cas de rechange après protêt, par un compte-de-retour, art. 178 et suivans du C. de commerce ; de plus, les agens de change peuvent faire, *concurremment* avec les courtiers de marchandises, les négociations et le courtage des ventes ou achats de matières métalliques. Ils ont seuls le droit d'en constater le cours.

450. L'article 76 ci-dessus, en donnant aux agens de change le droit de faire *seuls* les négociations d'effets, lettres et billets, a sans doute voulu exclure par là les autres courtiers dont la mission s'applique à d'autres objets spéciaux. Mais leur ministère n'est pas essentiellement forcé : c'est un intermédiaire pour l'avantage des commerçans et dont ils peuvent se passer, en faisant leurs négociations eux-mêmes. Toutefois, il y a des matières

pour lesquelles l'entremise d'un agent de change est exigée par des réglemens spéciaux pour assurer l'identité des parties. Ainsi, d'après l'art. 15 de l'arrêté du 27 prairial an 10 (16 juin 1802), cette entremise est nécessaire lorsqu'il s'agit de négocier les effets publics, parce que le transfert d'inscription sur le grand-livre doit être fait au trésor en présence d'un agent de change qui certifie l'identité du propriétaire, la vérité de sa signature et des pièces produites.

Mais l'art. 9 de l'arrêté de l'an 10 indiqué par M. Pardessus comme énonçant que les propriétaires d'effets ou actions des compagnies de banque et autres semblables, ne peuvent les négocier sans l'assistance d'un agent de change, ne justifie pas cette assertion. Dès-lors chacun doit faire librement ses négociations. Ces atteintes à la liberté doivent être restreintes aux termes rigoureux de la loi prohibitive.

451. Quoique notre but soit la compétence des tribunaux consulaires sur les actes des agens de change, nous devons signaler quelques points de leur responsabilité, encore qu'en général il leur soit défendu de faire le commerce et de s'engager pour autrui. Ainsi dans les négociations de papiers, l'agent de change qui s'entremet est responsable de la vérité de la signature du dernier endosseur, dont l'agent de change a été chargé directement ou indirectement de placer l'effet : tel est le vœu de l'art. 14 de l'arrêté du 27 prairial an X, concernant les bourses de commerce.

452. Mais qu'en serait-il, si l'agent de change faisait des négociations et notamment de rentes pour un incapable, notamment pour et au nom d'un homme pourvu d'un Conseil judiciaire ; cet agent serait-il responsable ? Debussy fils avait acquis par le décès de son père deux rentes sur l'état, mais il était pourvu d'un Conseil judiciaire. Le notaire lui délivra un certificat attestant son droit de propriété, sans parler du Conseil judiciaire. Au moyen de ce certificat, Debussy céda les deux rentes à un tiers par l'intermédiaire d'un agent de change. Plus tard Debussy, assisté de son Conseil judiciaire, s'adressa à la fois au notaire, à l'agent de change et au trésor, comme étant tous trois et chacun en particulier, tenus de lui fournir une rente égale à celles qu'il avait vendues. La cour de Paris accueillit la demande contre l'agent, et la rejeta au regard de l'état et du notaire. Il y eut deux pourvois en cassation, l'un par Debussy et l'autre par l'agent de change; et par arrêt du 8 août 1827, Sirey, 27, le pourvoi a été rejeté au regard de l'état, la négociation et l'inscription ayant été faites suivant les lois des 28 floréal an 7 sur les rentes, et l'arrêté du 27 prairial an 10, art. 15 et 16, les agens du trésor n'ayant vu aucune pièce qui indiquât l'existence d'un Conseil judiciaire; mais quant à l'agent de change l'arrêt fut cassé par suite des articles 15 et 16, parce que la responsabilité des agens de change, ainsi que celle de tous les fonctionnaires et officiers publics, est limitée aux cas et aux seuls cas spécifiés dans les lois qui déterminent la nature et l'étendue

de leurs obligations envers le Gouvernement et le public ; que les agens de change doivent certifier l'*identité* des propriétaires de la rente, la vérité de ses signatures et des pièces produites ; mais que ni cet arrêté, ni aucune loi, ni aucun réglement ne les obligent d'attester la *capacité civile* de leurs cliens, et ne les rendent responsables des erreurs qu'ils pourraient commettre à ce sujet.

453. On conçoit cependant que s'il y avait eu faute grave ou connivence de la part de l'agent de change, il serait responsable de son fait préjudiciable, suivant un arrêt de la cour de cassation du 3 brumaire an XI. C'est le cas de l'art. 1382 du C. civil.

454. Quoique les agens de change ne doivent pas faire d'opérations pour leur compte personnel, ils n'en sont pas moins liés, ainsi que les courtiers, quand ils se sont permis une contravention ; cette prohibition de la loi n'est pas même d'ordre public, en ce sens que si les agens de change ont fait une négociation pour eux en acquérant un billet par endossement, le créeur ne peut leur opposer de moyens de nullité. La cour de cassation a reconnu le 15 mars 1810 que si des peines sont prononcées contre ces agens et les courtiers qui font pour leur compte des opérations de commerce, aucune loi ne prononce la nullité de ces opérations, et ne soustrait les individus qu'elles ont rendus débiteurs des agens de change à l'obligation de remplir leurs engagemens.

455. Ceux-là même qui ont chargé l'agent de change d'une négociation d'effet de commerce,

ne peuvent recourir contre les tiers qui lui ont versé le prix de la négociation, quoique l'agent de change n'eût pas légalement le droit de recevoir ni payer pour son commettant, suivant l'art. 86 du code de commerce. En d'autres termes, les opérations des agens de change en contravention à la disposition législative que leur défend de *recevoir* pour leurs commettans, ne sont pas *nulles* et inefficaces relativement aux *tiers* qui, notamment, auraient versé des fonds entre leurs mains pour prix de la négociation d'un effet fait à leur profit par l'agent de change; ces opérations peuvent seulement soumettre l'agent de change à une responsabilité plus ou moins étendue envers les commettans. En un tel cas la négociation et le paiement du prix de la négociation doivent également avoir effet pour le tiers qui a agi de bonne foi. Arrêt de rejet du 18 décembre 1828, affaire *Adam*.

456. L'art. 85 du Code de commerce dispose que, « l'agent de change ne peut recevoir, ni payer pour » le compte de ses commettans, il ne peut se rendre *garant* de l'exécution des marchés dans lesquels il s'entremet. »

D'un autre côté, suivant l'art. 13 de l'arrêté du 27 prairial an X, « chaque agent de change devant » avoir reçu de ses cliens les effets qu'il vend, » ou les sommes nécessaires pour payer ceux qu'il » achète, est responsable de la livraison et du » paiement de ce qu'il aura vendu et acheté. »

Comment concilier ces deux dispositions? L'auteur de l'exposition raisonnée de la législation commerciale, pense que cette disposition de l'arrêté constitue une exception directe à l'article du Code qui défend aux courtiers et agens de change de *garantir* les marchés et de payer et recevoir pour les parties. Remarquons bien, ajoute l'auteur, que le Code est postérieur, que l'exception survit ainsi, l'on ne saurait dire comment, à la règle générale qui ne la répétée, ni confirmée ; à moins qu'il ne faille sous-entendre après l'article 90 du Code qui annonce qu'on fera des réglemens sur la négociation des effets publics, qu'il ne faille sous-entendre, que si l'on ne fait pas ces réglemens, on conservera les anciens, malgré la loi qui leur est contraire.

Malgré la science de M. E. Vincens, qu'il nous soit permis de dire que ce mode d'interprétation n'est guère juridique. Il faut sans doute maintenir l'effet de l'arrêté de l'an 10, toujours subsistant en ce point, mais par un autre motif plus simple, suivant nous. Pour que son ministère offre toute garantie au public, l'art. 85 défend à l'agent de change de s'immiscer personnellement dans les actes de commerce pour son compte, de payer de ses deniers pour le compte de ses commettans, de *consentir* la garantie de leurs marchés ; et la peine de la contravention est la destitution, l'amende et les peines de banqueroute, le cas échéant, même encore que personne n'ait éprouvé préjudice de cette contravention.

Tandis que, dans la pensée de l'arrêté de l'an 10, (qui défendait aussi à l'agent de change de faire le commerce), la garantie lui est légalement imposée pour les opérations mentionnées en l'art. 13, comme condition de sa charge, ne devant pas avancer volontairement de ses deniers, ni faire d'affaires pour son compte, il ne peut agir qu'avec les effets ou les sommes de ses commettans, sous peine de responsabilité envers les *tiers* : c'est encore un moyen pour l'agent de ne pas faire d'avances personnelles, mais de se faire remettre les effets ou les sommes de ses commettans. Dès-lors, les deux textes se concilient naturellement.

457. Au surplus, c'est par suite de cette garantie légale au regard des tiers, et encore parce que l'art. 19 de l'arrêté prescrit aux agens de change de garder le secret le plus inviolable aux personnes qui les auront chargés de négociations, (à moins que les parties ne consentent à être nommées, ou que la nature de l'opération ne l'exige), que l'action, afin de paiement de négociation d'effets publics, ne peut avoir lieu que contre l'agent de change, et non pas contre l'*acheteur* qui reste étranger au titulaire, au nom de qui la vente a été faite, l'agent de change étant seul, par fiction, le maître des effets négociés. Cette doctrine ayant besoin d'être bien établie, et l'étant par un arrêt de la cour de cassation du 19 août 1823 (S. 24), qui a cassé un arrêt de la cour de Paris, nous en transcrivons les motifs.

« Considérant qu'il résulte des arrêts du conseil et des lois intervenues sur la matière (1), que dans

(1) Art. 30 et 36 de l'arrêt du conseil du 24 septembre

les négociations d'effets publics à la bourse, les agens de change sont, par leurs fonctions mêmes, les intermédiaires *nécessaires* des parties intéressées ; que le vendeur et l'acheteur ne traitent pas personnellement, et que, le plus souvent, ils ne se connaissent même pas ; que le contrat ne se forme que par et entre les agens de change respectifs qui stipulent en leur nom personnel pour le compte de leurs commettans, et agissent non comme mandataires des parties, mais comme de véritables commissionnaires dans le sens de l'art. 91 du C. de commerce ; que l'art. 36 de l'arrêt du conseil du 24 septembre 1724 et l'arrêté du 27 prairial an 10, font même un devoir aux agens de change de garder le secret le plus inviolable aux parties qui les ont chargés de négociations ; que delà, il résulte que le vendeur et l'acheteur n'ayant aucune espèce de relation entre eux, ne peuvent avoir d'action *directe* l'un contre l'autre, mais seulement contre les agens de change qui, seuls, ont consommé le marché. »

458. Les agens de change donnent un cautionnement pour répondre de la fidélité de leurs fonctions dans les actes de leur ministère : responsabilité qui a lieu soit qu'il s'agisse d'effets de France, soit qu'il s'agisse d'effets publics cotés à

1724. Art. 13 et 19 de l'arrêté des consuls du 27 prairial an 10 ; art. 6 et 168 de la loi du 24 août 1793 et art. 2 et 5 de la loi du 28 floréal an 7 sur la dette publique.

la bourse. Mais cette garantie de cautionnement cesse lorsque des fonds ou valeurs leur ont été confiés en leur nom privé, par suite de relations personnelles. On a eu plutôt affaire à l'*homme* qu'à l'*agent* de change.

Les questions de privilége sur les deniers du cautionnement ne sont guère agitées devant les tribunaux de commerce, lorsque les agens de change n'ont pas fait le commerce pour leur compte. Mais lorsqu'ils se sont mis dans le cas d'être déclarés banqueroutiers, se trouvant en état de *faillite*, art. 89 du C. de commerce, ces tribunaux en connaissent, comme dans les cas de faillite de la part de tout commerçant. Le privilége n'a lieu que sur le fonds du cautionnement, et non sur la valeur de leur charge.

459. L'art. 108 du C. de commerce admet la prescription de six mois pour les expéditions faites à l'intérieur, en faveur des commissionnaires et voituriers, la même prescription ne devrait-elle pas avoir lieu en faveur des agens de change qui sont jusqu'à certain point des commissionnaires ? nous ne le pensons pas ; ils n'ont droit qu'à la prescription de cinq ans, non pas à cause de l'art. 189 du C. de commerce qui admet celle de ce délai pour toutes actions relatives aux lettres de change, puisque les agens de change peuvent faire des opérations autres que celles sur lettres de change, telles que sur les effets publics et autres valeurs, mais parce qu'il y a sur ce transfert d'inscriptions sur le grand livre de la dette publique, *la loi* spéciale

du 27 prairial an 10 sur les bourses de commerce qui admet par son article 16, la prescription de *cinq ans* à partir du jour du *transfert*.

De plus, quand l'agent de change n'est inquiété que par suite d'une action secondaire en recours, les cinq ans courent de même du jour de l'opération encore qu'une action principale ait été intentée contre le demandeur en garantie, après le délai de 5 ans. Ainsi, la prescription de cinq ans, établie au profit des agens de change, à raison de la garantie par eux due de la validité des transferts de rentes opérés par leur ministère, est opposable à l'action récursoire, intentée contre eux par le trésor, bien que celui-ci n'ait été lui-même actionné par un créancier qu'après l'expiration des cinq ans. Le trésor ne peut pas dire que, suivant l'art. 2257 du C. civil, il a été dans l'impossibilité d'agir, ce qui devrait faire suspendre la prescription, l'arrêté de l'an 10 étant spécialement applicable, et faisant courir la prescription, à compter de la déclaration de transfert. Cour de Paris du 25 janvier 1833; argument d'un arrêt de la cour de cassation du 6 décembre 1830, par application de l'art. 108 du C. de commerce.

§. IV.

DES LETTRES ET BILLETS DE CHANGE ET REMISE DE PLACE EN PLACE, OU BILLETS A DOMICILE.

1.° *Des Lettres de Change.*

SOMMAIRE.

460. Lettre de change, acte de commerce entre toutes personnes.

460. On a vu au commencement de la 3.e catégorie l'origine et les avantages de la lettre de change qui est un élément naturel des opérations de change. Et telle est sa fréquence et son utilité dans le commerce, que cette lettre n'est pas seulement acte de commerce, de la part de ceux qui se livrent aux spéculations du change, mais la loi déclare formellement réputer comme acte de commerce, *entre toutes personnes*, les lettres de change ou remises d'argent, faites de places en places, sans qu'il y ait nécessité d'examiner si elles ont été faites ou endossées pour des besoins personnels et de famille, ou pour le trafic et en vue de profit. A la différence des billets à ordre, art. 636, Code de commerce.

461. Remarquons que les expressions générales de la loi qui considère les lettres de change comme acte de commerce entre toutes personnes, ne restraingnent pas cette présomption légale à la seule *création* des lettres de change. D'où il suit que toute réclamation qui sera fondée sur la lettre de change, sera commerciale, soit qu'il s'agisse de création, d'acceptation faite sur la lettre, d'aval ou d'endossement. Dans tous cas, le *signataire* a accepté et suivi les avantages de la rapidité commerciale (1).

(1) V. sur le genre de preuve, n.° 447.

Nous disons le *signataire*, parce que nous avons déjà dit, en parlant des incidens de garantie, que la partie contre laquelle la lettre a été tirée, si elle ne l'a pas acceptée, ne peut être appelée hors de son domicile, sur l'action principale contre le créeur. A plus forte raison, ce non acceptant qui est, par conséquent, resté étranger à la lettre de change, ne peut être réputé avoir fait acte de commerce : il n'a rien fait. Peu importe qu'il soit commerçant, même débiteur. Jousse, Carré, Delvincourt.

462. Puisqu'il s'agit d'appeler devant les tribunaux de commerce, comme ayant fait acte de commerce par la lettre de change, des individus qui ne sont réellement pas commerçans, la loi a dû indiquer les caractères constituans de la lettre de change, de peur qu'on n'abusât de la forme, soit pour distraire les citoyens de leurs juges naturels, soit pour leur imposer la contrainte par corps. On ne doit pas aisément se créer des juges d'*exception*, *ni surcharger de travail des juges spéciaux*.

463. Et d'abord la lettre de change n'est pas *de plano* réputée *acte de commerce* au regard des femmes et des mineurs, à moins qu'ils ne soient commerçans art. 113 du C. de commerce. « La » signature des femmes et des filles non négo» ciantes ou marchandes publiques sur les lettres » de change ne vaut à leur égard que comme » simple promesse ».

Art. 114 : « les lettres de change souscrites par des mineurs non négocians (ou marchands) sont nulles à leur égard, sauf les droits respectifs des parties conformément à l'art. 1312 du C. civil. » (C'est quand le mineur a réellement profité.)

L'art. 2 de la loi du 17 avril 1832 protège également contre la contrainte par corps les femmes et filles et mineurs, non *commerçans*, même *en matière de commerce*, c'est-à-dire encore qu'ils se soient engagés ou soient tenus par suite d'un acte réputé commercial, dès que ces femmes, filles et mineurs ne font pas leur profession habituelle du commerce.

464. Les conditions ordinaires dans la lettre de change sont tracées dans l'art. 110 du Code de commerce.

« La lettre de change est tirée d'un *lieu* sur un *autre*.

» Elle est datée.

» Elle énonce la somme à payer, le nom de » celui qui doit payer l'époque et le *lieu* où le » paiemement doit s'effectuer.

» La valeur fournie, en espèces, en mar- » chandises, en compte, ou de toute autre ma- » nière ».

» Elle est à l'ordre d'un tiers ou du tireur lui- » même ».

C'est pour qu'on ne puisse, à volonté, et par simulation changer l'ordre des juridictions, ni se soumettre à la contrainte par corps indirectement et hors des termes de la loi (1) que la sanction de

(1) Voyez l'art. 2063 du C. civil.

l'art. 110 du C. de commerce se trouve dans l'article 112 ainsi conçu :

« Sont réputées simples promesses (obligations « purement civiles) toutes lettres de change con» tenant supposition, soit de nom, soit de qua» lité, soit de domicile, soit des lieux d'où » elles sont tirées, ou dans lesquels elles sont » payables ».

Par suite le défendeur peut décliner la juridiction commerciale s'il le demande.

« Lorsque les lettres de change ne seront réputées que simples promesses aux termes de l'art. 112, ou lorsque les billets à ordre ne porteront que des signatures d'individus non négocians, *et* n'auront pas pour cause des opérations de commerce, trafic, change, banque ou courtage, le tribunal de commerce sera tenu de renvoyer au tribunal civil, s'il en est requis par le défendeur. » Art. 636 du C. de com.

465. Mais lors même que ce renvoi ne serait pas demandé, par le défendeur, le Tribunal de commerce restant saisi de la contestation, pourrait-il prononcer la contrainte par corps? Il ne le pourrait pas, si la dette n'est pas originairement commerciale, ou si l'ayant été d'abord, elle avait été éteinte par la novation. Et quand la clause est commerciale, il faut faire une distinction : les femmes et filles non marchandes publiques, et les mineurs non marchands d'habitude ou non autorisés à faire quelqu'acte de commerce suivant l'art. 3 du Code, ne sont pas contraignables par corps. Mais tout autre

individu y est soumis, lorsque la lettre de change, même contenant une supposition prohibée, a pour cause une opération de commerce, de même que, sans employer la lettre de change, il y serait soumis, pour tout fait réputé acte de commerce (1)

466. Nous ferons remarquer ici que dans le cas où une lettre de change est jugée ne valoir que simple promesse ou engagement civil, le *demandeur* qui a saisi le Tribunal de commerce ne pourrait plus en décliner la juridiction.

---

(1) Art. 1.er de la loi du 17 avril 1832. La contrainte par corps sera prononcée, sauf les exceptions et modifications ci-après, contre toute personne condamnée pour dette commerciale, au paiement d'une somme principale de 200 fr. et au-dessus.

Art. 2. Ne sont pas soumis à la contrainte par corps, *en matière de commerce*, 1.° les femmes et les filles non réputées légalement marchandes publiques, 2.° les mineurs *non-commerçans*, ou qui ne sont pas réputés majeurs pour fait de leur commerce, 3.° les veuves et héritiers des justiciables des tribunaux de commerce assignés devant ces tribunaux en reprise d'instance, ou par action nouvelle en raison de leur qualité.

Art. 3. Les condamnations prononcées par les tribunaux de commerce contre des individus non négocians pour signatures apposées soit à des lettres de change réputées simples promesses aux termes de l'art. 112 du C. de commerce, soit à des billets à ordre, n'emportent point la contrainte par corps à moins que ces signatures et *engagemens* n'aient eu pour cause des opérations de commerce, trafic, change, banque ou courtage.

Comme aussi la juridiction ne pourrait être déclinée sous prétexte que la lettre n'est pas attaquée simplement comme simulation, mais comme devant être entièrement annullée. Rejet 28 avril 1819. S. 20. Nous avons fixé ce principe en parlant des *exceptions*

Et de plus, comme le *défendeur* est libre de demander ou non son renvoi, que le tribunal de commerce n'est devenu incompétent qu'accidentellement au moyen de la simulation de la lettre de change, et non *ratione materiæ*, le défendeur doit proposer le déclinatoire avant toute défense au fond sur le point de savoir s'il doit la somme qui lui est réclamée ; la défense au fond suppose soumission à la juridiction. Art. 169 du C. de procédure. Le tribunal ne peut donc pas renvoyer d'office, et nous n'adopterions ni l'avis de M. Dalloz, selon lequel le tribunal a toujours le droit de refuser de juger lors même qu'on n'excipe pas de son incompétence, ni l'avis de M. Carré, n.° 547, qui pense que le tribunal pourrait renvoyer d'office, si le défendeur n'y avait pas son domicile : ce n'est là qu'une incompétence facultative qui appartient aux parties seulement

467. Il n'est pas douteux qu'une femme ou un mineur, signataires d'une lettre de change par souscription, acceptation ou aval, peuvent être appelés devant le tribunal de commerce, lorsqu'ils y sont en présence d'un négociant qui y est aussi assigné : c'est le vœu de l'art. 637 du C. de com. Mais si cette femme ou ce mineur qui ont signé la

lettre (si ce n'est pas à l'occasion d'un acte de commerce), se trouvent *seuls* assignés, ou assignés avec quelqu'un non commerçant, peuvent-ils demander leur renvoi devant le tribunal civil? La question est controversée.

Pour la négative, M. Merlin, t. 16, V.° lettre de change, p. 651, donne une raison qui lui paraît *fort simple:* « c'est que, d'une part, l'art. 632 du C. de com. soumet généralement les lettres de changes, *entre toutes* personnes à la juridiction commerciale; et que, de l'autre, l'art. 113 n'ôte pas à la lettre de change souscrite par une femme ou fille, non négociante ou marchande publique, le caractère qui lui est propre, mais dit seulement que la signature de cette femme *ne vaut*, à l'égard de celle-ci, que comme simple promesse. »

L'auteur cite à l'appui les espèces de deux arrêts, l'un de Limoges du 19 mai 1813, et l'autre d'Aix du 22 février 1822, desquels il résulte que l'art. 113 n'a eu pour effet que d'affranchir les femmes de la contrainte par corps, et que l'art. 636 n'a accordé le bénéfice du renvoi qu'aux lettres de change, infectées de supposition, aux termes de l'art. 112 spécialement mentionné, ce qui exclut le cas de l'art. 113 relatif aux lettres signées de femmes ou filles non commerçantes. Depuis, un arrêt de Montpellier du 20 janvier 1835, décide dans le même sens.

Nonobstant ces raisons, deux arrêts plus récens ont admis le déclinatoire de la femme signataire, l'un de Bordeaux du 11 août 1826, et l'autre de

Limoges même du 16 février 1833. Sirey. Dalloz. Telle était aussi l'opinion de M. Delvincourt, Institutes commerciales, t. 2, p. 95. Le motif déterminant est que, dès que la lettre ne vaut que comme simple promesse, obligation civile, la juridiction commerciale ne pourrait s'ouvrir.

Nous ferons remarquer que si, suivant l'art 632, la lettre de change est réputée commerciale entre *toutes personnes*, ces expressions relevées par M. Merlin n'ont pas été employées par allusion à la différence des sexes, mais bien par allusion aux professions et aux personnes qui se livrent aux actes de commerce : ainsi, abstraction faite de la profession, la lettre de change est réputée acte commercial. Voilà la règle : mais l'exception est dans les art. 112 et 113 qui ont réduit cet acte à la valeur de *simple promesse*, c'est-à-dire, d'obligation civile. Comment le tribunal de commerce connaîtrait-il d'une obligation civile ? C'est comme si les art. 112 et 113, placés sous le titre plus étendu de la lettre de change se fussent trouvés à la suite de l'art. 632 : l'exception est frappante. Un mineur dont la lettre de change est nulle, suivant l'art. 114, n'a pas fait acte de commerce, puisqu'il n'est tenu qu'autant qu'il aura profité. Or, le profit pour lui n'est pas dans des opérations d'un commerce qui lui est défendu, mais dans ses affaires civiles qui auront profité par l'effet de l'argent emprunté par lettre de change.

C'est vainement qu'on objecterait que l'art. 632 ne mentionne spécialement que la lettre réduite à une simple promesse par suite de l'art. 112, en cas de supposition ou simulation. Car il fallait nécessairement soustraire les lettres simulées à la compétence commerciale, parce que, nonobstant la supposition, et jusqu'à ce que son existence soit constatée, ces lettres ont toujours les apparences extérieures des lettres de change ordinaires souscrites par des hommes; tandis que celles signées par des femmes avaient été d'avance réduites à l'état de *simples promesses*. Ces expressions de la loi n'ont pas eu lieu en vue de la contrainte par corps seulement, puisqu'elle ne s'y trouve pas mentionnée privativement, mais en constituant un engagement civil, la loi écartait à la fois compétence et contrainte par corps. En un mot, selon les termes de l'arrêt de Limoges de 1833, une obligation civile doit être régie par le droit commun, et ne peut, par conséquent, engendrer une action commerciale, car autrement, il y aurait contrariété entre la cause et l'effet. On pourrait ajouter que, dans le doute, il faut encore rester dans le droit commun de la compétence civile.

467 *bis*. Dès que les femmes signataires de lettres de change ne font qu'une simple promesse, s'en suit-il que pour la création ou l'acceptation l'art. 1326 du C. civil leur soit applicable, en ce sens que les femmes doivent écrire un bon en toutes lettres? La jurisprudence est loin d'être fixée. On peut voir dans le sens du *bon pour* en toutes lettres les motifs d'un arrêt de cassation du 26 mai 1823, par application de l'art. 113 du C. de commerce et

de l'art. 1326 du C. civil. Sirey, t. 24. id. Paris, 20 mars 1830, t. 31. — En sens contraire, Montpellier, 20 janvier 1835. Riom, 23 janvier 1829. Sirey, t. 32.

On sait au surplus que quant aux billets à ordre les femmes, veuves ou filles qui ne sont pas dans le cas de l'exception en raison de certaines professions déterminées par l'art. 1326, doivent approuver la somme en toutes lettres; et que les femmes qui ont épousé un marchand ou laboureur, signant ces billets avec leur mari, doivent aussi écrire le *bon pour*, et n'ont pas nécessairement la profession de leurs maris. Il n'y a plus guère de difficulté sur ce point.

468. La loi ne défend pas de signer une lettre de change par procuration. Si donc la femme, administrant comme facteur de son mari, signe dans le commerce, la lettre de change qu'elle aura signée sera valable, malgré sa qualité de femme ou fille, ou mineure; mais le seul obligé sera le mari ou marchand dont on a fait la gestion d'affaires. Pothier, change, n.° 28.

469. L'art. 112 sur la supposition de lieux ou de personnes, qui réduit la lettre de change à une simple promesse, est assez général pour qu'on soit porté à en induire que le souscripteur pourrait demander son renvoi contre le preneur, l'accepteur, et même les endosseurs ou porteur.

Sans doute ceux qui auraient eu connaissance de la simulation ou y auraient participé, ne pourraient insister pour attacher à la lettre tous les effets de compétence ou de contrainte par corps qui résultent d'une traite régulière, ils n'auront aussi qu'un acte civil ou simple promesse; ils ne peuvent pas prétendre qu'on a nui à leurs intérêts : ils ne sont pas des tiers de bonne foi.

Mais pour les tiers de bonne foi, il y aurait rigueur à leur opposer une simulation à laquelle ils sont étrangers; on a surpris leur confiance par les dehors d'une traite réunissant les conditions légales. L'ancien droit admettait cette distinction entre les porteurs de bonne foi, ignorant la simulation, et ceux qui en avaient connaissance. On peut voir le traité des lettres de change par M. Pardessus, et M. Fournel sur le C. de commerce. M. Merlin, en son répertoire, t. 16, v.° lettre et billet de change, se livre à une dissertation fort étendue en faveur des tiers de bonne foi, pour dissiper tous les doutes, et il cite à l'appui de son opinion plusieurs arrêts de la cour supérieure de Bruxelles, et un arrêt de notre cour de cassation du 18 mai 1819. (1)

On conçoit que la lettre de change, quoique contenant quelque supposition prohibée, serait encore acte de commerce, s'il y avait eu en définitive remise d'argent de place en place. V. 498 et suiv.

470. L'importance de rôle que joue la supposition dans la lettre de change, qui la dépouille de son caractère commercial (ce qui exclut dans cer-

(1) On peut ajouter un arrêt de la cour de cassation du 22 juin 1825, Sirey 26.

tains cas la compétence consulaire, la prescription de cinq ans, les comptes de retour etc.), demande que nous revenions sur ce qui constitue la *supposition*.

La supposition ou simulation sur laquelle le Code a prononcé peut être de *personne*, de *qualité*, de *domicile* ou du *lieu* d'où la lettre paraît tirée, ou dans lequel elle semble payable.

De *personne*, lorsque celui qui tire une lettre signe ou fait signer du nom d'un faux tireur, une lettre qu'il accepte ou qu'il fait accepter par un véritable tiré : lorsque un tireur véritable tire sur un individu non existant, enfin quand une lettre tirée par un individu existant sur un autre aussi existant, présente un preneur ou bénéficiaire supposé, et sous le faux nom duquel est souscrit le premier endossement qui fait entrer cette lettre en circulation. Ces altérations sont malheureusement trop fréquentes, et si la délicatesse n'en détourne pas, les peines de l'abus de confiance et même du faux, devraient en détourner.

De *qualité*, si le tireur ou prétendu accepteur s'intitulaient *négocians* ne l'étant pas ou se forgeaient une prétendue raison de commerce.

De *domicile*, si pour feindre la remise de place en place, l'accepteur faisait tirer sur lui pour payer dans un lieu dans lequel il paraîtrait étranger et qui ne serait autre que sa résidence.

De *lieux*, si dans le même but on datait d'une autre place, sans sortir de celle où l'on se trouve et qu'on indiquât le paiement ailleurs, quoique réellement on convînt de payer dans la même ville. V. Vincent.

471. On avait douté sous l'empire de l'ordonnance de 1673, si, par les mots remise de *place* en *place*, on ne devait pas entendre la remise d'une place de *commerce* sur une autre place de commerce. Cette proposition avait même été faite lors de la discussion de l'art. 110, mais repoussée sur-le-champ. En effet, dit M. Locré, ce papier n'est pas seulement à l'usage du *commerce*; il sert à tout particulier qui a besoin de transmettre ou de trouver des fonds dans un lieu; par exemple les lettres de change à vue sont très-commodes pour un voyageur. Le commerce lui-même eût été gêné par cette restriction. Il arrive en effet tous les jours qu'un marchand fournit des bois à un charpentier ou particulier qui n'habite pas une place de commerce, pas même une ville. Pourquoi ce marchand ne pourrait-il pas tirer sur cet acheteur? Les fabricans demeurent souvent dans des villages; et cependant il faut bien que ceux qui leur ont fourni des matières premières puissent tirer sur eux. Aussi les lettres de Bercy sur Paris et réciproquement sont-elles généralement réputées exemptes de supposition de lieu.

472. Quoiqu'originairement une lettre doive être tirée par le souscripteur d'un lieu pour être payée en un autre, elle ne perd pas plus tard son caractère, quand elle est acceptée pour être payée dans le lieu même du domicile du tireur. Ce changement ultérieur est une affaire entre le porteur

d'ordre et l'accepteur. On sait qu'une lettre de change peut être tirée sur un individu et payable au domicile d'un tiers, elle peut être tirée par ordre et pour le compte d'un tiers, art. 111 C. de com. (1) Ainsi un domicilié de Lyon peut tirer une lettre de change sur un lyonnais, mais payable à Paris : ainsi un domicilié de Paris peut tirer une lettre sur un domicilié de Lyon que celui-ci acceptera payable dans Paris.

472 *bis.* Quel est, pour l'appréciation de la différence des lieux, l'effet d'une lettre de change à l'ordre de *soi-même* écrite et datée du domicile du tireur, mais qui n'a été négociée par lui, qu'au moment où il était dans la ville où elle doit être payée ? on peut dire que le tireur ne contracte pas avec lui-même ; et que le contrat de change ne se réalise qu'au moment de la négociation ; et que la lettre se trouve ainsi préparée par avance pour la promptitude de la négociation. La cour de Toulouse a en effet jugé les 20 juin et 4 juillet 1835, que, dans le cas de cette lettre, elle n'est parfaite que par l'endossement. Cela pourrait-être rigoureusement vrai, en l'absence de toute loi sur ce point : mais il y a un autre principe qui nous semble devoir l'emporter. Ce n'est pas seulement le respect pour les droits des tiers, étrangers à ce qui se passe entre le créeur et le bénéficiaire, malgré que ces tiers aient pu voir par les dates la différence ou

(1) L'art. 115 sur l'obligation où est le tireur de faire en ce cas la provision a été modifiée par la loi du 19 mars 1817.

l'identité des lieux de création et de négociation en prenant la lettre valeur en *moi-même* : c'est le texte de l'art. 110 du C. de com. portant : elle est à l'ordre d'un tiers, ou à l'ordre du tireur *lui-même*. Ce peut être une fiction par laquelle le tireur vaut ainsi de tierce personne, fiction pour faciliter les opérations commerciales. Il est toujours vrai de dire que pareille lettre est tirée d'un lieu pour être payée dans un autre. Et c'est ce qu'a décidé un arrêt de rejet du 28 février 1810, par le motif que l'art. 110 considère comme lettre de change l'effet qui a été tiré d'un lieu sur un autre à l'ordre du tireur lui-même. Telle est l'avis de M. Devilleneuve qui rapporte les arrêts de Limoges. Nous avons déjà vu n.° 244, que l'attribution de domicile ne se fait pas par le *lieu* où la négociation a été faite, mais par celui où l'effet était payable. V. n.° 244.

473. Lors donc qu'une traite contient remise de place en place et est faite entre un tireur et un donneur de valeur avec indication d'un *tiré*, elle a le caractère d'une lettre de change encore que le tireur ait dit *je paierai*. L'obligation que s'impose le tireur de payer lui-même, en même temps qu'il indique un tiré comme un autre payeur, fait seulement qu'au lieu d'un payeur il y en aura deux : ce qui n'ôte pas à l'effet son caractère de lettre de change, rejet 14 mai 1828.

474. Mais quel tribunal doit juger la question de supposition qui réduira la lettre à une simple promesse ? dès que la lettre a la forme extérieure,

elle est acte de commerce soumis aux juges consuls. Lorsque le défendeur vient alléguer la supposition, c'est là une exception et défense dont les mêmes juges doivent connaître, comme nous l'avons dit en parlant des incidens. L'art. 636 du C. de commerce suppose la question résolue dans le sens consulaire, plutôt qu'il ne la résout. Mais un arrêt du 21 octobre 1825, lève tout doute à cet égard. — S. 26. Sauf ce que nous disons sur les traites de femmes.

475. Les tribunaux paraissent d'accord sur la nécessité que la lettre de change contienne l'*espèce* de la valeur fournie, pour déterminer par suite la compétence ; mais non pour annuller tout-à-fait la lettre, en ce sens que, comme acte civil, le bénéficiaire peut prouver qu'il y a eu cause suffisante. M. Vincent trouve cela trop rigoureux quand la lettre contient ces mots : *Valeur reçue* qu'il tient pour équivalent de valeur *reçue comptant*. La loi cependant nous paraît assez claire.

476. La supposition dans les élémens indiqués par la loi, modifie tellement la lettre de change que ce n'est pas seulement le tireur qui peut s'en prévaloir pour la réduire à une simple promesse, mais l'accepteur ou tout autre qui pourrait craindre la prescription qui serait de 5 ans s'il y avait réellement lettre de change : arrêt de rejet du 22 juin 1825.

Au surplus, parmi les circonstances de suppositions, l'art. 112 ne fait pas figurer la supposition de valeur, c'est-à-dire la substitution d'une valeur nommée au lieu d'un autre, dès qu'il y en a une véritable.

477. Peut-on faire une traite valeur en immeubles, qui attire les signataires devant le tribunal de commerce ? L'art. 110 n'est pas limitatif : après avoir dit qu'il faut énoncer la valeur, en espèces, marchandises, en compte, ajoute : ou *de toute autre manière*. On a déjà dit que la lettre de change était commerciale, entre *toutes* personnes, uniquement à cause de sa forme, encore qu'elle n'eût pas pour cause une opération de commerce. On doit donc l'admettre valeur en immeubles, fermages, transports etc. — Soit que le débiteur tire personnellement une lettre sur un tiers son débiteur ; soit que le créancier de ces objets, en tire une qu'il fera présenter à l'acceptation de l'acheteur, fermier ou autre débiteur.

Ils sont libres de ne pas se prêter à l'acceptation commerciale (1) ; mais s'ils acceptent, il faut dire alors qu'une dette commerciale a été subrogée à la dette civile, par la forme de la lettre de change.

478. Il serait donc difficile de trouver conforme aux principes un arrêt d'Aix du 5 novembre 1830, qui décide qu'une lettre de change souscrite pour prix de remplacement militaire, n'ayant qu'une cause purement civile ne doit être considérée que comme simple promesse, parce que ce serait un moyen indirect d'arriver à la contrainte par corps

(1) Répertoire de Merlin t. 16. p. 683 684.

dans une obligation purement civile, repoussé par l'art. 2063 du C. civil. Que l'on modifie la lettre s'il y a simulation dans les cas de l'art. 112 du C. de com., on peut le juger d'après les circonstances : mais, de droit, le prix d'un remplacement peut se payer en lettre de change, comme tout autre objet civil.

479. C'est ainsi qu'une lettre de change ayant été faite pour prix de la décharge d'un cautionnement hypothécaire qui frappait les biens du tireur, la cour de Pau a le 11 novembre 1834 rejeté le déclinatoire par le motif que l'art. 110 du C. se bornant à dire que la lettre de change est tirée d'un lieu sur un autre et rien n'établissant que le prix donné par le preneur pour la lettre de change qu'il reçoit provienne d'opération de commerce, il s'ensuit que, *quelque fût la nature et l'origine* des valeurs fournies, la lettre étant datée de Tarbes et la somme à payer devant être acquittée à Vic, le vœu de la loi était rempli, et le moyen d'incompétence doit être écarté (1).

480. Au surplus les lois qui règlent la forme des lettres de change ne sont pas les mêmes partout ; il peut donc arriver qu'une lettre de change tirée d'un pays étranger et sur la France ne réunissse pas toutes les conditions qu'exige notre Code

(1) Même décision de Colmar du 22 novembre 1815. S. 16. Une dette civile avait été remplacée par une lettre de change, il y avait donc novation.

de commerce pour qu'elle vaille comme telle, sera-ce une raison suffisante pour lui refuser devant les tribunaux français l'effet d'une lettre de change proprement dite, notamment la compétence consulaire ? On tient que le caractère de l'acte doit être fixé par les lois du lieu de la rédaction. Tel est aussi la doctrine de M. Merlin, t. 16, V.° Lettre et billet de change p. 650, où il cite dans le même sens M. Pardessus n.° 1485, et explique un passage de Pothier qui pourrait paraître contraire ; mais Pothier parlait plutôt des effets et de l'interprétation de l'acte dans le lieu du paiement, que de ses formes constituantes. V.° 495 ci-après.

481. La loi veut que la lettre de change soit *datée*, mais si on avait omis cette date, serait-elle nulle, ou retomberait-elle à l'état de simple promesse ?

On convient que le défaut de date n'entraîne pas en général la nullité des engagemens, voyez Ferrière, sur la coutume de Paris. Les jurisconsultes modernes n'en font pas difficulté. Comment donc le défaut de date dans une lettre de change, ou une date incomplète, ou une date erronée, pourrait-elle l'annuler ; car on a beau dire qu'elle vaudra comme simple reconnaissance, c'est toujours l'infirmer et l'annuler dans son caractère principal. Nous n'ignorons pas que M. Pardessus, n.° 333, et M. Merlin, t. 16, dont M. Dalloz partage l'opinion, V.° effet de commerce, regardent la date de la lettre de change comme essentielle. Qu'il nous soit permis de placer ici quelques raisons de douter, car la compétence du tribunal de commerce ne doit être évitée que quand il y a réellement nécessité de s'y soustraire. M. Merlin donne pour motif que la remise d'un lieu sur un autre est également prescrite et forme une condition essentielle, de même que le défaut de date dans un endos ne vaut que de procuration, suivant l'art. 137. La réponse est d'abord dans la nature des choses, en ce que, suivant l'art. 632, la lettre de change réputée acte commercial est la *remise* de place en place; c'est la condition vitale de ce genre de contrat; d'un autre côté, si l'art. 137 commande la *date* de l'*endossement* et autres énonciations, l'art. 138 ajoute de suite que « si l'endossement n'est pas conforme aux dispositions de l'article précédent, il n'opère pas le transport; il n'est qu'une procuration ». Ainsi, la loi a prononcé formellement. D'un autre côté, l'art. 112 énumère les cas où, par suite de suppositions mensongères, la lettre de change est réduite à simple promesse, et l'article ne rappelle pas le défaut de date; c'est une peine qui doit être restreinte à son objet; une date peut être omise innocemment, en partie même, tel que le mois, le quantième ou une unité ou dizaine de millésime. Combien de fois, dans le courant de janvier, ne date-t-on pas des actes du nom de l'année qui vient d'expirer. Les contrats d'assurances, les lettres de voitures doivent aussi être datées; et l'omission œuvre du erreur dans la date n'en change pas le caractère.

Si l'on objecte que la loi exige aussi que la lettre de change énonce la valeur fournie, ce qui, par conséquent, doit avoir lieu, à peine de voir dégénérer cette lettre en simple obligation ; on répondrait d'abord que cette valeur est autrement substancielle que la date, parce qu'elle forme la *cause* de l'engagement ; en second lieu, que, quand l'espèce de la valeur fournie n'est pas mentionnée dans un endos, le porteur est admis à prouver comment il l'a fournie, même quand l'endossement est daté postérieurement à l'échéance, quoique M. Pardessus ne partage pas cet avis, comme on le verra, n.° 487 et suiv.

M. Pardessus, Cours de Droit, n.° 333 donne d'excellentes raisons pour expliquer l'utilité et la destination de la date ; c'est d'une part pour que le tireur ne puisse dissimuler l'incapacité dont il serait frappé, et ne puisse nuire à son créancier s'il était sur le point de faillir : c'est d'autre part pour fournir un moyen de contrôle, la date indiquant le lieu d'où la lettre de change a été tirée, en cas de supposition de lieu. Toutefois l'auteur convient que l'acception commune du mot *date* est de désigner le temps et non le lieu, parce que dans la règle et l'usage une lettre de change est présumée souscrite au domicile du tireur, suivant un arrêt de rejet qu'il cite du 28 février 1810. Tout ce qu'on peut conclure delà, c'est qu'il est prudent de mettre la date, et que la date peut servir de terme de comparaison quand la lettre est attaquée pour supposition de lieu ; d'où il suit que le défaut de date ou de date complettement régulière peut offrir un motif d'argumentation pour faire présumer la simulation ;

mais ce défaut seul, s'il n'est accompagné d'autre circonstance, ne nous paraît pas devoir débiliter la lettre de change, et les effets qui y sont attachés. Un arrêt de la cour de Nismes du 5 juillet 1819 offre argument dans ce sens. Il est rapporté par MM. Merlin et Dalloz. V. ci-après 495.

481 *bis*. Sur l'efficacité de la date, M. Pardessus n.° 333 ajoute ; d'un autre côté la vérité de cette date ne peut être détruite que par la preuve de sa fausseté, laquelle preuve doit être faite par celui qui la conteste, car une antidate dans une lettre de change est au moins une fraude, et la fraude ne se présume pas ; puis il cite un arrêt de rejet du 28 juin 1825. Ceci a besoin de distinction. En règle générale, la fraude ne se présumant pas, la date est réputée pour vraie, jusqu'à preuve contraire de la part de celui qui l'attaque. Tout ce qui résulte de l'arrêt ci-dessus, qui ne s'occupe pas essentiellement de l'efficacité de la date, c'est que les tiers même dans le cas de faillite ne peuvent prétendre que cette date leur est étrangère, à moins qu'elle n'ait passé par l'enregistrement dans le sens de l'art. 1328 du C. civil, dont les dispositions peuvent être modifiées et écartées selon les circonstances, suivant que l'équité et l'intérêt du commerce l'exigent.

482. Mais au regard d'un homme dont l'incapacité est judiciairement constatée, tel qu'un interdit ou un pourvu d'un conseil judiciaire, la date n'a pas pour elle la présomption de la vérité dans la lettre de change ; l'antidate serait facile, et l'on éluderait ainsi le jugement sur la capacité. L'on appli-

que alors l'art. 1328 pour les signes caractéristiques de la date certaine. Un arrêt de rejet du 9 juillet 1816 (1) en offre un exemple dans le cas d'un billet à ordre souscrit par un pourvu de conseil judiciaire. On peut ajouter, en matière de lettre de change, tirée ou acceptée par un incapable, le porteur devait prouver que la date était sincère avant le jugement d'incapacité : arrêt d'Amiens du 29 décembre 1831, ch. civ. affaire Parsy C. Levert, dans laquelle nous plaidions.

Depuis, un arrêt de cassation du 4 février 1835, a déclaré que la date devait être corroborée par les circonstances. Il est rapporté dans les annales du droit commercial, 3.e livraison. Une lettre de change tirée de Versaille par un sieur Demontant au profit du sieur Arlequier-Caze datée du 13 janvier 1825 fut acceptée par le sieur Auguste Devesvre et passée ensuite à l'ordre du sieur Valicon. Cette lettre était payable en février 1830. A cette époque Auguste Devesvre était décédé; ses héritiers ont opposé qu'il avait été pourvu d'un conseil judiciaire, et que la lettre de change n'ayant pas date certaine était censée faite pendant l'incapacité de son auteur. Un arrêt de Paris du 21 avril 1831 condamna les héritiers Devesvre à payer la lettre de change par les motifs suivans, dont le laconisme a causé la cassation de l'arrêt : « attendu que la lettre de change porte une » date antérieure à la nomination du conseil judi-

(1) S. 17. p. 180.

» ciaire. Attendu que le porteur de ce titre est de » bonne foi. »

Sur le pourvoi en cassation, arrêt : vu l'art. 502 du C. civil ; « attendu que tout acte passé postérieurement à la dation d'un conseil judiciaire est nul ; — attendu que, pour statuer sur la validité d'un acte souscrit par un individu à qui un conseil judiciaire a été donné, il faut décider si cet acte a été fait avant la dation du conseil ; — attendu que si la date d'une lettre de change est réputée certaine, il ne peut pas en être ainsi, lorsque celui qui l'a signée a été pourvu d'un conseil judiciaire ; que la question n'est pas de savoir dans ce cas si la lettre de change porte une date antérieure à la dation du conseil, mais si elle a été *réellement* souscrite avant cette nomination ; — qu'il suit de là que l'arrêt attaqué en se bornant à dire que la lettre de change portait une date antérieure, alors qu'il aurait dû démontrer par les *circonstances* dans lesquels la lettre de change avait été faite que réellement cette date était antérieure, a violé l'article ci-dessus visé. »

483. La date de la lettre de change nous conduit à mentionner comme observation que cet acte peut être fait par devant notaire, surtout pour suppléer le défaut de signature du tireur. Aucune loi n'y apporte obstacle ; seulement il résulte d'une décision du ministre des finances du 22 novembre 1808, de deux arrêts de la cour de cassation des 28 janvier et 29 juin 1835, que l'acte notarié doit être enregistré dans les délais ordinaires, malgré que les

lettres de change en général sous seing-privé ne sont soumises à l'enregistrement qu'avec le protêt.

484. Par suite, nous ne saurions partager la sévérité de M. Pardessus qui, comme conséquence de ses principes sur la date, s'exprime ainsi, n.° 333 : « Au surplus aucun moyen ne peut être employé » pour couvrir le vice provenant du défaut de date. » Ainsi l'*authenticité* d'un acte dans lequel la lettre » serait énoncée, ne pourrait servir à la régula- » riser en lui donnant la date certaine de cet acte.» Tous les jours on voit des actes notariés contenant emprunt ou ventes mobilières et autres dans lesquels on énonce que le débiteur pour se libérer a souscrit des billets à ordre ou lettres de change, qui ne feront qu'un avec l'acte authentique : quelquefois même le notaire énonce qu'il les a *paraphés*, afin que leur identité soit constante, et que leur acquit à l'échéance serve d'extinction de l'obligation notariée. On peut être sévère, mais n'est-ce pas pousser trop loin l'exigeance et l'incrédulité ?

Endossement.

SOMMAIRE.

485. Moyen de transférer la lettre. — On peut compléter la preuve.

486. Endossement en blanc, — Incomplet.

487. Si la valeur est irrégulièrement énoncée.

488. L'irrégularité de l'endossement n'influe pas sur la compétence.

489. On attaque la sincérité de l'endos.

485. Disons un mot de la manière de transporter le titre résultant d'une lettre de change, avant ou après l'acceptation par le débiteur qui doit avoir ou faire provision pour la payer; cette manière est l'endossement. Art. 136 du C. de commerce. « La propriété d'une lettre de change se transmet par la voie de l'endossement. L'endossement est daté. Il exprime la valeur fournie, il énonce le nom de celui à l'ordre de qui il est passé. Si l'endossement n'est pas conforme aux dispositions ci-dessus, il n'opère pas le transport; il n'est qu'une procuration. » Art. 137 et 138. Dans les commencemens, quelques arrêts ont appliqué ces articles à la rigueur textuelle. Malgré la précision de ces textes, il ne faut y voir que la manière la plus régulière et la plus ordinaire de la négociation, pour fixer les droits de l'endosseur et du porteur ou cessionnaire. Mais de même que l'observance de ces formes ne prouve pas toujours essentiellement la réalité de la négociation, de même l'inobservation de quelques-unes de ces formes n'annulle pas le contrat; il peut être complété par une autre preuve. Seulement il naît une différence dans l'obligation de prouver. Si l'endossement est imparfait, c'est le cessionnaire qui *doit* prouver

la sincérité de l'opération : Si l'endossement est parfait dans ses énonciations, c'est le cédant qui doit prouver qu'en effet il n'y a pas eu cession, transport de son droit.

486. Ainsi s'agit-il d'un endossement en blanc de billets que le possesseur voulait transmettre comme donation ou comme garantie ; en admettant cette circonstance prouvée, cet endossement avec livraison en transmet la propriété au porteur, sauf l'exception naturelle et nécessaire des cas de faillite, et d'héritier à réserve. Arrêts de rejet du 12 décembre 1815, S. 16, p. 328 ; et 11 juillet 1820, S. 21.

487. S'agit-il d'omission de la valeur *fournie*, on peut compléter la preuve. « Attendu en droit que s'il résulte de l'art. 138 du C. de commerce que l'endossement irrégulier d'un effet commercial n'opère pas le transport et n'est qu'une procuration, il est évident que la loi n'établit par là qu'une simple présomption qui n'exclut pas la preuve du contraire, lorsqu'il s'agit de régler les droits respectifs de celui qui a fait l'endossement irrégulier et de celui à qui il est fait ; qu'ainsi lorsque l'endosseur dudit effet a déclaré par un acte non suspect que son intention formelle est d'en transporter la propriété à celui à l'ordre de qui il l'a passé, l'endossement quoique irrégulier, opère ladite transmission, sauf l'exception naturelle et nécessaire des cas de faillite, d'héritiers à réserve, et des réclamations des porteurs de l'effet et autres créanciers. » Arrêt de rejet du 25 janvier 1832, aff. Depougens.

Un autre arrêt du 17 décembre 1827 déclare la

preuve testimoniale admissible pour prouver la valeur fournie d'un endossement en blanc.

488. Au surplus l'irrégularité de l'endos n'influe en rien sur la compétence quant au tireur ou accepteur; cela ne change pas le caractère de la lettre de change si elle contient les énonciations requises pour ce qui la concerne; arrêt de rejet du 21 octobre 1825.

489. Par une autre conséquence des principes ci-dessus, et malgré la foi due à l'énonciation de la date et autres élémens de l'endos d'une lettre de change, un porteur peut être reconnu non propriétaire, mais simple détenteur à titre de nantissement, si l'endosseur prouve par diverses circonstances laissées à l'arbitrage du juge, que la propriété n'a pas été réellement transmise. La preuve testimoniale ou les présomptions sont admissibles pour infirmer les conséquences de la régularité de l'endos d'une lettre de change, encore qu'il s'agisse de prouver contre le contenu aux actes écrits, et même le fait d'un dépôt ou nantissement, contrairement aux articles 1341 et 1923 du C. civil. « Attendu qu'en admettant des présomptions graves, concordantes résultant des faits et des circonstances, toutes appréciables par les juges de la cause, en *matière commerciale* où la preuve testimoniale peut être reçue, pour juger que les traites dont Tempier était porteur ne lui avaient été transmises qu'à titre de gage et de nantissement pour sûreté d'un prêt de 700 francs, l'arrêt de Paris n'a violé ni les art. 1341 et 1923 du C. civil, ni méconnu les dispositions de l'art 136 du C. de

comm. ». Arrêt de rejet du 10 juin 1835 : autre du 11 juin, *affaire Fauré.*

Nous venons de parler de l'effet de l'endos entre celui qui l'a donné et celui qui l'a reçu. Mais des tiers peuvent devenir intéressés. 1.° si le cessionnaire transmet la lettre de change à un autre porteur par un endossement régulier qui s'adresse au donneur d'endos irrégulier ; 2.° lorsque le tiers-porteur s'adressera à l'écheance à l'accepteur ou au tireur étranger à l'irrégularité de l'endos.

490. Au premier cas, l'endossement étant irrégulier, ne vaut que de *procuration*. Mais la loi n'ayant pas restreint ce mot au mandat à l'effet seulement de toucher du débiteur, on y attache aussi la vertu d'un mandat à l'effet de faire circuler le papier par *la négociation*. D'où il suit que le signataire d'un endos irrégulier doit payer au porteur ayant à son profit un endos régulier, sauf son recours contre son cessionnaire à l'effet de lui demander compte des deniers provenus de la négociation. C'est la jurisprudence constante de la cour de Cassation. Arrêt des 20 janvier 1814, 20 février 1816, 12 août 1817. S. 14. 16. 18.

Au deuxième cas, lorsque le tiers-porteur s'adresse à l'échéance à l'accepteur ou au tireur : on fait encore une distinction. Si cet accepteur ou tireur n'ont pas un intérêt personnel à contester la forme de l'endossement, en ce que le paiement qu'ils feront sera toujours valablement fait, ils doivent payer nonobstant la non régularité de l'endos ; l'intérêt n'existe que quand il leur importe d'avoir pour adversaire direct ce donneur d'endossement en blanc. Arrêt du 26 avril 1826, affaire Tissot. Un arrêt d'Amiens du 6 juin 1826. Sirey 29, suppose cette distinction. C'est encore ce qui résulte d'un arrêt de rejet du 4 mars 1828, attendu que si l'endossement en blanc n'est qu'une simple procuration qui laisse à l'endosseur la faculté de réclamer la propriété de l'effet ainsi endossé, il n'est pas moins vrai que le tireur ne peut faire valoir cette exception contre le porteur de l'effet qu'autant qu'il pourrait justifier qu'il aurait acquitté l'effet à cet endosseur, ou qu'il peut en compenser le montant avec d'autres créances sur celui-ci. Il y avait même cela de particulier que le porteur de l'effet agissait après le décès de l'endosseur en blanc, en sorte que le débiteur disait que la *procuration*, signe de ce blanc, était révoquée par le décès de l'endosseur ; mais ce débiteur restait toujours débiteur. V. le n.° 150 sur la dénégation de la signature de l'endos.

491. Mais quand les tiers ont intérêt réel à contester la transmission de propriété par un endos incomplet, alors l'art. 138 est appliqué dans toute sa rigueur. Vivien était porteur d'une lettre de change qu'il tenait de Lebreton endosseur en blanc, Friedlein accepteur contesta la régularité de l'endos, parce qu'il avait intérêt à ce que la lettre fût restée propriété de Lebreton à qui il avait compensation à opposer. Le Tribunal de commerce et la cour de Paris avaient admis la preuve que réellement Vivien avait fourni la valeur, même d'après les livres d'un courtier de commerce.

Mais la cour de Cassation en décida autrement. La précision de sa doctrine a besoin d'être connue.

« Vu les articles 136, 137 et 138 du C. de comm. attendu qu'il résulte expressément de ces articles qu'un endossement qui n'est pas revêtu des formalités qu'ils prescrivent ne vaut que comme procuration, et ne transmet pas la propriété de la lettre de change ; que la loi n'admet ni distinctions ni équivalents ni élémens étrangers au titre ; que c'est dans l'endossement même que doit se trouver la preuve de sa régularité ; que l'absence des conditions qui le constituent peut-être opposée par toutes personnes *intéressées* à s'en prévaloir ; d'où il suit que ce n'est pas seulement l'*endosseur* resté propriétaire de la lettre de change qui peut exciper de cette irrégularité, mais encore le tireur et l'accepteur à l'effet de *compenser* le montant de la traite qu'ils doivent avec ce qui leur est du par le véritable propriétaire de l'effet. Arrêt de *Cassation* du 15 juin 1831.

Il y a intérêt sensible à opposer l'irrégularité de l'endos quand le porteur ne tient son endos que du *tireur* lequel est tombé en faillite sans avoir fait la provision. Le porteur n'est alors que le mandataire de ce tireur infidèle. Arrêt de Cassation du 22 avril 1828.

492. On sait du reste que le porteur peut remplir lui-même l'endos d'abord donné en blanc, quand il en a fourni ultérieurement la valeur sérieuse. L'arrêt de rejet du 27 avril 1827 reconnait qu'il y a jurisprudence constante.

493. Mais on demande si le porteur en vertu d'endos régulier peut s'adresser au cessionnaire qui n'aurait qu'un endos irrégulier. La raison de douter est que cet endos imparfait ne vaut que comme procuration et qu'on ne peut actionner un fondé de procuration en son nom personnel. Cependant dans cette procuration qui vaut aussi à l'effet de négocier, on regarde le négociateur en blanc, comme un commissionnaire responsable. Il est donc personnellement garant, arrêt de rejet du 1.er décembre 1829, confirmatif d'un jugement commercial d'Amiens.

494. Ce serait être rigoureux au-delà des termes de la loi que de déclarer qu'un endossement ne peut plus être donné *après* l'échéance d'une lettre de change. On sait bien que le caractère de ce genre d'effet est la prompte circulation et l'encaissement à l'échéance; cependant aucune loi ne dit qu'après l'échéance arrivée il ne sera négociable. Après l'échéance sans protêt, ou assignation dans la quinzaine, les endosseurs sont déchargés; mais le tireur et l'accepteur restent débiteurs envers le porteur, sans pouvoir opposer les exceptions qu'ils auraient pu avoir contre le donneur d'endos tardif. S'ils avaient payé à cet endosseur qui était apparemment encore porteur à l'échéance, sans retirer l'effet, ils sont dans la même imprudence, prévue par l'art. 149 du C. de comm. que l'accepteur qui paie sur une 2.e ou 3.e lettre sans avoir retiré celle qui contient son acceptation. C'est aujourd'hui un point bien fixe de jurisprudence. Une saisie-

arrêt faite au préjudice de cet endosseur tardif, entre les mains de l'accepteur, ne pourrait l'empêcher de payer au porteur qui aurait en sa faveur un endos régulier quoique postérieur à la date de l'échéance. Arrêts de *cassation* des 5 avril 1826, 20 janvier 1834. Dans les annales du droit commercial, on voit un arrêt de Douay dans le même sens du 1.er décembre 1834.

Il résulte même de ce dernier arrêt que l'endossement peut même avoir lieu, depuis le *protêt*. Aff. Tourasse. Id. Paris 31 août 1831. S. 32.

495. On voit aussi que l'endos est soumis aux formes suivies dans le pays où il a été donné, et qu'en Angleterre, l'endos n'est pas soumis à nos formes ; c'est ce qu'avait déjà jugé la cour de cassation le 25 septembre 1829. S. 30. V. n.os 313-314.

Du reste, on l'a déjà dit sur la date de la lettre de change, ce qui ne se fait pas dans les formes et les délais ordinaires devient la cause de conjectures et de présomptions, quand il s'agit de savoir s'il n'y a pas dol et fraude au préjudice des tiers, entre l'endosseur tardif et le porteur.

Il est une foule d'autres questions relatives aux lettres de change et à leur endossement, *l'acceptation* et sa forme etc. Mais comme elles ont moins de rapport à la compétence, et que l'acceptation régulière ou non, contestée ou non, ne changerait rien à la nature de la lettre de change et par conséquent à la juridiction consulaire, nous n'en dirons pas davantage. Nous ne faisons pas un traité sur le fond du droit commercial.

2.° *Billets de Change.*

SOMMAIRE.

496. Le code de commerce ne contient pas cette expression, notamment pour l'attribution de juridiction; cependant on la trouve dans les livres de droit; il faut en dire un mot.

La lettre de change dont nous avons parlé n'est autre chose que *l'exécution* d'une convention antérieure portant sur le contrat de change; convention par laquelle l'un des contractans s'oblige à faire payer une certaine somme dans un lieu déterminé, pour une valeur qui lui est promise et donnée dans un autre lieu. Sous l'ordonnance de 1673, titre 5, art. 27 et suivans et titre 12, art. 2, on connaissait deux espèces de *billets de change*; la première était un billet par lequel quelqu'un s'obligeait envers un autre à lui payer une certaine somme pour le prix des lettres de change qu'il lui a *fournies;* la deuxième espèce était un billet par lequel quelqu'un s'obligeait envers un autre à lui *fournir* des lettres de change sur tel lieu, pour la valeur qu'il en a donnée, ces billets sujets à certaines énonciations voulues par l'ordonnance étaient de compétence consulaire. Voyez le n.° 207 du traité du contrat de change par Pothier.

Aujourd'hui le code de commerce n'ayant pas considéré ce genre de promesse comme constituant *acte de commerce*, la promesse de payer le prix de change, ou de fournir des lettres de change n'entraînerait plus, entre *toutes personnes*, juridiction commerciale. Il faudrait que la promesse fût souscrite par un commerçant.

497. Le billet au porteur, malgré la facilité de circulation et comme monnaie commerciale, ne comportant pas essentiellement le change, puisqu'il n'est ordinairement qu'un simple prêt, n'est pas davantage réputé acte commercial qui soumette son auteur, s'il n'est pas commerçant ou pour fait de commerce, à la juridiction consulaire.

On avait même douté si ce genre de billets est admissible et valable, en ce qu'il n'énonce pas le nom du créancier et qu'on ne peut savoir s'il a une cause légitime, et qu'on pourrait en abuser en cas de faillite. Une déclaration du Roi du 21 janvier 1721 admettait le remboursement de *prêt* d'argent et vente de marchandises par le moyen de bons au porteur, et voulait que les actions à former à *cet égard ne pussent être portées que devant les juges-consuls*. Plus tard, une loi du 8 novembre 1792 les prohiba. Une autre du 25 thermidor an 3 et celle du 15 germinal an 6 sur la contrainte par corps, en admit le cours. Ils sont donc aujourd'hui considérés comme valables dans la pratique.

3.° *Remise de place en place, ou billets à domicile. — Billet à ordre.*

SOMMAIRE.

498. Billet à ordre.
499. Si le commerçant *signataire* n'est pas assigné en même temps que le commerçant.
500. Pour la compétence, peu importe la régularité de billet.
501. Billet se référant, pour la valeur fournie, à un acte notarié.
502. Billet à domicile.
503. Remise d'argent sous l'ordonnance.
504. Billet à domicile, quoiqu'opérant change, n'est pas assimilé à la lettre de change.
505. Mandat ou rescription.
506. Mandat de change en usage.

498. Le billet à ordre n'est pas en lui-même un acte de commerce, entraînant juridiction commerciale sur le non commerçant. Ce dernier ne peut être appelé consulairement que comme accessoire, lorsque ce genre de billet porte des signatures de commerçans soumis à cette juridiction. Art. 637 du C. de commerce : bien entendu qu'alors le non commerçant n'est pas passible de la contrainte par corps pour ce billet, à moins qu'il n'ait été fait à l'occasion d'opération de commerce, banque ou courtage.

499. *Quid* si le commerçant dont la signature est sur le billet à ordre, n'est pas assigné en même-

temps que le souscripteur ou endosseur non commerçant, le tribunal de commerce en pourra-t-il connaître ? Cette question qui avait d'abord divisé les tribunaux, paraissait se résoudre le plus généralement contre la compétence consulaire. La cour de Paris, notamment, avait rendu contre elle deux arrêts des 17 septembre 1828 et 19 mars 1831. Cependant la même cour a jugé le contraire, le 25 novembre 1834, affaire Bergerat, par le motif que l'art 637 dispose, en termes généraux, que lorsque le billet à ordre dont le paiement est poursuivi devant la juridiction commerciale, porte en même temps *des signatures* d'individus négocians et d'individus non négocians, le tribunal de commerce doit en connaître. V. n° 467.

Nous partagerions complètement ce respect pour le texte de la loi, s'il était bien correct et d'ailleurs en rapport avec le système général de la matière. Mais en prenant à la lettre l'art. 636, ainsi que l'art. 637, on voit que, pour soumettre le non commerçant à la juridiction consulaire, il faudrait que la lettre de change réduite à simple promesse et le billet à ordre portâssent *des signatures* de négocians ; ce qui suppose *plusieurs* ; tandis qu'on convient généralement qu'une seule signature de commerçant devrait faire résoudre la question de compétence.

Le billet à ordre souscrit par un non commerçant, en paiement de loyer ou de tout autre objet, même d'argent, est un acte purement civil. S'il devient commercial par la signature d'un commerçant, sa nature mixte devrait le faire rentrer dans le droit commun de la compétence civile. Mais si la loi, soit pour simplifier les poursuites, soit par faveur du commerce, a voulu que le tribunal consulaire en connût, au moins faut-il que ce soit quand ce tribunal est saisi et en présence, à cause d'un commerçant. Autrement, il serait compétent à cause d'une *signature* que le souscripteur peut ne pas connaître, qu'il peut déclarer ignorer, art. 1323, C. civil. Ensuite, il peut arriver que le souscripteur qui ne sait pas en quelles mains son billet a circulé par endossement, ne sache pas davantage si l'un des endosseurs est réellement *commerçant*. Ainsi, la compétence qui doit reposer sur des élémens simples, reposerait sur des circonstances souvent inconnues et qui deviendraient l'objet d'interlocutoire, au regard d'un non commerçant seul et sur des faits et circonstances à lui étrangers, tels que la signature et la profession d'un tiers absent. Le tout sans compter la facilité d'avoir la signature d'un marchand quelconque. Souvent même le porteur qui peut être marchand met *son acquit*, par avance, pour l'envoyer encaisser par un commis : un endosseur ou bénéficiaire qui aurait remboursé, pourrait donc aussi, à la rigueur, dire que le billet porte une signature de négociant, celle de l'*acquit*, encore qu'elle n'ait pas servi pour la circulation.

On peut ajouter que l'art. 637, en énonçant que le tribunal en retenant la cause, ne prononcera pas la contrainte par corps, contre le non commerçant, présuppose qu'il y a, en sa présence, un défendeur, un commerçant assigné susceptible de cette contrainte. M. Horson partage cet avis, 201.e question. M. Pardessus n.° 1849, ne discute pas la question comme offrant difficulté sérieuse.

500. Mais dès que le commerçant est assigné avec le non-commerçant, on ne voit pas comme M. Dalloz, V.° Comp. p. 325, qu'il soit nécessaire, pour justifier la compétence consulaire, que le billet soit rigoureusement confectionné dans les formes de la loi. Son mérite à cause de ses énonciations sera l'objet de l'appréciation du fond. L'art. 637 qui admet le renvoi facultatif ne l'admet que lorsque le billet à *ordre* ne porte que des signatures de non commerçans, et non pas pour le cas où ce billet serait critiqué en sa forme comme la lettre de change dont parle le même article. En d'autres termes, la loi n'a pas dit que le billet à ordre dût être complètement régulier pour retenir le non commerçant; autrement le tribunal jugerait souvent le mérite d'un acte, avant de juger sa compétence.

501. Si le commerçant avait lui-même souscrit le billet valeur en tel acte notarié, et que dans le fait cet acte énonçât un prix d'immeubles, ni le commerçant ni le non commerçant endosseur, ne seraient justiciables du commerce, nous l'avons vu juger ainsi.

502. Le billet peut quelquefois être fait pour une valeur comptée dans un lieu et payable dans un autre lieu; en cela il a quelque ressemblance avec la lettre de change qui est tirée d'un lieu sur un autre. Le signataire non commerçant serait-il

justiciable du Tribunal de commerce? L'art. 2, titre 12 de l'ordonnance de 1673 portait : « Les juges-» consuls connaîtront de tout billet de change fait » entre négocians et marchands ou dont ils de-» vront la valeur, et *entre toutes personnes* pour » lettres de change ou remises d'argent faites de » place en place. » L'art. 632 du C. de commerce dispose également que la loi répute acte de commerce « entre *toutes personnes* les lettres de » change ou remises d'*argent* faites de place en » place. »

503. Sous l'ordonnance de 1673, on décidait que, pour opérer *change*, il ne fallait pas nécessairement que le payeur indiqué fût un autre individu que le tireur, dès qu'il y avait réellement remise de place en place, comme on peut le voir par un arrêt de la cour de Cassation du 1.re mai 1809.

En serait-il autrement sous le Code de commerce qui a la même disposition que l'ordonnance ?

Sous le rapport du texte, ceux qui voudraient que ce genre de billet, payable en un autre lieu que celui de la création, ne fût pas acte de commerce parce qu'il n'est pas véritablement lettre de change qui exige deux personnes, le tireur et le tiré ou le payeur, ceux-là prétendent que la *remise* dont parle l'art. 632, n'est que le caractère de la lettre de change ou synonime avec le mot lettre de change à cause du mot *ou*. Mais c'est là une erreur en ce que la lettre de change déjà définie dans l'art. 110 du C. de com. peut avoir lieu en valeur d'espèces, marchandises, en compte ou de toute autre manière, suivant l'art. 110 : tandis que l'art. 632 ne s'occupe que de la remise d'*argent* de place en place. D'où il suit que la promesse de payer de l'*argent* dans un autre lieu que celui où a été reçu cet argent, constitue un acte de commerce autre que la lettre de change.

On ne peut pas se dissimuler que cette doctrine peut avoir des suites graves, puisque, dans les emprunts, un simple cultivateur qui datera son billet de son domicile ou de tout autre pour payer soit dans la ville voisine, soit dans le village et au domicile du prêteur, pourra être recherché commercialement et sujet à la contrainte par corps, sous prétexte de remise d'argent d'un lieu dans un autre. Aussi la cour de Lyon a-t-elle fortement résisté, par arrêt du 21 juin 1826, à ces conséquences en faveur d'un cultivateur, Soucet qui avait souscrit dans la ville de St.-Laurent au profit d'un notaire un billet pour prêt payable à Lyon : la cour n'a vu, dans le mot *place*, en termes de commerce, que le lieu où se tient la banque, où se fait le négoce d'argent. Plus tard et le 8 août 1827, elle n'a admis la compétence que parce que le lieu d'où le billet à domicile était souscrit était une *place de commerce*. S. 1827. Et chose remarquable, en 1832, malgré le changement survenu dans sa composition, elle persiste dans sa jurisprudence. S. 33. Tant est forte sa conviction, d'accord du reste avec les observations de M. Locré t. 2.

Outre les raisons déjà déduites de la force du texte de la loi, un arrêt de Limoges du 4 décembre 1829, et deux de Toulouse des 3 décembre 1829 et 14 mai 1831 et un d'Amiens, affaire Vion, en 1833, un autre de Montpellier du 4 juillet 1828, rapporté par M. Horson question 54.ᵉ voient une opération de change dans le billet à domicile. Le jugement du Tribunal de commerce de Toulouse qui a été confirmé fait ressortir que ces sortes d'obligations ne sont que l'exécution d'un contrat de change *simple*, qui rend ceux qui le font justiciables du Tribunal de commerce, de la même manière que s'ils l'eussent consenti par la voie du contrat de change *composé* qui reçoit son exécution au moyen des lettres de change. MM. Vincent, Pardessus n.° 480 et Dalloz V.° Effet, partagent cette doctrine qu'il faut admettre sauf à rechercher les suppositions de lieu ou de remise réelle (1).

Ainsi si un non-commerçant empruntant de l'argent à Amiens faisait un billet payable à son domicile à la campagne, on ne pourrait pas croire à une remise sérieuse à moins que le créancier prêteur n'eût en effet à cette campagne des relations. Autrement tout débiteur ne devant qu'à son domicile, à moins de convention contraire, (art.

(1) Le 9 février 1834, la cour d'Amiens a refusé la compétence commerciale au billet d'un non commerçant qui avait es apparences d'une remise *d'argent*, mais qui n'était que e renouvellement d'une simple dette antérieure.

1247 C. civil), tout emprunt fait au dehors serait de droit travesti en remise de place en place.

504. Le billet ainsi payable au domicile d'un tiers, quoique réputé opération de change, n'a cependant pas d'autre rapport avec la lettre de change ; il n'est pas sujet à acceptation, et en général le porteur n'est pas déchu de recours contre le créeur à l'échéance faute de protêt, comme contre le tireur qui a fait provision en la lettre de change, parce qu'il est toujours vrai de dire qu'il n'y a qu'un débiteur, qui est le souscripteur, qui a dû veiller à ce que les fonds fussent toujours à domicile.

505. On connait aussi dans le commerce, surtout à Paris le *mandat* ou *rescription* qui est un acte par lequel une personne donne l'ordre à un tiers de payer à une autre personne ou à son ordre, une certaine somme. Cet acte a beaucoup d'analogie avec la lettre de change, surtout quand le tiers indiqué pour payer est dans un autre lieu. Mais le mandat que donnerait un propriétaire sur son receveur de rentes ou de fermages, quoique dans un autre lieu, ne peut être une lettre de change, car le tireur en pareil cas est débiteur lui-même dans la personne de son receveur ou caissier. Ce genre de *mandat* n'est pas réputé acte de commerce à moins qu'il ne soit la lettre de change même. Et, s'il est payable dans le lieu même de sa création, outre qu'il ne forme pas remise de place en place, il n'est pas sujet à acceptation ni à protêt à l'échéance rigoureusement, de

même que le billet à domicile dont nous venons de parler.

506. L'usage depuis 20 ans avait introduit dans le commerce, entre les fabricans et les marchands acheteurs, l'emploi d'un *mandat de change* que le vendeur tirait sur l'acheteur et qui lui procurait ainsi un papier avantageux; ce mandat, payable comme la lettre de change d'un lieu sur un autre et par un tiers, jouissait de cette tolérance qu'on le faisait sur papier libre, et qu'on ne pouvait le faire protester contre l'acheteur tiré, avant l'échéance, ni recourir contre le tireur aussi avant l'échéance. Mais ce mandat devenant, d'après le budget de 1835, passible d'une double amende contre le tireur et le preneur, M. Jacques-Lefebvre en son nom et celui de MM. Cunin-Gridaine et François Delessert a proposé dans l'intérêt du commerce, à la Chambre des Députés (1) de modifier le code de commerce dans la section 2 qui précède l'art. 187, en l'intitulant du *mandat de change* et du billet à ordre, et de plus il a déposé une proposition portant « que lorsque la lettre » de change est qualifiée *mandat de change* dans le » corps du titre, l'acceptation ne peut être exigée : » et que le mandat de change ne peut être protesté » faute d'acceptation. Mais cette proposition a été définitivement rejetée.

506 *bis*. Disons un mot sur une question incidente que les tribunaux consulaires sont appelés à résoudre : l'usage a introduit dans le commerce la

(1) Moniteur du 2 janvier 1835.

mention de *retour sans frais* sur les endossemens d'effets négociables, lettres, remises ou billets à ordre. C'est là une clause licite comme toute autre, et l'endosseur qui aurait ainsi stipulé une négociation ne pourrait trouver mauvais qu'à l'échéance, il n'y ait pas eu de protêt. C'est maintenant la jurisprudence bien établie, fondée sur ce que les conventions font la loi des parties qui ont pu renoncer à la formalité du protêt.

Mais cette dispense de protêt n'est-elle qu'une *faculté* ouverte au porteur, et non pas une prohibition, à tel point que, si nonobstant le *retour sans frais*, le porteur faisait protêt, enregistrement et frais, il ne pourrait s'en faire rembourser? La cour de Paris a décidé la négative le 24 janvier 1835, parce que le porteur n'a accepté l'effet qu'à cette condition. C'est précisément là la question. Le protêt et diligences sont d'obligation en règle générale; la dispense est l'exception, elle est donc en faveur du porteur afin de lui donner sécurité, mais il faudrait que la prohibition de protêt fût expresse. Le porteur a des droits aussi à conserver tels que les intérêts, compte de retour et rechange qui n'ont lieu qu'après protêt. Le tribunal de commerce de Châlons-sur-Marne et de Paris le jugent ainsi. S. 35. 2. 145.

Nous ne venons de parler du retour sans frais qu'entre l'endosseur qui l'énonce et le porteur : c'est leur affaire, mais un endosseur intermédiaire qui serait étranger à cette énonciation, serait déchargé faute de protêt.

Il y a plus de difficulté quand c'est le tireur d'une lettre ou le créeur d'un billet à ordre qui a lui-même énoncé dans le titre primitif le retour sans frais : le porteur sera-t-il dispensé de protêt et conservera-t-il son recours contre les endosseurs précédens? A la vérité, chacun ou aucun des endosseurs n'a pas stipulé la clause du retour, mais, en acceptant un titre qui la contient, il le transmet avec la même condition, intégrale et sans modification; et la jurisprudence tend à s'établir dans ce sens, comme on le voit par un arrêt de Limoges du 28 janvier 1835, et par un arrêt de la chambre civile de la cour de cassation du 8 avril 1834 confirmatif d'un arrêt d'Angers, conforme au jugement commercial de Saumur, par ce motif : « que les mots *retour sans frais* insérés par le *tireur* dans la lettre de change elle-même dispensent le *preneur* de la faire protester faute de paiement à son échéance; que cette stipulation que la loi ne prohibe pas étant inhérente au contrat, n'a pas besoin d'être répétée dans *l'endossement* pour que le porteur puisse, sans protêt, exercer son recours contre l'endosseur qui lui a transmis la traite sans rien changer à la condition y insérée par le tireur : que cette dispense de protester résulte pour celui au profit duquel l'endossement a eu lieu, tant du contrat intervenu entre le tireur et le preneur, que de celui intervenu entre celui-ci et le porteur; d'où il suit qu'en s'abstenant du protêt, ce dernier n'a fait que se conformer aux conventions des parties. »

Il résulte encore delà que la dispense de protêt est

une faculté et non une obligation, puisque l'arrêt suppose que le preneur aurait pu *changer* lors de son endos la clause de retour. Or si cette dispense de frais était essentiellement prohibitive, le tireur finirait par dire que personne ne pouvait modifier son énonciation primitive, et que le porteur a eu tort de protester, prendre rechange etc.

Au surplus le retour sans frais n'est pas sacramentel, et les tribunaux sont juges des expressions équivalentes qui dispensent du protêt et poursuites. Rejet du 28 décembre 1835.

IV.e CATÉGORIE.

COMMERCE MARITIME. — ASSURANCES TERRESTRES.

1.° *Commerce Maritime.*

SOMMAIRE.

507. Actes de commerce maritime.
508. Qui connait de la saisie des bâtimens ?
509. Peu importe la profession des intéressés.
510. Réglement d'avaries. — Frais de sauvetage.
511. *Quid* des frais de visite sanitaire.
512. Dommage pour abordage.
513. Contestations par suite de contrats maritimes.
513 *bis*. Le navire tient lieu de magasin pour le commissionnaire qui a fait des avances sur marchandises.
514. Assurances terrestres non prévues par le code.
515. Assurances par tontine ne sont commerciales.
516. Assurances mutuelles.
517. Directeur d'assurance.
518. Assurances à *primes*.
519. Genre de preuve admissible.
520. Résolution ou dommage en cas de faillite d'une société.

507. L'emploi des bâtimens pour la navigation intérieure ou extérieure fait naître des intérêts qui résultent de la propriété ou location et des moyens nécessaires à la navigation. Ici tout se rattache à des risques et à des spéculations présumées sur le voyage, et ses moyens de succès, tout est donc commercial.

Ainsi la loi répute actes de commerce maritime tout ce qui est relatif à ces objets qui peuvent se réduire aux caractères ci-après.

Toutes entreprises de constructions et tous achats, ventes et reventes de bâtimens pour la navigation intérieure *ou* extérieure, malgré que l'art. 633 porte intérieure *et* extérieure. La loi ne dit pas *achats pour revendre*, comme le porte l'art. 632 en parlant d'actes de commerce sur denrées et marchandises. On ne recherche pas l'intention.

Toutes expéditions maritimes :

Tout achat ou vente d'agrès, apparaux et avitaillemens.

Tout affrétement ou nolissement, emprunt ou prêt à la grosse ;

Toutes assurances et *autres contrats* concernant le commerce de mer ;

Tous accords et conventions pour salaire et loyers d'équipages : (1) il n'y a donc pas de juridiction de prud'hommes pour ces objets.

---

(1) Ce qui exclut l'action des ouvriers employés aux constructions.

Tous engagemens de mer pour le service de bâtimens de commerce, ce qui exclut le service pour les bâtimens de l'Etat. (1)

508. Par ces mots *expéditions maritimes*, assurances *et autres* contrats concernant le commerce, le code renvoie d'une manière générale au Livre deux, qui contient un détail d'immenses opérations; toutefois on comprend aisément que le tribunal de commerce ne connaît pas de la saisie et vente des navires mentionnées art. 197 et suivans; l'art. 204 commandant le ministère d'avoué, la saisie se poursuit devant le tribunal civil de l'arrondissement du port, suivant décret du 17 mai 1809. Le tribunal de commerce ne connaît pas plus du concours de créanciers qui se présentent pour exercer leurs priviléges sur le prix d'un navire; la contribution, priorité ou distribution de prix se faisant le plus souvent par suite de créances reconnues judiciairement; or, les tribunaux consulaires ne connaissent pas de l'exécution de leurs sentences. Pard. 953.

Dans ces actes maritimes, comme en lettre de de change, on ne considère pas la profession des intéressés s'ils ont fait un seul acte avec intention de profit ou non. Ainsi le non commerçant qui s'embarque et fait assurer ses effets, sa liberté ou sa vie contre les rigueurs de mer et de voyage, est réputé faire acte de commerce maritime, et par conséquent

(1) Voyez pour les armemens en course et les liquidations générales et particulières après la vente de la prise, la loi du 22 mai 1803. Art. 88 et suiv.

contraignable par corps pour l'exécution de son engagement.

510. Mais la contribution aux avaries, suivant leur nature, est réglée par le tribunal de commerce du lieu du déchargement, si ce déchargement se fait dans un port français ayant tribunal, puisque c'est lui qui nomme les experts pour vérifier les valeurs qui doivent entrer en contribution, et faire la répartition ; à défaut de tribunal, les experts sont nommés par le juge-de-paix. Ils sont nommés par le consul de France, et, à son défaut, par le magistrat du lieu, si la décharge se fait dans un port étranger, art. 414 et 416, C. comm.

Puisque le Code s'occupe des frais de sauvetage, notamment art. 403, il est naturel qu'ils soient réglés par le tribunal de commerce, encore que des hommes étrangers au commerce soient employés en ce cas, car leur action en paiement serait toujours portée contre ceux qui ont intérêt à l'expédition. Au surplus, une loi spéciale du 13 avril 1790, avait considéré comme de nature à être réglés par les tribunaux de commerce, les salaires dûs aux hommes qui donnent des secours dans les naufrages ou les échouemens de navires.

511. Qui doit connaître de l'action en paiement de frais de visite sanitaire ? Le tribunal de commerce de Calais et la cour de Douay l'avaient renvoyée devant le tribunal civil, parce que des émolumens d'un commissaire de police, d'un chirurgien, d'un interprète, n'étaient pas de nature commerciale. Cela pouvait être vrai, quant aux dé-

mandeurs, mais inexact, quant au consignataire de navire. La cour de cassation a reconnu que la réclamation se rattachait à une *expédition maritime*, qui est acte de commerce, et qu'une expédition maritime commence au départ du navire et ne finit qu'à son entrée définitive dans le port pour lequel il a été expédié ; que les frais sanitaires sont une suite et une conséquence de l'expédition (1). Sur le renvoi devant la cour royale d'Amiens où nous plaidions pour la commission sanitaire, arrêt du 30 juillet 1835, — qui juge de même, notamment par le motif que les frais de *visite*, comme les frais de pilotage sont utiles au navire et mentionnés, art. 406 du C. de com. (2).

512. Entre autres accidens de mer, nous citerons l'abordage qui, s'il est arrivé par la faute du capitaine, donne lieu à des dommages-intérêts contre lui, d'après l'art. 407 du C. de comm. Le capitaine étranger qui a occasionné le dommage à un bâtiment français, peut être actionné devant les tribunaux français, même du domicile du demandeur, d'après l'art. 14 du C. civil, ainsi qu'il a été dit en parlant des étrangers : en se conformant aux précautions conservatrices prescrites par les art. 435

---

(1) Sirey. 35.

(2) L'art. 30 du décret du 12 décembre 1806 avait attribué au tribunal de commerce du port les contestations relatives aux droits de pilotage, indemnités et salaires des pilotes lamaneurs et fortifiait notre système. L'art. 41 l'appelle à la rédaction du tarif.

et 436 C. com. L'art. 435 suppose que c'est au premier port touché (1).

513. Le réglement des avaries se fait au lieu du déchargement, parce qu'alors il est facile d'en apprécier la nature, grosses ou simples avaries, et de les répartir entre les marchandises ou le navire ou bien le capitaine personnellement. Art. 404. C'est aussi au lieu du déchargement que se règle l'indemnité due aux affréteurs ou locataires des navires, pour défaut de délivrance des marchandises qu'ils ont chargées. Mais ce serait au port de l'armement que se règle l'indemnité due aux affréteurs contre le fréteur pour rupture de voyage par sa faute, suspension ou retardement. Mais l'action des gens de mer contre l'armateur peut être portée au Tribunal du port de l'armement, ainsi que les actions pour agrès, victuailles, équipages, radoubs, etc.; art. 418 C. proc.

513 *bis*. Lorsqu'un commissionnaire a fait des avances sur des marchandises à transporter, quoiqu'il les transporte dans son propre navire, si la faillite de l'expéditeur survient après le départ, le commissionnaire a toujours privilége sur cette marchandise qui, dans les termes de l'art. 93 sur le pri-

(1) Les annales comm. 1835, p. 33, citent un arrêt de Grenoble du 5 janvier 1831 qui a jugé commercialement l'indemnité par suite de l'amarrement d'un radeau qui en a fait sombrer un autre, mais on ne voit point la question de domicile. id. Ord. de 1681, tit. 2, art. 3.

vilége du commissionnaire, est à sa disposition dans son navire, comme elle le serait dans son magasin ou lieu de dépôt. V. au liv. 4, l'article faillite et privilége.

2.° *Assurances Terrestres.*

514. Nous avons vu que l'art. 633 répute actes de commerce, toutes *assurances et autres contrats concernant le commerce de mer*. En prenant ceci à la lettre, il faudrait dire que les assurances sur terre ne seraient pas des opérations commerciales. Mais on conçoit que cet article a voulu dire que les assurances dont il parlait faisaient partie du *commerce maritime*. Il n'en est pas moins vrai que l'art. 1964 du C. civil sur les contrats aléatoires n'a vu les assurances que comme élémens du commerce maritime.

A l'époque de la confection de ces Codes, les assurances contre l'incendie, pratiquées en Angleterre depuis plus plus de cent ans, n'étaient guère en usage en France, quoique Valin, sur le préambule du titre 6 de l'ordonnance de 1681 sur la marine, cite un réglement d'une compagnie d'assurances à *primes* contre l'incendie, du 29 mars 1754 : deux arrêts du conseil des 20 août et 6 novembre 1789, autorisant par *privilége* deux compagnies d'assurances pour le feu. Mais ces priviléges et les compagnies disparurent à la révolution, par une loi du 24 août 1793 qui supprima les compagnies de finance, par actions et n'en permit l'établissement à l'avenir qu'avec l'autorisation du *Corps-Législatif*. On ne connaissait guère que les assurances sur la vie, sous le nom de *Tontine*, également admises d'abord par privilége, et qui, comme sociétés anonymes ne pouvant exister qu'avec l'autorisation du gouvernement, d'après cette loi de 1793, n'avaient pu être envisagées que sous le rapport de sociétés entre les intéressés.

515. On voit dans le répertoire V.° *Tontine*, que c'est une société de créanciers de rentes perpétuelle sou viagères, formée sous la condition que les rentes des prédécédés accroîtront aux survivans, soit en totalité, soit jusqu'à une certaine concurence : qu'elle est ainsi appelée du nom de Tonti, banquier italien qui le premier en a conçu l'idée et l'a mise en pratique. (1) On y voit aussi, dans l'exposé des motifs qui ont servi de base à l'avis du conseil d'état du 25 mars 1809, lequel soumet ces tontines à l'autorisation du gouvernement prescrite par l'art 137 du C. de commerce, que ce genre de société n'a pas un caractère commercial, parce qu'une fois la somme des *capitaux* déterminée, elle reste la même, sans chance d'amélioration; l'industrie, le temps et la fortune ne peuvent rien changer à leur nature. Une Tontine ne présente ni travail ni produit ni concurrence ; c'est une simple convention par laquelle les sociétaires s'engagent à

(1) Cette ancienne coutume a servi de prototype ou modèle pour la banque de prévoyance établie en 1820.

souffrir, au détriment de leurs héritiers, le partage de leur *intérêt* dans l'association entre ceux de leurs co-associés qui sont destinés à leur survivre; et ce partage est en même temps la seule opération des personnes qui sont chargées d'administrer l'association.

Les assurances contre l'incendie, la grêle, les épizooties, rachat de prisonniers et autres peuvent se distinguer en *mutuelles*, et assurance à *prime*.

516. Les assurances mutuelles, outre qu'elles portent sur un objet foncier de la part des associés, ne forment point sociétés commerciales; il n'y a de leur part, comme on vient de le dire, ni travail, ni produit, ni concurrence, élémens de succès de tout trafic ou entreprise commerciale. De l'objet de l'institution ne peut résulter pour ceux qui composent cette société qu'une *diminution* de pertes qu'éventuellement ils peuvent éprouver; que jamais aucun *bénéfice* ne peut balancer, compenser ni excéder ces pertes. La cour de Paris avait cependant jugé le contraire en 1825, contrairement aux cours de Rouen et de Douai, S. 20 et 22. Enfin la cour de cassation l'a reconnu ainsi en 1829, 15 juillet, en refusant de recevoir un pourvoi, contre une sentence arbitrale, attendu qu'il s'agissait d'un arbitrage ordinaire, civil, prévu par l'art. 1028 du C. de procéd.

517. Mais nous ne saurions admettre, comme la cour de Rouen, qu'un directeur d'assurance mutuelle ne puisse être considéré comme directeur d'*agence*: ayant abonnemens, et prenant des employés en sous-

œuvre. C'est une entreprise d'agence et de *bureau*, dans le sens de l'art. 632 du C. com. Arrêt de rejet du 15 décembre 1824. Pardessus, n.° 44. Il en serait autrement si ce directeur ou administrateur était imposé par l'autorité comme condition de l'autorisation donnée à l'établissement.

518. Quant aux sociétés d'assurances à *primes*, quelqu'en soit l'objet, elles font spéculation et bénéfice sur l'exploitation des chances ; elles se livrent aux opérations commerciales : c'est un point maintenant reconnu ; de sorte qu'elles peuvent être déclarées en état de faillite. Les sociétaires qui prennent part à cette société commerciale sont donc aussi justiciables des tribunaux de commerce pour le paiement de leurs actions, sauf renvoi devant des arbitres.

519. Quoique ces assurances à primes soient commerciales, ainsi que celles maritimes, la preuve de leur existence ne doit pas nécessairement résulter d'un contrat ou police contenant les énonciations requises par l'art 332 en matière maritime. La nature du contrat s'y oppose. La preuve peut résulter de présomption venant à l'appui d'un commencement de preuve par écrit, ainsi que l'a décidé la cour de cassation le 15 février 1826. S. 27.

520. Mais le fond du droit maritime est applicable aux assurances terrestres, soit pour la résolution du contrat en cas de faillite des assureurs, soit pour le cas de réticence ou fausse déclaration de la part de l'assuré, le *tout* sauf clause con-

traire. Ainsi, 1.° par application de l'art. 346, si l'assureur tombe en faillite, l'assurance n'est pas résolue de plein droit, et dès-lors l'assuré doit payer la prime, encore qu'il se soit fait assurer par une autre société ou entreprise, mais aussi cet assuré peut opposer en compensation de la prime à lui réclamée, les dommages-intérêts résultant de ce qu'il a été obligé, à cause de la faillite, de chercher un autre assureur. Arrêt de rejet du 1er juillet 1828. 2.° Quoique les art. 342 et 350 admettent que l'assuré peut faire réassurer la même chose, on peut valablement y renoncer. Arrêt de rejet du 27 août 1828. 3.° Ainsi l'art. 348 qui porte nullité de l'assurance pour toute réticence, toute fausse déclaration de la part de l'assuré qui diminueraient l'opinion du risque, lors même que la réticence ou la fausse déclaration n'auraient pas influé sur le dommage ou la perte de l'objet assuré, est applicable aux assurances terrestres, et l'assuré, pour établir sa bonne foi, peut invoquer la preuve par témoins, les présomptions et le commencement de preuve par écrit, parce qu'il s'agit de matière de commerce. Arrêt d'Amiens, du 1er septembre 1835, confirmatif d'une sentence arbitrale dans ce sens, à laquelle nous avions concouru. La réticence est abandonnée à l'appréciation du juge. Rejet du 24 février 1835.

Quand les parties ont estimé contradictoirement le mobilier assuré, il serait difficile d'assujettir l'assuré à justifier la valeur des objets, ainsi qu'il se pratique par estimation d'après l'art. 358 du C. de com. ; car l'assuré n'a pas nécessairement, comme en assurances maritimes, la preuve de la valeur par *facture* ; cette justification était d'ailleurs de droit, en ce que, en assurance maritime, l'assurance se fait sur la seule déclaration de l'assuré, sans vérification préalable.

DISTINCTION DEUXIÈME.

DES COMMERÇANS. — CONTRAINTE PAR CORPS. — RECEVEURS, PAYEURS.

ARTICLE PREMIER.

Des Commerçans.

SOMMAIRE.

821. Ce qui constitue le commerçant.
822. Redondance du code.
823. Tous actes qui sont relatifs à la profession.
824. Héritiers du commerçant sont soumis aux mêmes règles.
824 *bis*. Le seul mot de *commerçant* ne crée pas la compétence.
825. Toute dette du com. réputée commerciale, — écrite ou non.
826. La traite ou billet à *ordre*, seuls prescriptibles par cinq ans.
827. Simple présomption de la loi.
828. Action en répétition. — Quasi-contrat.
829. Faits dommageables.
830. Action pour frais et honoraires.
831. Cautionnement d'un commerçant, — ou non.
832. Difficulté.
833. Cautionnement de lettres de change. — Autre.
834. Un commerçant peut être assigné consulairement par un non commerçant.

521. Un ou plusieurs genres d'actes de commerce que nous venons de parcourir, s'il devient ou deviennent l'objet de l'occupation ordinaire d'une personne, ils lui impriment la qualité de *commerçant*, ainsi que nous l'avons vu dans les observations préliminaires sur *les actes de commerce*, quoique suivant la série de ses actes on puisse lui donner le nom de négociant, manufacturier, marchand, banquier. Le mot commerçant est une expression générique qui comprend toutes sortes de négoces, spéculations et trafics habituels.

522. Le code emploie plusieurs fois la redondance, c'est ainsi que, dans les art. 551, 552 et 553 sur l'hypothèque des femmes, l'on voit alternativement le mot commerçant et celui négociant. C'est ainsi que l'art. 631 dispose : « les tribunaux de com» merce connaîtront de toutes contestations rela» tives aux engagemens et transactions entre négo» cians, marchands et banquiers ». Puis l'art. 632 répute acte de commerce toutes obligations entre négocians, marchands et banquiers. Cette dernière partie était sans doute un double emploi.

On a vu également, par ce qui a été dit sur la *vente*, que les expressions, engagemens, transactions, obligations entre négocians, sont inexactes, puisque l'acquisition ou la vente, le loyer d'une maison, d'un cheval, l'acquisition de denrées pour son usage, quand le commerçant ne fait pas sa profession de vendre ou acheter des denrées ou meubles, ne constituent pas acte commercial de sa part. Art. 637, C. com.

523. Hors ces exceptions, les actes d'un commerçant étant réputés faits pour son commerce, toute contestation qui y est relative est de la compétence consulaire, quelque soit le nom qui sert de base à l'action.

Ainsi, toute action, soit afin de nullité de convention, soit afin de dommage pour inexécution, délivrance de marchandise ou de leur enlèvement, en paiement, en réglement de compte, même en validité d'offres réelles, parce qu'elles tendent à paiement comme à fixer la qualité de la créance; en un mot, tout ce qui a pour source un des actes commerciaux dont nous avons parlé, même les actes qui sont des moyens d'exécution d'une promesse et de profit : tout cela est de la compétence commerciale. V. 524 bis.

524. La compétence commerciale ayant été déterminée par la nature des faits ou opérations, lorsque le commerçant exerçait sa profession, cette compétence continue de subsister contre le commerçant, sa veuve et héritiers, lors même qu'il aurait cessé sa profession, long-temps avant l'assignation.

524 *bis*. On ne peut prendre le titre de marchand, si l'on n'en exerce pas la profession, soit pour se soumettre à la juridiction consulaire, soit pour se soumettre à la contrainte par corps; seulement,

celui qui a pris ce titre est obligé de prouver qu'il ne lui appartient pas, s'il veut en éviter les conséquences. Merlin V.° Consuls de march.

Parmi les moyens d'exécution des actes de commerce, se présentent en première ligne, 1.° les prêts sur nantissement de marchandises et les objets donnés en nantissement de lettre de change : Voy. 528 ci-après ; 2.° les emprunts faits par un commerçant. Aussi, l'art. 638 du C. com., après avoir affranchi le commerçant de la compétence consulaire pour objets relatifs à son usage particulier, dispose que « les billets souscrits par un » commerçant sont censés faits pour son com- » merce,... lorsqu'une autre cause n'y sera pas » énoncée. ».

525. Ce mot *billet* venant après les articles qui ont parlé d'effets négociables, tels que lettres de change et billets à ordre, la première pensée a été que le commerçant devrait avoir souscrit un *billet* à ordre pour devenir justiciable des juges-consuls. Mais c'est un système (1), maintenant abandonné ; tout emprunt de quelque manière qu'il soit constaté, toute promesse ou obligation de payer prouvée par lettre, simple reconnaissance (2), même verbale, (3)

(1) Soutenu cependant par M. Carré.

(2) Amiens, 4 avril 1826.

(3) Cependant la cour de Poitiers ait encore jugé le contraire le 22 mai 1820. C'est un bien grand respect pour le texte de l'article qui emploie le mot *billet*.

ou par acte authentique, emportant hypothèque, est pour le marchand acte commercial.

526. La seule différence qui existe sur ces moyens de reconnaissance, c'est qu'il n'y a que le billet à *ordre* qui soit prescriptible par cinq ans, suivant l'art. 189. (sans parler de la lettre de change).

527. Toutefois, l'opinion qui répute ces actes comme objet de commerce, n'est qu'une simple présomption, sauf la preuve contraire que le commerçant peut opposer à son bénéficiaire; car les tiers qui ne voient que le simple contenu en l'acte, ne peuvent deviner qu'il a réellement une cause civile.

528. Si le commerçant a reçu plus qu'il ne lui est dû, à la suite d'un acte de commerce, il y a obligation de restituer; c'est là un engagement tacite de commerçant, pour lequel il peut être appelé en compte ou restitution devant le tribunal de commerce. La loi a dit que ce tribunal connaît de tout *engagement*, obligation; souvent, il faut établir combien était dû, et combien il a été payé: c'est un réglement commercial. Bordeaux, 20 mai 1820. Un endosseur qui, sans s'apercevoir qu'un protêt était nul, a néanmoins remboursé: il a porté au tribunal de *commerce* de Rouen contre des négocians, son action ou répétition de chose non due, il a succombé au fond. S. 33. Mais une fois que la lettre a été payée, le non commerçant ne pourrait être actionné commercialement en répétition.

Il faut reconnaître le quasi-contrat analogue à la

répétition de somme payée, sans être dûe dans le fait suivant. Un sac de 2,269 fr. expédié par la messagerie de Montignac à Périgueux, avait été remis au s.r Michelet, banquier, lequel, en le recevant, avait émargé de sa signature le registre du facteur.—Plus tard, il fut reconnu que c'était par erreur, que cet argent avait été adressé et remis au s.r Michelet; et le s.r Dameron, entrepreneur de messagerie, lui en demanda la restitution. Alors le s.r Michelet prétendit avoir déjà restitué la somme; et comme il n'avait pas de décharge à représenter, il demanda à prouver, par témoin, le fait de la restitution : cette preuve fut en effet admise par le tribunal de commerce, et par suite d'enquête, il fut renvoyé de la demande. Mais la cour de Bordeaux infirma la sentence, attendu qu'il s'agissait d'une affaire civile au-delà de 150 fr. pour laquelle la preuve testimoniale n'était pas admissible; et, sur le pourvoi en cassation, arrêt de rejet du 11 novembre 1835.

529. Il est des faits dommages qui rentrent aussi dans les moyens de faire valoir le négoce du commerçant; ils rendent le commerçant justiciable des juges-consulaires; telles sont les actions en dommages-intérêts, plagiats pour articles de journaux, pour contrefaçons d'ouvrages littéraires, de dessins et marques, quelque soit l'époque où l'original aurait été déposé au greffe, (rejet du 28 mai 1822); et même d'exposition d'enseignes et écriteaux, ou usurpation d'un nom ou titre commercial.—Tels sont les faits de responsabilité, par suite de quasi-

contrats (1), et gestion relatifs au commerce ; même responsabilité du fait de leur préposé dans le négoce des commerçans.

530. Toutefois, l'action contre un commerçant, afin de paiement de frais ou honoraires pour la défense de ses affaires commerciales, ne saurait être portée au tribunal de commerce, parce que la cause n'est que le résultat d'un mandat purement civil, étranger aux usages du commerce.

531. Souvent, on voit des commerçans donner des cautionnemens, soit pour une somme actuellement fournie, soit pour crédit ouvert à un tiers : seront-ils dans le cas d'être actionnés devant les juges-consulaires ? Dira-t-on que leur engagement est pour leur commerce, puisqu'il énonce seulement un cautionnement.

S'ils ont cautionné une dette purement civile, ce serait forcer le vœu de la loi, en l'absence de son texte, que d'attraire le commerçant devant la juridiction commerciale.

Au contraire, s'ils ont cautionné une dette ou opération commerciale, même autrement que par billet à ordre ou aval séparé, prévu par l'art. 142, C. com., la contestation au principal ne roulant que sur un objet de commerce, et la caution, étant par sa profession, soumise à la juridiction, il pa-

---

(1) La cour de Montpellier en a fait, le 12 juillet 1828, application à un voiturier qui demandait commercialement des dommages-intérêts à un expéditeur qui lui avait fait un chargement d'objets de contrebande.

raîtrait naturel de l'y soumettre encore, si elle est solidaire. Quelques tribunaux de commerce ne manqueront pas de disposition à le retenir, quoique *non* solidaire, surtout ceux qui veulent soumettre à leur juridiction, même les non commerçans qui ont cautionné une dette commerciale. On ne doit pas se contenter de dire qu'il y aurait inconvénient à diviser les actions : cela est bon dans le cas de l'art. 59, C. pr.

Quand deux justiciables ressortent de deux tribunaux différens, également compétens pour connaître du fond, il est des cas où l'action se trouve divisée, notamment quand il s'agit de savoir si un huissier est responsable de la nullité de son acte. Le Code de com. n'a pas seulement l'art. 632 qui parle de toute obligation entre commerçans, il a aussi l'art. 638 qui dispose que tout billet est réputé fait pour les affaires du commerçant, s'il n'énonce une *autre cause*. Notez que les positions sont différentes; que le commerçant *caution*, dont nous parlons, peut opposer l'exception de discussion prévue par l'art. 2021 du C. civil (1).

Ajoutons qu'aux termes de l'art. 2060 du C. civ., la contrainte par corps ne peut être prononcée

(1) La cour d'Angers a jugé dans ce sens le 8 février 1830, par le motif que le cautionnement n'a pour cause qu'un sentiment de bienfaisance et non une des opérations commerciales définies par l'art. 632. Ce qui nous rappelle que Pothier place le cautionnement parmi les actes de bienfaisance.

contre les cautions des contraignables par corps, que lorsqu'elles se sont soumises à cette contrainte. Ne faudrait-il donc pas une renonciation à la compétence civile de la part de la caution, pour l'attraire à celle commerciale, quand il n'y a pas de contrainte à prononcer contre elle?

532. La plus grande difficulté est quand c'est un non commerçant qui a cautionné une dette commerciale.

Quand le cautionnement est donné après un jugement qui a reconnu la dette commerciale, le jugement n'étant pas un acte commercial, le cautionnement donné pour garantir la condamnation, n'est pas non plus commercial. Mais *quid* s'il s'agit d'un cautionnement de fournitures ou d'un crédit chez un banquier? Nous ne dissimulerons pas qu'un arrêt de Paris du 12 avril 1824, et un de Lyon du 4 février 1835, ont dit que ce cautionnement participait de la *nature* de l'obligation principale, et que la caution se trouve *co-obligée* du débiteur principal duquel elle ne pouvait être divisée par deux actions différentes, mais il faudrait un motif de solution, *non exemplis, sed legibus judicandum*. Si le cautionnement participait de la *nature* de l'obligation principale, qui est acte de commerce, pourquoi la caution ne serait-elle pas aussi contraignable par corps, comme ayant aussi fait acte de commerce? Nous voyons bien que le non commerçant qui a signé lettre de change ou billet à ordre, peut être appelé commercialement. C'est déjà là une exception à la juridiction de ses juges naturels :

on ne peut, sans un texte précis, étendre cette exception à tout autre cas. Outre l'arrêt d'Angers dont on vient de parler, il y a dans le même sens; arrêt de Poitiers du 29 juillet 1824, S. 26; et un de Bruxelles du 30 octobre 1830, renferme un motif déterminant, tel que les débiteurs d'une dette solidaire peuvent néanmoins être obligés différemment l'un de l'autre (1).

533. Mais si le cautionnement, quoique par acte séparé, avait pour objet des lettres de change et billets à ordre en général, sans les spécifier, il entraînerait contre la caution la compétence commerciale, suivant l'art. 142 du C. com. et un arrêt de cassation du 24 juin 1816.

Un arrêt de Paris, du 18 mai 1811, rapporté par M. Dalloz qui l'approuve, V.° Cautionnement, p. 388, a donc été trop loin, en décidant qu'une femme n'avait pris qu'un engagement ordinaire de la compétence civile, en s'engageant à payer pour son mari des lettres de change séparées, déclarant en faire sa dette *solidaire* et comme si elle y était *personnellement obligée*..

Voet *ad Pandectas*, *de fidejussoribus*, n.° 32, nous enseigne que si une caution a accepté quelque

---

(1) Art. 1201, C. civ. mais si la caution a remboursé *le créancier*, pour l'un des debiteurs principaux, elle aurait son recours commercialement contre les autres débiteurs marchands, parce qu'il n'y a pas eu extinction, mais subrogation à la créance primitive.

indemnité, soit du débiteur, soit du créancier, pour consentir au cautionnement, cela est licite : *Quià periculi pretium paciscì licet*. Toutefois nous ne pensons pas qu'une pareille caution soit contraignable par corps, parce qu'il n'y a pas là les caractères d'un acte commercial. Il faudrait bien des faits de ce genre pour former une entreprise d'*assurances*.

534. Nous avons supposé jusqu'à présent que le demandeur qui assigne un commerçant est commerçant lui-même. Cependant nous avons vu, en parlant des achats et ventes, qu'un commerçant peut vendre des objets venant de son crû aussi bien qu'un non commerçant, à un marchand qui en fait trafic habituel, ou qui du moins a acheté pour revendre ; ces vendeurs n'ont donc pas fait acte de commerce, tandis que l'acheteur a fait acte de commerce ou de sa profession. Peuvent-ils l'appeler afin de prendre livraison ou de toute autre manière devant le tribunal de commerce ?

On paraît d'accord, dans la pratique, que l'acheteur qui a acheté pour revendre, peut être appelé devant le tribunal de commerce pour l'exécution et les suites de son acquisition, malgré qu'il ne puisse pas réciproquement poursuivre devant ce tribunal le vendeur pour l'exécution et les suites de sa vente qui, quant à ce vendeur, n'est qu'un acte civil.

535. Mais la cour de Metz a décidé, le 19 avril 1823, qu'un marchand de chevaux qui *vend* un cheval à une particulier, ne peut être actionné par

ce dernier devant le tribunal de commerce, par le motif « que ce n'était ni dans l'intention de revendre « ni de louer que le particulier avait acheté le che» val. » Ce motif n'est pas très-grave, puisqu'il ne s'agit pas de la compétence à cause du *particulier*, à moins que l'arrêt ait voulu dire qu'il en serait autrement si le marchand de chevaux avait vendu son cheval à un autre *marchand* : ce qui du reste n'aurait pas résolu la question. Mais on voit dans le fait que le marchand faisait soutenir que la loi répute acte de commerce l'*achat* de denrées et marchandises, et non pas le fait de *revente*. Cela ne paraîtrait pas sérieux si ce n'était pas aussi l'avis de M. Carré. Mais dès que la loi répute acte de commerce l'achat fait dans l'intention de *revendre*, comment cesserait-il d'être commercial, quand il est suivi de la revente même? C'est l'opinion des auteurs, notamment de M. Pardessus, n.° 1340, qui indique, pour l'obligation de faire une chose, un entrepreneur d'ouvrages, un commissionnaire de transports, ou un directeur de diligences qui, pour le fait de leur entreprise, doivent être appelés devant le juge-consulaire par le non commerçant qui les en a chargés, encore qu'eux ne puissent l'appeler que devant le juge civil.

536. Faisons remarquer du reste que si un commerçant ou tout autre était assigné devant un tribunal *civil* à l'occasion d'un acte de commerce, ce tribunal ne serait pas incompétent, *ratione materiæ*. Par les lois de son organisation, il connaît de toutes actions personnelles et mobilières; il ne pourrait

donc pas se dessaisir d'office. Voy. Compétence des juges-de-paix par M. Henrion de Pensey, p. 42, et annales du droit com. 1835, p. 26, qui cite d'autres monumens. L'incompétence est une exception personnelle et relative que le marchand peut opposer, pourvu qu'il le fasse *à limine litis*. Art. 170. C. proc. Rép. V. trib. de com. Arrêt de Bordeaux, du 1.er février 1831. S. 31, p. 180; arrêt de Bastia du 10 août 1831. S. 33; 24 avril 1834; aff. arnt. Lecomte - Rotcamp; annales 1835, p. 18. Nous avons cité ces autorités pour faire voir que l'on ne suit pas l'opinion contraire de M. Carré, quoiqu'appuyée sur de graves motifs pour faire regarder l'incompétence comme matérielle. V. n.° suiv.

537. Le juge-de-paix participant jusqu'à certaine limite de la jurisdiction civile pour juger de petites affaires personnelles et mobilières, il pourrait aussi juger celles qui auraient une cause commerciale, si les parties consentaient de plaider devant lui. Tel est aussi la doctrine du Répertoire V.° Trib. t. 14. p. 186; mais il ne pourrait prononcer la contrainte par corps. Alors devant le juge-de-paix comme devant le tribunal civil, l'incompétence est relative et peut être couverte.

538. Nous avons cité ces arrêts parce que M. Pardessus, dont l'autorité est d'un si grand poids, pense, n.° 1347, que le non commerçant peut *à son choix* traduire le commerçant devant le tribunal de commerce ou devant le tribunal civil, et il cite un arrêt de rejet du 20 mars 1811. Nous admettons

donc ce choix, en ce sens que le tribunal civil n'est pas absolument incompétent, mais sauf que le défendeur pourra demander son renvoi, avant toutes exceptions. Telle est aussi l'opinion de M. Favard, V.° Trib. et Carré, lois de la Compétence. Locré, t. 8, p. 200, fait remarquer avec raison que ce *choix* était bien laissé au laboureur ou vigneron par l'ordonnance de 1673, mais qu'elle a été abrogée par le décret du 15 septembre 1807 sur la promulgation du C. de com.

Quant à l'arrêt de rejet cité par M. Pardessus, nous ne croyons pas nous tromper en disant qu'il n'a pas décidé, *in terminis*, si le commerçant avait le droit de demander son renvoi devant le tribunal de commerce. Un administrateur de diligences, cité devant le tribunal civil pour responsabilité d'objets confiés à son transport, a demandé son renvoi au commerce, puisqu'il s'agissait d'entreprise de *transport*. Mais la cour de cassation, apparemment par erreur, n'a pas vu là un acte de commerce, « attendu, porte le seul motif, qu'on ne peut rai» sonnablement soutenir que le dépôt (1) d'un sac

(1) Ce n'est pas un acte de commerce de la part du déposant, mais c'est une entreprise de transport de la part du messager. M. Favard V.° trib. com. pense que la cour n'a pas entendu juger la question, mais il repousse l'avis de M. Pardessus, M. Carré ne comprend l'arrêt que dans ce sens qu'il s'agissait d'un sac de nuit qui ne paie ordinairement aucun droit, et qui n'étant pas déclaré reste sous la seule surveillance du voyageur.

» de nuit à une diligence soit acte de *commerce*,
» d'où il résulte que l'arrêt attaqué n'a pu contre-
» venir, en le décidant ainsi, à l'art. 631 du C. de
» com. »

Ainsi cet arrêt ne décide pas ce que pensait M. Pardessus ; et, en le prenant dans le sens qu'un chef de diligences ne pourrait être appelé commercialement pour faits de son entreprise, cet arrêt, qui ne doit pas faire jurisprudence, est contraire à l'opinion vraie de M. Pardessus qui dit, n.° 1346, qu'un entrepreneur de diligences peut être cité commercialement pour fait de transport. On l'a déjà dit, *non exemplis, sed legibus judicandum*. De plus un autre arrêt de la section civile, du 10 juillet 1816, aussi cité par M. Pardessus, décide que le commerçant a pu couvrir l'exception d'incompétence par son silence, ce qui confirme qu'il aurait pu plutôt demander son renvoi. Ainsi le non commerçant, en appelant le commerçant devant le tribunal civil, s'expose à perdre son temps et ses frais, si celui-ci oppose le déclinatoire de suite.

538 *bis*. Nous aimons à croire que les faux sermens sont rares en matière de commerce, mais pour qu'ils deviennent plus rares encore, il faut prémunir contre une funeste erreur. Quand un serment a été prêté, et par respect pour la chose jugée, on ne peut être admis à en prouver la fausseté par témoins. Art 1363 du C. civil. V. Merlin, V.° Serment, et deux arrêts de la cour de cassation rapportés par Sirey, t. 13. Mais ceci n'a lieu qu'en matière civile. Quand le serment a été prêté en

matière commerciale, la fausseté peut en être prouvée, même en matière criminelle, parce que le Code civil, art. 1341, fait exception, soit pour le cas où il a commencement de preuve par écrit, soit quand il s'agit d'affaire de commerce. C'est ce qu'a jugé la cour de cassation le 30 janvier 1836.

ARTICLE DEUX.

Contrainte par corps.

SOMMAIRE.

839. Contrainte par corps engendre compétence *materiæ*.
840. Abandonnée par une aveugle philantropie.
841. Rétablie en l'an 6 — loi incorrecte — pour toute somme. — n'exceptait pas les septuagenaires.
842. Loi de 1832 généralise la condamnation commerciale. — Exceptions.
843. Septuagenaires précédemment condamnés, sont encore contraignables.
844. Contrainte peut être prononcée par arbitres.
844 *bis*. Si l'appel est suspensif. — Caution.
845. Qu'entend-on par somme *principale* de 200 fr. ?
846. Exclusion des intérêts.
847. Exclusion des dépens.
848. Condamnation incidente, porte sur un objet principal.
849. Le mari d'une femme, marchande publique, est contraignable.
850. Aujourd'hui, on peut appeler du chef relatif à la contrainte par corps.
851. On ne peut acquiescer valablement.
852. Faut-il motiver la condamnation à la contrainte?
853. Les législateurs y sont soumis,
854. Id. les militaires.

539. Parlons de la contrainte par corps à laquelle les commerçans sont exposés : c'est une sorte de compétence *ratione materiæ*, puisque les tribunaux civils et de commerce ne la prononcent que pour certains objets, même à la charge d'appel encore que leur jugement soit en dernier ressort quant à la somme première de condamnation. Loi de 1832, art. 20.

540. Dans l'entraînement aveugle d'une philantropie irréfléchie et funeste au commerce, une loi du 9 mars 1793 abolit la contrainte par corps. L'imagination avait rajeuni le spectacle odieux d'une loi romaine qui forçait le débiteur à payer *aut asse aut cute*, et le mettait ainsi à la disposition d'un créancier l'accablant de mauvais traitemens. C'est l'évasion d'un débiteur fustigé qui donna lieu à la retraite du peuple sur le Mont-Sacré. C'était un infortuné soldat qui parvenu sur la place publique où il montra sa poitrine cicatrisée d'honorables blessures, dit au peuple : *en acquérant ce certificat de civisme, j'ai contracté des dettes* : puis en montrant ses épaules ensanglantées : *voilà la récompense de mes services.*

En 1793, les esprits frappés de cette image, immolèrent la foi publique à la liberté. Mais dans des temps plus calmes, on sentit que la bonne foi ne pouvait rester désarmée devant le stellionat, la fraude et la spoliation, et que souvent le mieux est ennemi du bien. Une loi du 24 ventôse an 5, considérant qu'il était urgent de rendre aux obligations entre citoyens la sûreté et la solidité qui seules pouvaient donner au commerce de l'empire la splendeur et la supériorité, a rétabli la contrainte par corps comme auparavant. (1).

541. Mais la loi du 15 germinal an 6 qui en régularisa l'exercice laissa quelques imperfections que la loi nouvelle a corrigées. En effet, celle de l'an 6 prononçait la contrainte par corps « de marchand à marchand pour le fait de marchandises dont ils se mêlent respectivement; — « contre tous » les négocians ou marchands qui signent des billets » pour valeur reçue *comptant* ou en *marchandises*, » soit qu'ils doivent être payés sur l'acquit d'un par« ticulier y nommé, ou à son ordre ou au porteur. » Il résultait delà, en prenant le texte littéralement, 1.° que la contrainte par corps n'aurait pas eu lieu pour un billet créé valeur en *compte*. 2.° qu'une dette établie autrement que par billet, c'est-à-dire par lettres, registres ou témoins n'aurait pas engendré la contrainte par corps. 3.° Qu'elle n'avait lieu que de *marchand à marchand* et pour fait de *marchandises* dont ils se mêlent respectivement : de sorte qu'un vigneron pour vente de vins à un

(1) « Dans les conventions qui dérivent du commerce, la loi doit faire plus de cas de l'aisance publique, que de la liberté d'un citoyen » Montesquieu L. 20. ch. 18.

marchand n'aurait pas eu la contrainte par corps, parce que ce vigneron n'est pas marchand. On a même été jusqu'à prétendre et décider qu'il fallait que les deux marchands fissent le même genre de commerce, (1) mais on était revenu de cette rigueur dans la pratique (2). 4.° Le non commerçant qui faisait quelqu'acte isolé de commerce, en achetant pour revendre n'était pas non plus contraignable. 5.° etc. Ceci pourrait être intéressant pour ceux qui étaient débiteurs avant la loi de 1832.

En un mot, M. Pardessus, n.os 1502 et 1506, s'exprime ainsi : « ce que nous avons dit nous apprend assez » que nous ne partageons pas l'opinion de ceux qui » croient que la contrainte par corps doit être pro» noncée dans tous les cas où il intervient une con» damnation commerciale. Peut-être une disposition » qui l'ordonnerait serait-elle avantageuse ; mais » la législation, dans son état actuel, ne nous pa» raît pas autoriser ce sentiment. »

Nous ferons remarquer cependant qu'il y a dans l'art. 637 du C. de com. quelque chose qui porte à croire que la contrainte par corps serait la suite d'une condamnation pour opération de commerce, échange, trafic, banque ou courtage, mais c'est quand des non commerçans étaient appelés par suite de lettre de change imparfaite ou de billets à ordre ayant pour cause un acte de commerce : d'où il résulte qu'en prenant comme disposition ce qui

(1) Rejet, 29 janvier 1806.

(2) 20 mai 1820.

n'était qu'une induction contre ces non commerçans appelés pour ce genre d'effets négociables, lorsqu'il aurait fallu une loi *formelle* suivant l'art 2063 du C. civ., il resterait toujours lacune pour les autres cas dont nous avons parlé, à cause de la forme de rédaction de la loi de l'an 6.

Ajoutons que cette loi était plus large, en ce que, au lieu de réputer acte de commerce en toutes personnes la lettre de change seulement, elle autorisait la contrainte « contre *toutes* personnes qui » signeront des lettres ou *billets* de change (1); » celles qui y mettront leur aval, qui promettront » d'en fournir avec remise de place en place, et » qui feront des *promesses* pour lettres de change à » elles fournies, ou qui devront l'être » (2).

542. Les vœux du savant jurisconsulte-législateur ont été accomplis par la loi du 17 avril 1832 dont nous avons déjà parlé n.° 465 *note*. Si elle généralise la contrainte par corps pour toute dette commerciale, elle est beaucoup plus humaine que la loi précédente, en abrégeant la durée de la détention, et en prononçant des exceptions commandées par la morale. Ainsi, la contrainte par corps sera prononcée, sauf les exceptions, contre toute personne condamnée *pour dette commerciale* au paiement d'une somme *principale* de 200 fr. et au-

(1) Nous avons expliqué la différence dans la distinction précédente, en parlant des lettres de change.

(2) Même observation.

dessus. Art. 1.er outre les femmes, les filles et mineurs dont nous avons déjà parlé, la contrainte par corps ne doit jamais être *prononcée* contre le septuagénaire débiteur. L'art. 19 la prohibe entre mari et femme, ascendans et descendans, frères et sœurs et alliés au même degré. C'est un hommage à la décence publique.

543. La loi a porté son bienfait jusqu'à déclarer que les individus mentionnés art. 19 contre lesquels il serait intervenu des jugemens de condamnation par corps ne pourraient être arrêtés en vertu desdits jugemens : s'ils étaient détenus, leur élargissement devait avoir lieu immédiatement après la promulgation. Puisque la loi a borné là sa sollicitude rétroactive, il faut en conclure que la contrainte par corps précédemment prononcée contre un septuagénaire, ou pour une somme moindre de 200 fr. pourrait s'exécuter aujourd'hui. V. 554.

544. Dès que la contrainte par corps est un moyen légal d'exécution attaché aux condamnations pour *dettes commerciales*, sans distinction de l'autorité qui a prononcé, il en résulte que la contrainte par corps peut-être prononcée par des arbitres, entre associés. Dans la pratique ; la jurisprudence (1) admettait aussi, presque généralement, que la contrainte par corps pouvait être prononcée par des arbitres, en matière commerciale quelconque, quoiqu'il ne s'agît pas de société, puisque le Tribunal de commerce aurait pu la prononcer s'il eût jugé la contestation. La loi nouvelle

(1) 1.er juillet 1823, arr. ch. civile de cassation.

fortifie plutôt qu'elle n'affaiblit cette jurisprudence. Il y a d'autant moins d'inconvénient à l'admettre que l'appel est toujours permis en cette matière, si le condamné prétend qu'il n'était pas dans le cas de la contrainte par corps par la nature des opérations qui ont donné lieu à l'arbitrage.

544 *bis*. L'art. 2068 du Code civil est ainsi conçu : « l'appel ne suspend pas la contrainte par » corps prononcée par un jugement provisoirement » exécutoire *en donnant caution*. » Cependant l'art. 135 du C. proc. permet aux tribunaux de prononcer l'exécution provisoire de leurs jugemens sans caution lorsqu'il y a titre authentique, promesse reconnue ou condamnation précédente : ce qui a amené la question de savoir si un créancier peut exercer la contrainte par corps lorsqu'il a obtenu simplement condamnation *provisoire*. La cour de Pau par arrêt du 24 juillet 1823 a jugé pour la suspension par l'effet de l'appel quand il n'y avait pas *caution ordonnée* et de plus prestation de caution. Il s'agissait de contrainte par corps pour dommages-intérêts prononcés en vertu de l'art. 126 du C. pr. : ce qui indique qu'il s'agissait d'une créance civile. Le 20 mars 1835 la cour de Bordeaux a jugé de même, Sirey. 36 dans une espèce où la contrainte par corps avait été prononcée contre une étrangère par suite d'un cautionnement qu'elle avait donné devant le consul et au profit d'un créancier de sa nation par un acte qu'on devait tenir pour authentique. L'exécution sur les biens seuls a lieu provisoirement.

En serait-il autrement en matière de commerce ?

on sait bien que, d'après l'art. 2070 du C. civil, il n'a pas été dérogé aux lois particulières qui *autorisent* la contrainte par corps en matière de commerce, ni aux lois de police correctionnelle, ni à celles qui concernent l'administration des deniers publics. Ainsi il semble qu'il n'est là question que des lois qui prononcent sur le fonds du droit de contraindre par corps ou l'*autorisation* aux juges de la prononcer. Mais quant au mode de procédure, quant à l'effet d'un appel dans un cas donné ; celui où le créancier n'a pas été assujetti à donner caution préalable pour l'exercice de l'emprisonnement, il paraît que l'art. 2068 est général et applicable aux affaires commerciales, s'il n'y a ni dans la loi de 1832, ni dans le C. de proced. titre des tribunaux de commerce, rien qui y fasse dérogation. Il résulterait delà que ce serait en connaissance de cause que le juge s'exprimerait sur la contrainte par corps ; l'art. 439 C. pr. est la répétition de l'art. 155. Nous recommandons cette question surtout aux méditations des plus habiles.

545. Il n'est pas hors de propos d'expliquer ce qu'on a entendu par somme *principale* de 200 fr. Pour fixer le premier ou dernier ressort d'un jugement à raison de la somme en litige, on a cherché à composer l'objet de la demande de divers élémens pour pouvoir arriver à l'appel, et souvent on a décidé qu'il fallait joindre à la somme première, objet du litige, des accessoires, tels que frais, protêts, compte de retour, rechange, intérêts déjà échus au moment de la demande. C'est en

présence de ces difficultés que le législateur ne voulant rien laisser à l'arbitraire a déclaré que la somme pouvant entraîner contrainte par corps devait être une somme *principale* de 200 fr. : ce qui exclut l'idée que des objets accessoires et *postérieurs* à la demande puissent entrer dans cette supputation.

346. Des intérêts ne seraient pas un accessoire s'ils avaient été capitalisés dans un compte, ou réunis avec la somme prêtée, parce qu'à l'échéance il était dû une somme principale fixe. Mais *quid* des frais de protêt et enregistrement, intérêts échus par suite, et comptes de retour ? V. 685.

347. Lors même que les dépens seuls s'élèveraient à une somme de 200 fr., et qu'ils seraient la seule condamnation obtenue par une partie, même pour lui tenir lieu de dommages-intérêts; il est toujours vrai qu'ils n'étaient demandés que comme accessoire de la demande principale. Cassation 30 juillet 1833.

348. Du reste peu importe que la condamnation soit prononcée au profit du demandeur, ou bien au profit du défendeur qui incidemment aura fait des réclamations : c'est pour tous deux un objet principal. Peu importe si la somme dont le paiement est prononcé se compose de plusieurs chefs de réclamation ou d'un seul.

349. Autant que personne nous sommes amis de la liberté privée ; nous ne saurions cependant approuver l'arrêt de Paris du 7 août 1832 qui décide que le mari d'une femme marchande publique ne peut être condamné par corps en se fondant sur ce

qu'il n'est pas négociant, et que l'art. 5 du C. com. l'oblige bien aux dettes contractées par sa femme avec laquelle il est commun en biens, mais ne dit nullement qu'il sera tenu par corps. Le mari n'est pas là seulement caution d'une dette commerciale; il en est le débiteur principal. A la vérité, il n'a pas traité personnellement, mais il a traité par l'intermédiaire de sa femme, comme tout commerçant par son préposé ou mandataire. La seule différence c'est que le préposé n'est pas ordinairement responsable en son propre nom, tandis que la femme, comme marchande publique se trouve engagée personnellement. Le mari, suivant les coutumes, est seigneur et chef de la communauté; suivant l'art. 1421 C. civil, il l'administre *seul*; il profite donc des opérations de sa femme, à tel point que, quoique marchande publique, elle ne peut ester en jugement sans le consentement de son mari, soit en demandant, soit en défendant, art. 215. Comment admettre que le mari, profitant du fait de sa femme pourrait poursuivre son débiteur par corps, tandis que lui ne serait pas soumis à cette voie. Il serait singulier que le mari et la femme assignant un négociant ou autre, ne pussent ensemble être soumis à la contrainte envers le défendeur qui, reconventionnellement, se ferait reconnaître créancier en définitive. L'art. 5 du C. de commerce n'a pas eu pour objet de créer les obligations du mari, en tant que commun en biens avec une femme marchande, l'art. 1426 du C. civil y avait formellement pourvu; mais l'art. 5 s'occupant des femmes marchandes publiques dit qu'elles peuvent personnellement s'engager, sans parler même contrainte par corps à leur égard : tout restait envers les deux époux dans les termes du droit, soit sous le rapport de l'administration dont il est toujours réputé le directeur, soit sous le rapport de la contrainte par corps.

550. Avant la loi de 1832, la contrainte par corps n'était considérée que comme simple moyen d'exécution, et n'influait en rien sur l'appréciation du premier ou dernier ressort. Aujourd'hui, la disposition qui prononce la contrainte par corps, est considérée comme distincte de la condamnation judiciaire ; en sorte que, malgré que le tribunal ait statué en dernier ressort sur la somme pécuniaire, l'on peut appeler du chef relatif à la contrainte par corps. Art. 20 de la loi du 17 avril.

Il résulte aussi delà que l'on ne peut, sur l'appel, que s'occuper du point de savoir si le condamné était bien dans le cas de la contrainte par corps, si du reste le tribunal avait statué compétemment. Mais on ne pourrait plus discuter le mérite de la créance ; il y a chose jugée en dernier ressort. On ne pourrait donc, sous prétexte de la contrainte par corps, déférer en appel, comme nous l'avons vu faire mal-à-propos, le serment au créancier, pour savoir si la somme lui était réellement due.

551. Cette faculté d'appel du chef de la contrainte par corps, prouve qu'elle tient à l'ordre public, ainsi que ce qui concerne la liberté en général. Dès-lors, en cas d'opposition ou d'appel contre un jugement qui aurait prononcé la con-

trainte par corps, on ne pourrait opposer au condamné, qu'il a acquiescé au jugement, parce qu'on ne peut engager volontairement, directement, ni indirectement, sa liberté. Le moyen puisé dans ce que l'on n'est pas dans le cas de la contrainte par corps, peut même être opposé, pour la première fois, en cour de cassation. Arr. 17 janvier 1832.

552. De plus, arbitres et tribunaux n'ont pas nécessairement besoin de *motiver* la disposition de leur jugement, relative à la contrainte par corps, quoique souvent ils rappellent la loi justificative ; c'est toujours un mode d'exécution accessoire ; quoiqu'en raison de la gravité de la matière, il y ait lieu à appel sur ce point. Rejet du 21 juin 1825. S. 26.

Dès que la contrainte par corps a lieu pour condamnation en matière commerciale, comme règle générale, sauf les exceptions, en faveur des personnes désignées, il faut dire que nulle autre personne ne peut profiter de ces exceptions (1).

553. Ainsi, les membres des chambres législatives ne sont pas exceptés : le mode d'exécution ultérieure ou suspension pendant les sessions, ne regardent pas les tribunaux de commerce qui ont

(1) Ce n'est pas par exception que les administrateurs d'une société anonyme ne sont *pas en général*, de ce chef, contraignables par corps (cassation 23 mai 1826). La société n'a pas d'éditeur *personnellement* responsable.

rempli leur mission en prononçant la condamnation. Art. 29 et 43 de la charte de 1830.

Les militaires, même en activité de service au moment du jugement, ne sont pas dispensés de la contrainte par corps. Un arrêté des consuls des 2 thermidor et 7 fructidor an 8, a déclaré qu'il n'y avait pas lieu de modifier, en faveur des conscrits, les dispositions de la loi du 15 germinal an 6. Un jugement de commerce de Paris du 30 avril 1833, relate dans le même sens une ordonnance du 13 mai 1818, après la loi de recrutement de mars 1818 Cette question est grave, sans doute, puisqu'elle intéresse aussi le service de l'Etat pour lequel ce militaire se trouve engagé volontairement, ou par l'effet de la loi. Mais son service militaire ne l'a pas empêché de faire ses affaires privées, souvent même pour dépenses employées dans son service, pour la bonne tenue et la distinction du grade. La loi commerciale est générale dans son objet; le service pour l'Etat n'est qu'accidentel, et l'on n'aurait pas manqué de penser à introduire l'exception, si elle eût été nécessaire.

554. A l'égard des créanciers pour dettes antérieures à la loi de 1831, et qui pouvaient compter sur la contrainte par corps, contre leur débiteur, même septuagénaire, et pour toute somme au-dessous de 200 fr. : ils devront désormais être soumis aux effets de la loi nouvelle. Ils n'avaient pas de droits acquis, ils n'avaient qu'une expectative dont le réglement était dans le domaine de la législation à venir, laquelle n'a fait qu'un retour à la

loi naturelle : d'ailleurs, le mode et les moyens d'exécution des conventions sont toujours subordonnés à la loi qui existera quand les tribunaux prononceront sur le mode d'exécution. Le créancier qui avait déjà obtenu condamnation avant la loi nouvelle, conservera ses droits tels qu'ils lui étaient alors acquis. Mais s'il vient demander une condamnation pour une créance ancienne, le tribunal ne pourra la prononcer que pour 200 fr. de principal, et contre un non septuagénaire. C'est ce qui résulte du rapport de la commission à la chambre des députés.

Résumons les exceptions.

535. La première est entre mari et femme. Malgré la généralité de ces termes et la bienséance du mariage, il n'est pas probable qu'on ait voulu étendre cette exception aux époux divorcés, surtout lorsque la chambre des députés admettait, par un projet de loi pendant deux années de suite, le rétablissement du divorce. Les époux n'ont plus rien de commun ; ils n'ont plus le titre de mari et femme ; ils ont même pu se faire emprisonner respectivement pour des torts et violences.

536. La deuxième exception est en faveur d'ascendans, descendans, frères ou sœurs, ou *alliés* au même degré. La morale et les liens de société ne seront donc plus brisés. Les magistrats n'oublieront pas qu'il n'y a point *alliance* sur *alliance* (1) ;

(1) Répertoire V.° affinité. — Toullier sur les témoins.

qu'ainsi, celui qui épouse une fille dont la mère est remariée, et qui se trouve *elle* alliée au 2.e mari, son beau-père, n'est pas l'allié de ce beau-père : de même ceux qui épousent deux sœurs et *vice versâ*, ne sont pas alliés au degré de frères et sœurs.

Au surplus la loi n'a pas distingué entre frères germains, nés de mêmes père et mère, et frères consanguins ou utérins, nés de père ou mère différens. Ils sont tous dans l'exception. Nous pensons que les enfans naturels légalement reconnus sont dans le même cas, non seulement au regard de leurs père et mère, mais encore au regard de leurs frères et sœurs encore qu'ils ne soient pas héritiers l'un de l'autre ; il ne s'agit pas ici de succession, mais d'un hommage à l'humanité et à la morale publique. Ce sont toujours les droits du sang.

557. Ce que nous venons de dire s'applique aussi aux proches parens ou alliés *étrangers*, au degré ci-dessus : c'est toujours le lien du sang et de famille, encore que la qualité *d'étrangers* ait pu changer l'ordre des successions.

558. La contrainte par corps lorsqu'elle est prononcée contre un étranger de l'un ou de l'autre sexe, ne peut porter que sur une somme principale de 150 fr. ; ce qui exclut aussi les accessoires d'entrer dans la composition de cette somme. L'étranger jouit aussi de la pitié accordée aux septuagénaires, excepté au cas de stellionat ; car là il y a fraude. Art. 14 et 18 de la loi.

Il est même à remarquer que cette voie de contrainte par corps n'a pas besoin d'être *prononcée* ; la condamnation *emporte* la contrainte par corps, c'est ce qu'on décidait sous la loi du 10 septembre 1807. L'article 14 n'en est que la reproduction sauf la restriction à un principal au moins de 150 fr.; et comme les étrangers, même mineurs, ne sont pas exceptés, ils continuent d'être assujettis de plein droit à la contrainte par corps comme ils l'étaient dans la pratique sous la loi de 1807, même en matière civile.

Terminons par deux remarques, la première que si un étranger en fait arrêter un autre pour dette commerciale ou civile, il ne peut pas le retenir en prison plus long-temps qu'un français ne retiendrait un français, c'est-à-dire au-delà de cinq ans, tandis qu'un français peut retenir un étranger pour un temps qui peut s'élever à 10 ans, suivant la quotité de la dette, d'après l'article 17 de la loi de 1832. Dans tous les cas, le temps de l'arrestation provisoire avant le jugement définitif compte dans la durée de la détention. La deuxième remarque, c'est que, pour qu'un étranger puisse être assigné devant un tribunal français et contraignable par corps, il n'est pas absolument nécessaire que le français qui le poursuit soit actuellement domicilié en France; il suffit qu'il soit français, quoique résidant en pays étranger où il a pris établissement. L'esprit de retour lui conserve tous ses droits. La cour de Paris ayant refusé la contrainte par corps à la dame Bertin quoique française d'origine, mais établie depuis long-temps en Russie, contre la princesse de Bagration, russe en résidence à Paris, son arrêt a été cassé le 26 janvier 1836, pour violation de l'art.

14 du C. civil qui n'exige pas que le français poursuivant ait un domicile actuel en France.

Il y a dans la loi de 1832, une lacune sur les faillis septuagénaires et les faillis auxquels un sauf-conduit est refusé. Voyez Livre 4, sur les Faillites.

ARTICLE TROIS

Receveurs, Payeurs, etc.

SOMMAIRE.

559. Receveurs payeurs ne sont pas commerçans.
560. Comptables soit des deniers de l'état, soit des administrations, sont justiciables.
561. Contre eux il faut preuve écrite.
562. Emprunt pour leur cautionnement n'est pas commercial.
563. Un *endossememt* de billet entraine juridiction.
564. *Quid* d'un maire qui s'ingère dans les fonctions de receveur-municipal?
564 *bis.* Receveur de loterie.

559. Les receveurs des deniers publics ou d'administrations ne sont point commerçans par état; préposés par l'autorité, ils ne sont pas libres dans leurs opérations. Cependant une loi du 13 frimaire an 8 suppose clairement qu'ils peuvent se trouver en état de faillite; mais c'est dans le cas où ils se livrent à des opérations de commerce individuelles, banque et autre trafic: celà est admis dans la jurisprudence.

Cependant leurs fonctions publiques ont un contact nécessaire avec le commerce; delà les dispositions des art. 634 et 638 du C. de commerce. Les tribunaux de commerce connaissent des billets faits par les receveurs, payeurs, percepteurs ou autres comptables de deniers publics. Néanmoins les billets souscrits par un commerçant sont censés faits pour son commerce, et ceux de ces fonctionnaires comptables seront censés faits pour leur gestion, lorsqu'une autre cause n'y sera pas énoncée.

560. Par les mots comptables de deniers publics, il ne faut pas entendre seulement les deniers du trésor national, mais les deniers des administrations publiques soumises à l'inspection du gouvernement, même les receveurs d'octroi. Rejet 12 mai 1814. S. 15. *Quid* des préposés aux loteries? V. 564 *bis*.

Ces receveurs etc. sont-ils contraignables par corps? un sérieux motif de douter provient de ce que les tribunaux de commerce connaissent de quelques actions qui ne sont pas commerciales de leur nature, telles les actions contre les commis et autres, et sur appel, de décisions de prud'hommes. Toutefois ces receveurs etc. ne sont pas nommés spécialement dans la loi de 1831 pour être sujets ou exceptés de cette mesure. La loi de l'an 6 n'en parlait que dans leurs rapports de comptabilité publique, et les tribunaux étaient presque unanimes pour les astreindre à la contrainte. Aujourd'hui qu'il est constant que leurs billets ont la qualité commerciale et les assimilent aux commerçans sous le rapport de la compétence; et que d'autre part l'art. 1.er de la loi de 1832, plus générale que la précédente prononce la contrainte par corps pour dette commerciale; il faut dire que ces comptables sont contraignables pour leurs billets : c'est un moyen d'augmenter leur crédit (1). Un arrêt de Toulouse du 21 août 1835 dit le contraire. Annales 1836.

561. Dès que c'est par exception et pour billets que ces agens sont justiciables des juges de commerce, il faut renfermer l'exception à ces billets, à ordre ou simple reconnaissance publique ou privée ou lettres missives qui en tiennent lieu. Mais ils rentreraient dans le droit commun, s'ils étaient actionnés pour des avances manuelles et autre choses qu'on voudrait prouver par témoins. La preuve ne serait pas admissible comme en matière commerciale.

Il n'y a pas à discuter quand le billet d'un comptable énonce une cause étrangère à sa gestion. Hors delà, tout billet valeur reçue comptant, en espèces ou amiable prêt, même sans énonciation de valeur fournie (et contestable de ce chef au fond), serait censé avoir été fait pour cette gestion.

362. L'on ne devrait donc pas attribuer à l'avantage de cette gestion un emprunt qui serait énoncé devoir servir à faire le cautionnement de la place de receveur que l'emprunteur doit ou vient d'obtenir ; car ces fonds ne sont pas destinés à la circulation, ils sont d'ailleurs antérieurs à l'exercice et à *la gestion*.

563. Il parait naturel que le comptable soit justiciable des consuls non seulement pour un billet par

(1) La déclaration du 20 février 1692, les soumettait à la contrainte. id. arrêt d'Amiens du 30 mai 1820.

lui créé, mais aussi pour endossement d'un effet, si cet endossement n'énonçait pas qu'il est étranger à sa comptabilité, peu importerait qu'il ne fût plus comptable au moment des poursuites. On considère la date de l'engagement.

564. Une décision du conseil d'état du 25 octobre 1833, assimile au percepteur pour la compétence administrative devant le conseil de préfecture, un maire qui s'immisce personnellement dans la recette et l'emploi des deniers communaux; mais les billets de ce maire, en pareil cas, ne sauraient l'attirer en compétence commerciale. Une fiction doit se renfermer dans ses limites.

564 *bis*. Un receveur de loterie est un comptable dans le sens de l'art. 637. Les anciens employés du temps où les loteries subsistaient avant 1836, seraient donc, pour leurs anciens billets, justiciables du tribunal de commerce.

LIVRE QUATRE.

COMPÉTENCE SUR OBJETS DIVERS ET GÉNÉRAUX.

Ces objets peuvent se rapporter 1.° à la société et à l'arbitrage, 2.° aux faillites, 3.° aux attributions du président, 4.° au premier ou dernier ressort.

ARTICLE I.

Société — Arbitrage.

SOMMAIRE.

565. Publication du domicile de la société.

566. Décret de Marie-Louise qui ordonnait la publication dans les journaux, jugé inconstitutionnel.

567. Cette mesure est régularisée par la loi de 1833.

568. La loi n'a pas d'effet rétroactif. — Observation de M. Isambert.

569. Sociétés irrégulières sont soumises à l'insertion aux journaux pour l'avenir.

570. Qualité d'associé jugée comme exception par le tribunal.

571. Est-elle jugée en dernier ressort ?

572. Compétence du tribunal devant qui s'élève l'incident. — Commanditaire déchu.

573. Incompétence d'ordre public, renvoi devant les arbitres.

573 *bis*. Le tribunal de commerce ne peut juger comme arbitre compositeur.

574. Juge compétent jusqu'à la liquidation, entre associés. — Prescription.

575. Arbitres choisis par le juge du domicile élu.

576. Il faut que la société soit commerciale.

577. Une somme jouie alternativement ne forme pas société. — ni la part d'un commis dans les bénéfices.

578. Tribunaux compétens pour juger, avant l'arbitrage, les questions préjudicielles. — L'existence de la société.

578 *bis*. Si une autre société est alléguée devant les arbitres.

579. Demande en dissolution d'une société. — du ressort des arbitres.

580. De même, question de savoir si la dissolution a été valablement faite.

581. Les arbitres nomment un liquidateur.

582. Arbitrage a lieu nonobstant la faillite.

583. Le tribunal ne peut nommer que deux arbitres.

584. La partie qui a approuvé la nomination d'un 3.e, ne peut plus se plaindre.

565. Nous avons vu, Livre 2, en parlant du domicile, que les sociétés forment un être moral, ayant son domicile propre soit dans une maison sociale, soit dans celle d'un associé; c'est pour qu'il n'y ait

pas d'équivoque à cet égard que les extraits des actes de société en nom collectif et en commandite, ou d'actes de dissolution et changemens, contenant (1) ce qu'il importe au public de savoir, doivent être remis dans la quinzaine au greffe du tribunal de commerce de l'arrondissement dans lequel est établie la maison de commerce social, pour être transcrits sur le registre et être affichés pendant trois mois dans la salle d'audience. S'il y a plusieurs maisons de commerce, les publications se font dans chaque arrondissement où elles se trouvent. Art. 42 et 46 C. com.

566. Sur la demande du commerce de Paris, l'impératrice Marie-Louise, en l'absence de Napoléon, pendant les désastres de la guerre, avait rendu le 12 février 1814 un décret portant qu'outre l'affiche ci-dessus pour les sociétés à former et les changemens qui pourraient y survenir, il y aurait insertion dans les affiches judiciaires et dans le journal du commerce, à peine de nullité. Le même décret prescrivait mêmes insertions pour les départemens, sans répéter la peine de nullité. La cour de Metz ayant pensé que cette nullité ne devait pas être suppléée, son arrêt a été cassé le 27 janvier 1830. Devant la cour de Nancy saisie par le renvoi, on agita une autre question, celle de la force de ce décret de l'Impératrice, cette cour décida

(1) Les sociétés en participation ne sont pas assujetties à ces formalités, art. 50. C. comm.; les sociétés anonymes ont une autre publicité. Art. 37.

que le décret excédait les pouvoirs attachés à sa qualité de régente résultant de lettres-patentes du 23 janvier 1814. Sur nouveau pourvoi, la cour de cassation, chambres réunies, l'a jugé de même.

567. La mesure d'insertion aux journaux n'en était pas moins salutaire; M. Dupin aîné en 1832 et M. Jacques Lefevre en 1833 provoquèrent sa conversion en loi : en effet une loi du 6 avril 1833 porte qu'il sera fait addition à l'art. 42, en ces termes :

« Chaque année, dans la première quinzaine de » janvier, les tribunaux de commerce désigneront, » au chef-lieu de leur ressort, et, à défaut, dans la » ville la plus voisine, un ou plusieurs journaux » où devront être insérés dans la quinzaine de leur » date, les extraits d'acte de société en nom col- » lectif ou en commandite, et régleront le tarif de » l'impression de ces extraits. Il sera justifié de » cette insertion par un exemplaire du journal cer- » tifié par l'imprimeur, légalisé par le maire, et » enregistré dans les trois mois de sa date. »

Puis rectification à l'art. 46 § 3 : « En cas d'o- » mission de ces formalités, il y aura lieu à l'ap- » plication des dispositions pénales de l'art. 42, » dernier alinéa. »

568. Nous ferons ressortir de la discussion deux observations importantes de M. Isambert, député, conseiller en la cour de cassation. La première, c'est qu'on a eu soin, lors de la rédaction du Code de commerce, d'expliquer que la nullité ne pourrait être opposée aux tiers; et quant à celle qui est

prononcée par l'article 42 contre les associés, la jurisprudence, pour ne pas blesser l'équité, a voulu que les opérations secrètes consommées jusqu'au jour où l'un des associés voudrait la faire valoir et se dégager, fussent réglées conformément aux conventions primitives. (1) La deuxième observation, c'est que la loi n'aurait pas d'effet rétroactif sur les sociétés existantes, même depuis le décret de 1814; du moment qu'on tient qu'il n'a pas force de loi et n'avait pas été reconnu partout comme tel, ces sociétés avaient acquis toute la légalité désirable; « les soumettre aujourd'hui à une publication nou- » velle, serait en quelque sorte retrograder, et » exposer des sociétés existantes à périr par la né- » gligence ou les calculs de ceux qui sont chargés » de les gérer. La loi que nous proposons ne regira » donc que les sociétés à venir et celles qui, étant » *établies*, viendraient à subir par la volonté des » contractans ou autrement des changemens prévus » par l'art. 46 du C. com.; car tout changement » de ce genre a pour effet nécessaire de constituer » une société nouvelle. »

569. Il est naturel que par sociétés *établies*, le judicieux orateur entendait celles ayant une existence légale par la publication déjà faite. Quant à celles qui auraient déjà existé, quoiqu'ayant date certaine par l'enregistrement, n'étant en quelque

---

(1) C'est la règle la plus générale (V. Pardessus 1008,) à consulter par les arbitres.

sorte qu'en projet, elles étaient soumises en entier à l'article 42 et 46 et à la nouvelle loi.

Par suite, l'inobservation de toutes ces formes ne ferait pas commencer la prescription de cinq ans au profit des associés non liquidateurs, leurs veuves, héritiers ou ayant-cause, prononcée par l'art. 64 du C. de com.

Ce n'est qu'en matière de société que le tribunal nomme des arbitres; l'arbitrage auquel on se soumet souvent dans les contrats d'assurance, art. 332, n'est qu'une faculté; en cas d'omission de le stipuler, les parties restent dans la juridiction commerciale.

570. Quoique les tribunaux de commerce ne soient pas chargés de prononcer sur les difficultés entre associés en matière commerciale soit durant le cours de la société, soit après sa dissolution et touchant la liquidation, ils n'en ont pas moins à examiner des questions préjudicielles. Ainsi, ils jugent de la validité de la société suivant l'observance des formes: ainsi un individu est assigné comme étant l'associé d'un autre solidairement avec lui ou séparément, s'il prétend n'être pas associé, le tribunal examinera préalablement l'existence de la société, avant de s'occuper du fond de la contestation.

De même si un associé était poursuivi non comme membre de la société, mais en son nom privé, le tribunal de commerce aurait encore à examiner si la contestation concerne réellement la réunion d'individus ou être moral, du nom *société*. Le défendeur a intérêt à présenter cette exception soit pour n'avoir à supporter que sa part de condamnation, soit pour demander son renvoi devant le domicile de la société, si individuellement ce défendeur en a un différent.

571. Mais le jugement qui interviendrait dans le cas ci-dessus et autres analogues n'aurait d'effet qu'entre les parties au procès ; toute autre personne ne pourrait s'en prévaloir pour en conclure dans une autre affaire qu'il y a ou n'y a pas société ; les parties mieux défendues peuvent faire valoir mieux leurs moyens, ou des moyens nouveaux, d'autant plus que dans un précédent jugement, l'affaire n'était peut-être pas susceptible d'appel. Nous en avons donné la raison en parlant des Incidens. *Section* 2.

572. Celui qui est assigné comme associé et ne veut pas l'être, ou celui, qui étant assigné comme mandataire d'une société pour rendre compte de son mandat, se prétend au contraire membre de la société, doivent présenter leur exception devant le juge de l'action, premier saisi, sans pouvoir former une demande principale devant un autre juge pour faire juger leur prétention. Cass. 7 avril 1825 et 9 mai 1826. S. 26. Ce qui s'appliquerait au cas où une société en commandite venant à tomber en faillite, les créanciers de cette société voudraient faire considérer comme associés solidaires et responsables, des actionnaires à qui on reprocherait de s'être immiscés dans l'administration des affaires de la société ; car suivant les art. 27 et 28 du C. com., l'associé commanditaire ne peut faire aucun acte de gestion, ni être employé pour les affaires de la so-

ciété, même en vertu de procuration; et en cas de contravention à cette prohibition, l'associé commanditaire est obligé solidairement avec les associés en nom collectif pour toutes les dettes et engagemens de la société. Le tribunal connaîtrait de cette question de responsabilité puisqu'il s'agit d'affaire commerciale; et il ne renverrait par-devant des arbitres, car la contestation n'est pas entre associés pour les affaires de la société, mais entre des créanciers contre un associé en son nom personnel. V. le n.° 593. Au surplus la responsabilité ne résulte pas d'une simple irrégularité, il faut acte d'administration dans des circonstances ordinaires. Ainsi le remplacement du gérant d'une société en commandite, effectué seulement par une partie des associés commanditaires, ne constitue pas nécessairement de leur part acte de gestion qui les rende solidairement responsables des engagemens de la société, bien que ce changement n'ait point eu lieu en assemblée générale comme le voulait l'acte social, et n'ait pas été rendu public; mais il y avait une sorte d'urgence, le gérant précédent avait donné sa démission et avait présenté son successeur suivant une clause de l'acte de société. Arrêt de cassation du 6 mai 1835, confirmatif de celui de Bordeaux, affaire faillite Jouffroy.

573. Au surplus il semblerait que le tribunal de commerce, pourrait statuer lui-même entre les associés, s'agissant au fond d'affaire de commerce, si les parties ne demandent pas nomination d'arbitre: cependant, on juge que l'incompétence du

tribunal est d'ordre public, et que ce moyen peut être présenté en appel pour la première fois. Le tribunal doit d'office se déclarer incompétent. Il en serait autrement devant un tribunal civil, dont la juridiction embrasse toutes les matières, ainsi que nous l'avons dit en parlant des commerçans. 9 avril 1827, chambre civile. Il en serait autrement si la société avait été contractée avant le Code de commerce, l'ancienne ordonnance étant moins impérative sur l'arbitrage, l'incompétence du tribunal se couvrirait.

573 *bis*. Les tribunaux de commerce doivent tellement se renfermer dans les objets à eux confiés par la loi, qu'ils ne peuvent statuer par forme de transaction, comme arbitres amiables-compositeurs, c'est-à-dire dispensés des règles du droit, même avec le consentement des parties. Arrêt de la ch. civ. cour de cass. du 30 août 1813. Jousse sur l'ord. de 1673 cite les ordonnances qui obligeaient en terme exprès, les juges-consuls, à se conformer aux lois et ordonnances à peine de prise à partie.

574. Une fois qu'il y a eu société dont le domicile était établi en un lieu, même après la dissolution, le juge de commerce du domicile de ce lieu doit connaître de contestations entre associés jusqu'à la liquidation, encore que les associés eussent des domiciles distincts de ce lieu, parce que cette société est censée exister, entre les associés et leurs représentans, tant que la liquidation n'est pas faite.

Peu importe le genre de société. Et la prescription de cinq ans admise par l'art. 64 C. de com. en faveur d'un associé non liquidateur, a lieu en faveur d'un commanditaire qui a retiré sa commandite, lorsqu'un créancier de la société dont le gérant vient à tomber en faillite, ne réclame contre ce commanditaire qu'après les cinq ans de la dissode la société. Le liquidateur lui-même serait soumis à cette prescription contre ses co-associés. Rejet du 21 juillet 1835. S. 36.

575. On peut faire par avance élection de domicile qui donne au juge du domicile élu le droit de nommer arbitres; et stipuler que les arbitres seront de telle ville, c'est reconnaître la compétence des juges-consuls de cette ville. Rej. 6 février 1833.

576. Il ne suffit pas qu'il y ait société pour pouvoir assigner devant le tribunal de commerce, il faut encore qu'il s'agisse de société *commerciale*, quelque nom qu'on lui donne, anonyme, en nom collectif, commandite et participation, le tribunal de commerce doit examiner l'exception. Voyez actes de commerce et §. 1er *Transports* et §. 3, *entreprise de travaux, mines*, Tel serait encore le cas où un Etat pour payer ses contributions de guerre, vendrait quelques immeubles à réméré moyennant un prix qui serait payé dans un état voisin, en bons à l'ordre du trésor. Il pourrait bien y avoir remise de place en place au regard du porteur, mais il n'y aurait pas société *commerciale* qui puisse donner lieu aux intéressés contre le gérant à une action consulaire. Rejet 14 décembre 1819.

577. Tel serait encore le cas où deux individus mettent en commun une somme d'argent pour en jouir alternativement pendant un délai déterminé chacun pour son compte particulier, ce fait ne peut

constituer société commerciale, dont le réglement par conséquent doive avoir lieu par arbitres. Rejet 4 juillet 1826.

Un commis ou employé d'une maison de commerce n'ayant pour tout traitement qu'une part dans les bénéfices n'est pas à proprement parler réputé *associé* dans le sens de l'art. 51 dont l'application doit être restreinte. 13 mai 1831. Rejet.

Les tribunaux ne sont pas seulement compétens pour nommer des arbitres afin de régler les contestations qualifiées sociales.

Une question préjudicielle domine cet arbitrage. L'art. 51 porte bien que toute contestation entre associés et pour raison de la société, sera jugée par des arbitres, appartiendra-t-il aux arbitres de décider s'il y avait réellement société. Le prétendre ainsi, ce serait les rendre juges de leur propre compétence, car ils ne peuvent pas avoir mission s'il n'y a pas société, et de plus société commerciale; d'où il suit que la contestation sur *l'existence* et sur la nature de la société, doit être dans la compétence du tribunal, quand la qualité d'associé est méconnue. Rejet du 17 avril 1834. On pourrait tirer aussi argument de l'art. 49 C. com. qui dit que le *tribunal* jugera par quels moyens on peut avoir la preuve d'une société en participation. Si un individu assigné comme associé par actions, soutient que sa souscription n'a eu lieu que sous une condition qui ne s'est pas accomplie, il dénie par cela même l'existence de la société : le tribunal doit juger cet incident. Arrêt de Paris du 18 décembre 1835.

578 *bis*. Si donc, lorsque les parties sont renvoyées devant des arbitres pour régler une société précise, devant eux l'une des parties soutient qu'il y a eu une *autre* société qu'il faudrait liquider, et que l'adversaire en dénie l'existence, les arbitres doivent délaisser les parties à se pourvoir devant le tribunal de commerce ; parce qu'il s'agit toujours de la formation et de l'existence primitive d'une société ; ils ne peuvent proroger leur juridiction qui est spéciale.

579. Une demande en dissolution d'une société préexistante, semble plutôt rentrer dans l'arbitrage, puisque cela suppose une société réelle, et qu'il est constant à l'avance qu'il y a contestation entre associés. Un arrêt de la Corse du 15 février 1817 avait décidé en sens contraire, par ce considérant qui ne résout pas la question « que les tribunaux de commerce sont seuls compétens pour connaître de la dissolution comme de l'existence d'une société. » Cependant la cour de Lyon (1) en a décidé autrement par le motif clairement développé, que c'est par la connaissance du fond des affaires sociales qu'on peut bien juger s'il y a lieu à dissolution. On peut ajouter que ce sont choses à débattre en famille, à huit clos, raison pour laquelle l'arbitrage est devenu nécessaire : on sait que la dissolution peut être prononcée pour inexécution de conditions et autres motifs laissés à la discrétion du juge sui-

(1) 21 avril 1823.

vant l'art. 1871 du C. civil. Aussi un associé, Plataret, ayant été assigné en résolution, attaqua vainement la sentence arbitrale qui l'avait prononcée. 21 août 1828, rejet de son pourvoi en cassation, « Attendu que les arbitres n'ont point prononcé sur » l'existence même de la société, ou sur la validité » de l'acte qui la constituait, mais sur une contes- » tation sociale résultant de l'inexécution d'engage- » mens de l'un des associés envers les autres, et » que telle demande était évidemment de la com- » pétence des arbitres. » (1).

580. Il faudrait en dire autant si, après dissolution faite amiablement entre associés, l'un d'eux élevait la question de savoir si la société a été valablement dissoute, ou à partir de quelle époque a eu lieu la dissolution. Rejet du 10 janvier 1831. S. 32.

581. La nomination d'un liquidateur, rentrant dans les moyens de terminer les contestations entre associés ou mesures conservatoires, appartient aux arbitres plutôt qu'au tribunal; ce dernier excéderait donc ses pouvoirs, en ordonnant que des pièces seront remises dans un délai de..., à peine de dommages-intérêts.

Mais une fois le liquidateur nommé, s'il est étranger à la société, n'importe par qui, l'action en reddition de compte ou remise de pièces n'est pas soumise à l'arbitrage, puisqu'il n'y a pas société avec ce liquidateur; (2) elle sera soumise au tribunal

(1) Autre arrêt de rejet du 6 juillet 1829.

(2) *Secùs* si ce liquidateur est un associé.

de commerce, parce qu'il s'agit d'une agence et opérations commerciales. Rejet 20 novembre 1834.

Il ne suffit pas qu'une contestation existe entre associés, pour qu'il y ait lieu à arbitrage, l'art. 51 ajoute qu'il faut que ce soit pour raison de la société ; ainsi, un associé peut avoir un commerce particulier qui le mette en rapport avec celui de la société ; il peut devenir héritier de quelqu'un qui aura été créancier de la société ; alors, la contestation a pour cause des affaires particulières.

582. Du reste, une fois la société commerciale constante, la survenance de la faillite de l'un des associés avant la liquidation, n'empêche pas l'arbitrage. La faillite représente l'associé failli.

583. Nous placerons ici quelques observations sur la nomination des arbitres ; et, sans entrer dans l'étendue de leurs opérations, nous n'en parlerons que dans leurs rapports avec la compétence du tribunal de commerce.

Le tribunal de commerce ne nomme des arbitres qu'à défaut par les parties d'en nommer ; les parties peuvent d'avance nommer un tiers-arbitre par leur compromis, quelqu'en soit la forme, acte sous seing-privé, notarié, extrajudiciaire ou déclaration en jugement. Mais quand c'est le tribunal qui nomme les arbitres, il n'a pas le droit de prévoir le partage possible d'opinion, il ne peut donc qu'en nommer deux ; c'est à ces deux, en cas de partage d'opinion, à nommer le troisième arbitre ; et ce n'est qu'en cas de discordance entre eux que ce tiers-arbitre est enfin nommé par le tribunal. Art. 53 et 60 C. Com.

Si donc le tribunal nommait de suite trois arbitres, il y aurait excès de pouvoir : ce sont là des juges qu'il ne faut pas confondre avec les rapporteurs-experts qui ne jugent pas, mais cherchent essentiellement à concilier, et préparent le jugement par l'instruction : dans ce cas, un seul peut être nommé par le tribunal. Art. 429 C. proc.

584. Toutefois, la partie qui veut attaquer la nomination du tiers-arbitre faite par anticipation, doit se pourvoir par appel contre la sentence de nomination ; elle ne pourrait ni retourner devant le tribunal qui a nommé, ni interjeter appel, si elle comparaissait d'abord devant les deux arbitres principaux et leur soumettait ses moyens de défense.

585. L'art. 55 porte : en cas de refus de l'un ou de plusieurs des associés de nommer des arbitres, les arbitres sont nommés d'office par le tribunal. Ce texte porterait à croire que le tribunal doit nommer deux arbitres, lors même qu'une partie nomme le sien, et quelques tribunaux l'avaient ainsi pensé : mais cette opinion n'est plus suivie dans la jurisprudence ; le tribunal ne nomme que pour le refusant.

Mais le tribunal nomme nécessairement, quand les associés demandeurs entre eux, ou défendeurs, ne sont pas d'accord entre eux sur le choix. Cass. 10 avril 1816. Souvent, la diversité d'intérêts peut amener la nomination de trois arbitres : la nomination d'un incapable équivaut à un refus.

Les jugemens de nomination contre une partie qui fait défaut, peuvent être attaqués par voie d'opposition, comme toute autre sentence : en d'autres termes, le défaillant peut nommer son arbitre, tant que l'arbitre nommé d'office n'a pas commencé à opérer. Arrêt d'Amiens du 21 juillet 1835. Aff. Crignon-Dubuc.

586. Le Code de commerce ne s'occupe pas de la récusation des arbitres, cependant ils peuvent être récusés, et le tribunal qui les nomme doit naturellement examiner s'ils sont incapables. Ils ne pourraient être récusés pour cause antérieure à leur nomination par la partie qui les a choisis : elle a pu les connaître, art. 1014, C. p.

587. La récusation peut avoir lieu dans le cours de l'instruction : il semblerait que si la cause n'en survient qu'après que deux arbitres se sont déclarés partagés, la récusation n'a plus d'objet ; cependant elle est toujours admissible, parce que le tiers-arbitre ne peut prononcer sans avoir conféré avec les arbitres partagés qui ont du rester impartiaux. Arrêt de la chambre civile du 16 décembre 1828.

588. On ne peut admettre pour causes de récusation que celles indiquées contre les juges, et indiquées par les art. 378 et 379 du C. proc., les arbitres ayant caractère de juge. Rejet du 8 février 1832.

589. Quand les parties ont fixé, comme elles doivent le faire, en nommant des arbitres, le délai en dedans lequel ils doivent procéder, il faut respecter cette loi commune des parties :

les arbitres sont sans pouvoir, après ce délai. Quand les parties ont pensé au délai et ne sont pas d'accord, c'est le juge qui le fixe. Art. 54. Mais si ni les parties, ni les juges ne se sont occupés de ce délai, quel sera la durée de l'arbitrage? Les parties rentrent dans les termes du droit commun fixé par l'art. 1012 du C. de procédure; car ce Code est le complément du C. de commerce, qui n'a que quelques dispositions d'exception pour l'arbitrage forcé entre associés. Cependant, quelques tribunaux et les plus graves auteurs avaient admis que cet art. 1012 n'était pas applicable, en ce sens que les arbitres pouvaient juger même après les trois mois, c'est-à-dire indéfiniment. Cette doctrine était contraire à l'esprit de la loi qui tend à abréger les procédures, surtout en matière commerciale, doctrine que repoussait l'art. 1028 du C. de proc., lequel admet l'action en nullité, pour le cas où une sentence arbitrale est rendue après le compromis expiré; doctrine dont on avait senti le danger, ainsi que l'atteste M. Locré, t. 1.er liv. 1.er sur le C. com. Aussi, la cour de cassation a cassé, le 22 avril 1823, un arrêt de Rennes qui avait jugé que les arbitres pouvaient juger après le délai *fixé*, tant que les parties n'avaient pas demandé la nomination de nouveaux arbitres. id. Cass. 2 mai 1827.

On conçoit que l'action en dommages-intérêts qui serait formée contre les arbitres faute de juger, ne résultant que d'un quasi-contrat, ne pourrait pas être portée au tribunal de commerce.

590. Il y a peut-être cette différence avec les

arbitrages civils, que quand l'une des parties entrevoit que le délai légal de trois mois ou tout autre fixé par compromis ou jugement, ne sera pas suffisant pour les arbitres commerciaux, elle peut demander au juge une prorogation de délai, l'art. 54 C. com. laissant ainsi toute latitude soit pour le délai primitif, soit pour tout autre délai, lors même que l'autre partie s'y opposerait. Rejet 28 mars 1827 et 14 juin 1830.

Mais il faut se pourvoir avant l'expiration des trois mois ou du délai préfixé, sans quoi la mission des arbitres serait terminée, et ils ne pourraient plus être nommés de nouveau, contre le gré d'une partie qui en aurait nommé d'autres. Mais en cas de silence, les mêmes peuvent être renommés. Rejet 14 juin 1831.

591. Il ne faut donc pas, comme l'a fait une cour, confondre ces délais de durée avec les délais que les arbitres peuvent fixer pour la production des pièces. Ce dernier délai est de dix jours légalement, mais si les arbitres peuvent proroger ce délai suivant l'exigence des cas, ils ne peuvent le faire et rester saisis comme les juges ordinaires et se perpétuer ainsi en exercice.

Toutefois, si après le délai pour juger, soit fixé par la loi qui est de trois mois, soit fixé par le jugement qui nomme les arbitres, ceux-ci continuaient leurs fonctions au vu et su des parties qui auraient ainsi procédé devant eux, il n'y aurait plus lieu de se plaindre de ce que le délai n'a pas été prorogé par le tribunal; les parties par leur adhésion l'ont prorogé de fait. Rejet du 12 mai 1828. *Id.* Si le délai avait été fixé d'abord par convention.

592. Si une partie prétend qu'il y a dans l'œuvre des arbitres, surtout en comptes, erreurs, omissions ou doubles emplois, nous ne voyons pas pourquoi on n'appliquerait pas l'art. 541 du C. de procédure qui dit qu'en ce cas, on se pourvoit devant le même juge. Si donc les arbitres sont encore dans le délai, on s'adressera à eux ; si le délai est expiré, il faudra demander une nouvelle nomination d'arbitres, car il s'agit toujours de contestation sociale. Analogue, rejet chambre civile du 7 mars 1832. Mais une contestation sur l'exécution et l'étendue d'un arrangement après dissolution ne serait plus arbitrale.

593. Nous ne serions pas disposé à admettre avec la cour de Rouen que si un associé venait à céder tout ou partie de sa part dans la société, le cessionnaire ne fût pas activement et passivement dans le cas de l'arbitrage. Il s'agit toujours d'un réglement social ; et l'arbitrage est si peu attaché à la personne d'un associé, qu'il passe à sa veuve et représentans. Pourquoi le tribunal serait-il surchargé des embarras d'une liquidation, ou les intérêts et dissensions d'intérieur seraient-ils publiés par cela seul qu'un associé aurait cédé ses droits (1).

(1) La cour de Paris vient de juger virtuellement dans notre sens deux fois en 1835, en décidant que l'associé restant n'avait pas seul le droit de nommer un arbitre à l'exclusion du cessionnaire.

Il en serait autrement d'un créancier d'une société en commandite ou anonyme qui aurait intérêt à faire payer par l'un des associés le montant de son action. Car cet associé est devenu débiteur direct du créancier qui doit alors l'actionner devant le tribunal de commerce, et non pas en nomination d'arbitres. C'est ce qu'a jugé la cour de Paris le 23 février 1833. V. le n. 572

594. Au surplus, quand les parties qui avaient renoncé à l'appel ou autre voie n'ont pas été jugées dans les trois mois, le compromis devenant nul, cette renonciation se trouve annulée ; en sorte qu'en cas de nomination de nouveaux arbitres elles ne sont pas tenues de renoncer à ces voies ; et s'il n'a rien été stipulé, les parties restent dans les termes de droit.

C'est au greffe du tribunal de commerce, que la sentence arbitrale est déposée. Le greffier doit la recevoir à quelqu'époque qu'elle lui soit remise, et quelque soit sa forme.

595. Dès que les jugemens arbitraux ont caractère de jugement comme s'ils émanaient de juges avec juridiction constante, il en résulte qu'ils sont susceptibles de la péremption de six mois faute d'exécution. Ce que nous avons dit de ces jugemens par défaut leur est applicable : et le tribunal de commerce ne serait pas davantage compétent pour décider s'il y a eu exécution suffisante.

Il y a en général lieu à l'appel d'un jugement arbitral, ou au pourvoi en cassation comme contre tout autre jugement consulaire à moins qu'il n'y ait été renoncé par partie capable : les arbitres jugent donc aussi en dernier ressort comme les juges-consuls et dans les mêmes cas. L'art. 1023 C. pr. ne paraît devoir s'appliquer qu'à l'arbitrage facultatif. La célérité ne serait qu'une dérision si, pour une somme moindre de 1,000, un associé était traîné d'abord devant le tribunal de commerce, puis devant arbitres, puis en cour d'appel. Vincens et Carré pensent cependant autrement.

596. Nous ne nous occupons pas de la forme que les arbitres ont suivie ou dû suivre dans leur décision, ni s'ils ont bien ou mal jugé au fond. Jusque-là, on suppose que les arbitres, en jugeant, ont pu rester dans les termes de leurs pouvoirs, soit à cause de l'objet de l'arbitrage, soit à cause du délai en dedans lequel ils doivent le terminer. Mais s'ils jugent après le délai, s'ils jugent sur d'autres objets que ceux désignés dans leur mission, s'ils accordent au-delà de ce qui a été demandé, s'ils omettent de statuer sur une ou plusieurs des choses demandées, comment faudra-t il se pourvoir, et devant qui ?

En arbitrage *civil*, l'art. 1028 du C. de procédure répond : il ne sera pas besoin de se pourvoir par appel ni requête civile dans les cas suivans :

1.° Si le jugement a été rendu sans compromis, ou hors des termes du compromis ;

2.° S'il l'a été sur compromis nul ou expiré ;

3.° S'il n'a été rendu que par quelques arbitres non autorisés à juger en l'absence des autres ;

4.° S'il l'a été par un tiers, sans avoir conféré avec les arbitres partagés ;

5.° Enfin s'il a été prononcé sur choses non demandées.

Dans tous ces cas, les parties se pourvoiront par *opposition* à l'ordonnance d'exécution devant le tribunal qui l'aura rendue, et demanderont la *nullité* de l'acte qualifié jugement arbitral.

Il ne pourra y avoir recours en cassation que contre les jugemens des tribunaux, rendus soit sur requête civile, soit sur appel d'un jugement arbitral.

597. Mais en matière d'arbitrage social, il s'est élevé une foule de difficultés presqu'impossibles à analyser, en ne lisant que les sommaires des questions présentées par les arrêtistes. Nous avons vérifié la jurisprudence ; elle a eu ses périodes dont voici les caractères.

On a pensé que, en matière de société, les arbitres étant désignés d'office ou choisis par une nécessité de la loi, pourquoi on les a appelés arbitres *forcés*, ils remplissaient en tout point les fonctions de juges, sauf qu'ils ne prêtent point serment ; et que dès-lors, quelques fussent les vices contenus en leur sentence, notamment ceux énoncés en l'art. 1028 sous le nom d'excès de pouvoir, leur sentence ne pouvait être attaquée que par les mêmes voies que celles des juges-consuls, en premier ou en dernier ressort, et non par action en nullité devant le tribunal. C'est ce qui résulte d'un arrêt de la chambre civile de la cour de cassation du 26 mai 1813, S. 14. *Premier caractère.*

598. Pour faire changer l'arbitrage forcé en arbitrage volontaire, et par suite, pour se trouver à même d'employer par opposition et action principale la voie de *nullité* admise par l'art. 1028, on a cherché à prétendre que quand les parties renonçaient à l'appel et au pourvoi en cassation, ce mélange de leur *volonté* rendait l'arbitrage volontaire et civil. Mais la jurisprudence des arrêts admit que la renonciation à l'appel ou en cassation, permise par l'art. 54 C. com. n'en rendait pas moins l'arbitrage nécessaire, et qu'ainsi par exemple c'était au président du tribunal de *commerce à rendre l'ordonnance d'exequatur*, inattaquable par voie d'opposition et *nullité*, à moins qu'on n'eût changé la mission des arbitres en les faisant amiables *compositeurs*; (1) selon arrêt du 28 avril 1829 qui casse un arrêt de Paris qui avait jugé le contraire. Autre arrêt, syndics Carol, C. Sabatié, Sirey, 35, p. 890. *Deuxième caractère.*

Mais enfin que faire quand les parties ont renoncé à l'appel et au pourvoi en cassation; y aura-t-il lieu à faire réparer l'excès de pouvoir et comment? l'arrêt du 28 avril n'en dit pas le mot. Mais dans une affaire Constantin contre Fournier, les parties en

(1) Dispensés de juger d'après les règles du droit. Art. 1019 C. pr.

nommant arbitres déclarent qu'elles veulent que le réglement à intervenir soit en dernier ressort, et termine définitivement toutes leurs contestations, elles *renoncent à la voie de l'appel, au recours en cassation, à la requête civile, ainsi qu'à la proposition de tous moyens de nullité.* La cour de cassation a déclaré formellement « que les sentences arbitrales peuvent toujours être attaquées pour *excès de pouvoir* commis par des arbitres, à moins d'une renonciation très-expresse de la part des parties, laquelle n'existe pas dans l'espèce ; que pour reprimer cet excès de pouvoir l'art. 1028 du C. pr. accorde l'action en nullité contre les sentences rendues par des arbitres volontaires, et qu'il ne l'accorde évidemment que parce que (1), d'après sa disposition, ces sentences ne peuvent être attaquées ni par l'appel, ni par la cassation. — Que l'art. 52 du C. de com. ouvre, il est vrai, la voie de l'appel, et de la Cassation contre les sentences rendues par les arbitres forcés ; mais qu'il autorise en même temps les parties à renoncer à l'un et à l'autre de ces recours. — Que lorsqu'elles n'y renoncent pas, l'action en *nullité* contre les sentences arbitrales leur est interdite, cette action ne pouvant, d'après les règles de la procédure concourir avec les *deux autres* que la loi leur accorde. — Mais si, usant de la faculté

(1) Ce motif pas n'est exact « l'art. 1028 dit qu'il ne sera pas *besoin* de se pourvoir par appel. »

qu'elles ont, elles renoncent à l'appel et à la cassation, l'action en nullité contre la sentence entachée d'excès de pouvoir leur reste nécessairement, d'abord parce que rien dans l'art. 52 du C. com. ne s'y oppose dans ce cas particulier; parce qu'ensuite l'art. 1028 du C. pr. l'admet dans le cas analogue, celui où les parties ne peuvent ni appeler de la sentence ni en demander la cassation ». Arrêt de la section civile du 8 août 1825 (1) *Troisième caractère.*

Notez qu'il y avait eu dans le compromis renonciation à se pourvoir par *requête civile* et *à tous moyens de nullité.*

S'il y a seulement rénonciation à l'appel et au pourvoi en cassation, comment attaquer l'excès de pouvoir? un arrêt de la chambre civile du 7 mars 1832 (sur un nouveau pourvoi contre un arrêt de la cour de Rouen devant laquelle a renvoyé l'arrêt du 28 avril 1829, ci-dessus) répond que l'action en nullité par voie d'opposition à l'ordonnance d'*exequatur* admise pour excès de pouvoir en arbitrage volontaire par l'art. 1028, n'est applicable à l'arbitrage forcé, qu'autant que les parties ont *valablement* renoncé à toutes les voies légales établies pour se pourvoir contre les jugemens des tribunaux ordinaires; que dans l'espèce les parties

(1) Des arrêtistes se sont donc trompés quand ils ont dit que par la renonciation à l'appel et cassation, l'arbitrage est *dénaturé* et participe de l'arbitrage volontaire.

ont bien renoncé à la voie ordinaire de l'appel et du recours en cassation, mais qu'elles ne se sont pas interdit expressément aucune des autres voies légales.

Les voies légales, autres que l'appel ou cassation, sont la requête civile, la prise à partie, et la tierce-opposition. Déjà un arrêt de la cour de cassation du 18 juin 1816 avait reconnu implicitement la voie de la requête civile et de prise à partie.

599. De ce qui précède, il résulte 1.° que le moyen de réparer l'excès de pouvoir qui se trouve dans une sentence arbitrale est l'appel et pourvoi en cassation, s'il n'y a pas été renoncé. 2.° Si au contraire il a été renoncé seulement à ces voies, l'on doit se pourvoir par requête civile, prise à partie ou tierce-opposition, suivant la nature des griefs. 3.° Si les parties ont renoncé à toutes voies judiciaires quelconques, alors elles peuvent se pourvoir devant le tribunal de commerce, par opposition à l'ordonnance d'*exequatur*, en nullité de la prétendue sentence.

Voyez au surplus ce que nous disons du Président, n°. 668.

600. On sait que la prise à partie se poursuit en cour royale pour cas rares, art. 509 C. pr. En suivant en tout point l'assimilation des arbitres forcés aux juges-consuls, il en résulterait que la requête civile devrait se suivre devant les arbitres; mais outre qu'ils peuvent n'être plus dans le délai, ni être juges dans leur cause, que d'ailleurs le C. de

pro. est le complément du Code de commerce en cette matière, la requête civile devra être portée en cour d'appel, art 1026.

601. Quand il y a excès de pouvoir, il y a incompétence : il semblerait que l'*appel* devrait être une des voies pour réformer la sentence entachée de ce vice, d'après l'art. 454 du C. de pr. qui permet l'appel pour incompétence, même quand il y a jugement en dernier ressort. Cependant un arrêt de rejet (1), se fondant sur l'art. 52 du C. com. qui permet de renoncer à l'appel, décide que ce n'est point par cette voie qu'on doit se pourvoir pour réparer l'excès de pouvoir prévu par l'art. 1028 C. pr.

602. Les voies de requête civile, et prise à partie sont sujettes à tant d'inconvéniens (2) et de lenteur, surtout si le délai de l'arbitrage est expiré, qu'il serait à désirer que la voie de l'appel fût admise en pareil cas. On ne voit pas que l'art. 454 ait été cité, ni son application discutée. Et nous ajouterons que si l'art. 52 du C. com. permet de renoncer à l'appel, c'est en ce sens que les arbitres jugeront en dernier ressort la contestation même qui leur est soumise en se renfermant dans leur mission : mais s'ils en jugent une autre contestation, s'ils décident une question civile ou sur l'état

---

(1) 12 août 1834. S. 35.

(2) Amendes et dommages-intérêts.

des personnes, la renonciation à l'appel ne portait pas sur ce cas exorbitant.

603. Cette renonciation à l'appel devrait si peu comprendre le cas d'excès de pouvoir, que les arrêts supposent qu'on a *valablement* renoncé à toutes les voies de se pourvoir. Or peut-on renoncer non pas à un degré, mais indéfiniment à l'ordre des juridictions ? un arrêt de la chambre des requêtes du 31 décembre 1816 (1) avait paru admettre une pareille renonciation à se pourvoir par opposition à l'ordonnance d'exequatur et par aucun moyen de forme et de fond. Mais la question s'étant présentée de nouveau, la cour a cassé le 21 juin 1831 un arrêt de la cour de Montpellier qui avait donné effet à une renonciation de ce genre, par le motif que les arbitres choisis constituent un véritable tribunal reconnu par la loi et qui exerce sa juridiction dans les limites tracées par elle et sous les conditions qu'elle a prescrites ; que tout ce qui intéresse les juridictions est d'ordre public ; que lorsque les arbitres ne se conforment pas aux dispositions de l'art. 1028, les actes qui émanent d'eux sont improprement qualifiés sentence arbitrale ; qu'ils sont frappés d'une nullité absolue que ni l'ordonnance d'exequatur ni le consentement des parties ne peuvent couvrir. Dans l'espèce un tiers-arbitre avait prononcé un premier jugement sans avoir conféré avec les autres arbitres, ce qui viciait ce jugement et les autres qui avaient suivi.

---

(1) S. 18. p. 38, Aff. commerciale Widler.

D'après ces observations, et sans parler des lenteurs apportées par les arbitres, il est permis de se demander si l'arbitrage est avantageux ; on n'y voit guère que le moyen d'alléger les fatigues du juge, et de renfermer à l'intérieur le scandale de discussions sur la fidélité des associés, après les dehors d'une fraternité apparente.

ARTICLE DEUX.

Compétence en matière de faillites (1).

SOMMAIRE.

604. Loi de compétence sur les faillites.
605. Tout ce qui est dit au titre de la faillite n'est pas commercial. — Une dette civile peut-elle entrainer faillite. — Douane.
606. Domicile de la faillite. — S'il y a deux domiciles.
607. Si une société a deux établissemens.

---

(1) Montesquieu, liv. 20, ch. 16, appelle BELLE loi, celle de Genève qui excluait des magistratures les enfans de ceux qui sont morts insolvables.

L'art. 5 de la constitution du 22 frimaire an 8, portant que l'exercice des droits de citoyen est suspendu par l'état de débiteur failli ou d'héritier immédiat détenteur à titre gratuit de la succession d'un failli, n'a été abrogé par aucune loi postérieure. La disposition de cette loi politique s'applique au concordataire, comme au failli non concordataire ; elle s'applique à l'héritier du failli, encore que la faillite soit antérieure à l'an 8. Arrêt de la cour de cassation du 9 juillet 1832.

604. L'art. 635 du C. com. sur la compétence des tribunaux de commerce dispose : « ils connaîtront enfin, (1)

» 1.° Du dépôt du bilan et des registres du commerçant en faillite, de l'affirmation et vérification des créances ;

2.° Des oppositions au concordat, lorsque les moyens de l'opposant seront fondés sur des actes ou opérations dont la connaissance est attribuée par la loi aux juges des tribunaux de commerce ;

Dans tous les autres cas, ces oppositions seront jugées par les tribunaux civils :

En conséquence, toute opposition au concordat contiendra les moyens de l'opposant à peine de nullité.

3.° De l'homologation du traité entre le failli et ses créanciers ;

4.° De la cession de biens faite par le failli pour

(1) Le code a spécifié ces actes, parce qu'il s'éleva en Conseil d'état de vives réclamations en faveur des tribunaux civils, les tribunaux consulaires n'ayant eu que provisoirement, suivant une déclaration de 1718, la connaissance des faillites et homologation de contrats d'atermoiment.

la partie qui en est attribuée aux tribunaux de commerce par l'art. 001 du C. pr. »

005. Le Code, en chargeant les tribunaux de commerce de connaître de la vérification de créances reprises au bilan, renvoie par cela même à l'art. 437 et suivans, surtout au titre 1.er du livre 3, qui traitent des formalités relatives à la faillite. Cela est vrai en général parce que l'expérience du commerçant est plus nécessaire que l'habileté du jurisconsulte : mais il est bien des difficultés qui se règlent au tribunal civil ; surtout les priorités d'hypothèques et les droits des femmes sur les immeubles, comme on verra plus tard.

Outre ces difficultés qui appartiennent au réglement d'ordre sur le prix d'immeubles, il s'en présente d'autres incidemment, surtout lors de la vérification des créances. Le C. de commerce est loin d'être correct, surtout dans la matière des faillites précédemment du ressort des tribunaux civils avec les cessions de biens ; il a créé la législation sur la marche à suivre. L'art. 508 est rédigé d'une manière qui ferait croire que c'est le tribunal de commerce qui doit régler ces incidens, et l'art. 509 y prête également. Cependant tout le monde conviendra que ces dispositions ne peuvent aller jusqu'à attribuer au tribunal de commerce les contestations qui tiennent à l'état et la qualité de personnes et vérifications d'écritures dont nous avons parlé Livre 1.er, 2.e section.

L'art. 437 C. com. combiné avec l'art. 441 en donnant au tribunal de commerce compétence pour déclarer l'existence et l'époque de l'ouverture de la faillite, et en déclarant que tout commerçant qui cesse ses paiemens est en état de faillite, n'a pas fait de distinction entre le paiement d'une dette civile et commerciale. Le tribunal a donc attribution, de même que le commerçant qui se trouve en cas de fraude est en état de banqueroute, sans qu'on puisse rechercher la cause de la dette. Dans tous les cas, il s'agit de la conservation de l'intérêt de tous par les mesures qui sont prises après déclaration de faillite. Aussi la notoriété publique seule suffit pour provoquer l'action du juge.

De même, encore qu'il y ait des créanciers privilégiés qui semblent ne pas devoir éprouver d'inquiétude pour le paiement de leur créance, ils ne peuvent être privés de l'assistance du juge commercial pour la déclaration de faillite. Car l'époque de l'ouverture une fois fixée, offre des moyens pour attaquer certains actes faits par le débiteur, lors même qu'ils seraient exemps de fraude, si la loi les prohibe. C'est ainsi que la loi du 22 août 1791 paraît accorder privilége général à l'administration des douanes sur les meubles et immeubles des redevables; ce qui n'empêche pas cette administration de provoquer leur faillite. Arrêt d'Aix du 27 novembre 1835.

Les questions principales peuvent concerner 1.° le domicile; 2.° les incidens d'administration et créances; 3.° la personne du failli.

§. I.er

Domicile de la faillite.

606. Il n'est pas douteux que c'est le tribunal du domicile du failli qui est appelé à prononcer la déclaration de faillite ; mais la question peut se compliquer par différentes circonstances.

Il peut arriver qu'un commerçant ait deux maisons de commerce, l'une au lieu de son domicile habituel, et l'autre dans une autre ville ; s'il arrive que la cessation de paiement et par suite la faillite éclate dans cette dernière, ce ne sera pas cependant le tribunal de commerce de cette ville qui connaîtra de la faillite, mais bien celui du domicile réel séparé. Réglement de juges du 16 mars 1809. Sir. 10. Questions de droit. V.° faillite.

607. Si une société avait deux établissemens d'affaires, il ne conviendrait pas davantage d'en diviser la liquidation en suivant deux faillites séparées. Le tribunal du lieu qui serait le domicile ou établissement principal, serait seul compétent. Si un arrêt de réglement du 23 mars 1809 a déclaré qu'il y avait compétence pour le tribunal de chaque établissement, c'est qu'il a reconnu qu'il y avait deux sociétés distinctes, quoique le nom *Boursier* figurât dans les deux raisons sociales.

608. Mais quand les créanciers de deux établissemens soutiennent qu'il n'y a pas unité de sociétés, cette question d'unité, qui est préjudicielle, doit

être portée devant le tribunal qui le premier a déclaré la faillite. Questions de droit. V.° Faillite.

609. Il s'est présenté une espèce dans laquelle il y avait société en nom collectif, dont le gérant avait à Paris son domicile, où il tenait son entrepôt, sa caisse, ses livres ; mais les associés avaient l'exploitation d'une manufacture de porcelaine dans le département du Loiret. Les associés étaient en arbitrage à Paris, lorsque la faillite fut déclarée par le tribunal de Saint-Amand. Un arrêt de réglement de juges du 14 janvier 1826 a attribué compétence à ce dernier tribunal, par le motif que le domicile en pareil cas, n'est pas essentiellement le domicile du corps moral appelé société, mais bien le lieu où la *société est établie*, selon les termes de l'art. 59. §. 5. C. P. qu'on peut considérer comme synonyme de l'établissement ou principal manoir de la société : lequel était au lieu de la manufacture, surtout au regard des tiers, à moins qu'un acte public n'assignât un autre domicile à la société, ce qui n'avait pas été fait dans l'espèce.

610. Il n'en serait pas ainsi, s'il n'y avait qu'une société en participation, parce qu'elle n'a pas de domicile, en ce qu'elle ne porte que sur quelques affaires particulières. Un arrêtiste s'est trompé en analysant un arrêt de réglement du 30 décembre 1811, dans le sens que s'il y a société en *participation* entre deux maisons de commerce établies à deux points de l'empire, très-distans l'un de l'autre, cette circonstance de *participation* suffit pour qu'en cas de faillite des deux maisons, il y

ait *connexité* et attribution de la connaissance des deux faillites à un seul et même tribunal. Les deux associés, sans qu'il apparaisse bien si c'était à titre de simple participation, avaient fait leur déclaration de faillite au *même* greffe, et ce n'est qu'après la vérification des créances devant ce siége, que l'on a soulevé la question de compétence d'un autre tribunal.

611. Au surplus, le domicile de l'individu failli ne peut attirer juridiction, quand la masse de ses créanciers n'est pas intéressée à la contestation. Par conséquent, si l'expéditeur de marchandises qui les a adressées à un commissionnaire pour le compte d'un individu, depuis failli, en fait la revendication en route, avant leur entrée même au magasin du commissionnaire, la réclamation que fait le commissionnaire pour être remboursé par privilége de ses avances, ne doit pas être portée devant le domicile du failli, mais bien devant le sien propre; la question n'intéresse que l'expéditeur et le commissionnaire.

612. Si un syndic faisait apposer les scellés chez un tiers sur des marchandises données en consignation par le failli au commissionnaire, la demande en main-levée, formée par ce dernier, ne doit pas être portée devant le juge du domicile de la faillite, mais bien devant celui du lieu d'exécution selon la règle ordinaire de procédure, parce que le syndic s'est lui-même rendu demandeur par ses poursuites.

§. II.

Incidens d'administration et liquidation.

SOMMAIRE.

633. Compte des agens et syndics. — Compte de commissaires d'après concordat.
634. Révocation ou critique des actes des syndics.
635. Action en dommage contre syndics.
636. Condamnation aux dépens.

613. Le juge commissaire n'a qu'une surveillance et direction de l'administration, il n'a pas la voie d'*action*, il ne pourrait donc, sans excès de pouvoirs, même sur la requête d'un créancier, faire des perquisitions d'objets signalés comme détournés, ni ordonner l'arrestation du failli. Cassation du 13 novembre 1823.

614. Quoique le juge-de-paix puisse d'office apposer les scellés au domicile d'un débiteur en retard, après notoriété acquise, art. 450 C. com, un seul juge ne pourrait déclarer l'existence de la faillite; cela n'appartient qu'au *tribunal* selon l'art. 449. Mais il semble que le président pourrait ordonner cette apposition de scellés, par suite de l'art. 417 C. pr. qui permet les mesures urgentes, même la saisie du mobilier, quoique l'art. 454 suppose que c'est le *tribunal* qui ordonne l'apposition de scellés. C'est en effet la règle la plus générale; mais la notoriété acquise justifierait la mesure ordonnée par le président.

615. La généralité des art. 508 et 509 se trouve bientôt restreinte par l'art. 458 qui porte que le juge-commissaire fera le rapport de toutes les contestations que la faillite pourra faire naître, et qui seront de *la compétence* de ce tribunal. Mais sa surveillance ne va pas jusqu'à lui donner le droit de

choisir l'officier ministériel qui doit procéder à la vente mobilière à la requête du syndic, parce que celui-ci, par la nature de ses fonctions, représente la masse des créanciers, et que d'ailleurs la vente du mobilier est un fait de l'exécution du jugement antérieur, dont nous avons dit n.° 155 que le tribunal ne connaît pas : la cour de Paris, a ainsi jugé le 27 février 1813. La cour de Cassation l'a jugé de même le 24 novembre 1825 pour la nomination d'un notaire à l'effet de vendre une manufacture dépendante d'une société.

616. Le juge commissaire devant faire rapport des contestations, il y aurait nullité s'il intervenait jugement qui n'en fît pas mention ; cela tient à une condition substancielle, et non à une simple irrégularité : nous l'avons fait juger plusieurs fois.

617. Au surplus, s'il est de convenance, et comme effet de surveillance, que le syndic consulte le juge commissaire dans les contestations à intenter et soutenir, le défaut d'autorisation du juge ne peut devenir un motif de fin de non-recevoir de la part de la partie adverse, le défaut d'autorisation ne peut que compromettre la responsabilité personnelle du syndic, en cas de non succès, et lors de la reddition de ses comptes. Rejet 1.er février 1830.

618. Lorsqu'un commerçant craignant l'état de faillite a fait à ses créanciers une cession de ses biens, et que cependant l'un des créanciers le fait plus tard déclarer en faillite ; si ce commerçant se rend opposant au jugement de déclaration, et prétend que la cession volontaire de biens devait l'empê-

cher d'être mis en faillite, le tribunal de commerce est compétent pour juger l'incident et examiner l'effet et les conditions de l'acte de cession de biens. Rejet 6 décembre 1831. V. 654.

619. Nous avons eu occasion, en parlant du domicile et du lieu de paiement n.° 200, de citer l'art. 59 §. 7 du C. proc. qui veut que le défendeur soit, *en matière de faillite*, assigné devant le juge du domicile du failli. Le vague de cette indication peut entraîner les plus grands abus, puisque les syndics ne manquent pas de rattacher toutes les contestations au lieu de leur administration, sous prétexte qu'il s'agit de liquidation et d'intérêts communs à régler. M. Favard, au mot Trib. de com., p. 712, paraît admettre ce sens large. Quoique l'on fasse, il sera toujours facile de comprendre qu'un débiteur qui n'a pas d'intérêt commun avec la masse des créanciers, et au contraire des intérêts tout opposés, ne doit pas souffrir de ce que son créancier tombe en faillite, pour être attrait ultérieurement devant le juge de ce dernier. On ne peut pas dire que la contestation soit née de la faillite; les syndics ne font qu'agir comme aurait agi le failli lui-même s'il fût resté dans l'exercice de ses droits. Telle est la jurisprudence sur la question ainsi posée (1).

620. Mais on ne pourrait guère comprendre d'autres arrêts ou les concilier, sans une distinction qui n'effacera pas pourtant toutes les difficultés.

---

(1) Un arrêt d'Amiens du 23 mars 1822, avait le premier décidé la question. Dalloz V.° faillite. Sirey 24.

La chambre civile de la cour de cassation, par arrêt du 13 juillet 1818, n'avait vu qu'une action personnelle soumise à la règle ci-dessus dans l'action intentée par les syndics en revendication ou rapport des sommes payées par le failli dans les dix *jours* d'avant la faillite; elle n'a pas pensé que l'allégation de fraude peut changer le caractère de l'action et l'attirer au tribunal du failli.

Mais la chambre des requêtes par arrêts des 26 juin 1817, 14 avril 1825, et 10 juillet 1828, a maintenu la compétence commerciale du domicile du failli dans des demandes en rapport de marchandises, nullité de quittances, depuis la faillite ou dans les dix jours antérieurs, parce que c'était là des contestations que la faillite avait fait naître. Voy. 623.

A plus forte raison, s'il s'agissait des faits passés durant la gestion et concernant le failli comme s'il s'agissait du règlement de ventes à commission confiées avant, mais exécutées après la faillite. Colmar 26 juin 1832, rejet du 8 mars 1831. Sir. 34.

621. Nous placerons ici deux observations quoiqu'en dehors de la compétence; la première, c'est que l'art. 442 C. com. qui déclare le failli dessaisi de l'administration de ses biens à compter du jour de l'ouverture de la faillite, ce qui frappe de nullité tous les actes faits par le failli postérieurement à ce jour, est général et absolu, dans sa sévérité, ainsi il est applicable même aux actes faits à une grande distance du lieu où a été rendu le jugement déclaratif de la faillite, même en pays étranger, et

à une époque où il paraîtrait physiquement impossible que le failli et les tiers avec lesquels il a contracté eussent eu connaissance de ce jugement. En conséquence, c'est au jour même fixé de l'ouverture de la faillite que doit s'arrêter un compte courant avec le failli même en pays étranger. Arrêt de cass. du 13 mai 1835.

622. Un autre point que nous signalerons à cause de son importance, et qui peut se présenter souvent, c'est que, quoique l'état de faillite ne permette plus de faire des paiemens, la somme dite *provision* destinée au paiement d'une lettre de change à son échéance, est censée acquise au porteur de la lettre, parce qu'elle lui a été donnée en paiement de cette lettre. En d'autres termes, la provision, en matière de lettre de change, soit qu'elle existe déjà au moment de la transmission, soit qu'elle n'ait été faite que depuis, est acquise dès l'instant de la transmission de la lettre de change au preneur ou au porteur; en telle sorte que nonobstant la survenance de la faillite du tireur avant l'échéance de la lettre de change, la provision reste la propriété du porteur à l'exclusion de la masse de la faillite. Il n'est pas nécessaire que la la lettre de change contienne mention d'affectation des deniers ou marchandises qui doivent servir de provision à l'échéance. Un arrêt de Montpellier qui avait jugé le contraire, a été cassé le 3 février 1835. Même décision en 1831 et 1832.

La cour de cassation a développé et appliqué ce principe au cas où la somme destinée à servir de provision n'aurait pas encore été *exigible* au moment de la présentation à acceptation, parce qu'il y a provision quand celui sur qui une lettre de change est fournie se trouve redevable du tireur d'une somme égale, et que la loi ne distingue pas entre la dette exigible et celle dont le terme n'est pas arrivé, et qu'elle n'exige que l'existence d'une dette. Alors le porteur est saisi de la provision, sauf à lui, s'il ne se contente pas d'une échéance postérieure à celle de la lettre de change à revenir de suite contre le tireur. Arrêt du 1er février 1836 qui casse un arrêt de Rouen.

623. M. Pardessus, n.° 1357, parle d'une distinction; il admet la compétence du tribunal du failli pour ce qui a eu lieu depuis son incapacité par déclaration de faillite et dix jours avant, mais il ne l'admet pas pour choses antérieures à ces dix jours, parce qu'alors il n'y avait pas de faillite, et il cite un arrêt de rejet du 25 mars 1823. Toutefois, il ne s'agissait pas dans cette affaire de paiemens ou ventes attaqués, mais bien d'une restitution de marchandises déposées ès-mains d'un tiers. On ne voit pas si ce dépôt avait lieu avant la faillite ou avant les dix jours : l'arrêt admit la compétence civile sous un autre aspect, par le motif: « que toute contestation qui intéresse activement ou passivement une faillite, n'est pas, par cela seul, une contestation essentiellement commerciale et que l'art. 458 du C. de com. le reconnait expressément. — Que lorsque les syndics agissent contre un individu, quelque soit d'ailleurs sa profession, pour le contraindre à

rapporter des marchandises qu'ils prétendent avoir été injustement détournées par lui de la faillite, ils ne forment pas une demande en revendication prévue par l'art. 583 du C. com. mais qu'ils usent du droit que leur donne l'article 3 du C. d'inst. crim. d'agir en réparation civile d'un fait prétendu illicite, laquelle action ne résultant d'aucune convention ou transaction, ne rentre pas dans les espèces prévues par les art. 631 et suiv. C. com. »

624. Cela nous conduit à reconnaître que les questions civiles qui peuvent s'élever lors de la vérification des créances, quoiqu'elles soient élevées incidemment, ne sont pas de la compétence commerciale. Ainsi les contraintes qui seraient décernées par le trésor soit contre un comptable failli, soit contre un redevable (1) pour contributions indirectes, doivent l'exécuter nonobstant la faillite, et l'opposition à ces contraintes n'est pas un incident de failliteà juger consulairement, le decretspécial du 1.er germinal an 13, fait exception aux règles générales en matière de faillite, suivant un arrêt de

(1) Un arrêt de la chambre des requêtes du 27 février 1833, avait décidé que les lois qui accordent un privilège sur les meubles d'un particulier redevable, étaient abrogées par la loi du 5 septembre 1807 relative au privilège du trésor public sur les biens des *comptables*. Mais depuis, un arrêt du 11 mars 1838, a reconnu que cette abrogation ne s'étendait pas au débitant redevable suivant le décret du 1.er germinal an 13. En sorte que le propriétaire ne prime le trésor que pour six mois de loyer.

réglement de juges du 9 mars 1808. S. 8. et 9 janvier 1815. Dalloz p. 185. V.° faillite.

625. Si la masse d'une faillite était condamnée envers un créancier qui formerait saisie-arrêt ès-mains d'un caissier, le tribunal de commerce ne pourrait connaître de la demande en validité ; la condamnation a fait cesser la créance d'être un élément d'administration, d'ailleurs il s'agit de l'exécution d'un jugement, dont les juges-consuls ne connaissent pas. Section civile, 27 juin 1821. S. 22.

626. De même, quoique le code de commerce se soit occupé des droits des femmes de faillis, leurs réclamations pour leurs droits matrimoniaux ne peuvent être jugées par le tribunal de commerce, pas plus que les questions d'hypothèque ou privilége qui s'y rattachent : ce qui s'applique au réglement des droits des mineurs, et autres réclamations civiles.

627. Cependant dans une affaire où une femme réclamait une créance en vertu de son contrat de mariage ancien, et même privivilége sur les meubles de son mari, le tribunal de commerce en a connu sur le rapport du syndic ; et sur l'appel, la cour de Poitiers, par arrêt du 2 avril 1830, a déclaré en doctrine « qu'il résulte des dispositions combinées des art. 508, 509 et 635 du C. com. qu'en matière de faillite, les tribunaux de commerce sont compétens pour statuer sur les contestations auxquelles donnent lieu l'affirmation et vérification des créances, lorsque ces contestations n'ont pour objet que l'*existence* ou la *non existence* desdites cré-

ances (1). — Et quant à l'hypothèque privilégiée, que cette question, étant essentiellement du domaine du droit civil, n'est pas de nature à être soumise au tribunal de commerce.

Sans doute toutes créances sans distinction sont soumises à affirmation, et à examen et vérification préalables, même par rapport de titres, registres et autres documens : mais c'est pour vérifier le bilan et connaître les créanciers qui seuls, aux termes de l'art. 514, peuvent concourir au concordat; si les hypothécaires et les nantis d'un gage peuvent s'y présenter, ils n'y ont pas voix délibérative, art. 520.

628. Quand, après l'examen, il y a lieu à contestion sur l'existence de la créance, nous ne saurions admettre la compétence commerciale avec l'arrêt de Poitiers. Il faudrait une loi bien formelle pour attribuer ainsi au tribunal de commerce le réglement d'un compte de tutelle, de fermages, loyers et dégradations, frais de la défense de l'accusé qui sont privilégiés suivant la loi du 5 septembre 1807 sur le privilége du trésor, gages des domestiques et traitemement des commis que nous avons vus ne pas entrer dans sa compétence. Outre les deux arrêts de Cass. ci-dessus, on peut ajouter un

(1) La cour supérieure de Bruxelles a jugé de même le 18 février 1820, suivant arrêt rapporté par Dalloz V.° comp. p. 384, sur le motif que l'art. 638 qui commande la vérification de créances devant le tribunal de commerce, ne fait pas de distinction.

arrêt de la cour de Cassation du 10 mai 1815 (1) qui, en jugeannt que les syndics ne pouvaient revendiquer comme rentrant dans leur administrati n la vente du mobilier du failli dont la régie des contributions avait fait saisir le mobilier, a déclaré « que le C. com. n'attribue de compétence aux » tribunaux de commerce que sur les matières, entre » les personnes et pour les cas déterminés par les » art. 631, 634 et 635 ». L'esprit de la loi ne tend pas non plus à donner compétence sur les affaires civiles, car on disait au conseil d'état, à propos de l'art. 458 : » Les contestations que la faillite » peut faire naître ne doivent être portées au tri» bunal de commerce, qu'autant qu'elles ont pour » objet des affaires *commerciales* ». Locré t. 5. p. 463, t. 8, p. 516. 532. M. Pardessus est de cet avis. —Id. Horson Q. 206.

629. Une autre erreur, selon nous, dans l'arrêt de Poitiers, c'est de refuser d'une manière aussi absolue aux tribunaux de commerce une question de privilége sur les meubles comme étant du domaine du droit civil. Comment admettre que le tribunal de commerce puisse juger qu'une créance civile *existe*, et qu'il doive renvoyer au tribunal civil pour juger si elle comporte privilége ? Il nous semble que ce privilége est un accessoire naturel de la créance, un *droit* attaché à la *qualité* de la créance, art. 2095. C. civ. M. Favard V.° Faillite §. 9 dit seulement : s'il y a des créanciers contes-

(1) V. Dalloz. V.° compétence p. 384.

tant le privilége, le tribunal prononce *s'il est compétent*.

Dès-lors nous pensons que si le tribunal de commerce était compétent pour juger une créance civile, il le serait pour juger si elle est privilégiée. Mais il nous paraît plus régulier que le tribunal qui juge quand les créanciers se *prétendant privilégiés* sur les meubles doivent être payés, art. 533, est par cela même investi du droit de juger le privilége (1). Mais aussi nous pensons que si la créance est civile, son existence, comme le privilége qui la suit, doivent être jugés civilement (2); autrement, le tribunal de commerce aurait à juger aussi la priorité, entre plusieurs priviléges de créances civiles. Telle est aussi l'opinion de Boulay-Paty, 2, 40. Id. Carré.

---

(1) Tels que créanciers sur nantissement, privilége de voiturier, commissionnaire, etc.

(2) Il n'entre pas le plan de cet ouvrage de traiter des priviléges, voyez un arrêt de la cour de cas. du 14 juillet 1829, qui accorde privilége pour fait de charge sur le cautionnement de l'agent de change, même pour le transfert de fonds étrangers; Un autre arrêt 10 mai 1827 le refuse quand des fonds pour opérations de change ont été confiés à l'homme privé plutôt qu'au fonctionnaire. Un autre du 30 mars 1831 fait, quant au privilége, une distinction entre le fond du cautionnement d'après la loi du 25 nivôse an 13 et le prix de la charge d'agent de change. V. Pardessus n. 1206. — Un commis, gagé à l'année, aurait privilége, arg. cass. 10 février 1829. Troplong t. 1, n.° 142.

L'article 95 du Code de com. n'accorde au commissionnaire qui a reçu à son domicile d'un individu, demeurant au *même lieu*, des marchandises en garantie de ses avances, l'espoir d'être payé par privilége, qu'autant qu'il est fait, dans les formes civiles, un écrit de prêt sur nantissement. Tandis qu'il y a lieu, de plein droit, d'après l'art. 93, à privilége en faveur du commissionnaire qui a fait des avances sur des marchandises à lui expédiées d'une *autre* place pour être *vendues* pour le compte du commettant, lorsqu'elles sont à la disposition du commissionnaire, dans ses *magasins*, ou dans un dépôt public; ou encore lorsqu'il peut constater par un connaissement ou par une lettre de voiture, l'expédition qui lui en a été faite. Connaissement est le titre de chargement sur navire, art. 281. C. com. La nuance pour l'application de l'art. 95 ou de l'art. 93 est par fois fort délicate, soit à cause de ce qui peut former magasin du commissionnaire, soit à cause du lieu de l'expédition. Témoin l'espèce suivante :

Les sieurs Villeneuve et Laserre, négocians à Bordeaux, ayant formé le projet d'expédier une quantité de marchandises pour l'Amérique du *sud*, s'adressèrent à la veuve Delbos et fils de la *même* ville, pour en obtenir une avance de 100,000 fr. destinée à l'achat des marchandises dont ils avaient besoin. Il fut stipulé entre les parties que les sieurs Villeneuve et Laserre achèteraient des marchandises pour 300,000 fr.; que ces marchandises seraient embarquées sur le navire le *Fletès*, capitaine

Chemisart, dont la veuve Delbos et fils étaient armateurs, et que lorsque le navire serait arrivé à sa destination, le sieur Villeneuve qui devait y prendre passage pour opérer lui-même la *vente* des marchandises, ne pourrait les retirer jusqu'à la concurrence de 100,000 fr., que sous la condition de fournir au capitaine Chemisart des contre-valeurs qui en assureraient le paiement. Les connaissemens devaient d'ailleurs être faits au nom de la veuve Delbos et fils. — En exécution de ces conventions, les sieurs Villeneuve et Laserre achetèrent des marchandises pour la somme de 300,000 fr., tant à Bordeaux qu'à Paris et Lyon. A leur arrivée à Bordeaux, les marchandises furent transportées directement à bord du navire qui ne tarde pas à faire voile pour Valparaiso dans le Chili. — 29 juin 1833, jugement du tribunal de Bordeaux qui déclare en faillite la maison Villeneuve et Laserre. Question élevée de privilége entre les syndics et la veuve Delbos. 29 janvier 1834, jugement du tribunal de commerce qui refuse le privilége, parce que, suivant l'art. 93, il fallait que la marchandise eût été expédiée d'une *autre* place que celle où réside le commissionnaire. Que les deux parties demeuraient à Bordeaux, et que c'est là que la marchandise avait été remise à la veuve Delbos et fils. Mais la cour de Bordeaux et celle de cassation, par arrêt de rejet du 16 décembre 1835, en décidèrent autrement. On considéra, quant à la différence de place, que si une partie des marchandises a été expédiée de Bordeaux même, une autre partie a été expédiée de Lyon et une autre de Paris, sans que la ventilation en eût été demandée, sans doute parce que les marchandises expédiées de Lyon et de Paris excédaient la somme nécessaire pour l'exercice du privilége, et que dès-lors l'expédition d'une autre place, exigée par l'art. 93, ne pouvait être contestée, relativement au privilége. Que d'ailleurs, les marchandises achetées à Bordeaux ne sortaient pas des magasins de la maison Villeneuve et Laserre, qu'elles n'avaient pas dû être déposées dans les magasins de la veuve Delbos pour être vendues à Bordeaux, qu'elles ont été expédiées par les vendeurs sur le navire, partant pour les mers du sud, et que la vente devait en être faite à Valparaiso; qu'ainsi, encore pour les marchandises à Bordeaux, l'expédition était faite d'une place sur une autre.

Quant à la disposition du commissionnaire dans ses magasins, on considéra que les marchandises étant expédiées par un navire appartenant à la maison Delbos, sous la conduite du capitaine Chemisart, son représentant et son mandataire, l'arrêt de Bordeaux avait fait une juste application de l'art. 93, qui exige que les marchandises soient à la disposition du commissionnaire dans ses magasins ou dans un dépôt, le navire étant assimilé au magasin avec d'autant plus de raison que le capitaine a refusé de remettre les marchandises sans paiement. Enfin, l'arrêt de rejet ajoute que l'art. 93, en parlant de marchandises expédiées d'une autre place pour être *vendues* pour le compte d'un commettant, est démonstratif et non limitatif, comme le cas le plus ordinaire ; mais qu'il arrive souvent qu'un commissionnaire est chargé de recevoir et de réexpédier des marchandises sur une autre place, ou de recevoir, ou de conserver la marchandise jusqu'à de nouveaux ordres ; l'expédition d'une place sur une autre, la consignation, la conservation, voilà les bases du privilége ; le privilége dure donc tant que les marchandises sont à la disposition du commissionnaire.

630. Quoique les frais dus aux agréés ne forment ordinairement qu'une créance civile, néanmoins, quand un agréé a fait, en l'acquit d'un syndic, des frais et avances que celui-ci pourrait employer, par privilége, en frais d'administration, suivant l'art. 558 C. com. ; il est juste que, subrogé aux droits du syndic, ou exerçant l'action de son débiteur, l'agréé puisse s'adresser au tribunal de commerce pour obtenir ce privilège, car le tribunal a l'administration de la faillite. Arrêt de Paris du 14 juin 1833.

631. Un étranger peut être déclaré en faillite dans son pays, et par suite ses syndics peuvent attaquer un Français pour faire rapporter des sommes ou marchandises, ou pour faire annuller des actes faits avec le failli. Il s'agira donc de savoir quel effet peut produire en France ce jugement de déclaration de faillite. Sans doute, si le Français, quoiqu'ignorant le jugement de faillite, a traité sciemment avec un failli agissant en fraude des créanciers, il sera passible de l'exception de fraude

suivant le droit commun, ayant su que l'étranger avait cessé ses paiemens. Si le jugement était ignoré, il sera inopérant contre le Français de bonne foi. Si enfin le Français avait acheté, sachant le jugement de faillite prononcé en pays étranger, il pourra s'opposer en France à ce jugement et prouver que l'étranger ne devait pas être déclaré en faillite. Cette dernière hypothèse est la suite de ce que les jugemens rendus en pays étrangers ne sont pas essentiellement exécutoires en France, et sont sujets à révision. V. Répertoire, t. 16, V.° Faillite.

632. Hors ce cas de jugement étranger qui pourra être attaqué incidemment par tout défendeur, s'il s'agissait d'un jugement du tribunal de commerce français que le défendeur voulût attaquer, incidemment, par opposition ou tierce-opposition, il faudrait se pourvoir devant le tribunal qui a déclaré la faillite; lui seul, en France, est apte à le modifier, l'art. 475 du C. de proc. qui permet l'opposition-tierce devant un tribunal égal ou supérieur, n'étant pas applicable à ce genre de jugement. 10 novembre 1824, S. 24. Pardessus, n.° 1112.

633. L'état de faillite peut donner lieu à différentes comptabilités, celles des agens, celle des syndics provisoires et celle des syndics définitifs ou liquidateurs de l'union entre les créanciers, quand il n'est pas survenu de concordat : ces comptes doivent être rendus devant le tribunal de commerce, suivant les art. 481, 527 et 562. (1) Mais il arrive

(1) Avec contrainte par corps, art. 126. C. pr.

souvent que, lors du concordat, les parties nomment des commissaires pour en veiller l'exécution, faire des ventes et recouvremens avec le failli; ce sont là des mandataires d'une autre nature, purement volontaires, auxquels on a confié des pouvoirs plus ou moins restreints, en dehors de la loi qui ne reconnaît pas leur ministère, sans cependant le prohiber. Ces mandataires ne pourraient être assignés en reddition de compte devant le tribunal de commerce. Et l'on ne pourrait pas dire qu'ils sont nommés par justice, dans le sens de l'art. 527 du C. de proc., puisque ce sont les parties qui les ont nommés directement. Arrêt de Caen du 7 août 1819. Dalloz, V.° Faillite.

634. L'action en révocation des syndics légaux est ouverte aux créanciers qui croyent avoir à s'en plaindre, et doit être portée devant le tribunal qui les a nommés; et s'il s'agissait de soutenir qu'un acte projeté par les syndics excède leurs pouvoirs et de s'opposer à son exécution comme préjudiciable, le tribunal de commerce en connaîtrait encore. Art. 495, C. com.

635. Mais s'il s'agissait de demander des dommages-intérêts contre un syndic, pour retard, négligence, préjudice causé au failli ou à la masse, alors s'agissant d'appréciation civile et de quasi-délit, le tribunal civil paraîtrait seul compétent. Argument d'un arrêt de rejet du 14 décembre 1825.

636. Toutefois la condamnation aux dépens prononcée personnellement contre des syndics qui sont jugés avoir compromis l'intérêt de la

masse (1), et que les tribunaux peuvent prononcer, même d'office, peut être prononcée par le tribunal de commerce, quoique ce soit une sorte de réparation de dommage, parce que ce n'est que l'accessoire d'une contestation commerciale dont il était saisi.

§. III.

Incidens concernant la personne du failli. — Cession de biens.

SOMMAIRE.

637. Dépôt du failli dans la maison pour dettes. — Subsistance.
638. Peut-on faire durer l'état de dépôt. — Après poursuite criminelle.
639. Arrêt pour la continuation.
640. Le failli ne peut se pourvoir, au civil, afin de main levée d'écrou. — Sauf-conduit.
641. Si les condamnations antérieures à la faillite, sont obstacle au sauf-conduit.
642. On peut appeller du jugement qui ordonne le dépôt.
643. Durée de l'emprisonnement en faillite. — Lacune de la loi de 1832.
644. Compétence sur les nouvelles affaires que le failli fait encore après sa faillite.
645. Validité des billets faits par un failli pour acheter un consentement à concordat.
646. *Secùs*, si ces arrangemens nuisent à un tiers.

---

(1) L'art. 132 C. pr. a été souvent appliqué en appel contre des syndics.

647. Ou à la masse des créanciers. — Cassation. — Cautionnement pour pareille dette.
648. Faillite peut être déclarée après décès.
649 Si la seule demande en cession de biens peut empêcher la contrainte par corps.
650. Si elle peut empêcher la faillite, quand il n'y a pas encore eu de jugement ni poursuites.
651. Devant qui se suit la cession de biens.
652. Publication de la cession, même quand le débiteur n'est pas commerçant.
653. Dans quel délai la cession doit être réitérée.
654. Effet de la cession de biens sur la révocation de la faillite. — Défaut de la publicité de la cession.
655. Homologation du concordat. — Contrat d'union.
656. Concordat non sujet à résiliation.
657. Réhabilitation. — Intervention indirecte des tribunaux de com.

637. En déclarant la faillite, le tribunal ordonne la garde du failli en son domicile ou résidence par un officier de police ou de justice, ou par un gendarme ; ou même le dépôt de sa personne dans la maison d'arrêt pour dettes (1). L'art. 455 ajoute qu'en cet état il ne pourra être reçu contre le failli d'écrou ou recommandation en vertu d'aucun jugement du tribunal de commerce (2). Mais l'art. 466 lui permet de demander au même tribunal sa liberté provisoire avec ou sans caution. C'est au tri-

(1) Voyez pour le moyen d'exécution du dépôt une circulaire du ministre de la justice du 30 avril 1827. S. 28.

(2) Donc, on pourrait le recommander en vertu d'un jugement du tribunal civil, qui aurait jugé une affaire civile.

bunal de commerce que doit être portée toute demande touchant les subsistances et vêtemens de la famille, parce qu'il s'agit là d'administration des biens du failli.

Combien de temps peut durer cet état de dépôt, et quel est le juge compétent pour le faire cesser? la jurisprudence a varié.

638. Après avoir été déposés dans la maison d'arrêt pour *dettes*, les sieurs Thomas avaient été poursuivis par la voie criminelle sur la plainte de quelques créanciers; ils furent condamnés à une peine correctionnelle. Le délai de cette peine allait expirer, lorsque les créanciers, après avoir déjà formé un contrat d'union, présentèrent requête au tribunal de commerce pour obtenir la continuation de la détention pour dettes, par suite du jugement de déclaration de faillite et en vertu de l'art. 455 C. com.; le tribunal l'ordonne ainsi sur le motif que l'accusation de banqueroute n'avait pas dépouillé les syndics chargés des intérêts des créanciers de l'action civile qu'ils conservent contre le failli. Ce jugement fut confirmé en appel; mais il fut cassé le 9 mai 1814, parce que la cour de Cassation a pensé que le dépôt du failli dans une maison d'arrêt pour dettes était une mesure provisoire qui devait cesser lorsque la justice n'a plus rien à exiger et que les créanciers ont pris un parti définitif sur leurs intérêts; que les sieurs Thomas se trouvaient dans ces deux cas, puisque d'une part ils avaient subi la peine à laquelle ils avaient été condamnés et que, d'autre part, les créanciers avaient

refusé tout traité en faisant le contrat d'union qui faisait exclure les débiteurs du bénéfice de cession ; que tout étant ainsi terminé, les créanciers ne peuvent plus priver leur débiteur de la liberté, sans violer l'art. 2063 du C. civil qui ne permet l'emprisonnement que dans les cas prévus par la loi.

639. Ces motifs amenaient leur réponse puisque le refus du bénéfice de cession de biens était la continuation des voies de contraintes antérieures, et que, l'intérêt privé de la masse étant distinct de celui de la vindicte public, la satisfaction de celle-ci ne pouvait désarmer les créanciers pour leurs créances. Aussi la même question s'étant présentée de nouveau, sur pourvoi contre un arrêt de Rouen qui avait ordonné la continuation de la détention pour dettes, après l'expiration de la peine correctionnelle, la chambre civile, après délibéré en la chambre du conseil, a rejeté le pourvoi le 9 novembre 1824. On a reconnu que la nature du dépôt du failli, qui a la verité est dans l'intérêt public en cas qu'il y ait prévention de banqueroute, est aussi dans l'intérêt des créanciers, puisqu'elle a pour objet d'empêcher la fuite du débiteur à qui ils ont droit de demander des explications de plusieurs espèces ; qu'un pareil failli ne peut pas être traité plus favorablement qu'un débiteur de bonne foi, et qu'il pourrait avoir besoin de donner des renseignemens sur les suites de la liquidation, sauf à lui à demander sa liberté provisoire suivant l'art 467 C. com. C'est ce qu'a aussi jugé la cour de Paris le 28 juin 1828.

640. Mais le condamné qui, après sa peine, veut obtenir sa sortie, ce qui est laissé à l'arbitrage du juge, ne doit pas se pourvoir devant le tribunal civil, comme s'il s'agissait de vices ou irrégularité dans l'exécution de l'emprisonnement; il doit s'adresser au tribunal de commerce qui accorde ou refuse la liberté provisoire ou sauf-conduit avec caution. C'est ce qui résulte de l'arrêt ci-dessus.

641. La jurisprudence admet que le sauf-conduit peut avoir lieu quoiqu'il y ait eu des jugemens de condamnation ou incarceration antérieurement à la déclaration de faillite. Il n'y a plus moyen de payer, et les créanciers deviennent égaux. C'est ce qui fait que des débiteurs en prison, se hâtent de se mettre en faillite, comme moyen de recouvrer leur liberté sous caution.

642. Sans doute, c'est un pouvoir discrétionnaire que celui confié au tribunal de commerce, et l'art. 466 traçant la marche ordinaire à suivre pour faire cesser la détention provisoire, c'est au tribunal qu'il faut d'abord s'adresser. Cependant, on ne pourrait pas conclure, d'une manière absolue, que le premier jugement qui ordonne le dépôt dans la prison pour dettes, ne soit pas susceptible d'appel, ainsi que l'a fait la cour de Bordeaux le 8 décembre 1829. Car une partie peut craindre de ne pas trouver de caution (les malheureux n'en ont guères), et le dépôt dans la prison pour dettes a pour alternative la garde à vue du failli par un agent de police. Le débiteur pourrait donc faire réformer sur l'appel le jugement qui aurait cru ne pas devoir or-

donner la mesure la plus douce, suivant les sexes, âges et autres circonstances.

643. Mais quel pourrait être légalement le maximum de la durée de ce dépôt de police? Sans doute il peut durer tant que l'instruction criminelle et la peine qui aura suivi, puisque la détention préventive est *mixte* c'est-à-dire en partie dans l'intérêt de la vindicte publique. Mais quand la peine est expirée, et qu'ensuite les syndics et juges croient devoir refuser le sauf-conduit, la prison sera-t elle perpétuelle? Dans les termes de la loi de l'an 6 qui ne fixait pas de durée à la contrainte par corps en matière commerciale, même contre les septuagénaires, la détention pour les créanciers pouvait être indéfinie. Aujourd'hui, la loi du 17 avril 1832 contient une lacune sur ce point, l'art. 5 supposant qu'il y a *jugement* de condamnation, toutefois on voit par les art. 4 et 6 que la contrainte par corps ne peut être prononcée, même en matière de commerce, contre les débiteurs qui auraient commencé leur 70.e année; et que si un débiteur est emprisonné avant cet âge, il recouvrera de plein droit la liberté le jour où il aura commencé la soixante-dixième année.

Sera-ce une raison pour qu'un failli de 20 à 25 ans soit détenu jusqu'à cette triste vieillesse, après avoir satisfait aux exigences de la loi, à la requête de créanciers sans doute malheureux. L'humanité s'afflige à cette idée, puisqu'après le dépôt de la personne du failli, il ne peut plus être reçu de recommendation contre lui, c'est qu'on sentait qu'il se trouvait réduit apparemment à l'impossible. Il nous paraît que cette omission de la loi nouvelle, qui était favorable à la liberté, doit être réparée par son esprit comme par son texte. Après la peine de correction subie, il n'y a plus que des intérêts pécuniaires à conserver. Or suivant l'art. 5 de la loi de 1832, l'emprisonnement est gradué suivant l'importance de la somme due, depuis un an jusqu'à cinq. Dès lors cette détention provisoire dans l'intérêt commun ne peut durer plus long-temps qu'elle n'aurait duré au profit d'un créancier pour la somme la plus élevée, sans qu'il soit permis de cumuler toutes les sommes dues par le failli à tous les créanciers. A plus forte raison, le cessionnaire de petites créances fixées par jugement ne pourrait plus prolonger la contrainte par corps pour un temps plus long que celui qui compète à chacune d'elles ; c'est la condamnation qu'il faut voir.

644. Après la déclaration de faillite et la dessaisie de l'administration de ses biens, souvent un débiteur, avant d'avoir obtenu un concordat, fait des affaires, soit sur nouvelles ressources survenues ou sur un nouveau crédit accordé par la confiance. Le tribunal de commerce sera toujours compétent, parce que la faillite n'a pas fait perdre au débiteur sa qualité de commerçant.

Seulement il commence une ère nouvelle, une masse d'intérêts nouveaux, à tel point que les syndics n'ont pas besoin d'être appelés dans les instances nouvelles contre le failli, puisque celui-ci n'était pas frappé d'une interdiction civile, mais seulement privé d'administrer les biens qu'il avait lors de la faillite : qu'enfin ses moyens nouveaux d'industrie, dès qu'ils ne proviennent pas de ce qui a été dévolu à la première masse, ne peuvent qu'ajouter à la garantie des créanciers. Telle est l'opinion de MM. Pardessus et Locré, consacrée par un arrêt de rejet du 6 juin 1831, et un arrêt de Paris du 2 février 1835. V. annales p. 104. M. Pardessus ajoute que ceux qui prétendraient quelque droit sur le nouveau pécule du failli, par suite de ses opérations postérieures, pourraient exiger, à l'imitation de la séparation de patrimoine en droit civil, que l'on ne confondît pas, dans la masse du failli, ce qui provient de nouvelles opérations à l'occasion desquelles leurs droits ont pris naissance.

645. On voit assez souvent des faillis vaincre la résistance de certains créanciers à la signature du concordat, en leur offrant un sort meilleur que celui des autres créanciers. Les billets en pareil cas sont toujours commerciaux, s'ils avaient une cause commerciale antérieure à la faillite. (1)

Ces billets sont-ils valables, ainsi que le cautionnement donné par des tiers au créancier favorisé ? D'un côté, on peut dire que c'est un acte immoral et injuste que celui contracté par un homme en état de faillite et l'un de ses créanciers par préférence aux autres ; que le débiteur qui ne peut obtenir un

(1) Arg. d'un arrêt de Rouen, confirmé par arrêt de rejet du 30 mars 1830. V. n.° 646.

concordat que de la bienveillance de ses créanciers, trompe leur confiance s'il détourne de son avoir une portion quelconque pour apaiser un créancier de mauvaise humeur, ou pour acheter sa signature ou même son silence : que c'est une contrainte morale pour le forcer à acheter sa liberté. D'un autre côté, on répond que le créancier qui reçoit ce qui lui est dû ne fait injustice à personne; que le débiteur ne soustrait rien de son avoir actuel au préjudice de ses créanciers, et qu'il engage seulement ses ressources à venir; que le failli était débiteur de la totalité de la créance originaire; que la loi ne défend pas qu'un créancier s'oppose à l'admission d'un concordat; que son but légal est d'avoir un plus grand dividende, et qu'il est libre à chacun de faire une remise plus ou moins forte.

640. Un arrêt de Rouen, confirmé par un arrêt de rejet du pourvoi du 30 mars 1830, a admis le premier système, mais dans des circonstances qui ont, en quelque sorte, effacé le principe de droit. La femme d'un failli, aussi signataire du concordat, avait consenti à ne toucher son dividende que lorsque tous les créanciers auraient été payés du leur; elle intervint dans l'instance, lors de laquelle son mari demandait la nullité d'un billet prétendu daté *après* le concordat, quoiqu'il eût été réellement fait avant, au profit d'un créancier qui voulait s'opposer à l'homologation du concordat. Il était constant que la femme n'avait encore rien touché, et si le billet eût été valable, elle eût vu diminuer une partie de son gage. Ces faits étaient constatés,

et l'arrêt de Rouen énonçait que ce n'était pas librement et sans contrainte, que le failli avait consenti à signer l'obligation secrète et de faveur. Aussi, l'arrêt du rejet de pourvoi, sans énoncer aucune doctrine en droit, se fonde sur ce que l'arrêt de Rouen avait constaté que c'est en menaçant le failli d'une opposition au concordat que le créancier avait obtenu sa signature, et que la cour de Rouen s'était fondée sur un concours de circonstances qu'il lui appartenait d'apprécier. Mais aussi l'arrêt de rejet ajoute, parmi ses motifs, que le failli n'a pas été seul réclamant, que la femme du failli qui avait intérêt à la nullité avait intérêt à la demander.

647. La question en droit restait donc encore entière au regard du failli, quand il agit isolément. Et, en effet, à son égard, la cour de cassation a décidé le 12 avril 1821, S. 22, que le débiteur ne pouvait demander la nullité du billet, sous prétexte qu'il était souscrit durant la faillite ; que cette nullité ne pouvait être valablement opposée que par *les créanciers*, s'ils eûssent prétendu que le billet avait été souscrit pendant la faillite. La cour de cassation, dans un arrêt du 21 novembre 1827, a ajouté que le failli n'est pas dessaisi de l'administration de ses biens, et que les obligations qu'il contracte après la faillite ne pouvant altérer le gage des créanciers, le failli est tenu de les acquitter. Dans un troisième arrêt du 11 avril 1831, la cour suprême dit que les créanciers auraient eu seuls droit et qualité pour attaquer l'acte, *s'il leur*

eût fait préjudice ; mais que cette faculté ne saurait appartenir au débiteur lui-même, qui a pu librement souscrire un engagement, ayant pour objet le paiement intégral d'une somme dont il était *réellement* débiteur.

Enfin un fils qui avait souscrit des traites en faveur d'un créancier, pour faciliter le concordat de son père, en ayant demandé la nullité devant le tribunal de commerce de Rouen, ce tribunal a rejeté la demande : puis, 16 juillet 1829, arrêt infirmatif de Rouen. Mais la cour de cassation a cassé l'arrêt de Rouen par le motif entre autres *qu'aucune loi* ne défend au créancier d'un failli d'obtenir une garantie de tout ou partie de sa créance pour prix de son adhésion au concordat ; que le cautionnement ne serait illicite que dans deux hypothèses, 1.° si le cautionnement altérait la consistance des biens du failli ; 2.° si par l'adhésion le créancier garanti contraignait les autres créanciers à faire au failli des remises illégitimes. (1)

Il résulte de là que la nullité du billet de garantie ne pourrait même être demandée que par les créanciers non signataires de concordat qui sont obligés de suivre la loi de la majorité : et, quant aux créanciers qui ont concouru au concordat et l'ont signé volontairement, ils ne peuvent pas dire que c'est le billet de faveur qui les a forcés à consentir. Qui sait si ces créanciers ne sont pas dans

---

(1) Même décision des cours de Paris, en 1809, Angers et Bordeaux, en 1820.

un cas pareil ; et ne voit-on pas que quand le failli promet ces indemnités de faveur, c'est qu'il a des ressources pour le faire, présentes ou futures ? Mais si la promesse était annullée, lui seul en profiterait, en alléguant sa turpitude.

648. On ne fait plus de difficulté aujourd'hui de reconnaître qu'un commerçant peut être déclaré en état de faillite, après son décès, s'il y a eu de son vivant les actes qui constatent la cessation de paiement : parce qu'il peut importer d'annuller des paiemens, des hypothèques, donations, etc.

649. Il n'est pas douteux davantage que la demande en cession de biens ne peut seule empêcher la contrainte par corps d'être exécutée ou prononcée : suivant l'art. 900 C. proc. et 570 C. de com. Mais il y a plus de difficulté sur le point de savoir si l'action en cession de biens ayant été intentée avant toutes poursuites, la faillite pourrait néanmoins être prononcée. J'ai vu juger l'affirmative par la cour d'Amiens, en janvier 1831, parce que l'art. 900 ; C. pr. dispose que la demande en cession ne suspendra le cours d'aucune poursuite.

650. N'y a-t-il pas encore motif de douter ? Nous ne voulons pas dire que la seule demande en cession de biens puisse empêcher l'exercice de la contrainte par corps imminente, ou faire rendre à la liberté le débiteur déjà détenu. Et quand l'art. 900 du C. de proc., dont l'art. 570 n'est que la répétition, énonce qu'elle ne suspendra l'*effet d'aucune poursuite*, on peut entendre les poursuites d'*exécution* résultantes de jugement, et tendantes à saisie-

arrêt, saisie mobilière, immobilière, et de contrainte par corps, surtout à cause du respect pour les condamnations commerciales, contre lesquelles il ne peut être obtenu de *défenses*, art 647 C. com. Pourquoi faire déclarer la faillite pour dessaisir le débiteur de l'administration de ses biens, quand il les offre par la cession de biens? Aussi la cour de Rouen a décidé, le 13 décembre 1816, qu'encore que le titre de la cession de biens dans le Code de commerce soit postérieur à celui de la faillite, il ne fallait pas nécessairement que le débiteur eût passé par les formes de la faillite, (1) pour être admis au bénéfice de la cession. Toutefois on ne peut se dissimuler qu'il est des cas où il est utile de déclarer la faillite, pour connaître une date d'ouverture, puisque certains actes rapprochés de cette date peuvent être annullés au profit de la masse.

651. On ne voit pas que le tribunal de commerce ait une juridiction contentieuse relativement à la cession de biens (2). Ce n'est pas devant lui qu'elle se poursuit, mais devant le tribunal civil du domicile du débiteur, suivant l'art. 898 du C. de pr. lors même que toutes ses dettes auraient une cause commerciale. Si l'art. 569 C. com. offre

---

(1) Un arrêt de cass. du 4 novembre 1823 décida la même chose, mais aussi que l'état de faillite peut être déclaré d'office quand le tribunal apprend le dépôt du bilan au greffe civil pour parvenir à la cession de biens.

(2) Le projet de la loi présenté sur l'instruction des faillites propose de soumettre au tribunal de com. les cessions de biens faites par les commerçans.

quelque doute, il disparaît devant l'art. 635, n. 4. Les dispositions du C. de com. forment presque toutes double emploi avec le C. de pr.

Le tribunal n'a mission que pour faire, à son audience, la publication du jugement civil qui admet au bénéfice de cession ; publication qui doit avoir lieu encore que le débiteur gracié ne soit pas commerçant, suivant l'art. 901 du C. pr. Le tribunal consulaire n'a qu'à veiller si le débiteur est présent en personne ; et si les créanciers ont été appelés pour entendre réitérer la cession.

652. C'est un enregistrement analogue à celui requis pour la publication des séparations de biens, lors même que le mari ne serait pas négociant. Dans les deux cas, le jugement reste affiché par extrait dans les tableaux des auditoires civils et commerciaux, etc. Art. 872 Pr. 573 C. com.

S'il n'y a pas de tribunal de commerce dans la commune du lieu du domicile du mari, la cession se réitère à la maison commune un jour de séance.

653. Voilà bien le complément des formalités nécessaires pour consolider la cession au regard des créanciers ; la loi n'a pas fixé de délai pour faire la réitération de la cession qui n'est qu'une sorte d'amende honorable. Le tribunal de commerce ne pourrait donc la refuser ni sous ce rapport, ni sous le prétexte que le débiteur se trouverait dans un cas où la loi n'admet pas la cession. Il doit respecter le jugement civil, sans en entraver l'exécution.

654. Ce jugement civil, qui admet la cession et décharge le débiteur de la contrainte par corps,

produit même effet immédiatement, en ce sens que si, depuis la *demande* en cession de biens qui ne se fait qu'en déposant le bilan au greffe civil, le tribunal de commerce, averti par cette notoriété, agit régulièrement en déclarant d'office la faillite et en ordonnant le dépôt de la personne du failli dans la maison pour dettes; le tribunal de commerce doit rapporter son jugement lorque le débiteur, y formant opposition, se prévaut du jugement civil antérieur qui le décharge de la contrainte par corps, malgré que la demande en cession n'ait pas été insérée dans les journaux ou réitérée en personne selon les art. 569 et 571 C. com. Un pareil jugement ne peut être réformé que par opposition ou appel, et en attendant il produit effet même vis-à-vis le tribunal de commerce. Arrêt ci-dessus du 4 novembre 1823, note. V. 618.

655. L'homologation du concordat entre le failli et ses créanciers étant formellement établie par la loi, comme étant de la compétence du tribunal de commerce, soit que les consentans ou refusans soient créanciers pour cause commerciale ou civile, il ne peut y avoir lieu à beaucoup de difficultés. Le point essentiel à vérifier sera de savoir si les formalités voulues ont été observées par les syndics et juges-commissaires, et si le failli mérite l'intérêt qui s'attache à la bonne foi malheureuse. Il en est de même en cas de contrat d'union, art. 531.

656. Une fois le concordat homologué, la mission du tribunal est terminée, sauf les comptes des syndics; en sorte que si le failli ne remplit pas les

conditions du concordat, un créancier ne peut qu'employer la voie d'exécution, sans pouvoir obtenir la résolution du concordat et remettre les choses au même état où elles étaient avant lui. Ce serait, par le tribunal, connaître de l'exécution de son jugement.

657. Quant à la réhabilitation, qui est l'acte par lequel la tache de la faillite est effacée, et le débiteur recouvre ses droits civiques qu'il avait perdus, le tribunal de commerce n'y intervient que par l'organe de son président pour donner des renseignemens sur la conduite du failli. L'arrêt de la cour qui admet à la réhabilitation, est lu à l'audience du tribunal de commerce et transcrit sur les registres, art. 611. C. com. V. 673.

On a vu cependant des tribunaux de commerce faire une sorte de réhabilitation, en rapportant le jugement de déclaration de faillite, lorsque le débiteur qui avait obtenu un concordat payait toutes ses dettes ; lors même qu'il les payait avant que les opérations de la faillite fussent terminées. C'est là un excès de pouvoir qui a été plusieurs fois réprimé par la cour de Cassation. Le jugement de déclaration de faillite ne peut être rétracté par le tribunal de commerce que sur l'opposition d'un débiteur ou celle d'un créancier qui a intérêt à établir que ce débiteur n'ayant pas cessé ses paiemens dans les termes de la loi, ne pouvait être déclaré en état de faillite. Souvent même le tribunal avant de statuer sur cette opposition, la fait publier dans les journaux, pour éviter les collusions.

ARTICLE TROIS.

Du Président.

SOMMAIRE.

658. Le président a la police intérieure.
659. Ne peut ordonner les débats à huis-clos.
660. Répond les requêtes en son hôtel.
661. Permet de saisir effets mobiliers — en cas d'urgence.
662. Pour lettres de change et billets.
663. Saisie-arrêt de sommes.
664. Doute élevé par M. Vincens.
665. Ordonnances exécutoires nonobstant opposition ou appel.
666. Le président pourrait-il ordonner l'arrestation provisoire du débiteur ?
667. Par qui le président est remplacé — est-ce par le juge-de-paix suivant l'art. 106 pour vérifier des marchandises.
668. Le président rend les ordonnances *d'exequatur* sur sentences arbitrales.
669. *Quid* d'une sentence arbitrale en matière d'assurance.
670. Si, en société, les arbitres ont été constitués *amiables compositeurs*.
671. Cas où il est facultatif au président de nommer arbitre.
672. Domicile d'arbitres autre que celui de la société.
673. Si le failli qui demande réhabilitation est changé de domicile.

658. Le président a naturellement la police des audiences, et les avertissemens ou expulsions autorisés par l'art. 89 du C. pr. lui sont communs avec le président du tribunal civil; sans parler de la vérification des minutes et de leur signature, aux

termes de l'ordonnance du 5 novembre 1823, art. 5. (1)

659. De droit, la publicité des débats est une des conditions des jugemens, à peine de nullité, notamment suivant la loi du 24 août 1790. Le huis-clos doit être bien rare en matière de commerce ; il pourrait être ordonné, non par le président, mais par le tribunal, si la discussion publique devait entraîner du scandale ou des inconvéniens graves ; en pareil cas, la délibération doit être adressée au procureur-général. Art. 87, C. p. Charte, art. 55.

660. En son hôtel, le président répond les requêtes qui lui sont présentées pour abréger le délai ordinaire, dans les cas qui requièrent célérité ; il nomme les experts pour faire le réglement d'avaries, en cas de jet et contribution, quand le navire étranger n'a pas de consul de sa nation dans le port du débarquement. Art. 414, C. com.

661. Le président dans les cas d'urgence en matière de commerce de terre ou de mer, sans distinction, peut permettre de saisir les effets mobiliers, art. 417, C. pr., non-seulement ceux d'un débiteur forain, par la saisie-gagerie autorisée, même en matière civile, par l'art. 822 du C. de pr., mais encore les effets d'un débiteur de la même

(1) Nous excusera-t-on de dire en passant que, d'après le décret du 24 messidor an 12, le président du tribunal de commerce, a dans les cérémonies publiques, sa place après celui du tribunal civil?

commune que le créancier, comme quand un marchand va enlever des marchandises dont le vendeur court risque de perdre le prix. Mais aussi le président qui ne doit pas seconder des inquiétudes frivoles ou affectées, peut refuser l'autorisation, ou il peut assujettir le créancier qui obtient cette ordonnance de saisie, à donner caution ou à justifier de solvabilité suffisante.

La loi n'a pas exigé, pour autoriser cette mesure conservatoire, que le créancier représentât des titres; pour éviter des retards, le pétitionnaire peut d'avance faire signer sa requête par un homme solvable qui aura consenti à se rendre caution.

662. Avec cette disposition du C. de procédure, c'était peut-être surabondamment que l'art. 172 du Com. donne au porteur d'une lettre de change ou billet à ordre, en obtenant la permission du juge, le droit de saisir conservatoirement, si ce n'est que la saisie portera non-seulement sur un seul débiteur principal, mais encore sur les effets mobiliers des tireurs, accepteurs et endosseurs, ce qui offre un surcoît de sûreté. (1)

663. Dès que la loi n'a pas mis de restriction aux effets mobiliers dont le président peut permettre la

(1) Quoique les articles 150 et 151 C. commerce autorisent, en cas de perte d'une lettre de change, à poursuivre sur une 2.e 3.e, en donnant caution par ordonnance du juge, comme il s'agit du fond du droit, c'est le tribunal qui en connaît. L'art. 218 du C. civil emploie le mot juge au lieu de tribunal.

saisie, il en résulte que la saisie de créances ou autrement la saisie-arrêt peut aussi être permise; et l'art. 559 du C. de pro. qui, à défaut de titre, demande l'évaluation provisoire faite par le *juge*, ne distingue pas non plus entre le juge civil et le juge commercial, sauf que la procédure ultérieure doit être suivie devant le tribunal civil.

664. M. E. Vincens discute sérieusement un double doute élevé sur la compétence du président pour autoriser la saisie provisoire en matière de lettres de change et de saisie-arrêt, parce que l'art. 172 C. com. et l'art. 559 C. pro. se servent seulement du mot *juge*, ce qui ordinairement s'entend du juge civil. L'auteur résout cependant ces doutes dans notre sens. La réponse était simple; l'ancien droit et l'ordonnance du commerce de 1673 qui donnaient aussi au *juge* le pouvoir d'autoriser saisie pour lettres de change, étaient suivis comme ayant entendu le *juge-consul* qui était le juge de cet acte de commerce; et il n'apparaît pas de motif pour lui ôter ce pouvoir.

Quant à la saisie-arrêt, l'auteur pense que la jurisprudence *paraît* avoir décidé que le juge civil, et non le juge de la matière commerciale, a seul le droit de la permettre; et de plus, il est préoccupé de ce que l'art. 575 du C. de pro. dispose que le tiers-saisi dénoncera les nouvelles saisies à l'*avoué* du saisissant, ce qui suppose la présence du tribunal civil. Nous pensons que l'auteur fait confusion. Oui, la jurisprudence est positive en ce qu'elle interdit au tribunal de commerce de prononcer sur le mérite de la saisie-arrêt, quoiqu'elle ait pour base une matière commerciale ; le tribunal civil connaît seul de la régularité des formes, sauf à surseoir à statuer sur le fond de la créance commerciale, si la partie demande son renvoi devant le tribunal de commerce. Ainsi, quand le tiers-saisi est appelé à faire sa déclaration affirmative et qu'il y a plusieurs saisissans, le concours d'avoués survient dans le réglement entre plusieurs créanciers qui peuvent d'ailleurs n'être pas tous commerciaux. Mais quand il ne s'agit que de la simple *permission* à donner sur requête de faire la saisie-arrêt, le juge commercial peut l'accorder, comme il permet de saisir les effets mobiliers, d'après l'art. 417, C. pro. La jurisprudence est bien pour cette compétence, comme on peut le voir par deux arrêts de Turin des 17 janvier 1810 et 30 mars 1813. V. Demazures, n.° 465.

665. Ces ordonnances, soit qu'elles portent permission de saisir purement et simplement, soit qu'elles imposent au poursuivant l'obligation de justifier de solvabilité suffisante, ou de donner caution, doivent être exécutées nonobstant opposition ou appel.

Ces dernières expressions supposent bien que la partie contrariée par l'ordonnance, aura le choix de se pourvoir pour la faire reformer par la voie de l'opposition, ou de l'appel, s'il s'agit de moins de mille francs ; cependant la cour de Bruxelles a jugé le 17 mars 1812 (S. 14) que l'appel n'était pas recevable, l'ordonnance ayant été rendue sur le simple exposé d'une seule partie. Il y a là une grande erreur : d'abord, il est possible que ce soit la partie qui a obtenu la permission de saisir, mais à la charge de donner caution, qui aura rappelé ; elle ne peut revenir par opposition, car elle a été entendue. En second lieu, si l'appel est interjeté par la partie objet de saisie, pourquoi l'obliger à tenter une opposition devant un juge dont l'opinion est formée, puisque l'ordonnance sera exécutoire malgré l'opposition : ne vaut-il pas mieux obtenir un arrêt pour faire cesser l'effet de l'ordonnance. On peut ajouter que l'art. 645 C. com. permet d'interjeter appel le jour même d'un jugement par défaut, en matière de commerce.

666. Puisque la loi ne parle que d'autoriser la saisie provisoire d'objets mobiliers, il en résulte que le président ne pourrait permettre l'arrestation provisoire d'un prétendu débiteur. Il faut un jugement, dit l'art. 2067 C. civil. A la vérité des étrangers peuvent être arrêtés provisoirement, pour dette commerciale comme pour dette civile, mais c'est au président du tribunal de première instance que l'art. 15 de la loi du 17 avril 1832 confie ce pouvoir extraordinaire. Mais tous deux peuvent-ils délivrer sauf-conduit. V. 155.

667. Il est de droit que, quand le président est absent ou empêché, il soit remplacé par un juge, et c'est le plus ancien. Mais l'intérêt abuse de tout, notamment de l'art. 106 du C. de commerce qui, au cas de vérification de marchandises conduites par un voiturier, veut que les experts soient nommés par

le président du tribunal, ou à son défaut par le juge-de-paix. Des praticiens ont voulu voir cette désignation comme limitative, de sorte qu'en cas d'empêchement du *président*, ils allaient de suite trouver le juge-de-paix qui n'était pas fâché d'instrumenter. Cette erreur doit cesser. Le juge-de-paix qui est indiqué et dont les fonctions sont encore plus restreintes n'a été rappelé que pour faciliter la nomination d'experts pour le cas où il n'existe pas de tribunal de commerce dans la localité où naît la contestation. C'est aussi la doctrine d'un arrêt de Colmar du 24 décembre 1834 (1), qui a décidé aussi qu'en ce cas un seul expert peut être nommé comme dans le cas de l'art. 420 du C. de pr.

668. En matière d'arbitrage, le président a aussi une mission personnelle ; c'est de rendre exécutoire les sentences arbitrales déposées au greffe du tribunal de commerce, par une ordonnance pure et simple rendue dans les trois jours du dépôt. Art. 61 C. com.

Sur ce dépôt, nous ferons remarquer qu'en général l'art. 1020 du C. de pr. qui prescrit aux arbitres de déposer leur sentence dans les trois jours, n'est pas obligatoire à peine de nullité. Rejet du 29 mars 1832. D'un autre côté, on ne voit pas non plus que la peine de nullité puisse résulter de ce que le président n'aurait pas mis son ordonnance d'*exequatur* sur la sentence, dans le délai de trois

---

(1) Annales 1838. p. 187.

jours, puisque la peine de nullité n'est pas davantage prononcée. Cette ordonnance est toujours dans le cas d'être donnée dès qu'on la demande ; il est possible que la partie n'en ait pas eu besoin.

C'est par les mêmes raisons qu'on décide que le concours de greffier n'est pas nécessaire pour la signature de l'ordonnance.

669. Les arbitres qui ont déposé leur sentence au greffe du tribunal civil, l'en ont quelquefois retirée pour la remettre au greffe du commerce, et *vice versâ* ; et cela d'après les observations officieuses des présidents, sans quoi l'exécution aurait pu être attaquée comme ayant été ordonnée par juges incompétens. Cela nous engage à examiner si l'on doit déposer au greffe du tribunal de commerce une sentence arbitrale en matière d'assurances, prévues art. 332 C. com. ou en matière de commerce quelconque que les parties soumettent volontairement à des arbitres. On serait porté à le croire ainsi, puisque le président aurait pu prendre part au jugement si la cause avait été portée à son audience, la matière étant commerciale. Cependant, il est toujours vrai de dire que c'est un arbitrage volontaire, soumis comme tel aux règles du C. de pr. qui veut ce dépôt au greffe du tribunal civil. La jurisprudence des cours paraît constante.

670. C'est aussi une question si, même en matière de société où l'arbitrage est forcé, la sentence peut être déposée au greffe commercial, quand les arbitres ont été constitués amiables-compositeurs. M. Pardessus cite plusieurs arrêts de la section des

requêtes de la cour de cassation, comme ayant admis ce greffe. Nous avons vérifié celui qu'il indique sous la date du 29 avril 1829, mais il est de *cassation* et juge seulement qu'un arbitrage forcé n'a pas été dénaturé, pour devenir ordinaire, par cela seul que les parties ont renoncé à l'appel et au pourvoi en cassation, et que par suite le dépôt se fait toujours au greffe de commerce ; ce qui est une autre question que celle d'arbitres constitués *amiables-compositeurs*, c'est-à-dire, dispensés de juger, d'après les règles ordinaires du droit de la matière. En définitive, cette cour a cassé, les 4 mai 1830 et 14 juin 1831, deux arrêts de Poitiers et de Rouen qui avaient validé l'ordonnance du juge-consulaire, par le motif qu'en donnant aux arbitres de leur choix le pouvoir de prononcer comme amiables-compositeurs, les parties ont substitué aux arbitres forcés qui devaient connaître de leur contestation, des arbitres volontaires et privés ; que dès-lors, la sentence n'était plus de la nature de celles dont l'art. 61 du C. de com. prescrit, par exception, que l'exécution soit ordonnée par le président du tribunal de commerce, et demeurait dès-lors soumise à l'art. 1020 du C. pr. qui est le droit commun de la matière.

671. Ceci conduit à conclure que, hors les cas où la loi attribue fonctions au président, il est libre et non forcé d'obtempérer aux demandes des parties : par exemple, lorsque deux parties traitant une affaire de commerce, même un acte de société, conviennent qu'en cas de contestion, elle sera ter-

minée par arbitres nommés par le *président* du tribunal de commerce. Il n'y a là qu'officiosité et non véritable juridiction ; il pourrait refuser.

672. Il peut arriver que la société ait son siége dans le ressort d'un tribunal de commerce, et que l'arbitre ou les arbitres demeurent dans un autre ressort. La sentence peut alors être déposée au ressort du domicile des arbitres, suivant l'art. 1020 du C. de procéd. et un arrêt de cassation du 26 juin 1824. Il n'y a pas de motif pour qu'il n'en puisse pas être ainsi en matière de commerce, puisque c'est toujours le président d'un tribunal de commerce qui est compétent.

673. C'est au président du tribunal de commerce du lieu dans lequel a été déclarée la faillite, nonobstant le changement de domicile, que la demande en réhabilitation est adressée par le procureur-général, pour la faire afficher pendant deux mois et pour donner des renseignemens et leur avis sur la demande, art. 606 et suiv. C. Com.

ARTICLE QUATRE.

Du premier ou dernier ressort.

SOMMAIRE.

674. Prévention contre les juges.
675. Taux du degré de juridiction. — Loi de 1790. — C. comm. 639.
676. Modification pour les prud'hommes. — Accessoires.
677. Deux degrés pour la contrainte par corps.

674. Nous regardons comme assez généralement injuste la prévention telle que les juges résolvent différemment une question selon qu'elle est jugée en premier ou dernier ressort. Nous ne pouvons admettre qu'un magistrat consciencieux, cédant aux suggestions de l'amour-propre jaloux de son infaillibilité, ait deux poids et deux mesures : c'est pourquoi ne nous ne craindrons pas de résumer ici quelques règles sur les degrés de juridiction.

675. La loi du 24 août 1790, organique des tribunaux en France, admet deux degrés de juridiction, suivant l'importance du procès, appréciée par la somme objet du litige. Ainsi, suivant l'art. 639. C. com. les tribunaux jugent en dernier ressort, c'est-à-dire sans appel 1.° « les demandes dont le *principal* n'excédera pas la valeur de 1000 fr. (1) 2.°

(1) La loi du 17 floréal an 7 répute valeur nominale de *francs* les conventions postérieures qui énoncent les sommes en *livres*.

» Toutes celles où les parties *justiciables* de ces tri-
» bunaux, et usant de leurs droits auront déclaré
» vouloir être jugées définitivement et sans appel. (1)

676. Cette disposition du C. de com. a reçu une modification pour les affaires de la juridiction des prud'hommes. Ils jugent en premier ressort toutes les demandes dans leurs attributions à quelque somme qu'elles montent : l'art 2 du décret du 3 août 1810 porte : « leurs jugemens seront définitifs » et sans appel si la *condamnation* n'excède pas » cent francs en capital et *accessoires*. Au-dessus » de cent francs, ils seront sujets à l'appel devant » le tribunal de commerce de l'arrondissement ; et à » défaut de tribunal de commerce, devant le tribu- » nal civil de première instance. » Il résulte delà qu'il pourrait arriver que le tribunal de commerce jugeât définitivement sur un point au-delà de mille francs si les prud'hommes avaient prononcé une condamnation au-delà de cette somme.

D'après le même décret, le tribunal est juge de la récusation exercée contre les prud'hommes.

677. C'est encore par exception à l'art. 639, que la loi de 1832 veut que le jugement qui prononce la contrainte par corps, soit susceptible d'ap-

(1) Les tribunaux de commerce ne pourraient sans excès de pouvoir, accepter de juger comme amiables-compositeurs c.est-à-dire sans suivre les lois. Les magistrats ne sont chargés de distribuer la justice qu'en se conformant aux lois. Favard V.° trib. com. p. 717.

pel de ce chef seulement, encore que la demande pécuniaire n'excède pas 1,000 francs.

678. Toutes les assignations ou demandes ne sont pas appréciées en argent; elles peuvent porter sur des faits ou choses d'une valeur indéterminée, telle que la défense de prendre un nom ou raison commerciale, une enseigne dont un commerçant est en possession; l'existence d'une société, la nullité d'un acte qui contiendrait lui-même des conventions d'une valeur incertaine et indéfinie. Dans ces cas, on ne voit pas le chiffre de la valeur principale de la demande; et comme on ne peut pas dire qu'il soit moindre de mille francs, le tribunal juge à la charge d'appel. Dans le doute, il faut d'ailleurs conserver les deux degrés de juridiction.

678 *bis*. Cependant, quand la qualité d'associé ou tout autre droit n'est jugé qu'incidemment à une demande et n'a été présentée que comme défense à une demande au-dessous de mille francs, ou en dernier ressort, le jugement de cet incident sera aussi en dernier ressort. Un individu est assigné en paiement de 500 francs soit comme facteur ou commis d'une maison de commerce, soit comme associé de cette maison, si le défendeur dénie cette qualité, le jugement qui interviendra sera en dernier ressort, parce que l'on tient dans la pratique qu'un pareil jugement ne produit effet que pour l'objet de la demande, et qu'il ne formera pas l'autorité de la chose jugée pour ou contre le défendeur dans une affaire du même genre, ainsi que nous l'avons dit en parlant des Incidens. Liv. 1.er, 2.e Section.

679. L'opposition qui serait formée à un concordat par un créancier pour somme moindre de mille francs serait jugée en dernier ressort, parce qu'il ne faut pas considérer la valeur absolue du concordat qui est indéterminée, mais la valeur qu'il a pour la partie, c'est-à-dire le paiement d'une somme minime. Cet incident ne peut profiter à autre créancier.

680. Lorsqu'il s'agit d'incompétence, le jugement est susceptible d'appel, encore qu'il soit question de moins de 1000 francs ou que les parties aient consenti, parce qu'on ne peut renoncer à l'ordre naturel des juridictions *rationе materiæ*. Art. 454 C. pr.; 639 C. com.

681. On remarque que le premier ressort n'est pas déterminé par la condamnation, mais bien par la demande ou les conclusions d'une partie à l'audience, soit qu'elle les augmente, soit qu'elle les restreigne, soit qu'elle acquiesce à quelque point. Alors, on voit ce qui reste de litigieux. En sorte que si, après avoir formé une demande de 1200 francs, une partie se restreignait à 1000 fr., le jugement serait en dernier ressort, puisqu'il ne porterait que sur un litige ou un intérêt de 1000 francs. Mais il faut que la réduction de la réclamation se fasse en présence de l'adversaire; sans quoi, celui-ci ne connaîtrait que le chiffre de la réclamation première.

682. Cet intérêt est quelquefois cumulé en ce sens qu'il faut ajouter les conclusions du demandeur à celles du défendeur pour voir si le litige excède 1000 francs : je demande le paiement d'une

facture de 700 fr.; le défendeur conteste et de plus soutient que je lui dois 400 f. pour un billet ou autre cause de la compétence du tribunal ; c'est donc un intérêt de 1,100 francs qui divise les parties.

683. Lorsque plusieurs parties se réunissent pour former une seule demande supérieure à 1000 francs, mais pour des chefs particuliers à chacun d'eux dont chacun ne va pas à cette somme, le litige est en dernier ressort : seulement l'union des demandes a évité les frais de deux procès.

684. Les dommages-intérêts réclamés par le demandeur entrent dans le taux de 1000 francs, qu'il les ait réclamés par la demande ou seulement à l'audience ; mais le défendeur ne pourrait faire entrer en ligne de compte les dommages qu'il réclamerait et n'ayant leur fondement que dans la demande même, sans quoi il pourrait toujours dépendre de lui d'élever le ressort en concluant incidemment à des dommages assez forts. Il en serait autrement si ces dommages résultaient d'une cause distincte.

685. Quelle est l'influence des accessoires tels que intérêts, frais de protêt et dépens, dans le calcul du premier ressort ?

Quant aux frais de l'instance même, on est généralement d'accord qu'ils n'influent en rien, pas plus que les intérêts courus depuis la demande. Ils suivent le sort du principal.

Mais il y a plus de difficultés pour les frais et intérêts échus avant la demande, par exemple, amende de billet pour défaut de timbre et protêt qui fait courir l'intérêt de plein droit. Ils étaient acquis avant l'assignation qui les a en quelque sorte capitalisés. S'il est des points sur lesquels la jurisprudence est partagée et aurait plus besoin d'être éclaircie, celui-là est du nombre.

Le plus grand nombre des cours royales incline à rechercher l'objet principal en lui-même dégagé de tous accessoires. La cour de Cassation après avoir tenu compte de ces accessoires dans un arrêt du 1.er ventôse an 13, pour des intérêts en matière civile, est revenue sur ses pas par un arrêt de rejet du 5 mars 1807 portant : « Attendu que la compétence du dernier ressort se compose du principal et des accessoires de la demande ; — Attendu que les intérêts échus depuis le protêt se confondent avec la demande, et que le coût de l'enregistrement préalable ne forme que des frais de procédure et d'instruction. » Le plus grand nombre des cours royales a suivi cet exemple. Depuis, la cour de Cassation, chambre *civile*, a déclaré le 21 décembre 1825 qu'il résultait de la combinaison de l'art. 5, titre 4, avec l'art. 4 titre 12 de la loi du 24 août 1790, que, pour déterminer la compétence en dernier ressort des tribunaux de commerce, il faut s'attacher uniquement à la valeur de l'objet principal de la demande ; et que dans l'action redhibitoire pour vices d'un cheval, les frais de pansement, médicamens, voyages et déplacemens, n'étant qu'un *accessoire* de la demande *principale* en redhibition, ne peuvent être pris en considération pour fixer cette compétence.

Mais voilà qu'un arrêt de rejet du 18 août 1830,

rejetant le pourvoi contre un arrêt de la Corse, à l'occasion des intérêts d'une lettre de change, vient déclarer que le *principal* d'une demande se compose non seulement du *capital* du titre d'une créance, mais des sommes réclamées comme déjà échues (un arrêt de Toulouse du 18 mars 1835 juge la même chose), ce qui n'a pas empêché la cour de Bordeaux de juger le contraire, les 3 juin et 12 août 1831, par un motif remarquable, savoir : que le protêt se confondant avec la demande dont il est le préliminaire indispensable, les intérêts courus depuis que le mandat ou traite a été protesté, doivent être considérés comme postérieurs à l'exercice de l'action, sans former des capitaux séparés, et par conséquent ne peuvent pas être calculés comme l'un des élémens de la demande.

Dans ce conflit, il semble qu'on doit rejeter ces accessoires (1), par les motifs de la cour de Bordeaux, et que l'arrêt de la cour de cassation du 21 décembre 1825, ayant été rendu par la chambre civile, après débat contradictoire, doit faire autorité. Telle était l'opinion de M. Carré, 532; Merlin, répertoire V.° dernier ressort §. XI, où il cite aussi l'arrêt de 1807 et un du parlement de Douai, du 12 mai 1779. Un nouvel arrêt de la chambre des requêtes, du 5 novembre 1835, vient de rouvrir la carrière du doute par un motif portant : « attendu

(1) Excepté devant les prud'hommes, d'après le décret de 1810.

» qu'il est de principe que la contrainte par corps » peut être prononcée pour le paiement des inté» rêts et du compte de retour qui doivent être con» sidérés comme *accessoires* de la créance, et ne » doivent pas, comme les dépens, être considérés » comme frais de justice ». C'est précisément parce que ces intérêts et compte de retour sont un accessoire, qu'ils ne devraient pas constituer le *principal*. Encore qu'il s'agît dans cette affaire d'un jugement du 25 juin 1830, prononçant la contrainte avant la loi de 1832, il est à regretter que rien n'ait fait indiquer, si on jugerait de même depuis cette loi.

686. Nous ajouterons une réflexion : l'art. 4 du titre 12 de la loi de 1790 portait : « ces juges (de » commerce) prononceront en dernier ressort sur » toutes les demandes dont l'*objet* n'excédera pas » la valeur de mille livres ». Ce texte aurait pu porter à croire que la réunion de tout ce qui était dû en principal et accessoires, formait l'*objet* du litige : mais l'art. 639 C. p. a déclaré en dernier ressort les demandes dont le *principal* n'excédera pas 1,000 fr. ; c'était implicitement écarter les accessoires du calcul du dernier ressort. Enfin, cette interprétation mettrait le Code de commerce d'accord avec la loi du 17 avril 1832 qui porte la contrainte par corps contre toute personne condamnée pour dette commerciale au paiement d'une somme *principale* de deux cents francs : ce qui exclut aussi les accessoires, ainsi que nous l'avons dit sur la contrainte par corps.

687. Les demandes en garantie et arrière-garantie ont souvent lieu devant le tribunal de commerce; les frais et intérêts de la demande principale n'en font qu'un accessoire au regard du garant, quand les demandes sont réglées par le même jugement. Mais si le défendeur, qui se rend demandeur en garantie, n'agit qu'après avoir été condamné par un jugement définitif, les frais et intérêts auxquels il a été condamné doivent être réunis à la somme principale pour calculer le dernier ressort. Cette distinction qu'on voit dans deux arrêts de cassation des 1.er ventôse an 13 et 18 novembre 1807, S. 8. est reproduite par un arrêt de Lyon du 11 décembre 1832. Il en résulte cette singularité qu'une question peut être jugée en dernier ressort au regard d'une partie, et en premier ressort et différemment au regard d'une autre quelques mois après.

688. Est en dernier ressort le jugement qui statue sur une demande inférieure à 1,000 fr. encore que la demande soit fondée sur un titre excédant cette somme, et que le jugement ait statué sur sa validité; alors d'ailleurs que la somme réclamée contre la caution est le reliquat de l'obligation, le surplus ayant été payé par le débiteur principal; il est toujours vrai que la litige n'intéressait les parties qu'en dessous de 1,000 fr.

Voyez à la suite des tables, les dispositions réglementaires concernant les prud'hommes.

FIN.

SOMMAIRE GÉNÉRAL

DU

TRAITÉ DE COMPÉTENCE.

N.ª le chiffre indique le n.º d'ordre.

LIVRE PREMIER.

DE LA COMPÉTENCE SUR LES ACTES DE PROCÉDURE ET LES INCIDENS.

I.re SECTION.

II.e SECTION.

LIVRE DEUX.

DE LA COMPÉTENCE D'ARRONDISSEMENT OU DE PLACEMENT ET DE LA COMPÉTENCE D'ATTRIBUTION SUR LES REGNICOLES ET ÉTRANGERS.

LIVRE TROIS.

DES ACTES DE COMMERCE ET COMMERÇANS.

1.re DISTINCTION.

1.re CATÉGORIE.

2.e CATÉGORIE.

LIVRE QUATRE.

COMPÉTENCE SUR OBJETS DIVERS.

FIN.

TABLE

ALPHABÉTIQUE.

N.ª le chiffre indique le n.º d'ordre.

FIN.

CONSEILS

DE

PRUD'HOMMES.

CE QUI CONCERNE LES PRUD'HOMMES EST RELATIF 1.° AUX RÉGLEMENS A SUIVRE DANS LES FABRIQUES ET MANUFACTURES, 2.° A LA COMPÉTENCE ET A LA PROCÉDURE.

§. I.er

DISPOSITIONS RÉGLEMENTAIRES.

Arrêté relatif à la marque des Ouvrages de quincaillerie et de coutellerie. (*Voy.* ci-après, 5 septembre 1810.)

Paris, le 23 nivôse an 9 (13 janvier 1801.)

ART. 1.er Les fabricans de quincaillerie et de coutellerie de la république, sont autorisés à frapper leurs ouvrages d'une marque particulière assez distincte des autres marques pour ne pouvoir être confondue avec elles : la propriété de cette marque ne sera assurée qu'à ceux qui l'auront fait empreindre sur des tables communes, disposées à cet effet dans l'une des salles du chef-lieu de la sous-préfecture. Il leur sera délivré un titre qui en constatera le dépôt.

2. Le ministre de l'intérieur est chargé, etc.

Loi relative aux Manufactures, Fabriques et Ateliers.

Paris, le 22 germinal an 11, (12 avril 1803).

TITRE PREMIER. — *Dispositions générales.*

ART. 1.er Il pourra être établi dans les lieux où le gouvernement le jugera convenable, des chambres consultatives de manufactures, fabriques, arts et métiers.

2. Leur organisation sera faite par un réglement d'administration publique.

3. Leurs fonctions seront de faire connaître les besoins et les moyens d'amélioration de manufactures, fabriques, arts et métiers.

4. Il pourra être fait, sur l'avis des chambres consultatives dont il est parlé en l'art. 1.er, des réglemens d'administration publique, relatifs aux produits des manufactures françaises qui s'exporteront à l'étranger. Ces réglemens seront présentés en forme de projet de loi au corps législatif, dans les trois ans à compter du jour de leur promulgation.

5. La peine de la contravention à ces réglemens sera d'une amende qui ne pourra excéder trois mille francs, et de confiscation des marchandises. Les deux peines pourront être prononcées cumulativement ou séparément, selon les circonstances.

TITRE II. — *De la Police des Manufactures, Fabriques et Ateliers.*

6. Toute coalition contre ceux qui font travailler des ouvriers, tendante à forcer injustement et abusivement l'abaissement des salaires, et suivie d'une tentative ou d'un commencement d'exécution, sera punie d'une amende de cent francs au moins, de trois mille francs au plus; et, s'il y a lieu, d'un emprisonnement qui ne pourra excéder un mois.

7. Toute coalition de la part des ouvriers pour cesser en même temps de travailler, interdire le travail dans certains ateliers, empêcher de s'y rendre et d'y rester avant ou après de certaines heures, et en général pour suspendre, empêcher, enchérir les travaux, sera punie, s'il y a eu tentative ou commencement d'exécution, d'un emprisonnement qui ne pourra excéder trois mois (1).

(1) V. art. 414 et 415 du C. pénal.

8. Si les actes prévus dans l'article précédent ont été accompagnés de violences, voies de fait, attroupemens, les auteurs et complices seront punis des peines portées au code de police correctionnelle ou au code pénal, suivant la nature des délits.

TITRE III. *Des Obligations entre les ouvriers et chefs.*

9. Les contrats d'apprentissage consentis entre majeurs, ou par des mineurs avec le concours de ceux sous l'autorité desquels ils sont placés, ne pourront être résolus, sauf l'indemnité en faveur de l'une ou de l'autre des parties, que dans les cas suivans, 1.° d'inexécution des engagemens de part ou d'autre; 2.° de mauvais traitemens de la part du maître; 3.° d'inconduite de la part de l'apprenti; 4.° si l'apprenti s'est obligé à donner, pour tenir lieu de rétribution pécuniaire, un temps de travail dont la valeur serait jugée excéder le prix ordinaire des apprentissages.

10. Le maître ne pourra, sous peine de dommages et intérêts, retenir l'apprenti au-delà de son temps, ni lui refuser un congé d'acquit quand il aura rempli ses engagemens.

Les dommages-intérêts seront au moins du triple du prix des journées depuis la fin de l'apprentissage.

11. Nul individu employant des ouvriers, ne pourra recevoir un apprenti sans congé d'acquit, sous peines de dommages-intérêts envers son maître (1).

12. Nul ne pourra, sous les mêmes peines, recevoir un ouvrier s'il n'est porteur d'un livret portant le certificat d'acquit de ses engagemens, délivré par celui de chez qui il sort.

13. La forme de ces livrets et les règles à suivre pour leur délivrance, leur tenue et leur renouvellement, seront déterminées par le gouvernement, de la manière prescrite pour les réglemens d'administration publique.

14. Les conventions faites de bonne foi entre les ouvriers et ceux qui les emploient, seront exécutées.

15. L'engagement d'un ouvrier ne pourra excéder un an, à moins qu'il ne soit contre-maître, conducteur des autres ouvriers, ou qu'il n'ait un traitement et des conditions stipulées par un acte exprès.

TITRE IV. *Des marques particulières.*

16. La contrefaçon des marques particulières que tout manufacturier ou artisan a le droit d'appliquer sur les objets de sa fabrication, donnera lieu, 1.° à des dommages-intérêts envers celui dont la marque aura été contrefaite;

(1) V. art. 6 de l'arrêté du 9 frimaire an 12.

2.° à l'application des peines prononcées contre le faux en écritures privées (1).

17. La marque sera considérée comme contrefaite, quand on y aura inséré ces mots, *façon de. . . . .*, et à la suite le nom d'un autre fabricant ou d'une autre ville.

18. Nul ne pourra former action en contrefaçon de sa marque, s'il ne l'a préalablement fait connaître d'une manière légale, par le dépôt d'un modèle *au greffe* du tribunal de commerce d'où relève le chef-lieu de la manufacture ou de l'atelier (2).

TITRE V. *De la Juridiction.*

19. Toutes les affaires de simple police entre les ouvriers et apprentis, les manufacturiers, fabricans et artisans, seront portées, à Paris, devant le préfet de police, devant les commissaires généraux de police dans les villes où il y en a d'établis, et, dans les autres lieux, devant le maire ou un des adjoints.

Ils prononceront sans appel les peines applicables aux divers cas, selon le code de police municipale.

Si l'affaire est du ressort des tribunaux de police correctionnelle ou criminelle, ils pourront ordonner l'arrestation provisoire des prévenus, et les faire traduire devant le magistrat de sûreté.

20. Les autres contestations seront portées devant les tribunaux auxquels la connaissance en est attribuée par les lois (3).

21. En quelque lieu que réside l'ouvrier, la juridiction sera déterminée par le lieu de la situation des manufactures ou ateliers dans lesquels l'ouvrier aura pris du travail.

Arrêté relatif au Livret dont les Ouvriers travaillant en qualité de Compagnons ou Garçons devront être pourvus.

Paris, le 9 Frimaire an 12 (1er décembre 1803.)

Le Gouvernement de la République, sur le rapport du

---

(1) Modifié par la loi du 28 juillet 1824, ci-après.

(2) V. le n.° 800 du traité de compétence sur le dépôt des marques : V. sur le lieu du dépôt, au paragraphe suivant, art. 18 de la loi du 18 mars 1806, l'art. 5 du décret du 8 novembre 1810 et l'ordonnance du 17 août 1825.

(3) V. le n.° 411 de ce traité.

ministre de l'Intérieur ; vu les articles XII et XIII du titre III de la loi du 22 germinal dernier, relatifs au livret sur lequel doivent être inscrits les congés délivrés aux ouvriers ; — Le conseil d'état entendu, — Arrête ce qui suit :

TITRE. Ier *Dispositions générales.*

Art. I.er A compter de la publication du présent arrêté, tout ouvrier travaillant en qualité de compagnon ou garçon devra se pourvoir d'un livret.

II. Ce livret sera en papier libre, coté et paraphé sans frais, savoir : à Paris, Lyon et Marseille, par un commissaire de police ; et, dans les autres villes, par le maire ou l'un de ses adjoints. Le premier feuillet portera le sceau de la municipalité, et contiendra le nom et le prénom de l'ouvrier, son âge, le lieu de sa naissance, son signalement, la désignation de sa profession, et le nom du maître chez lequel il travaille.

III. Indépendamment de l'exécution de la loi sur les passeports, l'ouvrier sera tenu de faire viser son dernier congé par le maire ou son adjoint, et de faire indiquer le lieu où il se propose de se rendre.

Tout ouvrier qui voyagerait sans être muni d'un livret ainsi visé, sera réputé vagabond, et pourra être arrêté et puni comme tel. (abrogé par le code pénal.)

TITRE II. *De l'Inscription des congés sur le Livret, et des Obligations imposées à cet égard aux Ouvriers et à ceux qui les emploient.*

IV. Tout manufacturier, entrepreneur, et généralement toutes personnes employant des ouvriers, seront tenus, quand ces ouvriers sortiront de chez eux, d'inscrire sur leurs livrets un congé portant acquit de leurs engagemens, s'ils les ont remplis. (V. cependant n. 408 de cet ouvrage.)

Les congés seront inscrits sans lacune, à la suite les uns des autres ; ils énonceront le jour de la sortie de l'ouvrier.

V. L'ouvrier sera tenu de faire inscrire le jour de son entrée sur son livret, par le maître chez lequel il se propose de travailler, ou, à son défaut, par les fonctionnaires publics désignés en l'article II, et sans frais, et de déposer le livret entre les mains de son maître, s'il l'exige.

VI. Si la personne qui a occupé l'ouvrier, refuse, sans motif légitime, (1) de remettre le livret ou de délivrer le congé,

(1) Les motifs de refus de congés, mentionnés dans cet arrêté et le précédent ne sont pas limitatifs, mais seulement indicatifs. Rejet du 1er. juillet 1824. Id. Pardessus.

il sera procédé contre elle de la manière et suivant le mode établis par le titre V de la loi du 22 germinal. En cas de condamnations, les dommages-intérêts adjugés à l'ouvrier seront payés sur-le-champ.

VII. L'ouvrier qui aura reçu des avances sur son salaire, ou contracté l'engagement de travailler un certain temps, ne pourra exiger la remise de son livret et la délivrance de son congé, qu'après avoir acquitté sa dette par son travail et rempli ses engagemens, si son maître l'exige.

VIII. S'il arrive que l'ouvrier soit obligé de se retirer parce qu'on lui refuse du travail ou son salaire, son livret et son congé lui seront remis, encore qu'il n'ait pas remboursé les avances qui lui ont été faites : seulement le créancier aura le droit de mentionner la dette sur le livret.

IX. Dans le cas de l'article précédent, ceux qui emploieront ultérieurement l'ouvrier, feront, jusqu'à entière libération, sur le produit de son travail, une retenue au profit du créancier.

Cette retenue ne pourra, en aucun cas, excéder les deux dixièmes du salaire journalier de l'ouvrier : lorsque la dette en sera acquittée, il sera fait mention sur le livret.

Celui qui aura exercé la retenue, sera tenu d'en prévenir le maître au profit duquel elle aura été faite, et d'en tenir le montant à sa disposition.

X. Lorsque celui pour lequel l'ouvrier a travaillé ne saura ou ne pourra écrire, ou lorsqu'il sera décédé, le congé sera délivré, après vérification, par le commissaire de police, le maire du lieu ou l'un de ses adjoints, et sans frais.

TITRE III. *Des Formalités à remplir pour se procurer le Livret.*

XI. Le premier livret d'un ouvrier lui sera expédié, 1.° sur la présentation de son acquit d'apprentissage, 2.° ou sur la demande de la personne chez laquelle il aura travaillé, 3.° ou enfin sur l'affirmation de deux citoyens patentés de sa profession, et domiciliés, portant que le pétitionnaire est libre de tout engagement, soit pour raison d'apprentissage, soit pour raison d'obligation de travailler comme ouvrier.

XII. Lorsqu'un ouvrier voudra faire coter et parapher un nouveau livret, il représentera l'ancien. Le nouveau livret ne sera délivré qu'après qu'il aura été vérifié que l'ancien est rempli ou hors d'état de servir. Les mentions des dettes seront transportées de l'ancien livret sur le nouveau.

XIII. Si le livret de l'ouvrier était perdu, il pourra, sur la représentation de son passe-port en règle, obtenir la permission provisoire de travailler, mais sans pouvoir être autorisé à aller dans un autre lieu; et à la charge de donner à l'officier de police du lieu, la preuve qu'il est libre de tout engagement, et tous les renseignemens nécessaires pour autoriser la délivrance d'un nouveau livret, sans lequel il ne pourra partir.

XIV. Le grand-juge, ministre de la justice, et le ministre de l'intérieur, sont chargés de l'exécution du présent arrêté, qui sera inséré au Bulletin des lois.

Décret impérial contenant des Dispositions tendant à prévenir ou à réprimer la contrefaçon des marques des Fabricans de quincaillerie et de coutellerie.

Au Palais de Saint-Cloud, le 5 septembre 1810.

TITRE PREMIER. — *Dispositions générales.*

ART. 1. Il est défendu de contrefaire les marques que, par un arrête du 23 nivôse de l'an 9, les fabricans de quincaillerie et de coutellerie sont autorisés à mettre sur leurs ouvrages. Tout contrevenant à cette disposition sera puni, pour la première fois, d'une amende de trois cents francs, dont le montant sera versé dans la caisse des hospices de la commune : en cas de récidive, cette amende sera double, et il sera condamné à un emprisonnement de six mois (1).

2. Les objets contrefaits seront saisis et confisqués au profit du propriétaire de la marque; le tout sans préjudice des dommages-intérêts qu'il y aura lieu de lui adjuger.

3. Nul ne sera admis à intenter action en contrefaçon de sa marque, s'il n'a fait empreindre cette marque sur les tables communes établies à cet effet, et déposées au tribunal de commerce, selon l'article 18 de la loi du 22 germinal an 11.

4. Dans les villes où il y a des conseils de prud'hommes, les tables seront déposées en outre au secrétariat de ces conseils, selon l'article 7 du décret du 11 juin 1809.

5. Il sera dressé procès-verbal des dépôts sur un registre en papier timbré, ouvert à cet effet, et qui sera coté et pa-

(1) Prendre le nom d'un fabricant est un autre délit puni par la loi du 28 juillet 1824. — Arr. Cas. 8 décembre 1827. Sur les ressemblances des lettres initiales V. Cassation du 28 mai 1822. S. 22. Dalloz 53.

raphé. Une expédition de ce procès-verbal sera remise au propriétaire de la marque, pour lui servir de titre contre les contrefacteurs.

6. Tout particulier qui voudra s'assurer la propriété de sa marque, est tenu, conformément à l'article 9, section 1.re du titre II de notre décret du 11 juin 1809, de verser une somme de six francs entre les mains du receveur de la commune: cette somme, ainsi que toutes les autres qui seraient comptées pour le même objet, seront mises à la disposition des prud'hommes ou du maire, et destinées à faire l'acquisition des tables et à les entretenir. Le préfet en surveillera la comptabilité.

7. Il sera payé trois francs pour l'expédition du procès-verbal de dépôt: tout greffier du tribunal de commerce, tout secrétaire de conseil de prud'hommes qui aurait exigé une somme plus considérable, sera poursuivi comme concussionnaire.

TITRE II. *De la Saisie des objets dont la Marque aurait été contrefaite, et du mode de procéder contre les Contrefacteurs.*

8. La saisie des ouvrages dont la marque aurait été contrefaite, aura lieu sur la simple réquisition du propriétaire de cette marque; les officiers de police sont tenus de l'effectuer sur la présentation du procès-verbal de dépôt; ils renverront ensuite les parties devant le conseil de prud'hommes, s'il y en a un dans la commune; s'il n'y en a point, le *juge-de-paix* du canton prendra connaissance de l'affaire.

9. Le conseil de prud'hommes (ou le juge-de-paix) entendra d'abord les parties et leurs témoins; il prononcera ensuite son jugement, qui sera mis à exécution sans appel ou à la charge de l'appel, avec ou sans caution, conformément aux dispositions du décret du 3 août présent mois.

10. Dans le cas où la dénonciation pour contrefaçon ne serait point fondée, celui qui l'aura faite sera condamné à des dommages-intérêts proportionnés au trouble et au préjudice qu'il aurait causés.

11. Tout jugement emportant condamnation, rendu en matière de contrefaçon d'une marque, sera imprimé et affiché aux frais du contrefacteur. Les parties ne pourront en aucun cas transiger sur l'affiche et la publication.

12. Notre grand-juge ministre de la justice et nos ministres de la police et de l'intérieur sont chargés, chacun en ce qui le concerne, de l'exécution du présent décret, qui sera inséré au Bulletin des lois.

Décret impérial portant fixation de la longueur des fils qu'on fabrique avec le Coton, le Lin, le Chanvre ou la Laine.

Au Palais des Tuileries, le 14 décembre 1810.

Art. 1.er A compter du 1.er mars 1811, tous les entrepreneurs de filatures seront tenus de former l'échevette des fils de coton, de lin, de chanvre ou de laine, d'un fil de cent mètres de longueur, et de composer l'écheveau de dix de ces échevettes, en sorte que la longueur totale du fil formant l'écheveau soit de mille mètres.

2. A compter de la même époque, ces fils seront étiquetés d'un numéro indicatif du nombre d'écheveaux nécessaire pour former le poids d'un kilogramme.

3. Les contraventions aux dispositions de l'article précédent seront considérées comme contraventions aux réglemens de police, et punies, en conséquence, d'une amende qui ne pourra être moindre de cinq francs, ni excéder quinze francs : la peine pourra être augmentée en cas de récidive.

4. Avant l'époque fixée par l'article 1.er, notre ministre de l'intérieur fera publier les instructions nécessaires pour faciliter aux fabricans la formation des échevettes de fil de la longueur déterminée, et établir la concordance entre les numéros qui ont indiqué jusqu'à présent la finesse des fils et ceux qui doivent l'indiquer à l'avenir.

5. Notre ministre de l'intérieur est chargé, etc.

Décret impérial tendant à prévenir ou réprimer la Fraude dans la fabrication des Savons. (Voy. ci-après, 22 décembre 1812).

Au palais des Tuileries, le 1 avril 1811.

Vu les représentations de la chambre de commerce de Marseille touchant les fraudes pratiquées dans la fabrication du savon ;

Vu les édits et arrêts du conseil sur le même objet, des 5 octobre 1688, 19 février 1754 et 20 février 1760,

Voulant laisser au perfectionnement de l'industrie toute son étendue, et aux inventeurs de nouveaux procédés, toute leur liberté;

Entendant en même-temps prévenir toute fraude, au préjudice de nos sujets consommateurs, et de la confiance qu'il importe d'obtenir pour le commerce de notre empire dans ses rapports avec les étrangers; etc.

Art. 1.er Tout fabricant de savon, dans l'étendue des terres de notre domination, sera tenu d'apposer, sur chaque brique de savon sortant de sa fabrique, une marque déposée au tribunal de commerce et au secrétariat du conseil des prud'hommes, selon l'article 18 de la loi du 18 germinal an 11, et l'article 7 du décret du 7 février 1810.

2. Cette marque sera différente pour le savon fabriqué à l'huile d'olive, pour celui fabriqué à l'huile de graines, et pour celui fabriqué au suif ou à la graisse.

3. Tout savon non marqué, ou tout savon marqué comme savon à l'huile, quoiqu'il soit à la graisse, ou marqué d'une fausse marque, sera saisi dans les magasins des fabriques ou chez les marchands, à la diligence des prud'hommes, de tout officier de police municipale et judiciaire, ou à la réquisition de toute partie intéressée; et la confiscation en sera prononcée par les autorités compétentes, moitié au profit des hospices, l'autre moitié au profit des officiers de police ou des parties requérantes, sans préjudice d'une amende, qui ne pourra excéder trois mille francs, et sera double en cas de récidive, ou d'autres peines portées par les lois et réglemens.

4. Tout fabricant convaincu, par la décomposition, d'avoir fraudé dans la fabrication du savon par l'introduction d'une quantité surabondante d'eau ou de substances propres à en altérer la qualité, sera poursuivi, et son savon confisqué, comme il est dit article précédent, sans préjudice des dommages-intérêts, s'il y a lieu.

5. Les prud'hommes des villes où il y a des fabriques de savon auront sur les magasins où le savon fabriqué se dépose, ou dans les lieux de débit, le droit d'inspection pour l'exécution des articles précédens, indépendamment de la juridiction qui leur est attribuée par les lois et réglemens.

6. Le présent décret n'est applicable qu'aux savons destinés aux blanchisseries, teintures et dégraissages, et non à la fabrication des savons de luxe et de toilette.

7. Notre grand-juge ministre de la justice, et nos ministres de l'intérieur et de la police générale, sont chargés, etc.

Décret impérial qui détermine la marque des Savons.

Au palais de Compiègne, le 18 septembre 1811.

Vu les articles 1 et et 2 de notre décret du 1.er avril dernier, portant que chaque fabricant sera tenu d'apposer une marque sur chaque brique de savon sortant de sa manufacture, et que cette marque sera différente pour le savon fabriqué à l'huile d'olive, pour celui fabriqué à l'huile de graines, et pour le savon fabriqué avec du suif ou avec de la graisse ; etc.

Art. 1.er La marque pour le savon fabriqué à l'huile d'olive, sera forme concave ovale, et portera dans le milieu, en lettres rentrées, ces mots : *Huile d'olive.*

Celle pour le savon fabriqué à l'huile de graines, sera de forme concave carrée, et portera dans le milieu, aussi en lettres rentrées, ces mots : *Huile de graines.*

La marque pour le savon au suif ou à la graisse, sera de forme concave triangulaire, et devra porter également dans le milieu, aussi en lettres rentrées, ces mots : *Suif* ou *Graisse.*

A la suite de chaque marque, qui devra être en caractères assez gros pour être aperçus sans difficulté, sera le nom du fabricant et de la ville où il fait sa résidence.

2. A compter du 1.er avril prochain, il ne pourra plus être vendu par les fabricans, de savons destinés aux blanchisseries, aux teintures et aux dégraissages, s'ils ne sont revêtus des marques prescrites par l'article précédent. Tout fabricant qui sera convaincu d'en avoir versé dans le commerce, qui ne seraient pas marqués, sera puni, pour la première fois, d'une amende de mille francs. En cas de récidive, cette amende sera double.

3. Les contraventions à l'article ci-dessus seront portées devant nos cours et tribunaux comme matières de police.

4. Notre ministre de l'intérieur est chargé, etc.

Décret impérial qui établit une Marque particu- pour les Savons à l'huile d'olive fabriqués à Marseille.

Au palais des Tuileries, le 22 décembre 1812.

Vu notre décret du 18 septembre 1811, qui, en exécution des art. 1 et 2 du décret du 1.er avril de la même année, règle la forme des marques que les fabricans de savon sont tenus d'apposer sur chacune des briques de savon qui sortent de leurs ateliers, marques qui doivent être différentes pour le savon fabriqué à l'huile d'olive, pour celui fabriqué à l'huile de graines, et pour le savon fabriqué avec du suif ou avec de la graisse; etc.

Art. 1.er La forme des marques prescrites par notre décret du 18 septembre 1811, continuera d'être employée dans toutes les fabriques de savon de notre empire: ces fabriques les mettront, en conséquence, sur tous les savons qui sortiront de leurs ateliers.

2. A compter de ce jour, la ville de Marseille, département des Bouches du Rhône, aura une marque particulière pour ses savons à l'huile d'olive; cette marque présentera un *pentagone*, dans le milieu duquel seront en lettres rentrées ces mots: *Huile d'olive*, et à la suite le nom du fabricant et celui de la ville de Marseille.

3. Tout particulier établi dans une ville autre que celle de Marseille, qui versera dans le commerce des savons revêtus de la marque accordée par l'art. précédent, sera puni, pour la première fois, d'une amende de mille francs; en cas de récidive, cette amende sera double; les savons seront en outre confisqués.

Le montant de cette confiscation et de l'amende sera versé dans la caisse des hospices du lieu où les savons auront été vendus, et, dans le cas où il n'y aurait point d'établissemens de ce genre, dans celle des hospices de la commune voisine.

4. La saisie des savons revêtus de la marque appartenant à la ville de Marseille, aura lieu sur la réquisition des autorités constituées de cette ville, ou de ceux de ses fabricans qui seraient munis de leur patente. Les contestations auxquelles elle donnera lieu, seront portées devant nos cours et tribunaux, comme matière de police.

5. Dans le cas où la plainte en usurpation de la marque ne serait point fondée, celui qui l'aura faite sera condamné à des dommages-intérêts proportionnés au trouble et au préjudice qu'il aura causés.

6. S'il était fabriqué à Marseille du savon avec de l'huile de graines, du suif ou de la graisse, alors la marque sera la même que celle qui est prescrite pour les savons de cette nature, par notre décret du 18 septembre 1811, notre intention étant qu'on applique exclusivement aux briques de savon à l'huile d'olive fabriquées à Marseille, celle dont la forme présentera un *pentagone*.

7. Il n'est point dérogé aux dispositions énoncées au titre

IV de la loi du 22 germinal an 11, lesquelles dispositions seront affichées de nouveau dans les villes de fabriques, à la diligence de notre ministre des manufactures et du commerce.

8. Notre ministre des manufactures et du commerce est chargé, etc.

Décret impérial portant que toutes les Manufactures de Draps de l'Empire pourront obtenir l'autorisation de mettre à leurs produits une lisière particulière à chacune d'elles.

Au palais des Tuileries, le 22 décembre 1812.

Vu notre décret du 25 juillet 1810, qui rend aux fabricans de Louviers l'autorisation exclusive dont ils jouissaient avant la révolution, d'avoir à leurs draps une lisière jaune et bleue; etc.

TITRE PREMIER. — *Dispositions générales.*

ART. 1.er Toutes les manufactures de draps de notre empire sont admises à participer à la faveur qui a été accordée à celle de Louviers; elles pourront, en conséquence, obtenir l'autorisation de mettre à leurs produits une lisière qui sera particulière à chacune d'elles.

2. Les fabriques qui désireront d'obtenir une lisière exclusive, sont tenus d'en adopter une tellement distincte, qu'on ne puisse la confondre avec celles que d'autres villes auraient déjà obtenues, dont par conséquent elles auraient la possession exclusive. Ces lisières seront accordées, d'après le vœu qu'émettront les chambres de commerce ou les les chambres consultatives de manufactures, qui joindront à leurs délibérations un modèle de celle qui leur aura paru devoir être choisie de préférence.

La demande sera d'abord communiquée au préfet, qui examinera si elle est de nature à être accueillie. Il la transmettra ensuite, avec son avis, à notre ministre des manufactures et du commerce, pour, sur son rapport, être statué par nous en conseil d'état.

3. La lisière ayant pour objet d'indiquer qu'elle est la manufacture qui a confectionné les produits, il est ordonné aux fabricans de la ville à laquelle il en aura été accordé une, de la mettre aux draps qu'ils seront dans le cas d'éta-

blir. Ceux qui ne se conformeront pas à cette disposition, seront punis conformément à l'art. 479 du code pénal : l'amende sera double en cas de récidive. Le montant des amendes sera versé dans la caisse des hospices de la commune.

4. Lorsqu'une ville aura obtenu une lisière exclusive, les fabricans des autres villes auront un délai de six mois pour achever celles des pièces de drap qu'ils auront commencées avec cette lisière : à l'expiration de ce délai, il leur est défendu de l'employer. Tout contrevenant à cette défense sera poursuivi conformément à ce qui est dit pour les marques particulières, article 16 de la loi du 22 germinal an 11. (V. la loi du 28 juillet 1824.)

5. Les poursuites pour raison de contrefaçon d'une lisière ne pourront être dirigées contre les débitans, à moins que, pris en contravention, ils ne se refusent à donner les renseignemens nécessaires pour faire découvrir l'auteur du délit : elles n'auront lieu que contre les manufacturiers, pour les draps seulement qu'ils fabriqueront après le délai de six mois déterminé par l'article précédent.

6. Les décrets qui auront accordé à une fabrique une lisière exclusive, seront insérés dans le bulletin des lois. Cette insertion n'ayant point eu lieu pour notre décret du 25 juillet 1810, nous ordonnons qu'elle soit faite.

7. Notre ministre des manufactures et du commerce nous fera, avant le mois de janvier prochain, un rapport sur les moyens d'exécuter les mesures indiquées dans la première partie de l'avis de notre conseil d'état, du 20 septembre 1811, par nous approuvé le 30 du même mois.

TITRE II. — *De la Saisie des draps qui porteraient la lisière réservée à une fabrique; et du mode de procéder contre ceux qui auraient usurpé cette lisière.*

8. La saisie des draps dont la lisière aura été contrefaite aura lieu sur la réquisition d'un ou de plusieurs fabricans de la ville à laquelle cette lisière appartient. Les officiers de police sont, en conséquence, tenus de l'effectuer sur la présentation de la patente de ces fabricans : ils renverront ensuite les parties devant le conseil de prud'hommes, s'il y en a un dans la commune, comme arbitre, (1) aux termes de l'art. 12 du décret du 20 février 1810; et, pour la prononciation des peines, devant nos cours et tribunaux.

Si les parties n'ont pas été conciliées sur leurs intérêts civils, les mêmes cours et tribunaux prononceront.

9. Dans le cas où la plainte en contrefaçon d'une lisière

(1) C'est-à-dire expert.

ne seroit pas fondée ; celui qui l'aura présentée sera condamné à des dommages-intérêts proportionnés au trouble et au préjudice qu'il aura causé.

10. Tout jugement emportant condamnation sera imprimé et affiché au frais du contrefacteur de la lisière. Les parties ne pourront, en aucun cas, transiger sur l'affiche et la publication.

11. Notre grand-juge ministre de la justice et notre ministre des manufactures et du commerce sont chargés, etc.

Loi relative aux Altérations ou Suppositions de Noms sur les produits fabriqués.

Au Château de St.-Cloud, le 28 juillet 1824.

Art. 1.er Quiconque aura, soit apposé, soit fait apparaître, par addition, retranchement, ou par une altération quelconque, sur des objets fabriqués, le nom d'un fabricant autre que celui qui en est l'auteur, ou la raison commerciale d'une fabrique autre que celle où lesdits objets auront été fabriqués, ou enfin le nom d'un lieu autre que celui de la fabrication, sera puni des peines portées en l'article 423 du Code pénal, sans préjudice des dommages-intérêts, s'il y a lieu.

Tout marchand, commissionnaire ou débitant quelconque sera passible des effets de la poursuite, lorsqu'il aura sciemment exposé en vente ou mis en circulation les objets marqués de noms supposés ou altérés.

2. L'infraction ci-dessus mentionnée cessera, en conséquence et nonobstant l'article 17 de la loi du 12 avril 1803 [22 germinal an XI] d'être assimilée à la contrefaçon des marques particulières prévue par les articles 142 et 143 du Code pénal.

Ordonnance qui fixe le lieu de dépôt légal des dessins de l'invention des manufacturiers.

Château de Saint-Cloud, 17 août 1825

CHARLES etc. Sur le rapport de notre ministre de l'intérieur (*Corbière*) sur le compte qui nous a été rendu des réclamations élevées par plusieurs manufacturiers dont les fabriques sont situées hors du ressort d'un conseil de prud'hommes pour qu'il leur fût indiqué un lieu de dépôt légal des dessins de leur invention, afin d'avoir la faculté d'en revendiquer par la suite la propriété devant le tribunal de commerce ;

Vu la loi du 18 mars 1806, titre II, section III, la loi du 12 avril 1803 (22 germinal an XI, art. 18 ; notre conseil d'état entendu, nous avons ordonné et ordonnons ce qui suit :

Art. 1.er Le dépôt des échantillons de dessins qui doit être fait, conformément à l'art. 15 de la loi du 18 mars 1806, aux archives des conseils de prud'hommes, pour les fabriques situées dans le ressort de ces conseils, sera reçu, pour toutes les fabriques situées hors du ressort d'un conseil de prud'hommes, au greffe du tribunal de commerce, ou au greffe du tribunal de première instance, dans les arrondissemens où les tribunaux civils exerceront la juridiction des tribunaux de commerce,

2. Ce dépôt se fera dans les formes prescrites pour le même dépôt aux archives des conseils de prud'hommes par les art. 15, 16 et 18, section III, titre II de la loi du 18 mars 1806.

Il sera reçu gratuitement, sauf le droit du greffier pour la délivrance du certificat constatant ledit dépôt.

3. Notre garde des sceaux, ministre de la justice, et notre ministre de l'intérieur, sont chargés, etc.

§. II.

ORGANISATION

DES CONSEILS DE PRUD'HOMMES (1).

Loi portant établissement d'un Conseil de Prud'hommes à Lyon.

Paris, le 18 mars 1806.

TITRE PREMIER.—*Institution et Nomination des Prud'hommes.*

Art. 1.er Il sera établi à Lyon un conseil de prud'hommes,

(1) V. le n.° 402 et suiv. du traité de compétence.

composé de neuf membres, dont cinq négocians-fabricans, et quatre chefs d'atelier.

2. Le mode de nomination sera déterminé par un réglement d'administration publique.

3. Les négocians-fabricans ne pourront être élus prud'hommes s'ils n'exercent depuis six ans dans cet état, ou s'ils ont fait faillite.

Les chefs d'atelier ne pourront être élus prud'hommes s'ils ne savent lire et écrire, s'ils n'ont au moins six ans d'exercice de leur état, ou s'ils sont rétentionnaires de matières données à employer par les ouvriers.

4. Le conseil de prud'hommes se renouvellera par tiers chaque année, le premier jour du mois de janvier.

Trois membres, dont un négociant-fabricant et deux chefs d'atelier, seront renouvelés la première année.

Deux négocians-fabricans et un chef d'atelier seront renouvelés à chacune des deux années suivantes.

5. Les membres du conseil des prud'hommes sont toujours rééligibles.

TITRE II. — *Des Fonctions des Prud'hommes.*

SECTION Ire. — *De la Conciliation et du Jugement des Contestations entre les fabricans, ouvriers, chefs d'ateliers, compagnons et apprentis.*

6. Le conseil de prud'hommes est institué pour terminer, par la voie de conciliation, les petits différents qui s'élèvent journellement, soit entre des fabricans et des ouvriers, soit entre des chefs d'atelier et des compagnons ou apprentis.

Il est également autorisé à juger jusqu'à la somme de soixante francs, sans forme ni frais de procédure, et sans appel, les différens à l'égard desquels la voie de conciliation aura été sans effet (le décret suiv. permet de juger pour autre somme.)

7. A cet effet, il sera tenu chaque jour, depuis onze heures du matin jusqu'à une heure, un bureau de conciliation, composé d'un prud'homme fabricant et d'un prud'homme chef d'atelier, devant lesquels se présenteront en personne les parties en contestation.

8. Il se tiendra une fois par semaine, au moins, un bureau général ou conseil des prud'hommes, lequel pourra prononcer, au nombre de cinq membres ou moins, ainsi

qu'il est dit dans l'article précédent, sur tous les différens qui lui auront été renvoyés par le bureau de conciliation.

9. Tout différent portant une somme supérieure à celle de soixante francs, qui n'aura pu être terminé par la voie de conciliation, sera porté devant le tribunal de commerce ou devant les tribunaux compétens.

SECTION II. — *Des Contraventions aux Lois et Réglemens.*

10. Le conseil de prud'hommes sera spécialement chargé de constater, d'après les plaintes qui pourraient lui être adressées, les contraventions aux lois et réglemens nouveaux ou remis en vigueur.

11. Les procès-verbaux dressés par les prud'hommes pour constater ces contraventions, seront renvoyés aux tribunaux compétens, ainsi que les objets saisis.

12. Le conseil de prud'hommes constatera également, sur les plaintes qui lui seront portées, les soustractions de matières premières qui pourraient être faites par les ouvriers au préjudice des fabricans, et les infidélités commises par les teinturiers.

13. Les prud'hommes, dans les cas ci-dessus et sur la réquisition verbale ou écrite des parties, pourront, au nombre de deux au moins, assistés d'un officier public, dont un fabricant et un chef d'atelier, faire des visites chez les fabricans, chefs d'atelier, ouvriers et compagnons.

Les procès-verbaux constatant les soustractions ou infidélités, seront adressés au bureau général des prud'hommes, et envoyés, ainsi que les objets formant pièces de conviction, aux tribunaux compétens.

SECTION III. — *De la Conservation de la propriété des Dessins.*

14. Le conseil de prud'hommes est chargé des mesures conservatrices de la propriété des dessins.

15. Tout fabricant qui voudra pouvoir revendiquer par la suite, devant le tribunal de commerce, la propriété d'un dessin de son invention, sera tenu d'en déposer aux archives du conseil de prud'hommes, un échantillon plié sous enveloppe revêtue de ses cachet et signature, sur laquelle sera également apposé le cachet du conseil de prud'hommes (1).

---

(1) D'après la jurisprudence, il suffit que le dépôt ait lieu avant le jugement de l'instance : arrêt de cassation du 28 mai 1822. V. le n.° 526 de cet ouvrage, et la table au mot *marque*.

16. Les dépôts de dessins seront inscrits sur un registre tenu *ad hoc* par le conseil de prud'hommes, lequel délivrera aux fabricans un certificat rappelant le numéro d'ordre du paquet déposé, et constant la date du dépôt.

17. En cas de contestation entre deux ou plusieurs fabricans sur la propriété d'un dessin, le conseil de prud'hommes procédera à l'ouverture des paquets qui auront été déposés par les parties ; il fournira un certificat indiquant le nom du fabricant qui aura la priorité de date.

18. En déposant son échantillon, le fabricant déclarera s'il entend se réserver la propriété exclusive pendant une, trois ou cinq années, ou à perpétuité : il sera tenu note de cette déclaration.

A l'expiration du délai fixé par ladite déclaration, si la réserve est temporaire, tout paquet d'échantillon déposé sous cachet dans les archives du conseil, devra être transmis au conservatoire des arts de la ville de Lyon, et les échantillons y contenus être joints à la collection du conservatoire.

19. En déposant son échantillon, le fabricant acquittera entre les mains du receveur de la commune une indemnité qui sera réglée par le conseil de prud'hommes, et ne pourra excéder un franc pour chacune des années pendant lesquelles il voudra conserver la propriété exclusive de son dessin, et sera de dix francs pour la propriété perpétuelle.

TITRE III. — *Des Réglemens de compte, et de la Police entre les maîtres d'atelier et les négocians.*

20. Tous les chefs d'atelier actuellement établis, ainsi que ceux qui s'établiront à l'avenir, seront tenus de se pourvoir, au conseil de prud'hommes, d'un double livre d'acquit pour chacun des métiers qu'ils feront travailler, dans la quinzaine à dater du jour de la publication pour ceux qui travaillent, et dans la huitaine du jour où commenceront à travailler ceux qu'ils monteront à neuf.

Sur ce livre d'acquit, paraphé et numéroté, et qui ne pourra leur être refusé, lors même qu'ils n'auraient qu'un métier, seront inscrits les nom, prénom et domicile du chef d'atelier.

21. Il sera tenu au conseil de prud'hommes, au registre sur lequel lesdits livres d'acquit seront inscrits ; le chef d'atelier signera, s'il le sait, sur le registre et sur le livre d'acquit qui lui sera délivré.

22. Le chef d'atelier déposera le livre d'acquit du métier

qu'il destinera au négociant-manufacturier, entre ses mains, et pourra, s'il le désire, en exiger un récépissé.

23. Lorsqu'un chef d'atelier cessera de travailler pour un négociant, il sera tenu de faire noter sur le livre d'acquit, par ledit négociant, que le chef d'atelier a soldé son compte; ou dans le cas contraire, la déclaration du négociant spécifiera la dette dudit chef d'atelier.

24. Le négociant possesseur du livre d'acquit le fera viser aux autres négocians occupant des métiers dans le même atelier, qui énonceront la somme due par le chef d'atelier, dans le cas où il serait leur débiteur.

25. Lorsque le chef d'atelier restera débiteur du négociant-manufacturier pour lequel il aura cessé de travailler, celui qui voudra lui donner de l'ouvrage, fera la promesse de retenir la *huitième* partie du prix des façons dudit ouvrage, en faveur du négociant dont la créance sera la plus ancienne sur ledit registre, et ainsi successivement, dans le cas où le chef d'atelier aurait cessé de travailler pour ledit négociant, du consentement de ce dernier ou pour cause légitime : dans le cas contraire, le négociant-manufacturier qui voudra occuper le chef d'atelier, sera tenu de solder celui qui sera resté créancier en compte de matière, nonobstant toute dette antérieure, et le compte d'argent jusqu'à cinq cents francs.

26. La date des dettes que les chefs d'atelier auront contractées avec les négocians qui les auraient occupés, sera regardée comme certaine vis-à-vis les négocians et maîtres d'atelier seulement, et, à l'effet des dispositions portées au présent titre, après l'apurement des comptes, l'inscription de la déclaration sur le livre d'acquit et le visa du bureau des prud'hommes.

27. Lorsqu'un négociant-manufacturier aura donné de l'ouvrage à un chef d'atelier dépourvu d'un livre d'acquit pour le métier que le négociant voudra occuper, il sera condamné à payer comptant tout ce que ledit chef d'atelier pourrait devoir en compte de matières, et en compte d'argent jusqu'à cinq cents francs.

28. Les déclarations ci-dessus prescrites seront portées par le négociant-manufacturier, sur le livre d'acquit resté entre les mains du chef d'atelier, comme sur le sien.

TITRE IV. — *Dispositions diverses.*

29. Le conseil de prud'hommes tiendra un registre exact du nombre de métiers existans et du nombre d'ouvriers de tout genre employés dans la fabrique, pour lesdits renseig-

gnemens être communiqués à la chambre de commerce, toutes les fois qu'il en sera requis.

A cet effet, les prud'hommes sont autorisés à faire dans les ateliers une ou deux inspections par an, pour recueillir les informations nécessaires.

30. Les fonctions des prud'hommes négocians-fabricans sont purement gratuites.

31. Il sera attaché au conseil de prud'hommes un secrétaire et un commis avec mille francs.

32. Toutes les fonctions des prud'hommes et de leur bureau seront entièrement gratuites vis-à-vis des parties; ils ne pourront réclamer, pour les formalités remplies par eux, d'autres frais que le remboursement du papier et du timbre.

33. En cas de plaintes en prévarication portées contre les membres du conseil de prud'hommes, il sera procédé contre eux suivant la forme établie à l'égard des juges.

34. Il pourra être établi par un réglement d'administration publique, délibéré en conseil d'état, un conseil de prud'hommes dans les villes de fabriques où le gouvernement le jugera convenable.

35. Sa composition pourra être différente selon les lieux; mais ses attributions seront les mêmes.

Nouvelle rédaction du décret impérial du 11 juin 1809, portant Réglement sur les Conseils de Prud'hommes (1).

Extrait du Registre des délibérations du Conseil d'État.
(Séance du 7 février 1810.)

Au palais des Tuileries, le 20 février 1810.

Le Conseil d'État, qui, d'après le renvoi ordonné par sa majesté, a entendu le rapport de la section de l'intérieur sur celui du ministre de ce département, tendant à mettre en harmonie quelques dispositions du décret impérial du 11 juin 1809, portant réglement sur les conseils de prud'hommes;

---

(1) Nous indiquons, dans les notes ci-après, les différences existantes entre cette nouvelle rédaction et la première.

Considérant qu'il se trouve dans le décret du 11 juin 1809 des dispositions portant taxation de frais aux secrétaires des mairies, ce qui supposerait attribution aux maires des fonctions de conseil de prud'hommes à défaut de ces conseils, tandis que cette attribution ne leur est donnée en aucun cas;

Que ces taxations doivent conséquemment être supprimées du décret,

Est d'avis,

Que le décret du 11 juin 1809, portant réglement sur les conseils de prud'hommes, soit réimprimé avec ces changemens, et que la rédaction, jointe au présent avis, soit insérée au bulletin des lois.

Suit le décret du 11 *juin* 1809, *modifié.*

Vu la loi du 18 mars 1806, portant création de conseil de prud'hommes.

TITRE I.er — *Composition des Conseils de Prud'hommes; Mode et Epoque du renouvellement de leurs Membres.*

Art. 1er. Les conseils de prud'hommes ne seront composés que de marchands-fabricans, de chefs d'atelier, de contre-maîtres, de teinturiers ou d'ouvriers patentés. Le nombre de ceux qui en feront partie, pourra être plus ou moins considérable; mais, en aucun cas, les chefs d'atelier, les contre-maîtres, les teinturiers ou les ouvriers ne seront égaux en nombre aux marchands fabricans: ceux-ci auront toujours, dans le conseil, un membre de plus que les chefs d'atelier, les contre-maîtres, les teinturiers ou les ouvriers.

2. Les conseils de prud'hommes seront établis sur la demande motivée des chambres de commerce ou des chambres consultatives de manufactures. Cette demande sera d'abord communiquée au préfet, qui examinera si elle est de nature à être accueillie. Il la transmettra ensuite à notre ministre de l'intérieur, qui, avant de nous en rendre compte, s'assurera si l'industrie qui s'exerce dans la ville, est assez importante pour faire autoriser la création du conseil de prud'hommes.

3. Les conseils de prud'hommes seront renouvelés en partie, chaque année, le premier jour du mois de janvier, dans les proportions qui suivent:

Si le conseil est composé de cinq membres, il ne sera renouvelé, la première année, qu'un prud'homme marchand-fabricant;

La seconde année, il sera renouvelé un prud'homme marchand-fabricant, et un prud'homme chef d'atelier, contre-maître, teinturier ou ouvrier patenté;

La troisième année, *idem*.

Si le conseil est composé de sept membres, il sera renouvelé, la première année, deux prud'hommes marchands-fabricans, et un prud'homme chef d'atelier ou contre-maître, etc.

La deuxième année, un prud'homme marchand-fabricant et un prud'homme chef d'atelier;

La troisième année, *idem*.

Si le conseil est composé de neuf membres, il sera renouvelé, la première année, un prud'homme marchand-fabricant et deux prud'hommes chef d'atelier.

La deuxième année, deux prud'hommes marchands-fabricans et un prud'homme chefs d'atelier;

La troisime année, *idem*.

Si le conseil est composé de quinze membres, il sera renouvelé, la première année, deux prud'hommes marchands-fabricans et un prud'homme chef d'atelier;

La deuxième année, trois prud'hommes marchands-fabricans et trois prud'hommes chefs d'atelier;

La troisième année, *idem*.

Le sort désignera ceux des prud'hommes qui seront renouvelés la première et la seconde année. Dans les autres années, ce seront les plus anciens nommés.

Les prud'hommes sont toujours rééligibles.

TITRE II. — *Attribution et Juridiction des Conseils de Prud'hommes.*

SECTION I.re — *Des Attributions des Conseils de Prud'hommes.*

4. Les conseils de prud'hommes seront chargés de veiller à l'exécution des mesures conservatrices de la propriété des marques empreintes aux différens produits de la fabrique.

5. Tout marchand-fabricant qui voudra pouvoir revendiquer devant les tribunaux la propriété de sa marque, sera tenu d'en adopter une assez distincte des autres marques, pour qu'elles ne puisse être confondues et prises l'une pour l'autre.

6. Les conseils de prud'hommes réunis sont arbitres de la suffisance ou insuffisance de différence entre les marques déjà adoptées et les nouvelles qui seraient déjà proposées, ou même entre celles déjà existantes ; et, en cas de contestation, elle sera portée au tribunal de commerce, qui prononcera après avoir vu l'avis du conseil de prud'hommes.

7. Indépendamment du dépôt ordonné par l'article 18 de la loi du 22 germinal an XI, au greffe du tribunal de commerce, nul ne sera admis à intenter action en contrefaçon de sa marque, s'il n'a en outre déposé un modèle de cette marque au secrétariat du conseil des prud'hommes. (1)

8. Il sera dressé procès-verbal de ce dépôt sur un registre en papier timbré, ouvert à cet effet, et qui sera coté et paraphé par le conseil des prud'hommes. Une expédition de ce procès-verbal sera remise au fabricant pour lui servir de titre contre les contrefacteurs.

9. S'il était nécessaire, comme dans les ouvrages de quincaillerie et de coutellerie, de faire empreindre la marque sur des tables particulières, celui à qui elle appartient paiera une somme de six francs entre les mains du receveur de la commune. Cette somme, ainsi que toutes les autres qui seraient comptées pour le même objet, seront mises en réserve, et destinées à faire l'acquisition des tables et à les entretenir.

SECTION II. — *De la Juridiction des Conseils de Prud'hommes.*

10. Nul ne sera justiciable des conseils de prud'hommes, s'il n'est marchand-fabricant, chef d'atelier, contre-maître, teinturier, ouvrier, compagnon ou apprenti : ceux-ci cesseront de l'être dès que les contestations porteront sur des affaires autres que celles qui sont relatives à la branche d'industrie qu'ils cultivent, et aux conventions dont cette industrie aura été l'objet. Dans ce cas, ils s'adresseront aux juges ordinaires.

11. La juridiction des conseils de prud'hommes s'étend sur tous les marchands-fabricants, les chefs d'atelier, contre-maîtres, teinturiers, ouvriers, compagnons et apprentis travaillant pour la fabrique du lieu ou du canton de la si-

(1) Les mots, *Indépendamment du dépôt*, etc., ont été ajoutés dans la nouvelle rédaction. L'article commençait auparavant par ceux-ci, *Nul ne sera admis*, etc. V. les notes précédentes.

tuation de la fabrique, suivant qu'il sera exprimé dans les décrets particuliers d'établissement de chacun de ces conseils, à raison des localités, quel que soit l'endroit de la résidence desdits ouvriers.

12. Les conseils de pud'hommes ne connaîtront que comme arbitres, des contestations entre fabricans ou marchands pour les marques, comme il est dit art. 6; et, entre un fabricant et ses ouvriers contre-maîtres, des difficultés relatives aux opérations de la fabrique.

TITRE III. — *Mode de nomination et d'installation des Prud'hommes.*

13. Les prud'hommes seront élus dans une assemblée générale tenue à cet effet : cette assemblée sera convoquée huit jours à l'avance par le préfet, présidée par lui ou par celui des fonctionnaires publics de l'arrondissement qu'il désignera.

14. Tout marchand-fabricant, tout chef d'atelier, tout contre-maître, tout teinturier, tout ouvrier désigné dans la loi du 18 mars 1806, qui voudra voter dans l'assemblée, sera tenu de se faire inscrire sur un registre à ce destiné, qui sera ouvert à l'hôtel-de-ville. Nul ne sera inscrit que sur la présentation de sa patente : les faillis seront exclus.

15. Pour la première année seulement de la création du conseil, le maire dressera la liste des votans qui seront seuls admis à l'assemblée.

16. En cas de contestation sur le droit d'assistance à l'assemblée, soit cette année, soit les années suivantes, il sera statué par le préfet, sauf le recours à notre Conseil d'Etat.

17. Il sera nommé par le préfet ou par celui des fonctionnaires publics qu'il aura désigné pour présider l'assemblée, un secrétaire et deux scrutateurs. L'élection des prud'hommes sera faite au scrutin individuel, à la majorité absolue des suffrages : nul ne peut être élu s'il n'a trente ans accomplis.

18. Afin de remplacer les prud'hommes qui viendraient à mourir ou à donner leur démission pendant l'exercice de leurs fonctions, il sera nommé deux suppléans, dont l'un sera choisi parmi les marchands-fabricans, et l'autre parmi les chefs d'atelier, les contre-maîtres, les teinturiers ou les ouvriers patentés.

19. L'élection terminée, il en sera dressé procès-verbal,

qui sera déposé à la mairie. L'assemblée ne pourra délibérer, ni s'occuper d'aucune autre chose que de l'élection.

20. Les prud'hommes prêteront, entre les mains du préfet ou du fonctionnaire public qui le remplacera, serment d'obéissance aux lois, de fidélité à l'Empereur, et de remplir leurs devoirs avec zèle et intégrité.

TITRE IV. — *Du Bureau particulier et du Bureau général des Prud'hommes.*

21. Le bureau particulier des prud'hommes sera composé de deux membres, dont l'un sera marchand-fabricant, et l'autre chef d'atelier, contre-maître, teinturier ou ouvrier patenté.

Dans les villes où le conseil est de cinq ou de sept membres, ce bureau s'assemblera tous les deux jours, depuis onze heures du matin jusqu'à une heure.

Si le conseil est composé de neuf ou de quinze membres, le bureau particulier tiendra tous les jours une séance, qui commencera et finira aux mêmes heures.

22. Les fonctions du bureau particulier sont de concilier les parties : s'il ne le peut, il les renverra devant le bureau général.

23. Le bureau général se réunira une fois par semaine au moins ; il prendra connaissance de toutes les affaires qui n'auraient pu être terminées par la voie de conciliation, quelle que soit la quotité de la somme dont elles seraient l'objet ; mais ses jugemens ne seront définitifs qu'autant qu'ils porteront sur des différents qui n'excéderont point soixante francs en principal et en accessoires. Dans tous autres cas, il sera libre d'en appeler. (V. le décret du 3 août 1810 qui porte le dernier ressort à 100 fr.)

24. Le bureau général ne pourra prendre de délibérations que dans une séance où les deux tiers au moins de ses membres se trouveront présens.

Ses délibérations seront formées par l'avis de la majorité absolue des membres présens (de la moitié plus un).

25. Il sera nommé par le bureau général des prud'hommes un président et un vice-président. Ce président et ce vice-président ne seront en exercice que pendant une année, à l'expiration de laquelle il sera procédé à une nouvelle élection : l'un et l'autre sont toujours rééligibles.

26. Il sera attaché au bureau général des prud'hommes un secrétaire pour avoir soin des papiers et tenir la plume pendant leurs séances ; il sera nommé à la majorité absolue des suffrages : il pourra être révoqué à volonté ; mais, dans

ce cas, la délibération devra être signée par les deux tiers des prud'hommes.

27. Les jugemens rendus pas le bureau général des prud'hommes lorsque les parties n'auront pu être conciliées par le bureau particulier, seront mis à exécution vingt-quatre heures après la signification, et provisoirement, sauf l'appel devant le tribunal de commerce, ou, à défaut du tribunal de commerce, devant le tribunal de première instance. Ils seront signés par le président ou le vice-président, et contre-signés par le secrétaire : ils seront signifiés à la partie condamnée, par un huissier qui sera attaché au conseil des prud'hommes.

28. Dans les cas urgens, les conseils de prud'hommes, de même les bureaux particuliers, pourront ordonner telles mesures qui seront jugées nécessaires, pour empêcher que les objets qui donnent lieu à une réclamation ne soient enlevés, ou déplacés, ou détériorés.

TITRE V. — *Des Citations.*

29. Tout marchand-fabricant, tout chef d'atelier, tout contre-maître, tout teinturier, tout ouvrier, compagnon ou apprenti, appelé devant les prud'hommes, sera tenu, sur une simple lettre de leur secrétaire, de s'y rendre en personne, au jour et à l'heure fixés, sans pouvoir se faire remplacer, hors le cas d'absence ou de maladie : alors seulement, il sera admis à se faire représenter par l'un de ses parens, négociant ou marchand exclusivement, porteur de sa procuration.

30. Si le particulier qui aurait été invité par le secrétaire à se rendre au bureau particulier ou au bureau général des prud'hommes, ne paraît point, il lui sera envoyé une citation qui lui sera remise par l'huissier attaché au conseil. Cette citation, qui contiendra la date des jour, mois et an, les noms, profession et domicile du demandeur, les noms et demeure du défendeur, énoncera sommairement les motifs qui le font appeler.

31. La citation sera notifiée au domicile du défendeur, et il y aura un jour au moins entre celui où elle aura été remise et le jour indiqué pour la comparution, si la partie est domiciliée dans la distance de trois myriamètres ; si elle est domiciliée au-delà de cette distance, il sera ajouté un jour pour trois myriamètres.

Dans le cas où les délais n'auraient pas été observés, si le défendeur ne paraît point, les prud'hommes ordonneront qu'il lui soit envoyé une nouvelle citation : alors les frais de la première citation seront à la charge du demandeur.

TITRE VI. — *Des Séances du bureau particulier et du bureau général des Prud'hommes, et de la Comparution des Parties.*

32. Au jour fixé par la lettre du secrétaire ou par la citation de l'huissier, les parties comparaîtront devant le bureau particulier des prud'hommes, sans pouvoir être admises à faire signifier aucunes défenses.

33. Elles seront tenues de s'expliquer avec modération et de se conduire avec respect : si elles ne le font point, elles seront d'abord rappelées à leurs devoirs par un avertissement du prud'homme marchand-fabricant ; en cas de récidive, le bureau particulier pourra les condamner à une amende qui n'excédera pas dix francs, avec affiches du jugement dans la ville où siége le conseil.

34. Dans le cas d'insulte ou d'irrévérence grave, le bureau particulier en dressera procès-verbal, et pourra condamner celui qui s'en rendra coupable, à un emprisonnement dont la durée ne pourra excéder trois jours.

35. Les jugemens, dans les cas prévus par les deux articles précédens, seront exécutoires par provision.

36. Les parties seront d'abord entendues contradictoirement. Le bureau particulier ne négligera rien pour les concilier : s'il ne peut y parvenir, il les renverra, ainsi qu'il est dit à l'article 22, devant le bureau général qui statuera sur-le-champ.

37. Lorsque l'une des parties déclarera vouloir s'inscrire en faux, déniera l'écriture ou déclarera ne pas la reconnaître, le président du bureau général lui en donnera acte; il paraphera la pièce et renverra la cause devant les juges auxquels en appartient la connaissance.

38. L'appel des jugemens des conseils de prud'hommes ne sera pas recevable après les trois mois de la signification faite par l'huissier attaché à ces conseils.

39. Les jugemens des conseils de prud'hommes jusqu'à concurrence de trois cents francs seront exécutoires par provision, nonobstant l'appel, et sans qu'il soit besoin, par la partie qui aura obtenu gain de cause, de fournir caution.

40. Les minutes de tout jugement seront portées par le secrétaire sur la feuille de la séance, signées par les prud'hommes qui auront été présens, et contresignées par lui.

TITRE VII — *Des Jugemens par défaut, et des Oppositions à ces jugemens.*

41. Si, au jour indiqué par la lettre du secrétaire ou par la citation de l'huissier, l'une des parties ne comparait pas, la cause sera jugée par défaut, sauf l'envoi d'une nouvelle citation, dans le cas prévu au dernier paragraphe de l'article 31.

42. La partie condamnée par défaut pourra former opposition dans les trois jours de la signification faite par l'huissier du conseil. Cette opposition contiendra sommairement les moyens de la partie et assignation au premier jour de séance du conseil des prud'hommes, en observant toutefois les délais prescrits pour les citations; elle indiquera en même temps les jour et heure de la comparution, et sera notifiée ainsi qu'il est dit ci-dessus.

43. Si le conseil de prud'hommes sait par lui-même ou par les représentations qui lui seront faites par les proches voisins ou amis du défendeur que celui-ci n'a pu être instruit de la contestation, il pourra, en adjugeant le défaut, fixer pour le délai de l'opposition le temps qui lui paraîtra convenable; et dans le cas où la prorogation n'aurait été ni accordée d'office ni demandée, le défaillant pourra être relevé de la rigueur du délai et admis à opposition, en justifiant qu'à raison d'absence ou de maladie grave, il n'a pu être instruit de la contestation.

44. La partie opposante qui se laisserait juger une seconde fois par défaut ne sera plus admise à former une nouvelle opposition.

TITRE VIII. — *Des Jugemens qui ne sont pas définitifs, et de leur exécution.*

45. Les jugemens qui ne seront pas définitifs ne seront point expédiés quand ils auront été rendus contradictoirement et prononcés en présence des parties.

Dans le cas où le jugement ordonnerait une opération à laquelle les parties devraient assister, il indiquera le lieu, le jour et l'heure; et la prononciation vaudra citation.

46. Toutes les fois qu'un ou plusieurs prud'hommes jugeront devoir se transporter dans une manufacture ou dans des ateliers pour apprécier par leurs propres yeux l'exactitude de quelques faits qui auraient été allégués, ils seront accompagnés de leur secrétaire qui apportera la minute du jugement préparatoire.

47. Il n'y aura lieu à l'appel des jugemens préparatoires qu'après le jugement définitif, et conjointement avec l'appel de ce jugement ; mais l'exécution des jugemens préparatoires ne portera aucun préjudice aux droits des parties sur l'appel, sans qu'elles soient obligées de faire à cet égard aucune protestation, ni réserve.

TITRE IX. — *Des Enquêtes.*

48. Si les parties sont contraires en faits de nature à être constatés par témoins et dont le conseil de prud'hommes trouve la vérification utile et admissible, il ordonnera la preuve, et en fixera précisément l'objet.

49. Au jour indiqué, les témoins, après avoir dit leurs noms, profession, âge et demeure, feront le serment de dire la vérité, et déclareront s'ils sont parens ou alliés des parties et à quel degré, et s'ils sont leurs serviteurs ou leurs domestiques. (V. art. 35. 281 et suiv. C. proc.)

50. Ils seront entendus séparément, hors comme en la présence des parties, ainsi que le conseil l'avisera bien : les parties seront tenus de fournir leurs reproches avant la déposition et de les signer ; si elles ne le savent ou ne le peuvent, il en sera fait mention.

51. Les parties n'interrompront point les témoins ; après la déposition, le président du conseil des prud'hommes pourra, sur la réquisition des parties, et même d'office, faire aux témoins les interpellations qu'il jugera convenables.

52. Dans les causes sujettes à l'appel, le secrétaire du conseil dressera procès-verbal de l'audition des témoins : cet acte contiendra leurs noms, prénoms, âge, profession et demeure, leur serment de dire la vérité, leur déclaration s'ils sont parens, alliés, serviteurs ou domestiques des parties, et les reproches qui auraient été fournis contre eux. Lecture de ce procès-verbal sera faite à chaque témoin, pour la partie qui le concerne ; il signera sa déposition, ou mention sera faite qu'il ne sait ou ne peut signer. Le procès-verbal sera, en outre, signé par le président du conseil, et contresigné par le secrétaire. Il sera procédé immédiatement au jugement, ou au plus tard à la première séance.

53. Dans les causes de nature à être jugées en dernier ressort, il ne sera point dressé de procès-verbal ; mais le jugement énoncera les noms, âge, profession et demeure des témoins, leur serment, leur déclaration s'ils sont parens, alliés, serviteurs ou domestiques des parties, les reproches et le résultat des dépositions.

TITRE X. — *De la Récusation des Prud'hommes*

84. Un ou plusieurs prud'hommes pourront être récusés,

1.° Quand ils auront un intérêt personnel à la contestation;

2.° Quand ils seront parens ou alliés de l'une des parties, jusqu'au degré de cousin-germain inclusivement;

3.° Si, dans l'année qui a précédé la récusation, il y a eu procès crimiminel entre eux et l'une des parties ou son conjoint, ou ses parens et alliés en ligne directe;

4.° S'il y a procès civil existant entre eux et l'une des parties ou son conjoint;

5.° S'ils ont donné un avis écrit dans l'affaire.

85. La partie qui voudra récuser un ou plusieurs prud'hommes, sera tenue de former la récusation, et d'en exposer les motifs par un acte qu'elle fera signer au secrétaire du conseil, par le premier huissier requis. L'exploit sera signé, sur l'original et la copie, par la partie ou son fondé de pouvoir. La copie sera déposée sur le bureau du conseil, et communiquée immédiatement au prud'homme qui sera récusé.

86. Le prud'homme sera tenu de donner au bas de cet acte, dans le délai de deux jours, sa déclaration par écrit, portant ou son acquiescement à la récusation, ou son refus de s'abstenir, avec ses réponses aux moyens de récusation.

87. Dans les trois jours de la réponse du prud'homme qui refuse de s'abstenir, ou faute par lui de répondre, une expédition de l'acte de récusation et de la déclaration du prud'homme, s'il y en a, sera envoyée par le président du conseil au président du tribunal de commerce dans le ressort duquel le conseil est situé. La récusation y sera jugée en dernier ressort dans la huitaine, sans qu'il soit besoin d'appeler les parties.

TITRE XI.—*Des Sommes qui seront payées aux Secrétaires des Prud'hommes* (1), *aux Greffiers des Tribunaux de commerce et aux Huissiers.*

88. Les parties pourront toujours se présenter volontairement devant les prud'hommes (2) pour être conciliés par

---

(1) Première rédaction : « aux greffiers des mairies, lorsque les maires rempliront les fonctions de ces conseils, aux greffiers des tribunaux de commerce.... »

(2) Première rédaction : « et, à leur défaut, devant les maires. »

eux : dans ce cas, elles seront tenues de déclarer qu'elles demandent leurs bons offices. Cette déclaration sera signée par elles, ou mention en sera faite, si elles ne savent signer. Il ne sera rien payé pour cet objet.

59. Il sera payé aux secrétaires des conseils de prud'hommes les sommes suivantes :

Pour la lettre d'invitation de se rendre au conseil, trente centimes, ci . . . . 30 c.

Pour chaque rôle d'expédition qu'ils délivreront et qui contiendra vingt lignes à la page et dix syllabes à la ligne, quarante centimes, ci . . . . 40 c.

Pour l'expédition du procès-verbal qui constatera que les parties n'ont pu être conciliées, et qui ne doit contenir qu'une mention sommaire qu'elles n'ont pu s'accorder, quatre-vingts centimes, ci. . . . . 80 c.

Pour l'expédition du procès-verbal qui constatera le dépôt du modèle d'une marque, trois francs, ci. . . . 3 fr.

60. (1) Il est alloué les sommes suivantes,

Au greffier du tribunal de commerce, pour l'expédition du procès-verbal qui constatera le dépôt du modèle d'une marque, trois francs, ci. . . . . 3 fr.

A l'huissier attaché au conseil des prud'hommes, pour chaque citation, un franc vingt-cinq cent., ci 1 fr. 25 c.

Au même, pour la signification d'un jugement, un franc soixante-quinze centimes, ci . . . . 1 fr. 75 c.

S'il y a une distance de plus d'un demi-myriamètre entre la demeure de l'huissier et le lieu où devront être remises la citation et la signification, il sera payé par myriamètre, aller et retour,

Pour la citation, un franc soixante-quinze centimes, ci . . . . 1 fr. 75 c.

Pour la signification, deux francs, ci . . . . . 2 fr.

Pour la copie des pièces qui pourra être donnée avec les jugemens rendus, il sera payé à l'huissier, par chaque rôle d'expédition de vingt lignes à la page et de dix syllabes à la ligne, vingt centimes, ci . . . . 20 c.

61. Il sera taxé aux témoins entendus par les conseils de prud'hommes, une somme équivalente à une journée de travail, même à une double journée si le témoin a été obligé de se faire remplacer dans sa profession.

(1) Cet article était le soixante-unième dans la première rédaction. Le soixantième, supprimé ici, était ainsi conçu : « Les taxations ci-dessus sont communes à ceux qui feront fonctions de secrétaires de mairies, mais seulement lorsque les maires rempliront les fonctions de conseils de prud'hommes. »

Cette taxation est laissée à la prudence des conseils et des maires.

Si le témoin n'a pas de profession, il lui sera taxé deux francs.

Il ne lui sera pas passé de frais de voyage, s'il est domicilié dans le canton où il est entendu ; s'il est domicilié hors du canton et à une distance de plus de deux myriamètres et demi du lieu où il fera sa déposition, il lui sera alloué autant de fois une somme double de journée de travail, ou une somme de quatre francs, qu'il y aura de fois cinq myriamètres de distance entre son domicile et le lieu où il aura déposé.

62 Au moyen de la taxation dont il est question dans les articles 59, 60 et 61, les frais de papier, de registre et d'expédition, seront à la charge des secrétaires des conseils de prud'hommes(1) et des greffiers des tribunaux de commerce.

63. Tout secrétaire de conseils de prud'hommes (2), tout greffier de tribunaux de commerce, tout huissier, convaincu d'avoir exigé une taxe plus forte que celle qui leur est allouée, sera puni comme concussionnaire.

TITRE XII. — *Dispositions générales.*

Section 1re. — *De l'Inspection des prud'hommes dans les ateliers, et du Livret dont les Ouvriers doivent être pourvus.*

64. L'inspection dans les ateliers, autorisée par l'article 29, titre IV de la loi du 18 mars 1806, n'aura lieu qu'après que le propriétaire de l'atelier aura été prévenu deux jours avant celui où les prud'hommes devront se rendre dans son domicile ; celui-ci est tenu de leur donner un état exact du nombre de métiers qu'il a en activité et des ouvriers qu'il occupe.

65. L'inspection des prud'hommes a pour objet unique d'obtenir des informations sur le nombre de métiers et d'ouvriers ; et, en aucun cas, ils ne peuvent en profiter pour exiger la communication des livres d'affaires, et des procédés nouveaux de fabrications que l'on voudrait tenir secrets.

66. Si, pour effectuer leur inspection, les prud'hommes ont besoin du concours de la police municipale, cette police est tenue de leur fournir tous les renseignemens et toutes les facilités qui sont en son pouvoir.

67. Les conseils de prud'hommes ne peuvent s'immiscer

(1) Première rédaction : « des greffiers des mairies, etc. »

(2) Première rédaction : « Tout greffier de mairies ... »

dans la délivrance des livrets dont les ouvriers doivent être pourvus aux termes de la loi du 22 germinal de l'an 11. Cette attribution est exclusivement réservée aux maires ou à leurs adjoints.

SECTION II. — *Du Local où seront placés les Conseils de Prud'hommes, et des frais qu'entraînera la tenue de leurs séances.*

68. Le local nécessaire aux conseils de prud'hommes, pour la tenue de leurs séances, sera fourni par les villes où ils seront établis.

69. Les dépenses de premier établissement seront pareillement acquittées par ces villes ; il en sera de même des dépenses ayant pour objet le chauffage, l'éclairage et les autres menus frais.

70. Le président du conseils des prud'hommes présentera, chaque année, au maire, l'état des dépenses désignées dans l'article ci-dessus ; celui-ci les comprendra dans son budget ; et lorsqu'elles auront été approuvées, il en ordonnancera le paiement, d'après les demandes particulières qui lui seront faites.

71. Notre grand-juge ministre de la justice et notre ministre de l'intérieur sont chargés, etc.

Décret impérial concernant la juridiction des Prud'hommes.

Au palais de Trianon, le 3 août 1810.

TITRE PREMIER. — *De la Juridiction des Prud'hommes pour les intérêts civils.*

ART. 1.er Les conseils de prud'hommes sont autorisés à juger toutes les contestations qui naîtront entre les marchands-fabricans, chefs d'atelier, contre-maîtres, ouvriers, compagnons et apprentis, quelle que soit la quotité de la somme dont elle seraient l'objet, aux termes de l'article 23 de notre décret du 11 juin 1809.

2. Leurs jugemens seront définitifs et sans appel, si la condamnation n'excède pas cent francs en capital et en accessoires.

Au-dessus de cent francs, ils seront sujets à l'appel devant le tribunal de commerce de l'arrondissement ; et à défaut de tribunal de commerce, devant le tribunal civil de première instance.

3. Les jugemens des conseils de prud'hommes, jusqu'à concurrence de trois cents francs, seront exécutoires par provision, nonobstant appel, aux termes de l'article 39 du décret du 11 juin 1809, et sans qu'il soit besoin, pour la partie qui aura obtenu gain de cause, de fournir caution.

Au-dessus de trois cents francs, ils seront exécutoires, par provision, en fournissant caution.

TITRE II. *Attribution des Prud'hommes en matière de police.*

4. Tout délit tendant à troubler l'ordre et la discipline de l'atelier, tout manquement grave des apprentis envers leurs maîtres, pourront être punis, par les prud'hommes, d'un emprisonnement que n'excédera pas trois jours, sans préjudice de l'exécution de l'article 19, titre V. de la loi du 22 germinal an II, et de la concurrence des officiers de police et des tribunaux.

L'expédition du prononcé des prud'hommes, certifiée par leur secrétaire, sera mise à exécution par le premier agent de police, ou de la force publique, sur ce requis.

5. Notre grand juge ministre de la justice et notre ministre de l'intérieur sont chargés, etc.

OBSERVATION GÉNÉRALE.

Il eut été trop long de donner ici les décrets ou ordonnances qui créent des conseils de prud'hommes dans les localités où ils ont paru nécessaires. Seulement nous ferons remarquer qu'ils énoncent les professions qui sont appelées à concourir à l'élection, et souvent le nombre de prud'hommes à nommer par chaque métier; de plus ces actes administratifs rappellent l'étendue de la compétence calquée sur l'art. 11 du décret général de 1810.

V. dans le Répertoire de jurisprudence V.° Pêche Section 2. §. XI sur les Prud'hommes-pêcheurs établis à Marseille et autres villes maritimes, les décrets des 8-12 décembre 1790, 9 avril 1791, 23 messidor an 9.

Les répressions prononcées par ces prud'hommes-pêcheurs, pour infractions sont considérées comme simplement disciplinaires, et ne pas faire obstacles aux poursuites du ministère public pour l'application de plus forte peine suivant les lois. Arrêt de la cour de cassation. Ch. crim. du 9 avril 1836.

FIN.

AMIENS. IMP. DE R. MACHART.

www.ingramcontent.com/pod-product-compliance
Lightning Source LLC
Chambersburg PA
CBHW060910220326
41599CB00020B/2915
* 9 7 8 2 0 1 1 3 1 6 1 9 6 *